Kreativ Unterrichten

Kreativ Unterrichten

1. Auflage: August 1992

Foto Titelblatt: Fritz Lindenberger
Gestaltung und Layout: Reinhold Rabenstein
EDV-Layout: Rainer Rabenstein
Satz:
Maria Wimmer, Reinhold und Rainer Rabenstein
Fotos:
von den Autoren, Kursteilnehmern und vielen LehrerkollegInnen
- siehe Danksagung auf den folgenden Seiten

Druck: Denkmayr, A-4223 Katsdorf
Gedruckt auf Umweltschutzpapier

Produzent und Herausgeber:
AGB
Arbeitsgemeinschaft für Gruppen-Beratung
Pulvermühlstr. 6, A-4040 Linz
Auslieferung in Österreich

Verleger:
ÖKOTOPIA
Spielvertrieb und Verlag
Hafenweg 26
D-4400 Münster
Auslieferung in BRD und Schweiz

Die Deutsche Bibliothek - CIP-Einheitsaufnahme
Thanhoffer, Michael:
Kreativ unterrichten: Möglichkeiten ganzheitlichen Lernens /
Michael Thanhoffer; René Reichel; Reinhold Rabenstein.
AGB, (Arbeitsgemeinschaft für Gruppenberatung).- Münster: Ökotopia, 1992.
ISBN 3-925169-39-3
NE: Reichel,René; Rabenstein, Reinhold:

Michael Thanhoffer, René Reichel, Reinhold Rabenstein

kreativ unterrichten

Möglichkeiten ganzheitlichen Lernens
Ein Handbuch mit Gedanken und Methoden

mit Beiträgen von
Hubert Teml, Paul Lahninger
und Lehrerkolleginnen und - kollegen

ÖKOTOPIA

Inhalt

Beiträge, die nicht von den Autoren stammen,
*sind mit * (Hubert Teml), ** (Paul Lahninger)*
oder dem Namen der Verfasser gekennzeichnet.

Die Autoren

Michael Thanhoffer

Unterrichtet an der Universität und in verschiedenen Lehrgängen. Referent und Trainer in der Lehrerfortbildung, speziell: "Gordon- Lehrertraining". Initiator der "Mobilen Jugendinformation - BMUJF" Autor von Bewegung für die Gruppe, Das Methoden-Set u.a.

René Reichel

Unterrichtet an der Akademie für Sozialarbeit. Referent und Trainer in der Lehrerfortbildung, speziell: "Gestaltpädagogik". Supervisor und Psychotherapeut. Autor von Großgruppen-Animation, Spielpädagogik, Das Methoden-Set, Teamarbeit, Autorität in der Gruppe u.a.

Reinhold Rabenstein

Unterrichtete an der Akademie für Sozialarbeit. Referent und Trainer in der Lehrerfortbildung, speziell: "Gestaltpädagogik" und "Lebendig Unterrichten". Supervisor und Psychotherapeut. Autor von Lernen kann auch Spaß machen, Großgruppen-Animation, Bewegung für die Gruppe, Das Methoden-Set u.a.

Die Coautoren

Hubert Teml

Unterrichtet an der Pädagogischen Akademie. Referent und Trainer in der Lehrerfortbildung, speziell: "Entspannt Lernen". Psychotherapeut. Autor von Entspannt Lernen, Komm mit zum Regenbogen, Zielbewußt Üben u.a.

Paul Lahninger

Unterrichtete an der Hauptschule. Referent und Trainer in der Lehrerfortbildung, speziell: "Kreative Bildungsarbeit" und "Lernmotivation". Initiator der "Ferien-Werkstatt Kreativ". Autor verschiedener Artikel.

Wir sagen herzlich Danke!

Mitgearbeitet - mitgespielt - mitgedacht - miterfunden haben :

Ulrich Baer, Anni Blauensteiner
Christine Czuma, Rudolf Eichinger
Elisabeth Ertl, Brie Esslinger
Christine Gänger, Erich Heiligenbrunner
Christina Hiller, Ernest Kientzl
Renate Kientzl, Charlotte Knees
Elisabeth Kolb, Elisabeth Kossmeier
Katharina Költringer, Susanne Kubat
Gabriele Lehner, Barbara Lichtenegger
Monica Lietschke, Irmgard Meissner
Udo Pajank, Susanne Patschka,
Manfred Perko, Brigitta Perner
Christine Pichler, Elfie Pircher
Joachim Polnauer, Manfred Prucha
Gina Puck-Pauquèt, Martha Rabenstein
Maria Satlow-Leeb, Eva Scala
Margit Spiller, Engelbert Stütz
Christa Sünder, Elfriede Thanhoffer
Toni Wimmer, Marlies Winkelheide

Fotos:

Von nebenstehenden Autoren und
Lothar Bodingbauer, Rainer Derschmidt
Ottmar Gassner, Silvia Fickar
Adelheid Hillbrand, Gabriele Holub,
Hubert Holzner, Fritz Lindenberger,
Irmgard Meissner, Ulrike Möstl,
Friederike Neubauer- Modellschule Graz
Udo Pajank, Peter Pröll
Reinhold Rothschedel, Alexander Schneider
Brigitte Schwarz, Antonia Six
Johanna Staudinger, Margit Stegall
Werner Uhlig, Gunda Warum
Toni Wimmer

Vorwort
Arbeit - Lust - Fluß

"Ich sollte ja arbeiten" sagte ich zu mir.

"Aber ich muß mir erst Lust darauf machen!" antwortete ich mir, etwas unruhig, aber auch bedrückt.

"Ich glaub, Du hast Angst."

"Ja, das stimmt." Ich hatte recht mit der Aussage über mich.

"Fällt Dir auf, daß Du schon eine ganze Weile arbeitest?" Der kritische Ton war einem neugierig-spitzbübischen Klang gewichen. Herausforderung und Locken lag in der Luft. Und Bereitschaft, sich einzulassen auf mich.

"Ich glaube, Du siehst wieder einmal die Arbeit als einen riesigen, betonierten, schnurgeraden kanalartigen Fluß: Immer dieselbe Richtung. Immer dasselbe (Arbeits)Tempo. Überall schaut es gleich aus. Du denkst an die frühen Zeiten, als Dir (wie übrigens den allermeisten Lehrern auch) jemand eingetrichtert hat, ein Ziel könne man nur dann möglichst rasch erreichen, wenn man schnurgerade ("Sehr brav!") "darauf los geht."

"Du könntest recht haben."

"Manchmal glaube ich, Du hast zwei verschiedene Gedächtnisse: Von dem einen haben wir gerade gesprochen. Das andere nenne ich einmal Dein "Alpines Gedächtnis": Auf keinen Berg bist Du bisher schnurgerade hinaufgegangen, sondern immer in zahllosen Kurven und Serpentinen. Und jedesmal hast Du dein Ziel haargenau erreicht.

Hattest Du jemals Angst, am Gipfel vorbeizugehen? Erinnerst Du Dich an die vielen Bäche, die Dir entgegengeronnen sind? War jemals einer gerade? Jeder hat sein Ziel erreicht!"

"Ein interessanter Vergleich."

"Danke für das Kompliment."

"Übrigens glaube ich, daß die Pädagogen nicht die letzten Betonierer in unserer Gesellschaft sein sollten: Seit Jahren werden ehemals begradigte Bäche wieder "natürlich", also "kurvig" gemacht, weil es insgesamt - also ökologisch gesehen - sinnvoller und effizienter ist.

Also.

Hab' Mut!

Ein Mensch ist schließlich auch nur ein Fluß!"

Falls Sie beim Lesen dieses Buches erwischt werden: 7 Argumente für Sie !

1. "Lehrer haben ein Recht auf gute Methoden für ihre Arbeit !"

Ein Busfahrer braucht einen Bus, der den Sicherheitsanforderungen, den Leistungsanforderungen, den Komfortansprüchen der Benützer, den Arbeitsplatzanforderungen der Fahrer sowie den Imageansprüchen des Betriebes bzw. der Kommune entspricht. Ein Pianist braucht ein gestimmtes Klavier.
Weiters haben sich beide seit dem Führerschein bzw. der Musikakademie in Kursen weitergebildet und holen sich Unterstützung, wenn sie sie brauchen, wenn sie Neues spielen bzw.in einem neuen Bus fahren sollen.
Als Lehrer bin ich auch nichts anderes als ein Busfahrer und ein Pianist.

2. "Niemand mag Verlierer ! Niemand mag Verlierer sein !"

a) Ich will nicht der letzte Lehrer sein, der die ganzheitlichen, kooperativen, effizienten, angenehmen, kreativen, spielerischen Methoden einführt und verwendet.
b) Ich will nicht im Wettbewerb der effizienten Lehrer verlieren und deshalb effizientere Methoden verwenden.
c) Ich will in meine Arbeit gehen wollen und nicht gehen müssen. Das kann ich nur, wenn mir die Arbeit und das Unterrichten auch manchmal Spaß macht.
d) Ich habe mich entschieden, die Ansprüche zukünftiger Ehefrauen, Nachbarn und Firmenchefs zu erfüllen, die die Absolventen unserer Schule als ganze Menschen wollen, die verantwortlich sein und sich ausdrücken können, die als kooperative, teamfähige Mitarbeiter kommunizieren und Probleme lösen können und die auch noch wissen, was Freiwilligkeit bedeutet.

3. "Ich lese gerade einen Text über 'angewandte Humanbiologie' !"

Spielen ist biologisch betrachtet die optimale Situation zum Lernen. Fehler sind nicht mit schlimmen Folgen begleitet. Die Schüler fühlen sich sicher und können ausprobieren. In der spielerisch inszenierten Situation sind sie viel tiefer mit dem Lernstoff verbunden (involviert). Lernen kann auch Spaß machen.
Deshalb verwenden praktisch alle Einrichtungen der Erwachsenenbildung, die teuersten Managementseminare, das Bundesheer, Greenpeace und viele wirkungsvolle Kurse für arbeitslose Jugendliche immer häufiger Rollenspielsituationen.

4. "Spielen hilft Probleme lösen !"

Ich hab gesehen, daß kleine Kinder in Therapien im Spiel ihre Probleme lösen und ein Bekannter meiner Frau hat erzählt, daß er in einem Managementseminar ziemlich viel gespielt haben, und zwar in der Seminarzeit.
Die machen das, weil es funktioniert und gleichzeitig guttut.
Das will ich auch.
Vielleicht werden dann die Probleme in unserer Schule ein bißchen weniger.

5. "Die Schule soll doch auf das Leben vorbereiten - und das hat sich geändert !"

Laut Statistik sind in Mitteleuropa nur rund 50% der Gesamtbevölkerung berufstätig. Die Volkszählung in Österreich 1981 gibt den Anteil der Berufstätigen an der Gesamtbevölkerung mit 45,2% an. Die anderen sind Kinder, in Ausbildung, Hausfrau, krank, arbeitslos, nicht arbeitsfähig oder (früh-)pensioniert. Und die wirkliche Berufszeit beträgt nur rund 10% der Lebenszeit: 40 Jahre mal 40 Wochen mal 40 Stunden.
Für 10 Prozent zu arbeiten, ist mir zuwenig!
"Freizeit", Familienzeit, Weiterbildungszeit, gesellschaftspolitische Zeit sind mehr als je zuvor die wesentlichen Teile persönlicher und gesellschaftlicher Identität und benötigen deshalb direkte Aufmerksamkeit.

6. "Die Schüler sollen nicht passiv in der Medienlandschaft herumhängen !"

Kulturelles Leben ist Passivität (die Schüler nehmen etwas auf) und Aktivität (die Schüler gestalten und sind aktiv). Gesellschaftlich betrachtet ist die Kultur hauptsächlich die Relation der Menge P zur Menge A. Fast alles andere läßt sich daraus ableiten.
Schule ist ein Teil der Kultur und ich will diese Balance auch hier realisiert wissen.

7. Wissen Sie, das ist eines der Bücher,

die so wunderschön das beschreiben, was ich und meine Kolleginnen und Kollegen hier an Ihrer Schule, Herr Direktor (Inspektor), seit Jahren so erfolgreich machen.
Aha! Prima!

Was heißt hier "KREATIV"?

"Kreativität" ist ein sehr neues Wort, es kommt erst in diesem Jahrhundert in Gebrauch, und es ist schnell zu einem Modewort geworden.

Das weist einerseits darauf hin, daß etwas Wichtiges dahintersteckt.
Andererseits werden Modeworte oft oberflächlich, verwirrend, mißbräuchlich verwendet, etwa wie bei "Bio". Man kann das aber auch so verstehen, daß solche Worte erst durch ihre vielfältige Verwendung ihre Bedeutung (weiter)entwickeln. Das ist auch in den Formulierungen des "Grundsatzerlasses für ganzheitlich-kreative Erziehung in den Schulen" (vom 7.9.1990) spürbar: Da wird z.B. Kreativität mit Kritikfähigkeit und Teamfähigkeit kombiniert; da geht es um Spielen, aber auch um Schulentwicklung und problemorientiertes Lernen. Die Begrifflichkeit von Kreativität steht also selbst in einer vielfältigen kreativen Entwicklung.

Unsere derzeitige Auffassung von Kreativität als Autoren dieses Buches soll sich einerseits atmosphärisch in diesem Buch ausdrücken, sie soll andererseits auch hier "digital" formuliert werden:

> **K** onzentriert im Kontakt.
> **R** ollen wechseln.
> **E** indruck braucht Ausdruck.
> **A** usdruck braucht Ausdrucksmittel (Medien).
> Lus
> Mu **T** ig Neues ausprobieren.
> **WI R** brauchen
> **V** isionen zum Überleben !

a) Kreativer Ausdruck mit kreativen Medien
Wenn Schüler einen Lehrer intensiv erfahren, dann neigen sie dazu, ihn nachzumachen. Wenn ein Kind ein ungewöhnliches Erlebnis hatte, dann neigt es dazu, dieses immer und immer wieder zu erzählen. Manche Menschen schreiben Tagebücher oder Gedichte, andere malen. Viele tanzen sich in der Disco die aufgestaute Seele aus dem Leib.

Eindrücke brauchen für ihre Verarbeitung auch einen Ausdruck --- wie bei der Nahrung, auch da muß noch etwas ausgedrcükt werden zur Vollendung der Verdauung. Beratung, Supervision, Psychotherapie sind vor allem dazu da, daß Menschen sich einmal ausdrücken können und dabei wohlwollende Augen und Ohren für sich erleben. Das alleine ist oft schon hilfreich und heilend. Dieser Ausdruck ist zugleich eine eigenständige, "kreative" Gestaltung des Erlebten, Gefühlten. "Was mein Mund nicht sagen kann", sagt die Art meines Tanzens, eine Geste, eine Zeichnung oder auch die Art, wie ich mein Zimmer einrichte. Durch die immanente Gestaltungskraft ("Ladung") von kreativen Ausdrucks-mitteln (Medien) entsteht etwas, das auf mich zurückwirkt und mich verwandelt (weiterentwickelt).

b) Kreatives Gestalten
Es geht auch um die Ergebnisse von Kreativität, um Schöpferisches. Nicht nur im künstlerischen oder handwerklichen Sinn, sondern auch um die Gestaltung meines eigenen Lebensraumes, z.B. des Arbeitsplatzes.

Haben Sie sich schon einnal ein Konferenzzimmer unter ästhetischen Gesichtspunkten angeschaut? ... oh Schreck! ... Und ihr Arbeitsplatz zuhause? Und der eines Schülers? So viel Zeit verbringen wir auf diesen Plätzen, und sie wirken auf uns ! Man könnte von einer ästhetischen Demokratisierung oder wachsenden ästhetischen Selbsbestimmung sprechen, um die es geht, wenn wir uns nicht völlig von einer fremdgestalteten und daher entfremdenden Umgebung beeinflussen lasse wollen. Manche Menschen haben dafür eine geübte und sichere Hand, denen wird das dann meist überlassen.

Aber hier geht es um die individuelle Note und Beteiligung jedes Einzelnen. Und dann natürlich auch um kreative Produkte von Schülern wie Theaterstücke, dokumentierter Projektunterricht etc.

c) Kreativität zum Überleben
"Wer will, daß die Welt so bleibt, wie sie ist, will nicht, daß sie bleibt." (Erich Fried)
Diese ursprünglich provokante These hat sich inzwischen zu einer gesicherten Erkenntnis entwickelt. Mit den bisher üblichen Erklärungskonzepten und Lösungsmodellen lassen sich die jetzt drängenden Probleme nicht mehr bewältigen. Angesichts der ungeheuren Armut, einer beginnenden unkontrollierbaren Völkerwanderung, einer noch nicht einmal voll erkannten Umweltzerstörung und -gefährdung brauchen wir Menschen, die neue Sichtweisen und LLösungsmodelle suchen und finden können. In diesem Sinne ist Kreativität nicht mehr nur eine Frage der Psychohygiene oder der Ästhetik, sondern eine Frage des Überlebens, der Ethik.

Daher sind Fragen wie "Wie könnte interkulturelles Zusammenleben heute aussehen?", "Was würdet Ihr als Weltsicherheitsrat machen?" usw. usw. pädagogisch wesentlich!

Unrealistische, "verrückte" Antworten sind als notwendige, für kreative Prozesse typische Zwischenschritte zu respektieren, ja sogar zu fördern!

Auf dem Hintergrund eines solchen umfassenden Verständnisses von Kreativität bedeutet nun "Kreativ Unterrichten":

1. Ausgehend von Selbstwahrnehmung und persönlicher Kontaktfähigkeit der Lehrerin und des Lehrers, die SchülerInnen zum Ausdruck ihrer Betroffenheiten ermutigen, und zwar nicht ausnahmsweise, sondern rgelmäßig und unter deutlicher Hintanstellung von Beurteilungen. z.B. Montag-Runden, siehe S. 175

2. Die Einbeziehung vielfältiger Ausdrucksmittel in diesem Austausch von persönlichen Erfahrungen, Eindrücken und Wünschen. Dabei ist der Lehrer auch Vorbild.

3. Die bewußte kre-aktive Mitgestaltung der Lernumgebung ermöglichen, fordern und fördern.

4. Selbständigkeit der Schüler einzeln und miteinander fördern bei der Erarbeitung von Stoff, aber auch im Umgang mit Konflikten: "Wie wollt ihr damit umgehen?" Auch wenn das nicht gleich was bringt.

5. Die Erarbeitung konkreter, greifbarer Produkte des Lernprozesses durch die Schüler selbst: Plakate, Theaterstücke, Videofilme, eigene Lieder, Projekt-Dokumentationen, Schülerzeitungen, Plastiken, Ausstellungen, Hörbilder, Veranstaltungen ...

6. Als Lehrer selbst immer wieder was Neues probieren, ohne den Anspruch, sofort etwas ganz Richtiges zu tun.

7. Sich und den SchülerInnen deutlich machen, daß Lernen mehr ist als Stoff reproduzieren, sondern daß wir neue Ideen, neue Projekte, Initiativen und neuen Mut brauchen und daß neue Lösungen möglich sind !

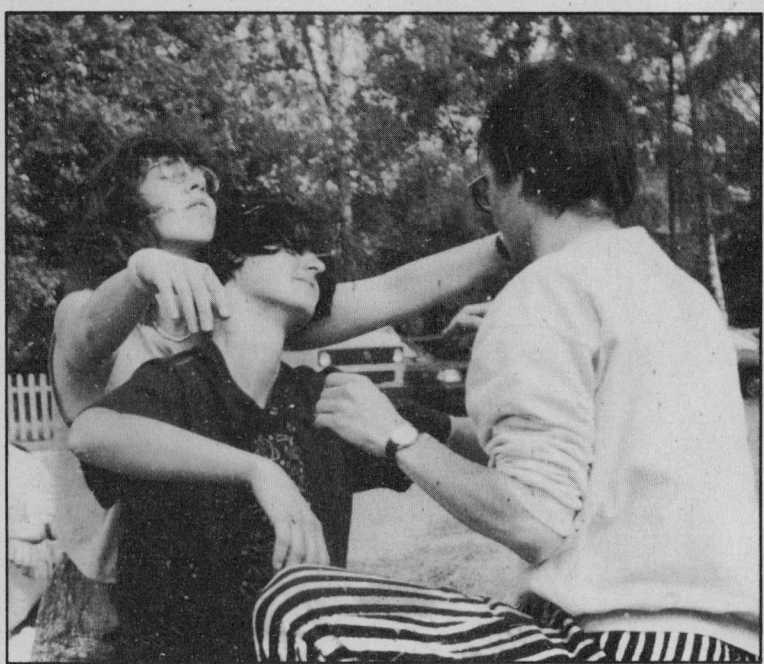

Wie im Märchen

Der Schulfrust läßt viele von uns pendeln zwischen der intensiven Suche nach Erlösung (wie auch immer die aussieht) und dem Fall in abgebrühte Resignation.
Falls Sie zur Zeit in der Resignationsphase sind, dann haben Sie dieses Buch wohl kaum gekauft. Vielleicht ist es nur so herumgelegen und Sie schlagen es gelangweilt auf. Oder?
Falls Sie gerade zu denen gehören, die Erlösung suchen, dann ist das schon ein wichtiges Thema für uns zwei: Erlösung kann es natürlich geben ... immer wieder ... und stückerlweise.

Die Suche nach der Erlösung ist ein wunderbares Märchenthema - welches fällt Ihnen hier als erstes ein? -, aus dem wir viel erfahren und gewinnen können.

Was braucht eine/r auf der Suche nach Erlösung:
* <u>Naivität als Energiequelle</u> statt:
Kluges Analysieren, warum alles letztlich keinen Sinn hat.
* <u>Mut, sich auf Ungewisses und Ungewißheit einzulassen</u> statt:
Ständig sich vor Augen führen, was alles passieren könnte, und dann nichts tun.
* <u>Entscheidung für einen Weg</u> statt:
Ewiges Suchen nach dem richtigen Weg.
* <u>Beharrlichkeit, wenn der Ablenker in Dir flüstert:</u>
"Mit den Kindern anders zu arbeiten <u>hat keinen Sinn;</u> mit den Eltern muß man anfangen" oder:
"Mit den Eltern bringt's nichts, die wollen nur gute Noten für ihre Kinder" oder:
"Du mußt einfach selber Deine Einstellung ändern!"
* <u>Spüren, daß der Weg das Ziel ist,</u>
weil es immer sinnvoll ist, für eine menschlichere Schule aktiv zu sein, auch wenn es erfolglos wirkt.

Natürlich ist diese Suche nach Erlösung im Leben wie im Märchen sehr anstrengend. Aber eigenartigerweise kommen mir die "Sucher/innen" nicht erschöpfter vor als diejenigen Lehrer, die sich dem Alltagtrott hingeben. Schauen Sie sich mal um: Erleben Sie die angepaßten Kollegen vitaler als die Engagierten?

Dieses Buch will Ihnen neben vielen "vernünftigen" Vorschlägen und Rezepten für alle Bereiche engagierten Lehrer-Seins auch ein wenig vom Geist des Suchens nach Erlösung bringen.
Dazu ein letzter Gedanke: Im Märchen gelingt die Suche meist deshalb, weil irgendeine vorher unbekannte oder unbeachtete Macht im entscheidenden Augenblick beisteht. ... Warum soll das nicht auch uns passieren ?

"Ich bin Lehrerin, ich bin Lehrer"

Einleitung

- 12 -

Zum Beginn unseres Buches widmen wir uns der Person und Rolle, der Identität und Wirksamkeit der Lehrerin, des Lehrers. Und das sind Sie, liebe Leserin, lieber Leser. Dies entspricht auch unserem Verständnis von Lehrerfortbildung: ausgehend von den persönlichen Möglichkeiten, die es zu entdecken gilt, lernen Lehrerinnen und Lehrer Methoden und Grundlagen ganzheitlichen Unterrichtens kennen und erfahren sie hautnah selbst. Diese hautnahe Erfahrung ist Ihnen durch dieses Buch weniger möglich, dafür hat Ihre Phantasie freie Fahrt.
Lesen - Abenteuer im Kopf.
Wir hoffen, daß dadurch Ihre Praxis reicher, fundiert und selbst-verständlich wird.

Schule

Wir verstehen Schule als einen komplexen und zugleich vielfältigen, vielgestaltigen Ort. Deshalb sind Aussagen wie "Schule ist nur so (z.B. beschissen, verunmöglichend)" oder "Schule ist nur so ...(wichtig, bereichernd)" einseitig und der Vielgestalt der Schule ausweichend. Gerade diese Vielgestalt eröffnet Chancen und Möglichkeiten.

Person und Rolle

Wir verstehen Schule als einen Ort, an dem Menschen aufeinandertreffen, zusammenarbeiten und ausharren, die bestimmte und unterschiedliche Aufgaben (Rollen) bewältigen und differenzierte Bedürfnisse (Person) äußern, verbergen, befriedigen. Menschen begegnen einander hier als Personen und Rollen. Und das ist eine großartige Herausforderung: für die Menschen, die als Schüler, Lehrer, Direktor, Eltern, Schulwart, Inspektor in der Schule arbeiten und leben.

Identität

Unser Bild von gesundem Leben und Arbeiten in der Schule ist:
die Menschen in der Schule bewältigen die Balance von Rolle und Person, von Aufgaben und Bedürfnissen, von Forderung und Annahme, von Bewertung und Wertschätzung, von Durchführung und Begegnung. So entwickelt sich die Identität der Beteiligten: in der Qualität der Begegnungen und Beziehungen, in der Qualität von Zuwendung und Abgrenzung - im Selbstschutz gegen die identitätsgefährdenden und widersprüchlichen Überzeugungen, Anforderungen und Handlungen, die in der Schule wirksam sind. Geben Sie sich die Erlaubnis, zu sein, wie Sie sein möchten.

Wirksam sein

"Was möchte ich - alle wichtigen Fragen ergeben sich daraus !" Indem Sie sich zutrauen, Ihre eigene Gestalt als Lehrerin und Lehrer zu entwickeln, können Sie Ihre persönliche Wirksamkeit entdecken und steigern. Typen erfolgreichen Lehrerseins stellen wir Ihnen in diesem Kapitel vor.

Das ist unsere Parteilichkeit:
Für die Menschen in der Schule ! Für die Prägnanz in der Zusammenarbeit von Rollen, in der die Personen sichtbar, spürbar und geachtet sind !

Lernen heißt entdecken, was mir möglich ist !

(nach Fritz Perls)

Ich bin Lehrerin und Mutter

Martha Rabenstein

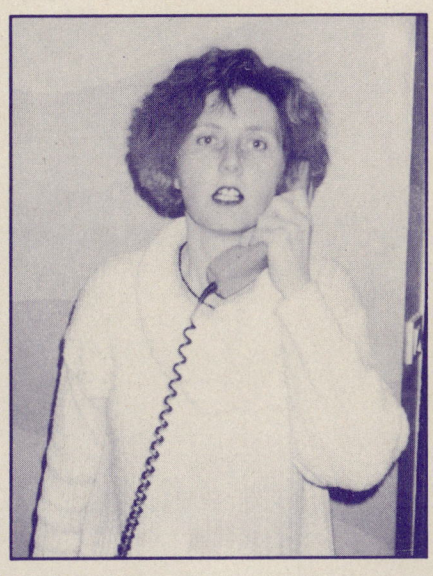

Welche Kinder sind besser erzogen? Die eigenen oder die in der Schule ? Welche Kinder sind leichter zu betreuen ?

Wie müssen "Lehrerkinder" sein: möglichst wohlerzogen und hervorragend in der Schule?

Kann ich das alles als berufstätige Mutter schaffen ?

Das übliche schlechte Gewissen, das berufstätigen Müttern zum Teil eingeredet wird, und das sie zum Teil selber bekommen, wenn wieder einmal etwas schiefgeht, hatte ich auch.

Daraus resultierten Ansprüche an mich und meine Kinder, die kaum zu erfüllen waren, zumindest nicht für mich.

Zwei wichtige Bereiche, die das Spannungsfeld Lehrerin - Mutter mitbestimmen, möchte ich näher beschreiben:

Den pädagogischen Anspruch und den Leistungsanspruch.

Als Mutter sollte ich pädagogisch perfekt sein und alles richtig machen in der Erziehung. Dabei ist mir klar geworden, daß ich selbst bestimme, wie ich mit meinen Kindern umgehe und daß es die "Methode" nicht gibt.

Als Mutter und Lehrerin sollte ich genügend Zeit für die eigenen Kinder haben, gut vorbereitet sein, mich fortbilden und vielleicht noch immer gut aufgelegt sein, und, und,...

Diese immer wiederkehrenden Ansprüche haben mich bewogen, nach Alternativen und Lösungen zu suchen:

* Zur Definition meiner Rolle als Mutter und Lehrerin
* Zu meine Grenzen
* Zu den Konsequenzen, die durch mein Muttersein in der Unterrichtsarbeit spürbar werden und umgekehrt.

Zu meiner Rolle:

Ich versuche, gerecht zu sein, obwohl ich weiß, daß es die absolute Gerechtigkeit nicht gibt.

Ich erlaube mir, Fehler zu machen und kann diese damit auch meinen Kindern und SchülerInnen gestatten.

Manchmal bin auch ich lustlos, ich bin eben kein Übermensch.

Die "beste Freundin" kann ich weder für meine Kinder noch für meine SchülerInnen sein.

Ich versuche meine Energiegrenzen wahrzunehmen und nicht mehr zu arbeiten, als mir guttut.

Dies sind ein paar von meinen Vorstellungen, sie können sich immer wieder ändern, je nach Situation...

Zu meinen Grenzen:

Die eigenen Grenzen spüre ich selbst immer wieder. Es ist auch für mich einfacher, mir Wissen anzueignen, es in der Schule zu reproduzieren und es von den SchülerInnen zu verlangen.

Projektorientierte Unterrichtsarbeit erfordert mehr Vorbereitung, mehr Energie. Diese ist jedoch nur sinnvoll, wenn ich selber nicht hoffnungslos überfordert und ausgelaugt bin.

Und mit eigenen Kindern ist das Handlungspotential außerhalb des Unterrichts eingeschränkt.

Es ist für mich wichtig geworden, das Mögliche und Erreichbare zu verwirklichen und manches zu streichen oder abzuändern.

Es gibt aber auch Grenzüberschreitungen der Schüler. Da sehe ich es als meine Pflicht an, auf die Einhaltung der Grenzen zu achten. Ich sehe das als einen wichtigen Aspekt in der Erziehung.

Grenzüberschreitungen können sein:
Störungen, weil einem fad ist
Unterschreiten eines bestimmten Leistungsniveaus
Abladen des eigenen Frustes auf den Lehrer
Nichteinhalten des Ordnungsrahmens: Ruhe, Pünktlichkeit, Verläßlichkeit, Erbringen von Leistungen...

Wichtig ist für mich, daß ich mich von SchülerInnen nicht persönlich beleidigen lasse, auch wenn sie es versuchen sollten. Ich entscheide, was ich an mich heranlasse. Und die Kinder und Jugendlichen müssen lernen, ihre Bedürfnisse, ihre Wünsche und ihren Ärger anders zu artikulieren.

Konsequenzen in der Unterrichtsarbeit:

Die SchülerInnen sehe ich als Kinder, als Jugendliche, spüre ihre Ängste, ihre Unruhe, letztlich ihre Suche nach dem Glück.

Daraus resultiert, daß ich ihnen ihre "Frechheiten", ihr Unvermögen, sich zu konzentrieren, nicht persönlich vorwerfe, oder gegen mich persönlich gerichtet sehe.

Kinder und Jugendliche versuchen oft, bis an die Grenzen zu gehen, sie zu überschreiten, Regeln nicht einzuhalten, distanzlos zu sein. Darin liegt für mich nicht das Hauptproblem, das beginnt dort, wo ich als Pädagogin solche Überschreitungen zulasse.

Ich sehe es als meine Pflicht, für einen gewissen Ordnungsrahmen und eine gesunde Distanz zu sorgen.

Genau wie bei meinen eigenen Kindern ist mir auch in der Schule klar, daß ich normales Verhalten und auch bestimmte Leistungen verlange.

Seit meine Kinder begonnen haben, erwachsen zu werden, signalisieren sie mir immer wieder, daß ich ihre Probleme sowieso nicht verstehe. Da ich SchülerInnen zwischen 14 und 19 Jahren unterrichte, wird mir immer klarer, daß Jugendliche ihre Probleme selber lösen wollen und müssen. Ich kann sie dabei nur unterstützen.

Bei Prüfungen und beim Erarbeiten des Stoffes bin ich großzügiger geworden. Die Dinge, die wesentlich und wichtig sind, müssen erarbeitet und auch gelernt werden.

Die Eigenständigkeit, die damit wichtiger wird, kann allerdings sehr anstrengend sein.

Daher stelle ich klare Bedingungen für eine positive Leistung, das heißt, ich muß mir genau überlegen, was ich erreichen will.

Wenn SchülerInnen sichtlich nicht fähig sind, positive Leistungen zu erbringen, sei es durch Verweigerung oder einfach, weil sie überfordert sind, fällt es mir noch immer schwer, sie negativ zu beurteilen. Ich sehe ihr persönliches Schicksal und auch ihre Angst. Ich habe auch bei meinen Söhnen mitgebangt und tue es noch immer.

Momentan suche ich nach einem Weg, wie ich mit der zunehmenden Lethargie, dem Desinteresse einiger meiner SchülerInnen zurechtkomme.

Dabei habe ich schon lange nicht mehr den Anspruch, meine Gegenstände so zu gestalten, daß alle zufrieden sind und mich samt meinem Gegenstand mögen.

Allerdings weiß ich nicht nur durch meine Kinder, daß eine gute Lehrer-Schülerbeziehung zu besseren Leistungen führt und auch die Schülerunlust mindert, daher ist mir das Unterrichtsklima ein wichtiges Anliegen, ich versuche schlechte Leistungen nicht auf die emotionale Ebene zu transferieren. Wenn Schüler ihren Ärger, ihren Frust über schlechte Leistungen oft leugnen oder überspielen, so brauchen sie gerade deshalb Ermutigung auf der persönlichen Ebene.

Trotzdem denke ich, daß meine Kinder und die SchülerInnen in der Schule mit der Unvollkommenheit der Eltern und auch der LehrerInnen umgehen lernen müssen, um erwachsen zu werden.

Die Überlegungen, die ich beschrieben habe, entlasten mich und erleichtern mir, daß ich gerne Lehrerin bin und halten das Mühsame am Lehrersein in meist erträglichen Grenzen.

Ich bin gerne "Lehrerin und Mutter!"

Meine Entwicklung als Lehrerin

Sylvia Fikar

Erinnerungen an meine Volksschulzeit

Ich konnte es kaum erwarten, in die Schule zu gehen. Ich spüre noch, wie aufgeregt ich am Tag vorher war und wie groß und wichtig ich mir vorkam, auch ein Schulkind zu sein. Ich wurde nicht enttäuscht. Meine Lehrerin gefiel mir vom ersten Augenblick an, sie war groß und weich, freundlich und schimpfte kaum. Ich fühlte mich wohl und geborgen in der Klasse und war immer sehr unglücklich, wenn sie einmal fehlte und eine andere Lehrkraft aushalf. Ich habe sehr bald beschlossen, auch Lehrerin zu werden. Dieser Wunsch wurde früher nur von kurzfristigen Berufsvorstellungen wie Dolmetscherin oder Sportlehrerin unterbrochen und kehrte hartnäckig immer wieder. Wahrscheinlich spielte auch der Einfluß meiner ELtern eine Rolle, die meinten, Lehrerin wäre der "ideale Beruf für eine Frau". Mein Vater erzählte mir einmal, daß er auch gerne Lehrer geworden wäre.

Meine Entwicklung als Lehrerin

1973 machte ich die Lehramtsprüfung für Volksschulen und betreute im darauffolgenden Schuljahr Legastheniker. Noch am Jahresende hatte ich das Glück, eine zweite Klasse zu übernehmen, die ich bis zur vierten führte. Endlich konnte ich viel Gehörtes, Gesehenes und Gelerntes nach meinen Vorstellungen versuchen in die Praxis umzusetzen. Ich überlegte mir Ziel und Aufbau der einzelnen Stunden und hielt alles in genauen Vorbereitungen fest. Dabei versuchte ich auf Abwechslung in den Lehr- und Lernformen, wie Klassen-, Partner-, Gruppen- oder Einzelarbeit, zu achten und legte besonderen Wert auf Anschaulichkeit und das Erarbeiten von neuem Wissen in kleinen Schritten.

Diese Form des Unterrichtens war lehrerzentriert: Ich kannte das Ziel, ich entschied über das Wie des Erreichens, ich motivierte die Kinder, ich stellte Material zur Verfügung, ich lenkte und kontrollierte den Arbeitsverlauf, ich beurteilte die Leistungen. Möglichst viele Kinder sollten möglichst gleichzeitig ein Ziel erreichen. Für mich bedeutete dies viel Arbeit und Verantwortung, da ich mich für Erfolg und Versagen und auch für die Motivation der Kinder zuständig fühlte. Andererseits gab mir diese Unterrichtsform Sicherheit. Ich konnte die Kinder in ihrer Arbeit und in ihrem Können gut überblicken und entschied alleine über die Unterrichtsplanung.

Dann war ich fünf Jahre im Karenzurlaub. In dieser Zeit widmete ich mich vor allem meinen beiden Kindern, die mein Leben sehr bereicherten und von denen ich sehr viel lernen durfte. Vom ersten Tag an erlebte ich jedes von ihnen als eigene Persönlichkeit mit individuellen Bedürfnissen, eigenen Gefühlen, seiner Eigenart entsprechenden Äußerungen und Handlungsweisen und einer ganz persönlichen Entwicklung. Ich bemühte mich, möglichst auf sie einzugehen.

Alle Natur, alles Wachstum, aller Friede, alles Gedeihen und Schöne auf der Welt beruht auf Geduld, braucht Zeit, braucht Stille, braucht Vertrauen. (Hermann Hesse)

Ich erkannte, daß Achtung vor dem Kind eine grundlegende Voraussetzung für das Lernen ist. Ich begann mich für Rudolf Steiner und seine Pädagogik zu interessieren. So las ich Bücher und besuchte einzelne Veranstaltungen der Steiner-Schule.

Schließlich nahm ich dann meine Arbeit in einer Volksschule im XV. Bezirk wieder auf, einerseits voll mit Ideen und Vorstellungen, andererseits mit dem Bewußtsein, nach fünf Jahren Pause nicht am laufenden zu sein. Ich besuchte die Vorlesungen zur Unterrichtsarbeit auf der entsprechenden Schulstufe, die mir die Sicherheit, die ich brauchte, gaben, um den Stoff einzuteilen und die Lehrziele zu erreichen. Meine Erfahrungen als Mutter und einige Ideen aus der Waldorf-Pädagogik halfen mir, mehr auf die Kinder einzugehen und ihnen und ihren Eltern mehr Verständnis entgegenzubringen.

Mit zunehmender Praxis und besserem Überblick über den Lehrstoff bekam ich mehr Gefühl für das Wesentliche und mehr "Mut zur Lücke". Dazu beigetragen haben sicher die vielen ausländischen SchülerInnen, die den Lehrplananforderungen nicht nachkommen konnten und individuelle Betreuung brauchten, und die zunehmende Anzahl verhaltensauffälliger Kinder, die zu Auseinandersetzungen zwangen.

Ich war oft überfordert und begann meine Rolle als Lehrerin in Frage zu stellen. Ich suchte nach Möglichkeiten, wie ich mir über mich, meine Rolle, meine Vorstellungen, meine Wünsche und Beziehungen klarer werden konnte. Ich besuchte Seminare zum sozialen Lernen, nahm an einer Selbsterfahrungsgruppe teil und lernte schließlich die AGB kennen. Dank dieser Hilfen - glaube ich, - daß mein Unterricht abwechlungsreicher und individueller wurde.

Silvia Fikar arbeitet im Schulmodell "Integrierte Grundstufe", Wien, und ist Absolventin des AGB-Gestaltpädagogik- Lehrgangs. Siehe auch Kapitel 4 "Lernen organisieren".

Du sollst!
Ansprüche, Normen und Werte

Meine Lehrerrolle ist von Ansprüchen bestimmt, die aus sehr vielen Richtungen kommen:

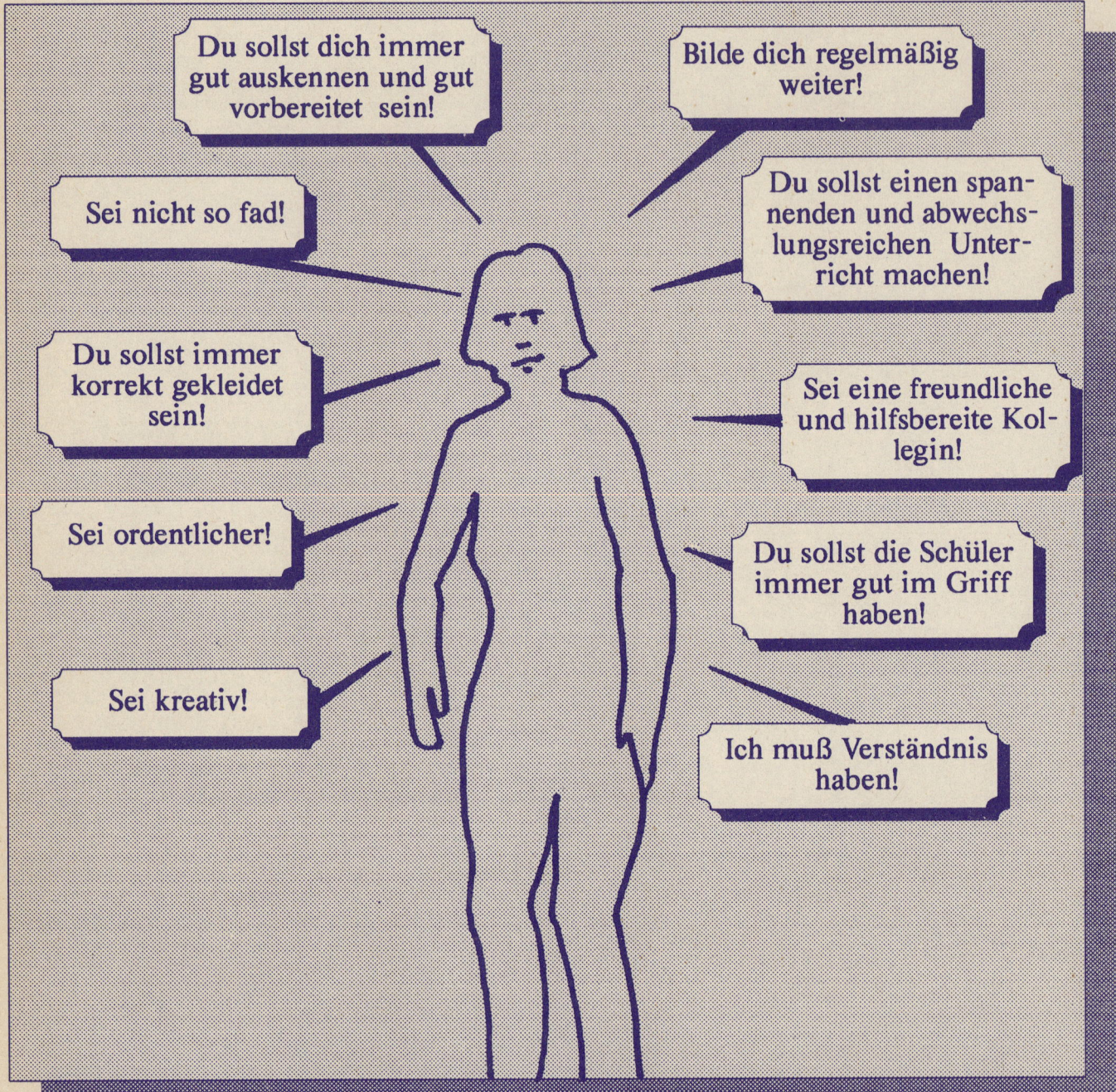

> Du sollst dich immer gut auskennen und gut vorbereitet sein!

> Bilde dich regelmäßig weiter!

> Sei nicht so fad!

> Du sollst einen span- nenden und abwechs- lungsreichen Unter- richt machen!

> Du sollst immer korrekt gekleidet sein!

> Sei eine freundliche und hilfsbereite Kol- legin!

> Sei ordentlicher!

> Du sollst die Schüler immer gut im Griff haben!

> Sei kreativ!

> Ich muß Verständnis haben!

Und wie gehe ich mit diesen und ähnlichen Ansprüchen um?
Zum Beispiel so:

1. Schritt: Jeden Anspruch, den ich in mir entdecke, schreibe ich auf einen Zettel oder ein Kärtchen, als direkte Forderung ... so wie hier oben in den Sprech- und Gedankenblasen.

2. Schritt: Ich überlege, wie weit weg von mir der Zettel (Anspruch) jeweils zu legen ist, bis der Abstand stimmt, d.h. so, daß ich eine faire Auseinandersetzung mit ihm führen kann. Dort lege ich ihn jetzt hin.

3. Schritt: Ich formuliere für mich, was an diesem Anspruch für mich gut ist, wobei er mir hilft.
Dann formuliere ich, was an diesem Anpruch für mich schlecht ist, wie er mich blockiert oder manipuliert.
Ich bemühe mich, jeweils mindestens einen positiven und negativen Aspekt zu finden.

4. Schritt: Ich wäge diese Aspekte mit Herz und Hirn ab und entscheide mich: "Ich nehme dich an!" oder "Ich nehme dich nicht an!"

Diesen Vorgang (2. bis 4. Schritt) wiederhole ich bei jedem Anspruch (Zettel). Wenn ich einen Anspruch nur eingeschränkt annehmen will, dann lehne ich ihn ab oder formuliere ev. eien neuen! Dabei geht es oft gerade um diese Beifügungen wie "immer", "zu allen" oder "mehr", die einen Anpruch unerfüllbar und damit quälend machen und ihm so seine guten, anspornenden Aspekte rauben.

Wie entstehen solche Ansprüche?

Dazu gibt es viele Erklärungsmöglichkeiten und -modelle. Ich stelle Ihnen hier eines vor, das sich in der pädagogischen Praxis als erkenntnisreich und konstruktiv anwendbar gezeigt hat (nach H.W. Schuch, Dortmund): Ansprüche in der Dialektik von

NORM und WERT

Werte sind Bedürfnisse, die ich an die Welt richte, z.B. Essen, Geborgenheit, Wärme, Liebe, Anerkennung, ...

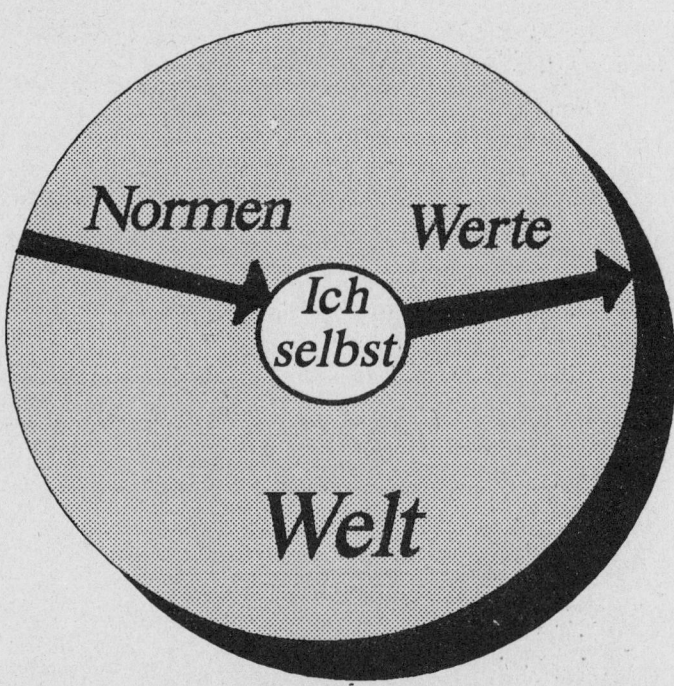

Normen sind Bedürfnisse, die die Welt an mich richtet, weil sie sich erhalten will, z.B. Anpassung, Gehorsam, Hilfsbereitschaft, Verläßlichkeit, den Erwerb bestimmter Fertigkeiten, etc. ...

In der Erziehung geht es u.a. darum, die Bedürfnisse von mir an die Welt und die Bedürfnisse der Welt an mich zu "integrieren", d.h. jeder Seite zu ihrem Recht zu verhelfen und bei Schwierigkeiten einen "Konsens" zu finden!

In unserer Kultur, d.h. bei uns, ist diese Integration in vielen Lebensbereichen schlecht gelungen, es ist ein Kuddelmuddel entstanden zwischen Normen und Werten, zwischen dem, was für uns wichtig ist und dem, was für andere wichtig ist, wobei wir oft nur glauben, daß es für die anderen wichtig ist, ect.

Zentrale Sätze dieses Durcheinanders sind:
"Ich will doch nur Dein Bestes!"
"Sieh doch ein, daß ich es gut mit Dir meine!"
"Du sollst es einmal besser haben als wir!" (Wer bestimmt, was "besser" ist?)

Nicht nur im Elternhaus besteht diese Verwirrung, die durch die autoritätsängstliche Haltung der letzten 20 Jahre verstärkt wurde.
Das allgemeine Bildungsziel der Pflichtschulen ist voll von solchem Durcheinander von "Förderung eines Wertebewußtseins" (was letztlich Selbstbewußtsein und Autonomie braucht) und der "Vermittlung von Werten", die in unserem Modell als Normen bezeichnet werden, wie Disziplin, Arbeitstüchtigkeit, Vaterlandsliebe, ect.

Es geht hier nicht darum, daß eine Gruppe von Bedürfnissen wichtiger wäre als die andere, sondern um die Deutlichkeit ihrer Unterscheidung. Die Verwechlung und Verwirrung dieser zwei Pole führt dann zu den oben beschriebenen blockierenden und quälenden Ansprüchen.
Diese Sichtweise versteht also Ansprüche als gut oder schlecht gelungene Integration von Normen und Werten. Wir können daraus praktisch pädagogische Konsequenzen ableiten:
Erlauben wir uns, diese beiden Pole bei uns selbst und bei Schülern auseinanderzuklauben und deutlich zu unterscheiden. Tagtäglich passieren uns hier Verwechslungen, wenn wir Schülern Normen als unsere Werte oder sogar als ihre eigenen Werte "verkaufen" wollen. So heißt es dann manchmal: "Müssen wir heute wieder tun, was wir wollen?" und alle fragen sich beim Deutschaufsatz-Thema: "Was will sie denn gerne lesen?"
Wir können statt dessen den Schülern klar machen, ob wir etwas von ihnen wollen ... und es ihnen überlassen, ob sie diese Normen auch für sich gut finden ... gelten tun sie aber jedenfalls ... oder ob es jetzt um ihre Bedürfnisse, Meinungen, Wünsche geht, auf die wir - angemessen - eingehen werden. Die Schüler sollen deutlich erkennen, wo und was sie selbst denken und tun dürfen, und wo meine Rahmenbedingungen und Grenzen sind.

Auch unter Lehrern wäre eine solche Bereinigungsarbeit von Vorteil: Wo ist der persönliche Spielraum jedes Lehrers bei seinem Unterricht, und wo genau beginnen die Normen, denen er unterworfen ist, gern oder ungern. Viele Junglehrer leiden hier unter Unklarheit. Und Inspektoren und Direktoren sagen selten, manche niemals, was ihre eigentlichen Anforderungen sind. So bilden sich Ansprüche aus Vermutungen, vermischt mit Angst, und alle haben nur Nachteile davon. Unsere kreativen Potentiale werden geduckmäusert.

1.2
Wirksam sein

Erfolgreiche Lehrer

Handlungsstrategien "erfolgreicher Lehrer"

Ergebnisse einer Untersuchung von Johannes Mayr, Ferdinand Eder und Walter Fartacek. die Zusammenstellung der Ergebnisse erfolgte von Hubert Teml unter Verwendung der angeführten Literatur.

Im Rahmen einer großangelegten Untersuchung mit HauptschullehrerInnen (später auch bei AHS-LehrerInnen) haben Mayr, Eder und Fartacek Strategien von "erfolgreichen" Lehrern (gemeint sind in der Folge immer auch Lehrerinnen) in Bezug auf Disziplin und Unterrichtsstörung erhoben.

Was sind "erfolgreiche Lehrer"?

In dieser Untersuchung wurden speziell solche Lehrer und Lehrerinnen ausgesucht, die "gut mit Schülern umgehen" konnten. Dies bezog sich konkreter auf zwei wesentliche Kriterien:
-Die Schüler arbeiten im Unterricht dieser Lehrer intensiv mit und stören wenig.
-Die Schüler sind diesen Lehrern gegenüber "positiv eingestellt".

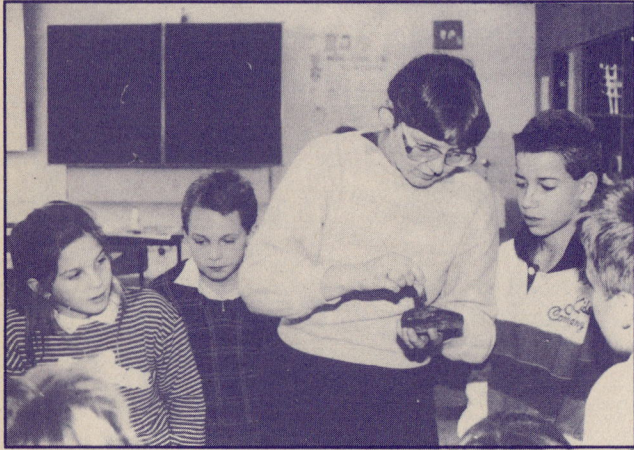

Was sind "disziplinbezogene Handlungsstrategien"?

Aus über 1000 Empfehlungen zur Erreichung guter Disziplin wählte das Forscherteam aufgrund von statistischen Analysen insgesamt 35 disziplinbezogene Handlungsstrategien aus. Diese Strategien wurden dann in einem Fragebogen Schülern und Lehrern zur Einschätzung in Bezug auf ihren Unterricht vorgelegt. Die folgende Darstellung zeigt diese 35 Handlungsstrategien kurz beschrieben auf:

1 Alle Vorgänge in der Klasse wahrnehmen
2 An das Gewissen der Schülerappellieren
3 Anfangs besonders auf Disziplin undOrdnung achten
4 Auf Störungen sofort reagieren
5 Den Schülern Handlungsspielraum gewähren
6 Den Unterricht logisch aufbauen
7 Die Arbeit der Schüler genaukontrollieren
8 Die Klassengemeinschaft fördern
9 Die Kinder zu verstehen versuchen
10 Die personalen und situativen Bedingungen des Unterrichtsanalysieren
11 Die Schüler ständig beschäftigen
12 Disziplinrelevante Fragen mit den Schülern besprechen
13 Eine konkrete Lehrerpersönlichkeit darstellen
14 Erwünschtes Schülerverhalten positiv verstärken
15 Fachlich qualifiziert sein
16 Gelassenheit erwerben
17 Klare Verhaltensregeln aufstellen
18 Klarheit über Lernziele und -aufgaben schaffen
19 Mit den Eltern zusammenarbeiten
20 Mit Kollegen zusammenarbeiten
21 Motivierend unterrichten
22 Offen und ehrlich sein
23 Positiv denken
24 Selbstsicher sein
25 Selbst Vorbild sein
26 Sich an die Vernunft der Schüler wenden
27 Sich für günstige Rahmenbedingungen einsetzen
28 Sich mit der Unterrichts- und Erziehungsaufgabe identifizieren
29 Soziales Lernen fördern
30 Unerwünschtes Schülerverhalten sanktionieren
31 Von den Schülern Leistung fordern
32 Wertschätzend sein
33 Wie ein Dompteur agieren
34 Zu den Schülern Distanz halten
35 Zu seinem Wort stehen

Typ 1:
Der "schülerzentrierte Sozialpädagoge"
Motto: "Wir lernen gemeinsam besser - jeder ist bedeutsam !"
Charisma: Betreuer - Gruppentrainer

Typ 4:
Der "distanziert Zufriedene"
Motto: "Ich weiß, was ich mir erwarten kann - machen wir das Beste draus !"
Charisma: Profi-Beamter im besten Sinn

Wählen Sie Ihre Tendenz!

Typ 2:
Der "optimistische Fachwissenschaftler"
Motto: "Mein Fach ist ein Erlebnis und Lernen ist ein Abenteuer!"
Charisma: Referent

Typ 3:
Der "lehrerzentrierte Klassenmanager"
Motto: "Paß auf - ich schau auf Dich ! So wird unsere Klasse ein erfolgreiches Team !"
Charisma: Team-Chef

Typologie: Teml, Rabenstein

Auf welche Weise können Lehrer erfolgreich sein?

Aus den gesammelten Daten ergab sich, daß Lehrer auf sehr verschiedene Weise "erfolgreich" sein können. Insgesamt ließen sich 4 Typen von Lehrern finden, die alle wenig Unterrichtstörungen hatten und zu denen die Schüler zugleich auch positiv eingestellt waren.

Diese 4 Lehrertypen werden hier zur Verdeutlichung bewußt plaktativ beschrieben (und treffen hoffentlich auch auf die Zustimmung der Forschergruppe):

Typ 1:
Der "schülerzentrierte Sozialpädagoge"

Dieser erste Typ erreicht hohe Werte bei sozialpädagogischen, beziehungsfördernden Strategien wie etwa:
1 Den Schülern Handlungsspielraum gewähren
9 Die Klassengemeinschaft fördern
12 Disziplinrelevante Fragen mit den Schülern besprechen
22 Offen und ehrlich sein
29 Soziales Lernen fördern

Gleichzeitig werden diese Lehrer von ihren Schülern aber auch kompetent im Hinblick auf ihre Steuerungstechniken sowie auf die Qualität des Unterrichts erlebt, z.B:
1 Alle Vorgänge in der Klasse wahrnehmen
6 Den Unterricht logisch aufbauen
21 Motivierend unterrichten

Typ 2:
Der "optimistische Fachwissenschaftler"

Typ 2 scheint dem fachlichen Lernen ein besonderes Gewicht zu geben. Es mangelt diesen Lehrern aber auch nicht an Selbstbewußtsein und Optimismus. Sie erreichen etwa bei folgenden Items hohe Werte:
14 Erwünschtes Schülerverhalten positiv verstärken
15 Fachlich qualifiziert sein
18 Klarheit über Lernziele und -aufgaben schaffen
23 Positiv denken
24 Selbstsicher sein

Typ 3: Der "lehrerzentrierte Klassenmanager"

Typ 3 bedient sich erfolgreich der Techniken der Klassenführung. Insgesamt hatten diese Lehrer auch eine deutlich positive Einstellung zu lehrerzentriertem Verhalten und eine Distanz zu sozialpädagogischem Handeln. Besonders hoch sind die Werte hier bei eher "disziplinierenden", lenkenden Strategien:

4 Auf Störungen sofort reagieren
7 Die Arbeit der Schüler genau kontrollieren
11 Die Schüler ständig beschäftigen

Typ 4: Der "distanziert Zufriedene"

Typ 4 des "erfolgreichen Lehrers" weist ein Profil ohne markante Kompetenzen und Defizite auf. Er steht eher distanziert der Schule gegenüber, ist gleichzeitig aber auch recht zufrieden mit seinem Beruf und genießt die Vorteile wie Ferien etc.

Zusammenfassung der Ergebnisse und Anmerkungen zu deren praktischer Verwertbarkeit

Lehrer, in deren Unterricht die Schüler intensiv mitarbeiten und wenig stören, verfügen über eine Reihe pädagogischer Handlungsstrategien:

- Sie treten den Schülern selbstbewußt und von ihrer beruflichen Aufgabe überzeugt gegenüber.
- Sie sorgen dafür, daß die Schüler innerhalb eines logisch aufgebauten Unterrichts mit interessanten Aufgaben beschäftigt sind.
- Sie kontrollieren die Arbeitsergebnisse genau.
- Sie vermitteln den Schülern klare Verhaltensregeln und trachten danach, deren Einhaltung möglichst ohne Strafen sicherzustellen.
- Sie bekommen viel von dem mit, was in der Klasse vor sich geht.
- Sie bemühen sich, die Klassengemeinschaft zu fördern.
- Sie begegnen den Schülern wertschätzend, offen und ehrlich.
- Sie versuchen die Schüler auch dann zu verstehen, wenn diese ihnen einmal Schwierigkeiten bereitet.
- Sie suchen das Gespräch mit den Schülern und gewähren ihnen einen gewissen Entscheidungsspielraum.
- Die Lehrer wählen unter den genannten und einigen weiteren Handlungsmöglichkeiten innerhalb einer bestimmten Bandbreite schwerpunktmäßig jene aus, die ihnen persönlich "liegen" und die ihnen un-

ter den jeweiligen Rahmenbedingunen passend erscheinen. Ein von diesen Prinzipien geleitetes pädagogisches Handeln verschafft ihnen auch die Wertschätzung ihrer Schüler und geht einher mit einem hohen Ausmaß an Berufszufriedenheit.

Was sind wenig erfolgreiche Lehrertypen?

Als wenig günstig wurden zwei Lehrertypen festgestellt:

Bei dem einen war eine positive Lehrer-Schüler-Beziehung gegeben, jedoch fehlt es an Steuerungseffizienz. Es sind dies offensichtlich freundliche Lehrer, die sich aber nicht entsprechend in der Klasse durchsetzen können.

Der andere nicht erfolgreiche Typ hatte sozialpädagogische Defizite (also keine gute Beziehung zu den Schülern) und war auch steuerungstechnisch wenig effizient.

Weitere Ergebnisse der Untersuchung

Einige Nebenergebnisse der Untersuchung lassen sich folgendermaßen zusammenfassen:

a) Sozialpädagogsche Strategien (z.B.: "Disziplinrelevante Fragen mit den Schülern besprechen") werden eher in Klassen mit leistungsstärkeren Schülern angewandt, ebenso in Klassen, in denen der Lehrer als Klassenvorstand fungiert bzw. in denen der Lehrer eine größere Zahl von Stunden pro Woche unterrichtet.

b) Die angewandten Strategien werden durch die Klassenstufe, die Anzahl der Schüler in der Klasse und das Unterrichtsfach nicht bedeutsam modifiziert.

c) Aus Lehrer- und Schülersicht lassen sich zwar sehr ähnliche Folgerungen für wirkungsvolles Lehrerhandeln ableiten, die beiden Sichtweisen stimmen jedoch nur schlecht überein, wenn es um die Beschreibung des Verhaltens eines bestimmten Lehrers geht.

d) Die Berufszufriedenheit der "erfolgreichen" Lehrer liegt deutlich über den Werten aus repräsentativen Lehrerstichproben.

Fragebogen

Falls Sie als Leser oder Leserin Lust bekommen haben, sich selbst einzuschätzen, so können Sie dazu den folgenden Fragebogen benützen. Schätzen Sie die einzelnen Fragen zunächst für sich selbst ein. Sie können dann auch den Fragebogen von Schülern einer Ihrer Klassen anonym bearbeiten lassen. Vergleichen Sie dann Ihre Einschätzung mit den Mittelwerten der (anonymen) Schülereinschätzung. Über diejenigen Strategien, bei denen sich größere Diskrepanzen in der Einschätzung ergeben, können Sie dann mit der Klasse reden und gemeinsam Maßnahmen zur Veränderung überlegen. Auf diese Weise werden Sie selbst weitere "Erfolgs-Strategien" entwickeln.
Siehe nächste Seite.
Eine auf 10 besonders bedeutsame Handlungsstrategien verkürzte Form dieses Fragebogens finden Sie im Kapitel 4 "Stoff wiederholen und Feedback"

Fragebogen

Denke an Deine/n ———————————————— Lehrerin / Lehrer:

stimmt   stimmt nicht

1.Er/Sie bemerkt alles, was in der Klasse vor sich geht.   5 4 3 2 1

2.Er/Sie redet den Schülern ins Gewissen, wenn sie sich falsch verhalten
haben.   5 4 3 2 1

3.Wie er/sie unsere Klasse übernommen hat, war er/sie strenger als jetzt.   5 4 3 2 1

4.Er/Sie greift gleich ein, wenn ein Schüler zu stören anfängt.   5 4 3 2 1

5.Er/Sie läßt uns vieles selbst entscheiden.   5 4 3 2 1

6.Er/Sie gliedert die Unterrichtsstunde in Abschnitte, die gut aufeinander
passen.   5 4 3 2 1

7.Er/Sie kontrolliert laufend, wie wir arbeiten und was wir können.   5 4 3 2 1

8.Er/Sie versucht uns auch dann zu verstehen, wenn wir ihm/ihr einmal
Schwierigkeiten machen.   5 4 3 2 1

9.Er/Sie tut vieles, damit wir eine gute Klassengemeinschaft haben.   5 4 3 2 1

10.Ich glaube, er/sie macht sich über sein/ihr eigenes Verhalten Gedanken.   5 4 3 2 1

11.Er/Sie achtet darauf, daß wir im Unterricht immer beschäftigt sind.   5 4 3 2 1

12.Wir reden mit ihm/ihr auch über den Unterricht und über unsere Klasse.   5 4 3 2 1

13.Er/Sie ist eine gepflegte und gebildete Person.   5 4 3 2 1

14.Er/Sie lobt die Schüler, die sich so verhalten, wie er/sie es haben möchte.   5 4 3 2 1

15.Er/Sie kann sehr viel in seinem/ihrem Fach.   5 4 3 2 1

16.Er/Sie ist ausgeglichen und humorvoll.   5 4 3 2 1

17.Bei ihm/ihr wissen wir genau, welches Verhalten er/sie von uns erwartet.   5 4 3 2 1

18.Wenn er/sie etwas verspricht, hält er/sie das auch ein.   5 4 3 2 1

19.Wenn es mit den Schülern Schwierigkeiten gibt, redet er/sie mit deren
Eltern.   5 4 3 2 1

20.Ich glaube, daß er/sie sich mit anderen Lehrern bespricht, wenn
es mit uns Schwierigkeiten gibt.   5 4 3 2 1

21.Er/sie unterrichtet interessant.   5 4 3 2 1

22.Er/Sie ist zu uns offen und ehrlich.   5 4 3 2 1

23.Er/Sie beginnt jede Stunde freudig und zuversichtlich.   5 4 3 2 1

24.Ich glaube, er/sie ist überzeugt davon, ein/e gute/r Lehrer/in zu sein.   5 4 3 2 1

25.Er/Sie verhält sich in allem vorbildlich.   5 4 3 2 1

26.Wenn wir uns falsch verhalten haben, redet er/sie vernünftig mit uns.   5 4 3 2 1

27.Ich glaube, er/sie setzt sich dafür ein, daß an der Schule etwas
verbessert wird.   5 4 3 2 1

28.Er/Sie nimmt ihren Beruf ernst.   5 4 3 2 1

29.Wenn es eine Meinungsverschiedenheit gibt, ermutigt er/sie
uns, unsere Gefühle auszusprechen.   5 4 3 2 1

30.Wenn sich Schüler falsch verhalten, haben sie damit zu rechnen, daß
sie von ihm/ihr bestraft werden.   5 4 3 2 1

31.Er/Sie sorgt dafür, daß wir viel lernen.   5 4 3 2 1

32.Ich glaube, er/sie mag uns.   5 4 3 2 1

33.Wenn ein Schüler stört, dann blickt er/sie ihn an oder verändert sein/ihre
Stimme, damit der Schüler wieder Ruhe gibt.   5 4 3 2 1

34.Ich glaube, er/sie legt Wert auf Abstand zwischen sich und uns.   5 4 3 2 1

35.Bei ihm/ihr wissen wir genau, was wir zu arbeiten haben.   5 4 3 2 1

Ich will, aber die Schüler?
Motive und Strategien

Das ging mal wieder schief! ...
In diesem Unterrichtsjahr wollte ich im Deutschunterricht das Thema "Diskussion und Diskussionsverhalten" bearbeiten. Ein Schritt von mehreren war, mit den Schülern Themen zu sammeln, die sie interessierten.

Das Sammeln ging aber sehr schleppend. Die Einigung auf ein Thema für die nächste Stunde war nur mit großem Energieaufwand zu erreichen. Die Diskussion selbst verlief flau, ohne Einsatz und mit wenig Beteiligung der Schüler. Einige Schüler erklärten mir, daß sie nicht um die Themen gefragt werden wollten.

Unschlüssig stand ich vor der Frage: Wie erreiche ich, daß die Schüler mein Angebot zur Eigeninitiative aufgreifen?

Eine Methode, die Situation zu überdenken und zu durchleuchten, ist die

Motivbilanz

Sie kann die Grundlage für Strategien und Maßnahmen sein, die die Schüler zu einer Verhaltensänderung bewegen.

In zwei Spalten werden jeweils treibende und hemmende Motive im Hinblick für bzw. gegen ein gewünschtes Verhalten (am unteren Rand der Liste formuliert) aufgelistet.

Unter "treibenden und hemmenden Motiven" versteht man Ängste, Gefühle, Beweggründe.

Das Beispiel zu meinem geschilderten Fall ist in einer Lehrergruppe entstanden. Es zeigt einige Phantasien über Schüler angesichts der Aufforderung, Themen zu sammeln. Durch die angeführten Motive war ersichtlich, daß die Ursachen für das Scheitern vielfältig und verschieden waren. Die sichtlich vorhandenen treibenden Motive kamen nicht zum Tragen.

Treibende Motive	*Hemmende Motive*
+ jetzt geht's endlich um mich (5)	+ ich weiß nicht, was ich will, ich bin überfordert (2)
+ das ist lustiger als das übliche (6)	+ wenn ich etwas persönliches sage, kann ich mich blamieren (5)
+ ich erfahre mehr, was die anderen denken	+ die anderen könnten meine Meinung blöd finden
+ jetzt kann ich's endlich sagen	+ ich kann mich nicht ausdrücken (3)
+ ich brauch nix tun (7)	+ warum alles so zerpflücken?
+ ich werde mehr ernstgenommen, ich bin wichtiger (5)	+ das ist ja banal!
	+ es kommt ja eh nix raus! (4)
	+ ich weiß nicht, was der Lehrer will (1)

Gewünschtes Verhalten:
Die Schüler zeigen Eigeninitiative auf meine Angebote hin.

Im nächsten Schritt kann dann überlegt werden:
Welche hemmenden Motive können wie abgebaut werden?
Welche der treibenden Motive können wie unterstützt werden?
Ideen und Strategien zur Ermöglichung des gewünschten Verhaltens:
Die Zahlen beziehen sich auf die bezeichneten Motive in der Motivbilanz.
(1) Diese Bilanz den Schülern präsentieren. Sie können die Absicht des Lehrers erkennen und sich mit den phantasierten Motiven auseinandersetzten, sie bestätigen, verwerfen, neue hinzufügen. Sie werden ermutigt, die Rolle als Mitgestalter des Unterrichts zu reflektieren.
Bei weiteren ähnlichen Versuchen:
(2) Anstatt selbst Themen zu finden, können die Schüler aus einer vorgegebenen Liste wählen.
(3) Die Schüler bereiten sich schriftlich vor. Lehrer spielt Sprachrohr, er spiegelt das Gehörte, versucht das Ausgedrückte zu verdeutlichen.
(4) Ergebnisse schriftlich zusammenfassen, schriftlich (an der Tafel, Protokoll) sichtbar machen.
(5) Auch Subjektives aufschreiben und auswerten.
(6) Der Lehrer zeigt selbst Gefühle (Lust, Angst, ...)
(7) Passive Schüler gezielt ansprechen, um Meinung fragen.

Nächste Seite: Eine weitere Möglichkeit, mit Lernwiderstand (z.B. Ihrem eigenen) zu arbeiten.

Mit einem Lernwiderstand arbeiten*

Beratungsmodell für mit NLP Vertraute

1. Situation definieren:
Denke an eine Situation, wo du etwas nicht lernen möchtest/einen Widerstand spürst. Kläre zuerst einmal ab: Was könnte die Absicht dieses Lernwiderstandes sein?
Was bringt dir der Widerstand?
Was wäre der Preis für eine Veränderung?

2. Zeitlinie errichten
Stelle dir am Boden eine Zeitlinie vor:

$$\longleftarrow \longrightarrow$$

Vergangenheit   Gegenwart   Zukunft

3. Auf die Zeitlinie steigen
Steige auf diene persönliche Gegenwarts-Position und vergegenwärtige dir das Gefühl des Lernwiderstandes (Augen schließen).
Wo in deinem Körper spürst du das?

4. In die Vergangenheit zurückgehen
Geh nun mit diesem Gefühl auf der Zeitlinie zurück in deine Vergangenheit. Benenne jeweils die Stationen von ähnlichen Lernwiderständen, die in dir dabei auftauchen. Gib diesen Stationen einen Namen oder eine Altersangabe. Gehe dabei so weit, bis du zur frühesten Erfahrung deines Widerstandes kommst. Prüfe dies, indem du noch einen Schritt zurückgehst (an eine Stelle, wo du diesen Widerstand noch nicht gespürt hast, wo du noch Lernfreude etc. besessen hast.)

5. In eine Metaposition gehen
Tritt nun aus der Zeitlinie heraus und öffne deine Augen. Schau auf diesen Punkt deiner frühesten Erfahrung und beschreibe aus dieser (dissozziierten) Position die Szene (in der Gegenwart, so als ob sie jetzt stattfinden würde).

6. Die gute Absicht finden
Finde heraus, was damals die gute Absicht des Widerstands dieser (kleinen) Person war.

7. Ressourcen suchen
Finde die Ressourcen, die du damals als Kind gebraucht hättest, (z.B. Mut, Selbstvertrauen, Unterstützung, Zuwendung ...) und wähle diejenige aus, die du ihm heute als Erwachsener selbst geben kannst.

8. Ressourcen übermitteln
Erlebe diese Ressource, spüre sie in dir, laß sie ganz lebendig werden. Gib diese Ressourcen nun diesem Kind auf der Zeitlinie, etwa als Farbe, als Strahl, als Geste.
Beobachte, wie sich die Situation dadurch verändert.

9. In die Zeitlinie eintreten
Geh nun wieder auf die Zeitlinie, in diese früheste Situation, schließe wieder deine Augen.
Erlebe nun die Veränderung mit den neuen Ressourcen.

10. Auf der Zeitlinie hinaufgehen
Gehe nun mit dieser integrierten Erfahrung in die nächste Station hinauf und erlebe dich dort in neuer Weise.
Falls noch Ressourcen fehlen sollten: Tritt wieder in die Metaposition und beginne wie oben bei Punkt 5.
Gehe so weiter bis in die gegenwärtige Situation.

11. Zukunftssituationen
Stelle dir eine vernünftige Lern-Situation vor, in der du bisher diesen Lernwiderstand verspürt hättest.
Erlebe dich mit deinem neuen Gefühl in dieser Zukunftssituation.

Polaritäten meiner Autorität, meines pädagogischen Handelns

Wir stellen zu anderen Menschen oft einen Gegenpol in unserem Fühlen und Handeln dar und andere Menschen zu uns. In uns selbst können wir ebensolche Gegenpole entdecken, sofern wir unser Sein nicht in Gut und Schlecht einteilen und unsere "schlechten"(ungewollten, ungeliebten) Anteile verteufeln und nicht mehr als uns zugehörig wahrzu-

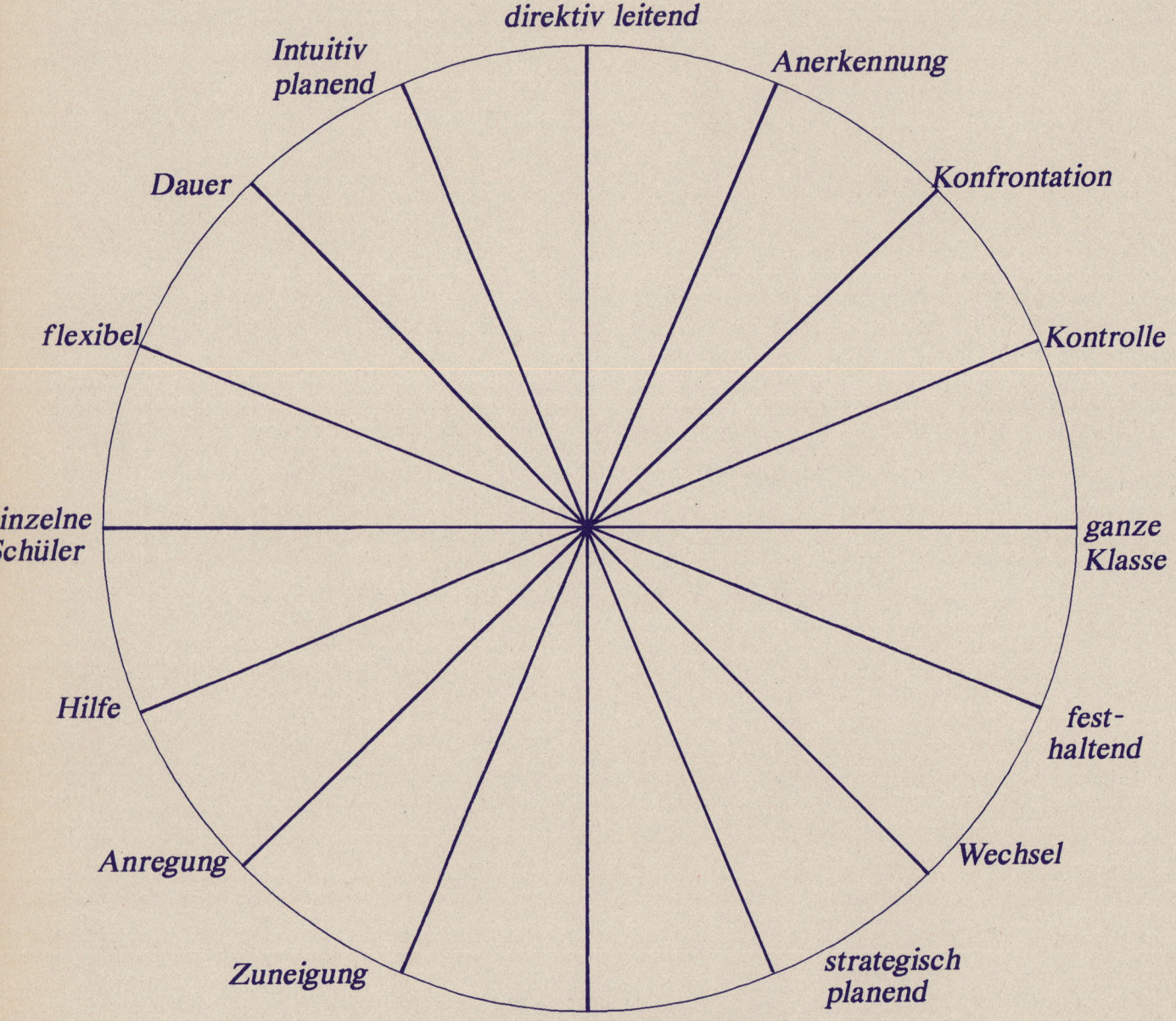

<u>*Die Dimension (in der Mitte) und ihre Pole (beidseitig):*</u>

koordinierend - <u>*Führungsstil*</u> - direktiv
Anerkennung - <u>*Beachtung*</u> - Zuneigung
Anregung - <u>*Initiative*</u> - Konfrontation
Kontrolle - <u>*Motivation*</u> - Hilfe
ganze Klasse - <u>*Veränderung*</u> - einzelne Schüler
festhaltend - <u>*Normen, Regeln*</u> - flexibel
Wechsel - <u>*Beziehung*</u> - Dauer
intuitiv - <u>*Planung*</u> - strategisch

nehmen trauen. Die Einsicht und Einfühlung, daß wir Gegensätzliches in uns vereinen und diese Gegensätze unsere belebende Bandbreite ausmachen, kann sehr erleichternd sein und Ihr Selbst-Verständnis erweitern.

Der Polaritätenkreis

So bin ich gerade

Versuchen Sie mit diesem Polaritätenkreis, Ihre Ausdehnung in einer Dimenision zwischen den einzelnen, scheinbar widersprüchlichen Polen zu erkennen und einzuzeichnen. Sie gehen dabei jeweils vom Mittelpunkt einer Dimensions-Achse aus und kennzeichnen Ihre spürbare Ausdehnung zum einen Pol und dann zum gegensätzlichen.

So arbeiten Sie Dimension für Dimension durch. Sie können sich diese Dimensionen und deren Pole auch in Ihrem Zimmer/Seminarraum kreisförmig auflegen und vom Mittelpunkt ausgehend jeweils beschreiten (auch als paarweise Entdeckungsreise interessant).

Die Verbindung aller Kennzeichnungen auf den Polaritätenachsen ergibt ein Feld - bezeichnet einen Raum - Ihren derzeitigen Erlebnis- und Handlungsspielraum.

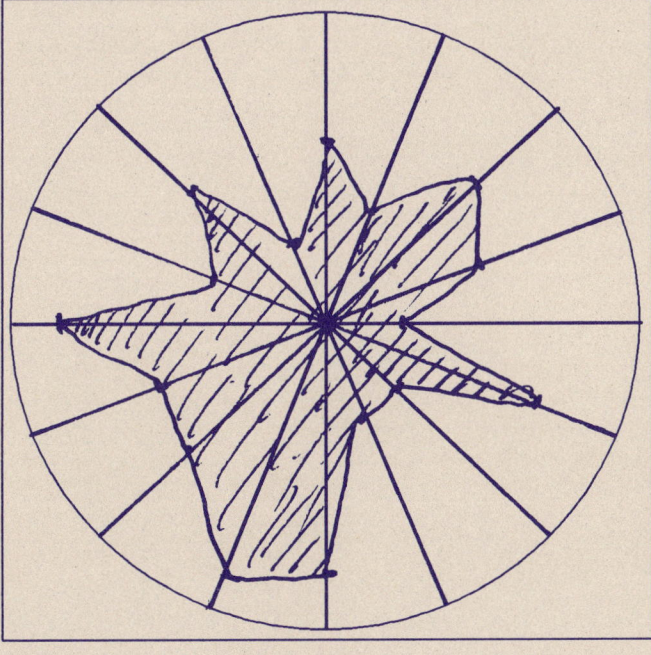

Feedback

Mit Ihrem so "ausgefüllten" Polaritätenkreis gehen Sie nun zu einer Kollegin Ihrer Wahl und bitten Sie um ihr Feedback - indem diese Kollegin ihren Eindruck von Ihnen am Polaritätenkreis einzeichnet. Gespräch über die Kennzeichnung und Einschätzung. Auch dies können Sie mit Linien verbinden und so Ihr Fremdbild anschaulich machen.

Wunsch - Ziel

Mit einem anderen Farbstift zeichnen Sie nun Ihre Wunschausdehnung auf den Polaritätenachsen ein und mit einer verbinden dies mit einer Linie. Sie sehen nun Ihre Entwicklungs wünsche und -chancen in der nächsten Zeit.

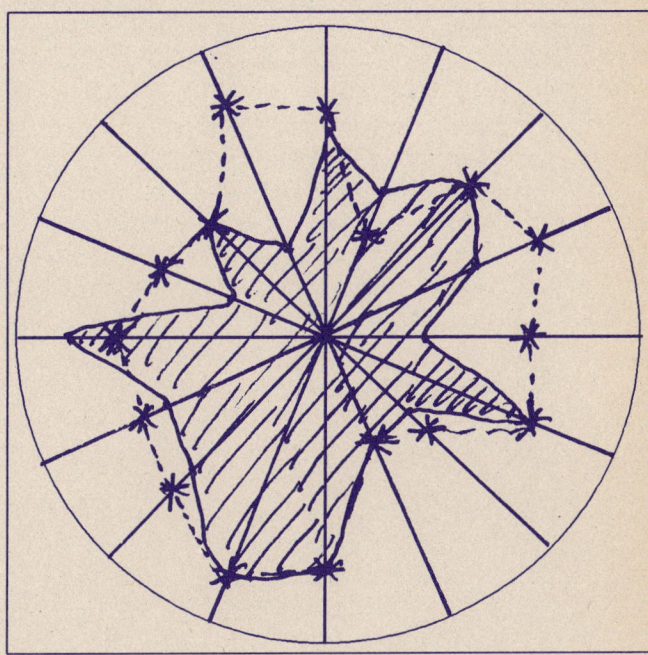

Identifikation mit den Polaritäten

Sind Sie mit mehreren Kolleginnen zusammen (bei einem Seminar oder in einer Supervisionsgruppe) so können die Pole von Personen besetzt werden, die über sich Qualitäten ausdrücken in der Ich-Form: "Ich bin die Intuitive Planung und ..." und dann mit dem Gegenpol in Dialog treten. Danach können auch andere Kollegen, die etwas zu diesem Pol, zu dieser Dimension beitragen wollen, zu diesem Pol gehen und ebenfalls Qualitäten identifiziert nennen. Dann kommt die nächste Dimension dran.

Dies ist ein sehr anregendes Lehrer-Sein-Theater.

Neue Polaritätenkreise entwickeln

Wenn Ihnen diese Art, sich zu verstehen gefällt können Sie selbst zu verschiednen Personen und Rollen neue Polaritätenkreise entwickeln.

Gutes Gelingen !

Grundidee: Michael Cöllen, "Das Paar - Integrative Paartherapie", Kösel Verlag München, 1989

Identität entfalten

Gelungene Beziehungen

sind der Nährboden für die Entwicklung der Identität, der sich und andere wertschätzenden Person.

Nach unserem Identitätsverständnis entwickeln wir unsere Identität im Zusammenwirken unserer Selbstwahrnehmung, unseres Selbstbildes (Identifikation) und der Zuschreibungen durch andere, Fremdbilder (Identifizierung). Daraus können wir die Wichtigkeit realistischer Begegnung und bedeutsamer Beziehung erspüren, erahnen und erkennen - in deren Prozeß unsere Wahrnehmung uns selbst und die Welt erfaßt und das Bewußtsein und die körperliche Gewißheit wachsen, bedeutsam, liebenswert und selbstverantwortlich zu sein.

In derartig gelungenen und mißlungenen Begegnungen erfassen und deuten wir den Sinn unserer Person, unseres Lebens unseres Zusammenseins.

Wir entwickeln unsere Antwort auf die konkrete Welt und dies ist unsere Ver-antwortung.

Identitätsentwicklung

ist ein Korrespondenzprozeß - so kommen qualitativer Wahrnehmung und Kommunikation eine existenzgründende Wirkung zu.

Auf diese Einsichten baut das Identitätsmodell der Integrativen Therapie (Hilarion Petzold) und das Selbstwert-Konzept der Systemischen Familientherapie (Virginia Satir) .

Selbstwert und Kommunikation

Ich habe Selbstwert!

Können Sie diesen Satz jetzt gerade zu sich sagen? Vollinhaltlich? Nur so teilweise? Fast gar nicht?

Genieren Sie sich, ihn laut auszusprechen, obwohl Sie sich selbst wertvoll fühlen?

Sie brauchen nicht über Selbstwert zu sprechen. Ich weiß, das ist schwer und in unserer Gesellschaft heute ungewohnt. Erzählen Sie einfach über Ihren "Topf", Ihren Krug, Ihren Pott!

Diesen Begriff haben wir von Virginia Satir übernommen. Topf ein Gefäß, das angefüllt sein kann mit Selbstwert, Selbstachtung, das Löcher haben kann, durch die verloren geht, was eigentlich drinnen bleiben sollte.

Einen Topf kann man bildlich darstellen, der Zuhörer kann es sich bildhaft vorstellen. Auch Kinder können mit diesem Begriff umgehen.

Stellen Sie sich vor, Ihre Klasse hat eben die Matura abgeschlossen. Alle Schüler waren erfolgreich. Direktor, Vorsitzender und Kollegen gratulieren Ihnen freudig und glaubhaft. Sie selbst wissen, welche Arbeit Sie geleistet haben, um Ihren Schülern dieses Ziel erreichen zu helfen.

So fühlt sich Ihr Topf an, wenn er voll ist.

Stellen Sie sich jetzt einen Mißerfolg vor, etwas, worüber Sie sich genieren, wovon Sie vielleicht niemandem etwas erzählen möchten.

Das ist das Gefühl, wenn in Ihrem Topf wenig drinnen ist.

Ihr Topf ist immer "da". Manchmal ist er voll und manchmal ziemlich leer. Bei manchen Menschen ist er oft voll, bei anderen oft leer. Zu welchen gehören Sie?

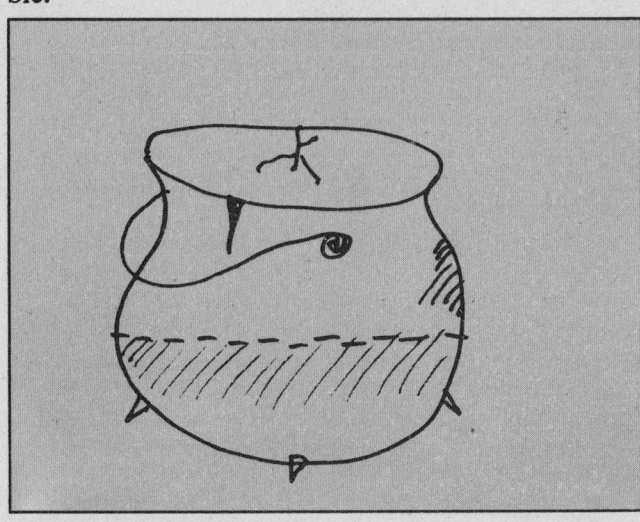

Literaturhinweis:
Satir, Virginia: Selbstwert und Kommunikation. München: Verlag J. Pfeiffer 1975

Was ist in meinem Topf?

Nehmen Sie sich jetzt ein paar Minuten Zeit und schließen Sie die Augen. Wenn Sie sitzen, stellen Sie sich vor, Ihr Topf steht jetzt neben Ihrem Sessel. Er reicht Ihnen gerade bis zum Knie. Greifen Sie mit der Hand in Ihren Topf hinein und tasten, spüren, fühlen Sie, wie voll er gerade ist? Wie fühlt sich das an, was in Ihrem Topf drinnen ist? Sind Sie zufrieden damit?

Wie ist der Zustand des Topfes? Hat er Löcher, wird er von außen gefährdet? Wie kümmern Sie sich um ihn?

Sie können anderen Personen, auch einer Gruppe, von diesen Bildern erzählen.

Achten Sie darauf, was es für Sie bedeutet, anderen so von sich zu erzählen.

Selbstwert und Kommunikation

Jede Kommunikation mit einem anderen Menschen kann Ihren Topf beeinflussen. Das kann durch den Inhalt der Sätze passieren, meistens allerdings durch den Tonfall, Körpersprache, Mimik, Gestik, den Zeitpunkt der Interaktion oder den Aspekt einer Situation, der in den Vordergrund gerückt wird.

Beachten Sie in der nächsten Stunde, einer Besprechung mit Kollegen, einer Konferenz oder beim familiären Mittagessen am Sonntag zu Hause die Bewegungen in Ihrem Topf.

Achten Sie einmal bewußt darauf, ob die Sätze und die Art, in der sie gesprochen werden, Ihren Selbstwert aufbauen oder senken. Nach einiger Zeit ändern Sie Ihre Absicht und lenken Ihre Aufmerksamkeit auf die anderen Personen. Wie reagieren die Kinder oder Erwachsenen auf Ihre Sätze und Handlungen? Welche verbalen und nonverbalen Reaktionen nehmen Sie wahr? Welche Gefühlsausdrücke - mitgeteilt durch Mimik, Gesten, Tonfall, Handlungen etc.- geben Ihnen einen Hinweis darauf, ob Sie bei der anderen Person einen Aufbau des Selbstwertes unterstützt haben oder ein Sinken in ihrem Topf zu vermuten ist?

Wenn Sie die Erfahrungen dieses ersten Versuches reflektiert haben, können Sie auch versuchen, die anderen zu demselben Experiment einzuladen.

"Ich bin ganz überzeugt, daß der größte Teil der Probleme, Schmerzen, Scheußlichkeiten im Leben - auch Kriege - das Ergebnis von niedrigem Topf irgendwelcher Menschen ist, über den sie nicht offen reden können."
(Virginia Satir: Selbstwert & Kommunikation, S.41)

Gefährdung des Selbstwerts: 4 "Streßformen" und die stimmige Kommunikation

Oft wollen oder müssen wir uns vor der Wahrnehmung unserer Gefühle schützen. Gleichzeitig können wir damit die Verantwortung für unser Selbst- das für uns Einstehen - vermeiden. Das erspart uns scheinbar Ausgesetztheit, Konfrontation, traurige Gefühle der Einsamkeit und reduziert zunächst die Angst, uns bedürftig zu zeigen. So kommt es, daß Gefährdungen des Selbstwerts und die damit empfundenen Gefühle selten offen und direkt kommuniziert werden. Statt dessen können wir grob 4 Streßformen der Kommunikation an uns beobachten.

All diesen Selbstwertstreß-Verminderungsstratgien ist der Versuch gemeinsam, die Gefährdung zu reduzieren und gleichzeit die Gefährdung aufrechtzuerhalten - weil sie ja vermieden wird. Langfristig angewandt, sind diese Muster tatsächlich selbst-gefährdend in unterschiedlicher Qualität - jedenfalls dadurch, daß ich Teile von mir (Empfindungen, Gefühle, Handlungsimpulse) nicht wahrhabe und diese mir nicht zur Verfügung stehen oder gar durch Abspaltung verkümmern.

Kurzfristig können diese Strategien Gefährdung verringern und wertvolle Hinweise auf eine aktuelle Gefährdung in der Situation sein!

Erinnern Sie sich kurz an die letzte Konferenz zu einem heiklen Thema und Sie werden die 4 Streßformen und hoffentlich auch die 5. Möglichkeit der stimmigen Kommunikation entdecken.

Hier die 5 Möglichkeiten, zu kommunizieren - die 4 Streßformen und die stimmige Kommunikation:

1. Beschwichtigen

"Es geht ja nicht um mich !"
Die Beschwichtigerin stellt sich selbst zurück, um die Gefährdung zu reduzieren und löscht damit auf die Dauer sich selbst aus - gefährdet sich am meisten. Körpersignal: versöhnlich. Worte: entschuldigend, einlenkend. Gefühle: Ich bin wie Du - ohne Dich nichts ! Karikatur: Ja-Sager. Angenehme Seite: Einsicht und Verständnis.
Entwicklungschance: Mut, zu fordern. Eigene Gefühle prägnant wahrnehmen - äußern.

2. Anklagen

"Du bist schuld !"
Die Anklägerin prescht vor oder klagt subtil an und verdeckt damit fast perfekt ihre Angst. Sehr gefährlich für andere und für sich selbst. Körpersignal: anklagend, fordernd.
Worte: immer, nie, ja aber, Du ! Gefühle: einsam, ägstlich, erfolglos. Ich bin ganz anders - wehe Du bist anders ! Karikatur: Macht, Chef, Fehlersucher.

Angenehme Seite: Aggression und Power.
Entwicklungschance: Sympathie wahrnehmen und
zeigen, neue Sicherheiten gewinnen, Selbstfürsorge,
Meditation, Selbstwahrnehmung entwickeln.

3. Rationalisieren

"Also nüchtern betrachtet ...!"
Die Rationalisiererin hat gute
Erklärungen parat und versucht
so, ihre eigenen Gefühle und
die anderer zu vermeiden. Körpersignal: unbewegt, gespannt.
Worte: Redewendungen,
Fremdwörter, Verallgemeinerungen. Gefühle: ausge-
liefert. Karikatur: Computer, Intellektuelle. Angenehme Seite: Durchblick, Einsicht.
Entwicklungschance: Aufregungen wahrnehmen
und äußern lernen.

4. Ablenken

"Übrigens - da fällt mir ein ..."
Die Ablenkerin springt gern
aus brenzligen Situationen
durch eine neue Idee oder
Scherz heraus und vermeidet
so Begegnung und Betroffenheit, sie verliert sich, die ande-
ren und die Umwelt. Körpersignal: in verschiedene
Richtungen weisend, eckig. Worte: belang- und be-
ziehungslos. Gefühle: verloren, bedeutungslos. Karikatur: Sponti, Unterhalterin. Angenehme Seite: Beweglichkeit, Ideenreichtum.
Entwicklungschance: Begegnung ernst nehmen, Vertrauen spüren und fördern.

5. Stimmige Kommu-
nikation

"Ich fühle - und ich möchte !"
In Zeiten, wo wir uns stim-
mig, konkruent fühlen, stehen
wir auf unseren eigenen Bei-
nen, wählen, erleben uns ein-
malig in Gleichheit und Verschiedenheit zu anderen
und glauben daran, daß alle Menschen reifen und
wachsen können.
Körper, Sinne, Gedanken und Gefühle stimmen
überein und werden gezeigt.
Die Beziehungen sind verbindlich, offen, frei und
ehrlich.

Selbstwertmeditation

Zu entspannender Musik lesen Sie "Mein Bekenntnis
zur Selbstachtung". In einer Gruppe: Jeder hat die
Kopie des Textes und einer nach dem andern liest
den nächsten Satz (Lesemosaik). Danach Kennzeichnung des Satzes, der mir heute am Besten tut. Paargespräch über diesen Satz.

Mein Bekenntnis zur Selbstachtung
Virginia Satir

"Ich bin ich selbst.
Es gibt auf der ganzen Welt keinen, der mir vollkommen gleich ist. Es gibt Menschen, die in
manchem sind wie ich, aber niemand ist in allem
wie ich. Deshalb ist alles, was von mir kommt,
original mein; ich habe es gewählt. Alles was Teil
meines Selbst ist, gehört mir - mein Körper und
alles, was er tut, mein Geist und meine Seele mit
allen dazugehörigen Gedanken und Ideen, meine
Augen und alle Bilder, die sie aufnehmen, meine
Gefühle, gleich welcher Art: Ärger, Freude, Fru-
stration, Liebe, Enttäuschung, Erregung; mein
Mund und alle Worte, die aus ihm kommen, höf-
lich, liebevoll oder barsch, richtig oder falsch,
meine Stimme, laut oder sanft, und alles, was ich
tue in Beziehung zu anderen und zu mir selbst.
Mir gehören meine Fantasien, meine Träume,
meine Hoffnungen und meine Ängste. Mir gehören alle meine Siege und Erfolge, all mein Versagen und meine Fehler.
Weil alles, was zu mir gehört, mein Besitz ist,
kann ich mit allem zutiefst vertraut werden.
Wenn ich das werde, kann ich mich liebhaben
und kann mit allem, was zu mir gehört, freundlich umgehen. Und dann kann ich möglich machen, daß alle Teile meiner selbst zu meinem Besten zusammenarbeiten.
Ich weiß, daß es manches an mir gibt, was mich
verwirrt, und manches, was mir gar nicht bewußt
ist. Aber solange ich liebevoll und freundlich mit
mir selbst umgehe, kann ich mutig und voll Hoffnung darangehen, Wege durch die Wirrnis zu finden und Neues an mir selbst zu entdecken... Wie
immer ich in einem Augenblick aussehe und
mich anhöre, was ich sage und tue, das bin ich.
Es ist original (authentisch) und zeigt, wo ich in
diesem einen Augenblick stehe.
Wenn ich später überdenke, wie ich aussah und
mich anhörte, was ich sagte und tat, und wie ich
gedacht und gefühlt habe, werde ich vielleicht bei
manchem feststellen, daß es nicht ganz paßte. Ich
kann dann das aufgeben, was nicht passend ist,
und behalten, was sich als passend erwies, und
ich erfinde Neues für das, was ich aufgegeben habe.
Ich kann sehen, hören, fühlen, denken, reden und
handeln. Ich habe damit das Werkzeug, das mir
hilft zu überlegen, anderen Menschen nahe zu
sein, produktiv zu sein und die Welt mit ihren
Menschen und Dingen um mich herum zu begreifen und zu ordnen.
Ich gehöre mir, und deshalb kann ich mich lenken
und bestimmen.
Ich bin Ich, und ich bin wertvoll (o.k.)"

Die 5 Stützen der Identität

Ein praktisches Theorie- und Diagnosekonzept

Wenn ein Kind aus familiären Gründen in der Schule eine "Schwächeperiode" hat, dann berührt uns das und wir nehmen darauf Rücksicht ... im Rahmen unserer Möglichkeiten. So können wir auch mit uns umgehen: Unsere Identität als Lehrerin ist eingebettet in und verknüpft mit unseren anderen Lebensbezügen und Lebensbereichen.

Wir sprechen hier von 5 Stützen oder Säulen der Identität , die sowohl einzeln als auch in ihrem Zusammenwirken unser Selbst- und Fremdbild tragen oder auch gefährden:

Körper - Leiblichkeit

Unser Körper, eigentlich unsere Leib-Einheit von Körper, Seele und Geist, ist Anfang und Ende unserer Existenz. An seine Lebensspanne und seine Gesundheit knüpfen sich unsere wichtigsten Wünsche und Befürchtungen, hier spüren wir uns am tiefsten.

Soziales Netz - Beziehungen

Ohne Beziehung zu anderen Menschen wurden wir nicht und können wir nicht sein. Im Kontakt mit anderen entwickeln wir unser Selbstbild. Unser soziales Netz gestaltet unsere Identität als Mit-Mensch, unsere Fähigkeit zu einfühlendem Verstehen und persönlichem Ausdruck.

Arbeit - Leistung

In dem, was wir tun, erfahren wir uns als wertvoll und nützlich. Wir erleben unsere Gestaltungsmöglichkeiten, unsere Macht und unsere Grenzen beim Machbaren. Wir erleben Vergleich und Beurteilung durch andere.

Materielle Sicherheit

Die Gesichertheit unserer Grundbedürfnisse wie Essen, Wohnen, Kleidung prägt unsere Gesundheit wie auch unsere Beziehungen entscheidend. Der Lebensstandard als Statusquelle beeinflusst das Identitätserleben mehr als wir es uns meist eingestehen. Erst bei auffälligem Reichtum oder bitterer Armut wird diese Säule in ihrer Bedeutung voll erkennbar.

Werte - Sinn

Wenn alle anderen Säulen stabil sind, wird diese kaum spürbar. Wenn es uns gut geht, sind Werte oft unbewußt oder werden nicht so wichtig genommen. In starken Krisen, etwa bei Krankheit, Beziehungsverlust, bei Kriegen ect. wird diese Säule plötzlich sehr wirksam, sie kann dann alles retten (z.B. Überleben bei Folter oder im KZ) oder alles opfern (z.B. im Heldentod).

Wenn die eine oder andere Säule geschwächt ist, dann können - hoffentlich - andere Säulen die Last mittragen:

- Sind wir krank oder arbeitslos, dann können gute Beziehungen viel ausgleichen;
- auch Geld kann über manches hinweghelfen;
- gute Erfolge bei Arbeit und Leistung können uns über Beziehungsprobleme hinwegretten, zumindest die Verzweiflung lindern;
- Wenn unser Beziehungsnetz fast ausschließlich unsere Arbeitswelt einspannt, wenn wir also "mit dem Beruf verheiratet sind", dann ist unsere Identität hier in höherem Maß gefährdet: Wir sind dann stärker kränkbar durch Kritik und reagieren besonders verunsichert bei beruflichen Krisen ... oder müssen diese Unsicherheit stärker verdrängen: psychosomatische Krankheitsgefahr! Auch der Pensionsschock ist bei diesen Menschen massiv identitätsgefährdend.
- Wenn Schüler ihren Wert ausschließlich über die Säule "Arbeit und Leistung" definiert erleben, weil etwa das Elternhaus vorwiegend auf die schulische Leistung starrt, dann ist die Identität auch hier stärker gefährdet: Bei Schularbeiten und Prüfungen geht es hier um "alles oder nichts". Die Extremfolge "Schülerselbstmord" ist da nur die Spitze eines Eisberges einseitiger, verengter Identitätsbildung.
- Wenn eine Frau für Mann und Kind(er) den Beruf aufgibt, und dadurch ihre Identität fast ausschließlich auf der Beziehungssäule ruht, ist sie bei Ehekrisen oder wenn die Kinder aus dem Haus gehen extrem gefährdet und wird vieles unternehmen, um wenigstens den Schein zu wahren.

Überprüfen Sie für sich, wie zur Zeit Ihre Säulen ausschauen, wie massiv oder brüchig sie gerade sind, und ob ein Lastenausgleich möglich ist!
Erforschen Sie bei einem Berufskollegen oder bei einer Schülerin deren Säulenkonstellation! Entdecken Sie, wie brüchig z.B. die Säule "Leiblichkeit" in Ihrer Umgebung ist!
Vielleicht können Sie in einer Gruppe einmal diese Säulen zeichnen (lassen), so wie wir es öfters bei Seminaren und Lehrgängen tun.

(Diese Darstellung ist angelehnt an das Konzept von Petzold, H.G. Heindl, H.: Psychotherapie und Arbeitswelt. Paderborn, Junfermann: 1985, S.180f.

1.4
Psychohygiene
”Mir selbst Gefährte werden”

Es ist Unsinn
sagt die Vernunft
Es ist was es ist
sagt die Liebe

Es ist Unglück
sagt die Berechnung
Es ist nichts als Schmerz
sagt die Angst

Es ist aussichtslos
sagt die Einsicht
Es ist was es ist
sagt die Liebe

Es ist lächerlich
sagt der Stolz
Es ist leichtsinnig
sagt die Vorsicht

Es ist unmöglich
sagt die Erfahrung
Es ist was es ist
sagt die Liebe

Erich Fried

Entlasten und abladen
Mich aufbauen
Für mich einstehen

*Die Betrachtungen zur Identität zeigen uns
deutlich, wie schonungsvoll wir mit uns und
wie konkret wir miteinander umgehen müssen,
um in der Schule mit unseren Bedürfnissen
nach Wertschätzung, Zuneigung, Bedeutung
und Anerkennung
leben und arbeiten zu können.*

Die Schule ist ein System das starke irrelevante Züge
und Regeln hat: Beziehungen und Bedeutsamkeit
werden nach der Volksschule in 50 Min- Einheiten
zerstückeln. Ich nenne dies "Das Beziehungs- und In-
teressens-Haschee".

Die Schule ist ein System, in dem Anforderungen
und Ansprüche hochgehalten werden und die Interaktion und den Selbstwert der Beteiligten wesentlich steuern: "Sei gut und tüchtig - und wehe, Du
bist es nicht !" Leicht bekommen die anklagenden
Systemmerkmale die Oberhand.

Übergroße Lehrkörper leeren das Wirgefühl. Kleingruppen sind die Beziehungschance - und gefährden
gleichzeitig einander durch die Art ihrer Grenzzie-
hung und die Ängste der Außenstehenden.

Es gibt genug Gefährliches in der Schule - vor dem
es sich zu schützen gilt.

Sie haben bereits einige erfolgreiche Mögklichkeiten
entdeckt, in der Schule für sich zu sorgen, auf sich
zu achten.

Hier stellen wir einige Strategien zur Psychohygiene
vor, die Ihre eigenen Möglichkeiten erweitern und
bereichern können.

Möglichkeiten und Strategien

Entlasten und loslassen:

Sich erlauben, die Schule (und das Leben - zumin-
dest einen Tag davon) leicht zu nehmen
Entspannende Freizeit gestalten (ev. Familienarbeit
umorganisieren)
Auf Lust und Befriedigung bereits während der Ar-
beit schauen
Zusätzliche Funktionen und Ämterl ablegen, bzw.
dafür entlastende Partner und Spielregeln suchen
Den "Eigenraum" ausweiten
Abwechslung und Ablenkung schätzen und suchen
Das "Worauf ich schon lange Lust hatte" heute tun
Andere lebenserfüllende Qualitäten entdecken und
schrittweise an die Stelle der Arbeit geben
Arbeit abgeben
Mir meine realistische Erfolgslatte (siehe Kapitel 4)
legen - und Erreichtes täglich wahrnehmen
Von Zeit zu Zeit einen Lebensabschnitt feiern - auf
jedenfall Erfolge !

Abladen, meinen Gefühlsausdruck forcieren:

Schimpfen, ärgern, wüten - möglichst schon in der
Schule, sonst bei Freunden oder Ehepartnern mit
klar begrenzter Zeit !!
Mir erlauben, von anderen zu fordern
Meinen Ärger zu dem bringen, wo er hingehört
Meine Freude dann zeigen, wo und wann ich sie ge-
rade empfinde
Menschen erkennen oder suchen, die an meinen Ge-
fühlen interessiert sind
Einzel-Supervision nehmen
Lehrergruppe gründen
Malen, Tonformen, Singen, Raufen, Schreien

Mich aufbauen:

Meine Ressourcen entdecken, pflegen und nützen
(siehe Kapitel 4)
Mir erlauben, glücklich und liebenswert zu sein
Wertschätzung zu meinem eigenen Unterrichts-
fächern wachhalten
Weiterbildungsangebote nützen, die mich beseelen
und mir mein Unterrichtsthema interessant halten
Mich zu Menschen gesellen, deren Wertschätzung
mir gut tut und abwertende Begegnungen reduzieren
Beziehungen pflegen
Für mein leibliches Wohl sorgen: köstlich essen, be-
wegen, entspannen, lieben
Meditation, Tai-Chi, Ausdruckstanz, Laufen - meine
Art des körperlich mentalen Aufbaus entdecken und
pflegen
Mich morgens begrüßen und mir meine Begleitung
zusichern
Affirmationen meditieren

Für mich einstehen:

Mich ernst nehmen und um meinetwillen Konfron-
tationen aufnehmen
Mir erlauben, mich ernstzunehmen und mich für
meine Bedürfnisse und Interessen einzusetzen
"Was möchte ich - alle anderen wichtigen Fragen er-
gebenn sich daraus !"
Für meine Wünsche die Verantwortung übernehmen, statt sie an andere zu delegieren oder andere zu
deren Verwirklichung zu manipulieren
Verlässliche Freunde und Freundinnen wichtig neh-
men
Vetrautheit zu Kollegen entwickeln
Verbundenheit und Abgrenzung deutlich spüren und
den anderen spürbar machen
Meinen Arbeitsplatz fpordern und gestalten
Eindeutige Arbeitszeiten organisieren - wann arbeite
ich, wann habe ich frei
Mich für die Qualität und Zeit meiner Unterrichts-
vorbereitung entscheiden: wieviel und wann möchte
ich mich vorbereiten
Gelungene Unterrichtserfahrungen dokumentieren
Erfolge beachten

Herrlich erfrischende Anregungen dazu finden Sie
in den Büchern von Paul Watzlawik, besonders in
"Lösungen" und "Die Kunst, unglücklich zu sein".

"Wie ich mit mir selbst und den Schülern umgehe"

Jochen Grell, Auszüge eines Artikels in "betrifft: erziehung",10/83

Wenn ich zuviel darüber nachdenke, ob das, was ich gerade tue, richtig oder falsch ist, werde ich konfus und handlungsunfähig. Wenn ich mich zu sehr an Regeln orientiere, die von außen kommen, besteht die Gefahr, daß ich den Kontakt zu mir selbst verliere, mich selbst einenge, starr, vorsichtig, inaktiv, unlebendig werde. Wie kann ich solche Immobilisierung abwenden? Ich fange also am besten bei mir selbst an.

Ich akzeptiere mich und habe Vertrauen zu mir

Ich selbst kann immer dann am besten lieben, wenn ich mich gerade selbst gernhabe.
Daß ich mich grundsätzlich mag, ganz egal, wie dumm ich mich im einzelnen verhalte, hat viele Konsequenzen für das Umgehen mit mir selbst:

Ich weiß, daß ich nicht perfekt bin oder alle anderen Menschen übertreffe. Aber wäre das nötig? Es genügt mir zu wissen, daß ich mich auf mich verlassen kann. Ich habe Launen, bedrückende Stimmungen, komische Ideen, ich bin autoritär und inkonsequent, sicher und unsicher, warm und kalt, albern, hartherzig, begriffstützig und vieles mehr. Weil ich mich so sehe, gebe ich mir einen Vertrauensvorschuß: Wenn ich so bin, wie ich bin, kann ich eigentlich im Umgang mit Schülern und anderen Menschen nicht allzuviel falsch machen.

Ich sorge für mich

Mir ist es sehr wichtig, daß es mir gut geht. Ich achte darauf, daß ich Freude am Leben habe, nicht zu einem hilflosen Opfer von allerlei Alltags- und Schul-Stressoren werde, sondern genügend Zeit für mich selbst behalte. Ich will nicht nur tun, was ich nach Meinung anderer unbedingt tun muß, sondern ich sorge dafür, daß ich, sooft es geht, tue, was ich selbst tun will. Darum lasse ich mich z.B. nicht vom Lehrplan einschüchtern und dazu verführen, völlig blödsinnige Themen zu unterrichten, mit denen ich mich nicht identifizieren kann. Sehr wichtig ist mir nämlich, daß ich Spaß am Unterricht habe und dabei auch plötzlichen Einfällen folgen kann, ob sie nun von mir oder den Schülern kommen.

Ich gehöre zu mir und versuche, mit mir in Kontakt zu bleiben bzw. zu kommen

Deswegen schaue ich mich oft von innen an und versuche herauszufinden, wie ich mich fühle. Früher ging es mir oft so, daß ich erst Stunden nach einer Begegnung bemerkte, daß mich irgendetwas gewurmt oder gefreut hatte. Jetzt spüre ich meinen Ärger, meine Traurigkeit, meine Verwirrtheit, meine Freude, meine Angst, meine Ungeduld, meine Verletztheit, meine Enttäuschung, meine Zu- und Abneigung meistens viel schneller. Ich erlaube mir, mich darüber zu ärgern, wenn Schüler schwänzen, dauernd zu spät kommen, die Tür zuknallen, im Unterricht essen, schwatzen, stricken oder spielen.

Ich habe Nachsicht mit mir

Wenn ich eine Zeitlang nichts "bringe", habe ich Geduld mit mir und mache mich nicht fertig. Ich weiß, daß ich Fehler und Konflikte nicht vermeiden kann. Wenn ich eine Dummheit gemacht habe, bin ich der erste, der mir verzeiht. Ich bestrafe mich nicht mit Schuldgefühlen, aber ich kann Angst haben und mich schämen, wenn ich Mist gebaut habe. Ich verlange auch nicht von mir, daß ich alle Schüler erreiche, die ich unterrichte: mit Sicherheit bin ich für einige von ihnen der falsche Lehrer.

Ich nehme meine Erfahrungen ernst

Früher habe ich die Bedeutung meiner eigenen "subjektiven" Erfahrungen eher heruntergespielt und sie als weniger wertvoll angesehen als "objektive" wissenschaftliche Erkenntnisse. Heute habe ich mehr Verständnis für Menschen, die wissenschaftliche Aussagen an den eigenen Erfahrungen messen und kritisieren, obwohl mir bewußt ist, wie fragmentarisch und vorurteilshaft unsere Erfahrung sein kann. Ich vertraue lieber meinen persönlichen Methoden.

Ich lerne und verändere mich

Ich bin weder ein fertiger Mensch noch ein fertiger Pädagoge. Für mich ist die Arbeit in der Schule deswegen so spannend, weil ich dort Menschen erlebe und von ihnen lernen kann. Es ist aufregend, Schüler näher kennenzulernen und sie - vielleicht - etwas besser zu verstehen. Es hilft mir, mich selbst besser zu begreifen. Ich komme mir näher.

Ich merke auch, daß meine Ansichten sich ändern. Ich lerne z.B. mehr und mehr, daß ich Menschen nicht kategorisieren, einordnen, beurteilen, analysieren, diagnostizieren muß, sondern daß es genügt, mit ihnen zu kommunizieren.

Immer mehr begreife ich, daß ich Schüler am besten "erziehen" kann, wenn ich nicht versuche, sie umzumodeln, sondern wenn ich sie akzeptiere, soweit ich kann und ihnen damit helfe, sich selbst zu entwickeln.

Ich weiß, daß ich es nicht schaffe, solche Einsichten in jedem Moment meines Lebens im Handeln zu verwirklichen. Aber auch hier bin ich nachsichtig mit mir: Ich bin ja - zum Glück - nicht fertig.

Wie ich mit Schülern umgehe

Ich sammle nicht im voraus Informationen über meine Schüler (oder andere Menschen), um daraus abzuleiten, wie ich mich zu ihnen am besten verhalten soll, sondern ich versuche, mit ihnen ins Gespräch zu kommen und im Gespräch zu bleiben. Dabei versuche ich, die anderen zu akzeptieren, Rücksicht auf sie zu nehmen und zu verstehen, was in ihnen vorgeht. Ich freue mich, wenn mir das gelingt, aber es gelingt mir natürlich bei weitem nicht immer. Das tut mir besonders dann weh, wenn es Schüler sind, die ich selbst sehr gern mag. Ich fühle mich von ihnen zurückgewiesen und verletzt und werde ihnen gegenüber sehr empfindlich. Das gefällt mir nicht sehr an mir. Kein Schüler ist verpflichtet, mit mir über seine persönlichen Gedanken, Gefühle und Probleme zu sprechen. Trotzdem wünsche ich mir, daß Schüler zu mir Vertrauen gewinnen und sich öffnen.

Ich habe Schülern gegenüber eine Doppelstrategie: oft lasse ich sie längere Zeit in Ruhe, aber dann gehe ich auch wieder auf sie zu und spreche sie an, mache ihnen Gesprächsangebote. Wenn ich merke, daß sich in mir eine negative Einstellung zu einem Schüler und ein stereotypes Bild seiner Person festsetzt, bemühe ich mich nicht, dies zu verbergen, sondern suche im Gegenteil nach einer Gelegenheit, ihm/ihr meine Sicht mitzuteilen.

Um ehrlich zu sein, muß ich nicht notwendig andere verletzen. Ich sage den Schülern nicht so sehr, wie sie meiner Meinung nach "sind", sondern mehr, was sie tun und wie das auf mich wirkt.

Schülern Chancen geben, sich anders darzustellen

Die Aufgabe war, einen Aufsatz über ein bestimmtes Sachthema zu schreiben. Claudius ignorierte das Thema und schrieb:
"Das Jochen Grell!.
Es ist ein kleines schleimiges Wesen. Besitzt einen menschlichen Körper. Er will ein Pädagoge sein, kann sich aber nicht unter Kontrolle halten. Er hat Minderwertigkeitskomplexe, weil er klein und häßlich ist, was er auch weiß..."
Ich hatte nichts Derartiges erwartet, als Claudius sein Werk in der Klasse vorlas, fühlte mich beschmutzt, fast vergewaltigt und konnte zunächst nichts sagen. Ich war sehr froh darüber, daß andere Schüler - gerade auch solche, die sonst nicht sehr liebevoll mit mir umgehen - Claudius sehr empört kritisierten.

Heute hatten die Schüler die Aufgabe, 20 Dinge aufzuschreiben, die sie jetzt gern tun würden, wenn sie könnten oder die sie sich wünschten. Für Claudius

eine Möglichkeit, sich anders darzustellen:
"1. Genügend Worte finden,damit ich meine Phantasie als Geschichte zu Papier bringen kann.
2. Begegnung mit einem Menschen, der mich akzeptiert, wie ich bin.
3. Begegnung mit einem Menschen, der mich versteht.
4. Zur Zeit würde ich lieber von einer schönen, friedlichen Welt träumen.
5. Ich hätte Lust, meine Geschichte zu verfilmen. ..."
Claudius hat sich hier anders dargestellt als in seinem Aufsatz über das schleimige Wesen. Es fällt mir wieder leichter, mit ihm zu sprechen.

Meine Eigen-Art wirkt

Ich glaube, wenn ich so spreche, wie mir der Schnabel gewachsen ist, wenn ich in mich hineinhorche und ausdrücke, was in mir ist, kann eigentlich nicht viel schiefgehen. "Wenn ich mich ausdrücke, ohne bewirken zu wollen, bewirke ich schon." Das leuchtet mir sehr ein. (Zitiert nach: F. Schulz von Thun: Miteinander reden. Störungen und Klärungen. Reinbek bei Hamburg 1981, S. 116 und 213).

Meine Forderungen stellen

Ich versuche nicht, im Unterricht in den Hintergrund zu treten und so zu tun, als sei ich eine unwichtige Nebenperson, sondern ich bringe mich deutlich als Lehrer zur Geltung, lenke den Unterricht und versuche, für die zum Lernen notwendige Ruhe zu sorgen, notfalls mit Strafen. Ich möchte kein Lehrer sein, von dem die Schüler sagen: "Er ist eigentlich ganz nett, aber er kann sich nicht durchsetzen, und bei ihm lernt man nichts."
Schüler achten mich sehr, wenn ich meine Lehrerrolle ernst nehme.
Im Unterricht nehme ich so oft wie möglich auch solche Schüler dran, die sich nicht gemeldet haben. Falsche oder schwammige Beiträge akzeptiere ich nicht.

Ich und die Klasse

Ich etikettiere möglichst niemals eine ganze Klasse auf einmal, denn ich weiß, daß sich dies zu einem unangenehmen Bumerang entwickeln kann. Eine Klasse kann empfindlicher sein als ein Elefant und einem Lehrer so etwas noch nach Jahren nachtragen. Aber ich sage manchmal Dinge wie: "Ich fühle mich jetzt bei euch richtig wohl. Das Unterrichten macht mir richtig Spaß. Ihr seid eine nette Klasse."

Meine Arbeitsplätze

Wo arbeitet die Lehrerin, wenn sie nicht unterrichtet?

Der Katheder ist eine Bühne, auch wenn das Theater (=die Schule) ein modernes ist und Mitspieltheater, Animationstheater, Actionbühne etc. genannt werden kann. Aber besteht Theater nur aus der Bühne bzw. einem integrierten Bühnen-Zuschauer-Raum?

Wo ist die Werkstatt, in der Lernbehelfe hergestellt werden, wo gebastelt, verändert, herumgetüftel, kopiert, geschnitten, geklebt, ausprobiert, adaptiert, liegengelassen und wiederverwendet wird?

Wo ist das Büro, in dem schriftliche Arbeiten korrigiert werden und in dem die persönliche Arbeit organisiert und administriert wird?

Wo ist die Bibliothek, aus der man geschriebenes Wissen, gelagerte Impulse, gedruckte Gedanken entnehmen kann, stöbern kann, um sich von fremden Autoren auf eigene, neue Ideen bringen zu lassen? Die stumme Auskunftsstelle?

Wo ist der "store", der Speicher aller wertvollen Dinge, die man schon einmal erfolgreich verwendet hat? In die kreative Ideen, Herstellungszeit, etwas Geld, persönlicher Ausdruck und freilich auch ein Stück Liebe zu den Schülern eingeflossen sind: Stücke von Ihnen also.

Nicht jede Funktion braucht unbedingt ihren eigenen Platz: auf einem Tisch kann man lesen, Hefte korrigieren und Bücher ablagern, wenn auch nicht gleichzeitig.

Also gehen die Lehrerinnen weg!

Von wem oder was?

Lehrerin A.: "Von diesem Miniplatz im Lehrerzimmer (Ausmaße: Tischtiefe x Sesselbreite) zu meinem Schreibtisch zu Hause."

Lehrerin O.: "Von der Vorstellung, Hefte in der Schule im Lehrerzimmer verbessern zu müssen. Ich mache das schon in der Klasse, während die Kinder sich still beschäftigen. Zu Hause habe ich weder Platz noch Zeit noch Ruhe. Da findet Familie statt."

Wer gut und leicht arbeiten kann, arbeitet lieber, fängt öfter mit der Arbeit an, kommt zu besseren und persönlicheren und jeweils schülergemäßeren Ergebnissen.

Wo ist Ihr Arbeitsplatz?

Wo hat Ihre verschiedene Arbeit Platz?

Wo haben Sie mit verschiedenen Arbeiten Platz, wo ihre verschiedenen pädagogischen Werkzeuge, Werkstoffe, Bücher und Produkte?

Wann ist Ihre Arbeitszeit?

Wann können Sie leichter und besser anfangen zu arbeiten?

Passen Arbeitsplatz und Arbeitszeitwunsch zusammen oder wollen Sie auf Ihren Platz und der Platz ist nicht zugänglich oder steht unter großem Störungseinfluß?

Sonst eben nicht.

Geht ja auch so. Oder?

Der Vater, Angestellter, soll sich keine Akten aus dem Büro nach Hause mitnehmen!

Die Mutter, Lehrerin, muß sich die Hausübungs- und Schularbeitshefte aus der Schule nach Hause mitnehmen.

Der Vater hat seine 40 bezahlten Stunden im Büro "fertiggearbeitet". Die Mutter muß noch ihre "restlichen" stunden (40 Stunden weniger rund 20 Unterrichtsstunden = rund die Hälfte ihrer bezahlten Arbeitszeit) an Vorbereitungen und Korrekturen leisten. Zu Hause.

Hängt die Qualität der Schulen von der partnerschaftlichen Aufteilung der Haus-, Kinder- und Familienarbeit ab? Wird das auch ermöglicht oder honoriert?

... ein Arbeitsplatz zu Hause darf nur dann steuerlich abgesetzt werden, wenn er ausschließlich beruflich verwendet wird ...

"In der Regel der Fälle steht Arbeitnehmern am Arbeitsort ein Arbeitsplatz zur Verfügung, sodaß ein häusliches Arbeitszimmer nicht erforderlich ist. Grundsätzlich muß davon ausgegangen werden, daß Aufwendungen für ein häusliches Arbeitszimmer nur dann als Werbungskosten anerkannt werden können, wenn ein solches Arbeitszimmer unbedingt notwendig ist und wenn jede private Nutzung des Zimmers als Wohnraum praktisch ausgeschlossen ist." (VwGH v.23.4.1985, ZL 84/14/0119,20 ESTG 1972 E 101).

"Bei einem Mittelschullehrer reicht die Vorbereitungs- und Korrekturtätigkeit in einem Raum seiner Wohnung nicht aus, die Kosten für diesen Raum als ausschließlich durch die berufliche Tätigkeit bedingt anzusehen." (VwGH v.19.2.1969, Zl205/68,9Abs.1 Z5EStG 1967 E19)

(Hofstätter - Reichel, Einkommensteuer Kommentar, Orac Verlag, Wien).

Tu kam zu Me-ti, dem Meister
und sagte: Ich will am Kampf
der Klassen teilnehmen. Lehre
mich. Me-ti sagte: Setz dich. Tu
setzte sich und fragte: Wie soll
ich kämpfen ? Me-ti lachte und
fragte: Sitzt Du gut ? Ich weiß
nicht, sagte Tu erstaunt, wie soll
ich anders sitzen ? Me-ti erklärte
es ihm. Aber, sagte Tu
ungeduldig, ich bin nicht
gekommen um sitzen zu lernen.
Ich weiß, Du willst kämpfen
lernen, sagte Me-ti geduldig,
aber dazu mußt du gut sitzen, da
wir jetzt eben sitzen und sitzend
lernen wollen. Tu sagte: Wenn
man immer danach strebt, die
bequemste Lage einzunehmen
und aus dem Bestehenden das
Beste herauszuholen, kurz, wenn
man nach Genuß strebt, wie soll
man da kämpfen ? Me-ti sagte:
Wenn man nicht nach Genuß
strebt, wenn man nicht das Beste
aus dem Bestehenden
herausholen will und nicht die
beste Lage einnehmen will,
warum sollte man da kämpfen ?

Bertolt Brecht, "Me-ti, Buch der Wandlungen",
Frankfurt 1977, S 164

Kapitel 2

Schüler-Sein

Einleitung

2.1
Auch wenn wir selten darüber reden, sind wir doch so

2.2
So lernen wir effizient

2.3
Was uns gefällt

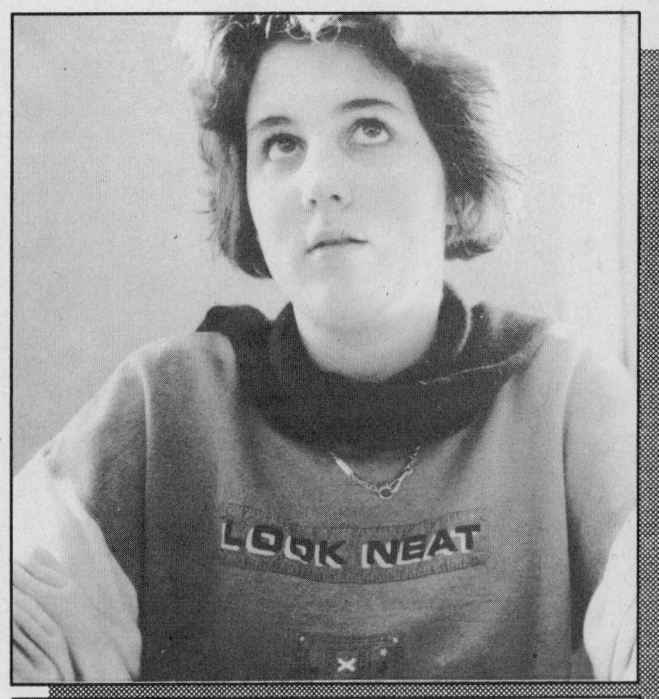

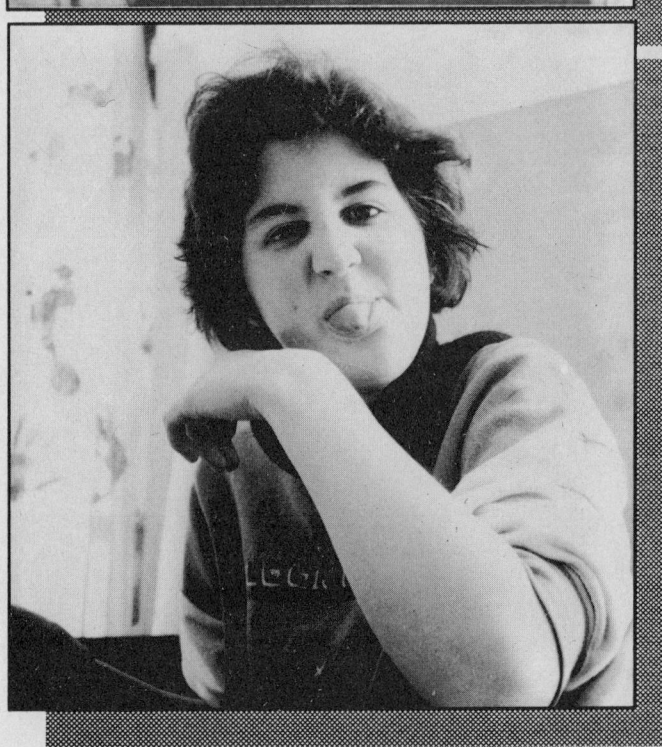

Einleitung

Eines ist unbestritten: Die Jugendlichen sind die inhomogenste aller möglichen Zielgruppen. Nirgendwann sonst in seiner Entwicklung ist ein Mensch so schwer einordnenbar wie in seiner Jugend. Die Individualität gewinnt an Markanz, Entwicklungsschritte sind oft Sprünge - manchmal auch zur Seite. Ständig grenzen sich Jugendliche gegen irgend jemanden ab. "Himmelhochjauchzend" und "zu Tode betrübt" sind Gefühlslagen, die täglich mehrmals wechseln können.

Bei Ihnen und bei mir war es ähnlich. Freilich ist es schon lange her...

Und - wir können dazu stehen wie wir wollen - die gesellschaftlichen Umstände haben sich deutlicher als jemals zuvor geändert. Eine Kindheit mit TV ist einer Kindheit ohne TV nicht gleichzusetzen. Viele andere Bereiche (Verkehr etc.) haben sich ebenfalls geändert oder sie sind neu hinzukommen (Atomenergie etc.).

Wir haben für Sie eine Handvoll Themen ausgesucht, die wir in der Arbeit mit Lehrern, Kindern und Jugendlichen häufig thematisiert gefunden haben.

Zuerst stellen wir Ihnen zehn Aspekte des Lebens von Jugendlichen vor, die ihr Verhalten und ihr Leben insgesamt entscheidend beeinflussen. Die meisten dieser Aspekte sind gleichzeitig das, was die Jugendlichen am deutlichsten von den Erwachsenen unterscheidet. Diese Unterschiede geraten naturgemäß im täglichen Schulalltag immer wieder in Vergessenheit. Deshalb wollen wir sie zusammenfassen und hervorheben. Viele Verständigungsschwierigkeiten ließen sich beheben und manche Konflikte ließen sich effizienter lösen, wenn die große Bedeutung dieser Aspekte stärker im Bewußtsein und stärker akzeptiert wäre.

Diesen ersten Teil des Kapitels wie auch einen Großteil des folgenden haben wir in der Sprache der Betroffenen formuliert.

"Wie Menschen lernen" (Lernpsychologie) war in Ihrer Ausbildung möglicherweise ein eher ungeliebtes Theoriefach. Wir versuchen es einmal anders. Hören Sie einer Jugendlichen zu, wenn sie in ihrer Art von sich selbst spricht. Parallel dazu bieten wir kurze und bündige "Übersetzungen in die Theorie" an, Erklärungen aus der Sicht der angewandten Wissenschaft.

Oft will nur der Lehrer arbeiten. Wie kann er Aufmerksamkeit beim Schüler erreichen? Wenn Schüler von sich aus lernen wollen, beginnt rasch eine effiziente Arbeit, denn beide sind daran interessiert. Aber sonst? Wir lenken Ihre Aufmerksamkeit (hoffentlich) auf einen eher selten beachteten Teil, die ästhetischen Gewohnheiten der Schüler. Nützen Sie ein Wissen, das in Unterhaltung und Werbung ständig genutzt wird.

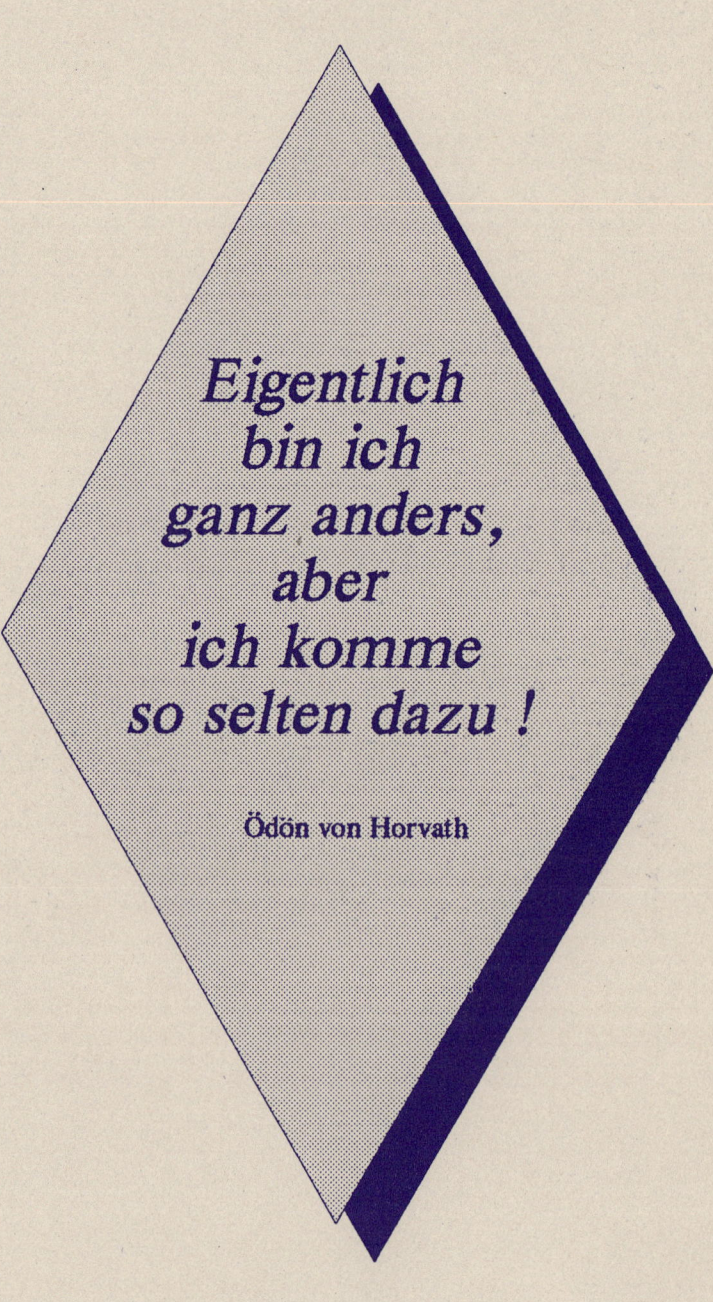

Eigentlich bin ich ganz anders, aber ich komme so selten dazu !

Ödön von Horvath

2.1
Auch wenn wir selten darüber reden, sind wir doch so.

Endlich sind wir Jugendliche! Nach ewig scheinendem Warten sind wir jetzt keine Kinder mehr. Eigentlich sind wir wie Erwachsene, nur die Erwachsenen nehmen das einfach nicht zur Kenntnis. Die verstehen uns nicht. Und sie wollen das auch gar nicht. Die meisten jedenfalls.

Es gibt Momente, da verstehen wir uns selber nicht. Das kann von einer Minute zur anderen passieren! Aber es gibt viele Fragen, die immer wieder, sogar fast ständig da sind.

Mit den meisten Erwachsenen reden wir nicht darüber, mit Lehrern noch viel weniger. Da gibt es nur seltene Ausnahmen. Aber schließlich sind ja wir das "Schülermaterial" und sie sind irgendwelche Teile eines riesigen "Lehrkörpers".

Wenn wir über das reden würden, was uns ganz wichtig ist, dann würde sicher auch über folgende Fragen und Probleme gesprochen werden:

1. Wie komme ich zu einem guten Platz in der Gesellschaft?

Wir haben weder viel Geld, noch Macht, noch Ruhm und nur wenige haben prima Startpositionen. Wie geht es also sonst noch? Mit viel Arbeit? Mit Zufall und Glück? Mit Intrigen und Tricks? Mit Talent und Begabung? Mit Symbolen, die Status signalisieren? Mit Kämpfen? Indem wir andere, z.B. Ausländer, schlechter machen?

Wir wollen uns an einer möglichst gut zu uns passenden Stelle der Gesellschaft wohl fühlen können. Wir wollen das Gefühl haben, daß es diesen Platz überhaupt gibt. Aber viele von uns haben eher das Gefühl, daß ihnen kein Recht darauf zugestanden wird.

2. Wie kann ich mir einen Partner fangen?

Natürlich geht es uns bei diesem Thema nicht so gut, wie wir darüber reden, aber wem geht es anders? Weil es so wichtig ist, können wir auch schwer untereinander darüber sprechen. Hätten wir das vielleicht irgendwo lernen können?

Für viele (aber nicht alle) von uns ist es besonders heikel, daß es offensichtlich wenig Zwischenstufen gibt zwischen Flirt und Bett. Das ist manchmal das Unangenehme an der Sache. Alles geht so schnell. Das ganze Leben rundherum läuft unheimlich schnell dahin. Das fasziniert uns zwar, macht aber andrerseits ziemliche Probleme, weil wir keine Zeit haben, daß unsere Beziehungen wachsen. Das allgemeine Tempo steckt uns an.

Sex ist zwar ein wichtiger aber sicher nicht der einzige Grund, einen Partner fangen zu wollen. Irgendeine Kraft treibt uns in intensivere Beziehungen, auch wenn wir nicht wissen, was intensive Beziehungen sind und wie sie funktionieren. Die meisten von uns sind fast ständig auf der Suche danach.

3. Wie kann ich mich von den Eltern lösen?

Einerseits gehen uns die Alten unheimlich auf den Wecker, andererseits würden wir das Alleinsein vielleicht gar nicht aushalten. Ob wir dann das eigene Zimmer und das Kochen und die Wäsche usw. checken könnten, ist auch noch die Frage, würde aber schon irgendwie gehen.

Schwerer sind dann schon die Probleme mit Geld, Banken, Lehrern, Vorgesetzten, Behörden etc. Da täte uns eine Art Hilfe manchmal ganz gut.

Am schlimmsten wäre wahrscheinlich das Alleinsein, die Einsamkeit. Vor allem, wenn man dann keinen Partner hat. Darauf sind die wenigsten vorbereitet, aber das ist ja auch kein Wunder, denn den Erwachsenen geht es ja genauso. Das Alleinsein ist uns wirklich ein Problem: Es ist ersehnt und unerträglich zugleich!

4. Wer akzeptiert, daß wir widersprüchlich sind?

Wer akzeptiert, daß wir total widersprüchlich sind, mit dem können wir reden! Wir finden das ganz normal. Es ist wie beim Surfen: Meistens fährt man in großen Zick-Zack-Linien hin und her und kommt doch weiter, sogar dorthin, wohin man von Anfang an wollte.

Diese Widersprüchlichkeit gilt selbstverständlich auch für unsere Freundschaften und Beziehungen. Intime Beziehungen sind uns immer wichtiger, aber sie scheinen immer unmöglicher zu werden. Wir haben die totalen Ansprüche an eine Partnerschaft und die Möglichkeiten dazu werden immer weniger. Oder?

5. Selbständig, nur nicht beim Geldverdienen.

Wir sind jeden Tag in sehr vielen Bereichen selbständig und wir sind vor allem schon perfekte Kunden. Allerdings kommt es häufig zu Ärger und Auseinandersetzungen, weil wir das Geld, das wir ausgeben, nicht selbst verdient haben. Das ist ein Teil von Abhängigkeit, der uns ziemlich auf die Nerven geht. Die Werbung (der Erwachsenen!) sagt, wir sollen kaufen, und es gibt ja auch tolle Dinge am Markt. Untertags wollen die Erwachsenen uns ständig etwas verkaufen, aber am Abend und zu Hause wollen dieselben Erwachsenen dann die großen Sparmeister sein, und verweigern uns eine Erhöhung des Taschengelds.

6. Wohin mit unserer Power?

Niemand weiß, wieviel Energie in uns steckt! Wir könnten Bäume ausreißen, die Welt verbessern, Nächte in der Disco tanzen, für Weltmeisterschaften trainieren. Wenn wir starke Gefühle haben, fühlen wir auch unsere Stärke und dann sind wir auch so stark, wie wir uns fühlen.

Aber wohin damit? Die Erwachsenen erschrecken nur, fühlen sich bedroht, jedenfalls in ihrer Ruhe gestört. Es ist uns egal, was sie damals getan haben, als sie selber noch jung waren, aber jedenfalls brauchen wir heute einen Platz für unsere Power. Auch im Schulalltag müßten solche Plätze vorhanden sein.

7. Zwischen verwöhnt und überfordert.

So tönt es aus dem Mund der Erwachsenen. Aber "verwöhnt" heißt, daß wir uns daran gewöhnt haben, daß sie uns einfach alles Mögliche aus dem Weg räumen. Gegen Gewöhnung kann man sich schwer wehren. Und "überfordert" sind wir wahrscheinlich genausooft, weil wir uns alleingelassen fühlen und fühlten, ohne die notwendige Unterstützung.

Das hängt einerseits mit dem Alter zusammen und andererseits mit einzelnen Lebensbereichen. Viele Jahre lang wird uns vieles aus dem Weg geräumt, bis wir eines Tages - ziemlich plötzlich und ohne passenden Übergang - alle Anforderungen alleine bewältigen sollen. Aber es hängt auch mit bestimmten Bereichen zusammen. Materiell wird uns sicherlich sehr viel geboten aber was uns als Personen und sozial lebende Menschen angeht, sind wir sicherlich zu wenig unterstützt und oft überfordert.

Wo kann man lernen, mit seinen Fehlern umzugehen, eigene Möglichkeiten zu entwickeln, schwache Bereiche zu trainieren, sich über Fehler nicht genieren zu müssen? Wir wollen gefordert und gefördert werden! Manchmal wollen wir geführt werden. Oft wollen wir eigene Wege probieren (Wir merken es, wenn sie nicht zielführend sind!), ohne daß sich ständig jemand einmischt.

Dann wäre da noch die Sehnsucht nach jemandem, mit dem man seine Erfahrungen, Erfolge, Schmerzen, Ängste und Fragen nach der Sinnhaftigkeit vieler Dinge besprechen könnte...

8. Vorbilder - wo seid ihr?

Auf diese Frage sind wir gekommen, weil wir ständig in den Medien, von Wissenschaftern und Lehrern hören, daß sich die Menschen nicht mehr länger so verhalten dürfen wie bisher, weil sonst der ganze Planet vor die Hunde geht. Das ist für uns Jugendliche doppelt schwierig: Erstens hält sich nur ein Teil der Erwachsenen daran und von denen schauen wir uns ab, ob wir wollen oder nicht, ja doch eine Menge ab. Und zweitens sollen wir jetzt den Mist wegräumen, den unsere Vorgänger gemacht haben. Drittens handeln wir uns (vorausgesetzt wir tun es wirklich) auch noch Mißmut und Undank ein, ganz nach deren Motto "Wir Alten sollen uns von den Jungen etwas sagen lassen?".

Der Endeffekt überrascht nicht nur die Biologen: Die Jugend soll zum Vorbild für die Alten werden. Das macht ziemlich viele von uns sauer und überfordert uns!

Übrigens haben viele von uns auch im menschlichen Bereich massive "Modellmangelerscheinungen": Vielen Burschen fehlen die Väter-Männer in ihrer Geschichte. Viele Schüler können sich nicht konzentrieren, weil sich niemand auf sie konzentriert hat, als sie Kinder waren. Viele ältere Jugendliche haben noch nicht miterlebt, wie man von anderen Menschen Abschied nimmt, ohne dem anderen dabei Gewalt anzutun. Viele haben einfach zu wenig erlebt, wie man eigene Bedürfnisse in Beziehungen zu anderen Menschen einbringt, quasi mit anderen gemeinsam zufrieden wird, anstatt sich beispielsweise vor den TV zu setzen.

Also sind wir weitgehend so wie die vorhandenen Vorbilder geworden. Basta.

9. Warum soviel arbeiten?

Ja, wir haben manchmal Angst vor einer Bewertung, eigentlich müßte es ja heißen "Entwertung". Sind wir nur etwas wert, wenn wir erstklassige Schüler sind oder erstklassige Lehrlinge? Da wird uns von den Lehrern ein Maß an Überidentifikation von Mensch und Arbeit (Lernen) nahegelegt, das uns erschreckt und dem wir entgehen möchten. Wir sind nicht so wie vorangegangene Generationen, die sich vor allem über den Beruf zu profilieren versuchten. Außerdem wird die Arbeitszeit ständig weniger und die Freizeit mehr. Für diese gesellschaftliche Situation, die sich so rasch und tiefgreifend ändert, soll die Schule uns etwas beibringen! Das brauchen wir doch wirklich für unser zukünftiges Leben!

10. Wo gibt's Freizeit, die aufregend ist?

Wenn schon nicht in der Schule oder in der Arbeit, so wollen wir wenigstens in der Freizeit Aufregungen haben. Wir wollen Situationen und Menschen erleben, die uns erregen. Die Freizeit muß einfach spannend sein. Das ist unsere Zeit zum Aufregen! Freizeit ist Streitzeit! Freizeit ist Liebeszeit! Das sind die schönsten Aufregungen, von denen wir fast nicht genug bekommen können. Freizeit ist Neuzeit! Da wollen wir etwas erleben und nichts Fertiges vorgesetzt bekommen. Also suchen wir etwas, das nicht fertig ist und auch nicht langweilig. Wo gibt es Reize, die unter die Haut gehen und genügend Abwechslung bieten? Wir wollen etwas - eigentlich ganz besonders uns selbst spüren. Wir wollen richtig körperlich spüren, wer wir sind, wie wir sind, wie wir uns bewegen, was uns berührt, zu wem wir passen, wie das Leben ist.

Was Sie im Grunde sicher längst wissen: Wenn Jugendliche in der ihnen eigenen Art von sich selbst sprechen, steckt mehr dahinter als nur Blabla, Protest, Unreflektiertheit oder ähnliches. Welche Bedeutung gemeint sein kann, versuchen wir mit einer theoretischen Erklärung zu erhellen.

Sie können das folgende Thema aber auch als ein Modell dafür sehen, ein trockenes Thema lebendiger zu machen, indem es dramatisiert wird. Zwei Personen sind im Spiel, eine Oberstufenschülerin und ein zuhörender Lehrer, zu dem sie spricht. Die theoretische Erklärung findet parallel zu dem Monolog der Schülerin auf einer anderen Ebene statt.

Der Monolog der Schülerin:

*** Jetzt bin einmal ich die Anglerin und Sie sind der Fisch. Ich werfe meine Angel aus, das sind meine Worte, und Sie beißen an, falls sie Ihnen schmecken. Ich weiß aus eigener Erfahrung (als Kind war einmal Angeln mein Lieblingshobby), daß der Köder dem Fisch schmecken muß und nicht dem Angler. Ich weiß aber nicht, ob Ihnen meine Ausdrucksweise gefällt und ob Sie mir überhaupt zuhören möchten und mich dann verstehen können. Vielleicht finden Sie selber dann einen Wissenschaftler, der Ihnen das, was ich sage, in seiner Art kommentiert und übersetzt. Diese Erläuterungen könnten Sie, wenn Sie es wollen in Diskussionen mit Direktoren und Eltern einfließen lassen. Das macht sich immer gut, wenn die den Eindruck haben, Sie verstehen etwas von Ihrem Job. (1)

*** Meine erste Lehrerin habe ich geliebt. Dann habe ich sie kennengelernt! Die große Enttäuschung. Ich hab Lehrer gehabt, bei denen habe ich das Fürchten gelernt. Wirklich! Wenn man so jemanden monatelang jede Woche einige Male so vor sich hat, das geht einem wirklich unter die Haut.
Wenn ich jetzt "Lehrer" sehe, geht's bei mir "Klick". Ganz automatisch. Ich bin also "konditioniert" und zwar nicht nur auf ein bestimmtes Gesicht, sondern auf Lehrer insgesamt, auf die ganze "Reizklasse" Lehrer. Manchmal tut mir ja ein bestimmter Lehrer leid. Der wäre vielleicht gar nicht so unsympatisch und sein Fach bzw. sein Stoff ginge ja auch noch. Aber irgendwie kann ich da gar nichts dagegen machen, weil, naja, Lehrer sind eben Lehrer. Letztlich sind ja doch alle gleich.(2)

*** Da fällt mir ein, daß ich mir im Computergeschäft von dem Verkäufer ziemlich leicht etwas beibringen lasse und im Fitness-Club ordentlich ins Schwitzen komme. In Mathe und Turnen dagegen

Die theoretische Erklärung:

(1): Der Empfänger (Zuhörer) bestimmt den (Kommunikations-) Kanal, auf dem er den Sender empfangen will. Der Sender (=Lehrer) möchte auf einem bestimmten Kanal und in einer bestimmten Weise empfangen werden, aber die Entscheidung darüber liegt beim Empfänger(Schüler). Dessen momentaner Zustand und seine Empfangsbereitschaft selektieren Menge, Auswahl und Qualität der empfangenen Botschaften. Er bestimmt, "was ankommt."

(2): "Alle Lehrer sind gleich" ist ein klassisches Beispiel einer Generalisierung. Die Menschen sind in ihrem Verhalten auf Reize konditioniert.
Auf bestimmte "Signale"(= etwas, dem eine bestimmte, mit der Sache nicht zusammenhängende Bedeutung "angehängt wird"), z.B. den Klang eines Schrittes, eine Brille, einzelne Gesten usw.reagiert der Schüler unwillkürlich, d.h. außerhalb seiner bewußten Kontrolle mit einer bestimmten, immer gleichen Reaktion. Er kann zwar "nicht reagieren wollen", aber trotzdem "muß er so reagieren". Daß der Lehrer die auslösenden Signale "dumm und kindisch findet", ändert nichts an deren Wirksamkeit.

(3): Eine Konditionierung gegenzukonditionieren oder den Schüler zu desensibilisieren ist oft recht mühsam und langwierig. Eine andere Möglichkeit zu reagieren ist, neue Gewohnheiten aufzubauen.

geht nichts.

Aber da fühle ich mich auch nicht als Schüler. Und deshalb sind die anderen für mich keine Lehrer. (3)

*** Das Schlimmste ist ja in der Schule Sprachen zu lernen. Das ist ja so urfaad! Man sitzt drinnen und hört zu und schreibt vielleicht sogar mit. Niemand kann sich das wirklich vorstellen, diese Sprache zu verwenden oder daß sie interessant sein soll. Nur einige Strebertalente. Und wichtig sind vor allem die Schularbeiten - so als ob Schreiben wichtiger als Reden wäre! Als ich im Sommer einmal wirklich nur in dieser Sprache sprechen mußte - eigentlich sprechen durfte! - da hab ich überraschend viel gelernt. Viel mehr als beim blöden Vokabelbüffeln: Da sitzt man stundenlang vor seinem Schreibtisch und schweigt die Vokabel verbissen in sich hinein. (4)

*** Aber in Englisch werde ich wahrscheinlich nie mehr Aufmerksamkeit von der Professorin bekommen. Ich bin keine von den Besten, die sie mag, und ich bin keine von den Chaoten. Mit denen muß sie sich ja dauernd beschäftigen. Beneidenswert: Irgendwie schaffen die das ständig, daß man sich mit ihnen beschäftigt! Die stören, was das Zeug hält, und jedesmal reagiert die Lehrerin darauf.

Was mich noch motiviert, sind zwei Punkte: Der Hunderter vom Opa und daß ich die Liebesbriefe für meine Freundin schreiben kann. Sie hat nämlichen einen Freund in England, kann aber keinen Brief in Englisch schreiben. Das mache ich für sie! (5)

*** Es ist ja wirklich so: ertappt wird man bei uns nur beim Schwindeln und nie beim Gutsein! Ständig hört man nur, was man alles nicht kann. Kaum hat man etwas gelernt, hört man das nächste, was man nicht kann.

Ich will mich über den Erfolg freuen, auch einmal zufrieden sein. Wenn ich etwas zusammenbringe, will ich ja von mir aus weiterkommen. Nicht immer auf das halbleere Glas schauen sondern auf das halbvolle. Oder braucht man nicht gelungene erste Schritte, wenn man bei einem Marathonlauf bis ins Ziel kommen will? (6)

*** Aber was soll's. Die Lehrer sind ja auch nicht anders. Haben Sie schon einmal einem Lehrer am Ende einer Stunde ins Gesicht geschaut? Nein? Aber ich - jeden Tag bis zu sechs Mal! Wie die dreinschauen! Das soll Zufriedenheit sein mit der geleisteten Arbeit? Daß ein Lehrer einmal selber sagt, die Arbeit, pardon "Stunde" habe ihm Spaß gemacht oder auch nur ein Teil von ihr, passiert einmal im Jahr. Und wir sind eben genauso geworden. (7)

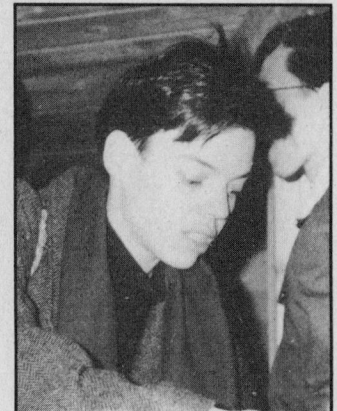

Z.B.kann eine neue Rollenidentität sehr hilfreich sein. Alte Konditionierungen fallen damit teilweise nicht mehr ins Gewicht.

(4): Die Kontiguitätstheorie beschäftigt sich mit der Bedeutung der Gleichzeitigkeit von Sprache und Be-

wegung, auch Kehlkopfbewegung beim Lernen: Lernen durch lautes Sprechen, Agieren und Sprechen im Rollenspiel, lautes Mitsprechen bei handgreiflichen Tätigkeiten, Lernen durch Tun (handeln = bewegen) mit gleichzeitigem Erklären und Wiederholen.

(5): Erfolg und Belohnung sind die häufigsten und stärksten Motoren des Lernens. Die Formen der Erfolge und der Belohnungen können sehr unterschiedlich sein, sofort auf das Lernen folgen (bei Kindern sehr wichtig) oder in der Zukunft erwartet werden. Erfolgreiches Verhalten wird aus Ersparnisgründen wiederholt. ("Effektgesetz") Man erspart sich Zeit, Energie und das Wiederholen von erfolglosen Verhaltensweisen.

Mit dem Effektgesetz verwandt ist das Frequenzgesetz: "Was dreimal ist, ist eine Regel!" Man erwartet, daß sich das, was schon öfters eingetreten ist, wiederholt. Das gilt für Positives wie für Negatives.

(6): "Erfolgreiche Anfänge wahrnehmen statt noch nicht Erreichtes beklagen" - heißt das "Prinzip Ermutigung" im Gegensatz zur Entmutigung, die alles das betont, was nicht oder noch nicht gelernt oder gekonnt ist. Realistische Erfolgslatte, überschaubare Nahziele. Lernverträge mit sich selbst, Freude über jeden kleinen Erfolg sind Elemente des Prinzips Ermutigung.

(7): Das Modellernen ("Ganz die Mama!") ist in der Pädagogik der letzten Jahrzehnte bedauerlicherweise ein wenig beachtetes Phänomen. Trotzdem lernt der Mensch wahrscheinlich am meisten durch Modellernen. Modellernen braucht nicht unbedingt eine bewußte Entscheidung des Lernenden, sondern kann auch unbemerkt "nebenbei und ständig passieren".

In Erinnerungsübungen an die eigene Kindheit und Jugend können Lehrer allmählich entdecken, wie viele und wie stark sie Verhaltensweisen anderer Personen "übernommen" haben. Dabei können zwischen "lernen" und "anwenden" sogar Jahrzehnte liegen, in denen das Gelernte unbeachtet bleibt. ... Es genügt manchmal ein einziges "Wort zur rechten Zeit".

*** Selbstverständlich sagen sie, wir sollen friedlich sein, nicht raufen, nicht drängeln, andere ausreden lassen usw. Aber sie sollten sich einmal selber beobachten, wie sie in jeder (!) Stunde Schüler unterbrechen. (8)

*** Was ich leicht vergesse, ist der neue Stoff. Beim besten Willen: schon in der Pause habe ich mindestens die Hälfte davon vergessen. Weil es den anderen in der Klasse auch so geht, finde ich das ganz normal.
Außerdem stopft der Lehrer kurz vor der Pause noch schnell alles in uns hinein. Stumpfsinn. (9)

*** Apropos stopfen. Wissen Lehrer eigentlich, wann sie zuviel und wann sie zuwenig Stoff bringen? Vergleichen die unser Gedächtnis mit einem Einkaufswagerl im Supermarkt? Einmal wollen sie, daß wir uns in einer Stunde 50 Vokabel auf einmal merken. Dann erzählen Sie stundenlang von irgendwelchen Zusammenhängen, die uns schon lange klar sind. (10)

*** Aber meistens bringen sie zuviel auf einmal. Manchmal stinkfad, weil steril sortiert, meistens aber irgendwie durcheinander, sodaß ich nicht weiß, wohin damit. Ich bin oft wirklich ratlos, ob das Neue, das ich eben gehört habe (klang ja interessant!) auch irgendetwas bedeutet, ich meine, in Bezug auf das, was ich schon kann. Wenn ich bei meinen Computerprogrammen etwas wichtiges dazutue oder ändere, dann braucht der auch einige Zeit, bis er das alles in seinem Speicher geändert hat. Und als unlängst meine Programme zuviel wurden, habe ich mir ein neues Ordnungssystem zugelegt. Das war eine Riesenarbeit! Und raten Sie einmal, was die schwierigste Sache dabei war? Das Herausfinden bzw. Vergeben von Codeworten, damit ich möglichst rasch das finde, was ich an einer bestimmten Stelle gespeichert habe. Die müssen super leicht zu merken sein, sonst vergesse ich sie, und dann finde ich mich nie mehr zurecht. (11)

*** Als Code habe ich mir die wildesten Begriffe ausgesucht: ''Mondlicht 17'', ''Sex-sechs'', ''Algebraten'', ''Eisbecher''. Wenn ich ''Mondlicht 17'' am Bildschirm lese oder jemand dieses Wort sagen würde, läuft sofort ein richtiger Film in mir ab.
Bei meinem letzten Lateinlehrer ist mir etwas ähnliches passiert. Der hat den Gallischen Krieg von Cäsar in seiner Schlußwiederholung am Stundenende zu Dialektgeschichten gemacht! Das kann ich einfach nicht vergessen. (12)

(8): Bei widersprüchlichen Botschaften auf mehreren verwendeten Kanälen (Hier: Sprache und sichtbares Verhalten) ''verliert'' hinsichtlich seiner Wirkung in der Regel das Medium Sprache, während die nonverbalen Signale ''gewinnen''. Widersprüche verunsichern zusätzlich und reduzieren die Glaubwürdigkeit.

(9): Jeder neu gelernte Stoff hat eine ''Halbwertszeit'' von ca. 30 Minuten. Nach 30 Minuten sind 50 % vergessen und werden erst durch Wiederholen wieder ins Gedächtnis zurückgeholt. Aufmerksamkeit und Energie der Schüler sind in der ersten Stundenhälfte höher. Nach einem kurzen Warming up sollten deshalb die neuen Stoffinhalte am Stundenbeginn stehen. In der zweiten Halbzeit kann dadurch wiederholt und gesichert werden. Anderenfalls kommt es zu längeren Wiederholungen am Beginn der nächsten Stunde, was aber aus der Sicht der Schüler eher als ''neuer Stoff'' betrachtet werden muß.

(10): Realistischerweise werden von einer Person in einer kurzen Lerneinheit 5 bis maximal 7 Informationseinheiten (Chunks) aufgenommen. Je größer das bereits vorhandene Wissen in diesem Bereich ist (je mehr Zusammenhänge hergestellt werden können), desto größer ist ein Chunk: In der ersten Englischstunde kann 1 Vokabel bereits 2 Chunks darstellen (Schreibweise und Aussprache), in der Maturaklasse ist der gesamte Inhalt eines englischen Zeitungsartikels nur ein Chunk.

(11): Zusammenhänge ermöglichen das Bilden größerer, in sich stabiler Informationseinheiten. Je größer die Lernstoffmenge, desto wichtiger sind (für die einzelne Person) stimmige Hinweisreize und Ordnungssysteme: Erinnern, z.B. bei einer Prüfung, heißt, ein funktionierendes Ordnungssystem zur Verfügung zu haben und den richtigen Hinweisreiz zu finden, der einem den dazugehörigen Stoff ''erschließt''.
Schüler brauchen Zeit, Hilfe und Ermutigung bei Aufbau und Adaption ihres inneren Ordnungssystems. Sonst kommt es zu ''Lernstoffsalat'' (Informationen sind zusammenhanglos neben- und durcheinander) oder ''Verstopfung'' (unfertige Lernreste blockieren die Aufmerksamkeit. Nichts kann mehr aufgenommen oder reproduziert werden).
Genug strukturierte Informationen mit häufigen ''Wenn.. - dann .. Zusammenhängen, intensive Lernreize, genug Zeit und das Gefühl, der Stoff ist für den Schüler bedeutsam, sind förderlich.

(12): Ordnungssysteme im Gehirn sind selten wie Karteikästen oder Zahlencodes sortiert. Häufiger und effizienter sind
- phonologische Speicherungen: Wortklang, Rhythmus einer Strophe, einer Regel,
- bildhaft-visuelle Speicherungen: Ereignisse werden wie ein Videoclip, Lerninhalte werden bildhaft-szenisch gespeichert und
- verbal-bedeutungsmäßige Speicherung: Zusammenhänge und Bedeutungen werden zu einer Struk-

*** Ich monologisiere hier vor mich hin, aber ich bin froh, daß mir einmal jemand solange zuhört. Das ist ein Supergefühl.
Ob Sie sich das alles merken und auch noch morgen daran erinnern können? Ich hätte es wieder vergessen, obwohl es doch von mir selber ist! (13)

*** Ich soll deshalb eine Pause machen? Sie wollen Ruhe haben und nachdenken? Von mir aus. Vielleicht fällt Ihnen für die Unterrichtsstunde auch einmal so etwas ein. Hätte ich sowieso gerne: Kurz und schmerzlos neuen Stoff und dann ordentlich Pause machen.
Vor den schweren Schularbeiten schlaf ich auch am liebsten - nach dem Lernen. Das heißt ich lerne vor dem Schlafen oder bis ich eben einschlafe. Funktioniert super! (14)

*** Ich liebe Pausen! Und die Schulglocke geht mir auf die Nerven. Noch immer glauben die meisten Ihrer Kollegen, daß sie nur dann Pause machen dürfen, wenn der Schulwart läutet. Selber schalten sie in der Stunde immer wieder einmal ab, schauen aus dem Fenster hinaus, gehen in der Klasse umher (wir dürfen das nicht), geben uns Stillarbeit und denken inzwischen an etwas ganz anderes. Wollen wir auch! Aufstehen dürfen, einmal lachen können, uns über die Sonne oder die Schneeflocken freuen! Dann geht's doch wieder viel leichter! (15)

*** Ich bewege mich überhaupt gerne und halte das Sitzen fast nicht aus. Aber leider bin ich damit in der Klasse nicht in der Mehrheit. Da gibt es Typen, die sitzen wirklich ohne Wimpernzucken einen ganzen Vormittag auf ihren Sesseln. Hauptsache, vor ihnen spielt sich eine Supershow ab, bei der es viel zu sehen gibt. Am wenigsten verstehe ich meinen Nachbarn. Wir machen uns gegenseitig nervös. Leider! Er redet dauernd, beim Schreiben, beim Nachdenken, immer. Ich werde da schrecklich nervös. So wie er übrigens auch, sobald ich anfange aktiv zu werden, also so wirklich aktiv mit meinem ganzen Körper. Und die Lehrer, finde ich, sollten doch fairerweise für jeden etwas bieten können. Das haben sie doch gelernt! Oder? (16)

*** Nehmen Sie sich doch ein Beispiel an den TV-Sendungen wie "Universum" oder ähnlichem. Die sind wirklich spannend. Und das bin ich auch gewöhnt, weil ich jeden Tag mindestens einmal in die Glotze schaue. Der Projektunterricht ist wahrscheinlich noch am ähnlichsten, auch bunt und abwechslungsreich. Schließlich wollen Sie doch, daß wir auf

tur verbunden. Darauf beruhen auch die sogenannten "Eselsbrücken" und das Imaginationslernen.

(13): Der Mensch besitzt ein "Kurzzeitgedächtnis" und ein "Langzeitgedächtnis". Ob ein Lernstoff im Langzeitgedächtnis gespeichert wird, hängt besonders von den Faktoren Betroffenheit des Lernenden vom Inhalt, Anzahl der Wiederholungen und Anzahl der Informationseinheiten ab. Zu große "Lernstoffblöcke" verhindern sogar das Einprägen der ersten Informationseinheiten.

(14): Lernen ist "Essen und Verdauen":
Lernpausen sind Verdauungszeit und insofern unentbehrlich für die Integration (Aufnahme) des Lernstoffs (Energie) in die Person (Körper). Die für die "Verdauung" notwendige Zeit ist das Geschwindigkeitslimit für die Aufnahme neuen Stoffes.
Das "Buch unter dem Kopfpolster" ist das bekannteste Beispiel für die Wirksamkeit und Bedeutung der Entspannungs- und Ruhephase für die Lern(Verdauungs)zeit. Ein möglichst ruhiges Stundenende ohne neue Informationen und ohne Hektik entspricht in seinen Effekten am ehesten der Situation, wenn ein Schüler abends vor dem Einschlafen lernt.

(15): Der Reminiszenz-Effekt ist der kleine Leistungsanstieg, der nach einer kurzen Pause folgt. Er ist vergleichbar dem Leistunganstieg ("frischen Wind") beim Intervalltraining im Sport: Kurze, intensive Arbeitsphasen mit kurzen Pausen dazwischen sind für viele Trainingsziele effizienter als lange, ununterbrochene Arbeitsphasen auf wesentlich niedrigerem Leistungsniveau. Mini-Pausen mit körperlicher Bewegungsmöglichkeit während der Stunde sind Investitionen in die zukünftigen und Anerkennung für die bisherigen Leistungen der Schüler.

(16): Es gibt motorische, optische, akustische Lerntypen. Bei den meisten Menschen ist ein Typ deutli-

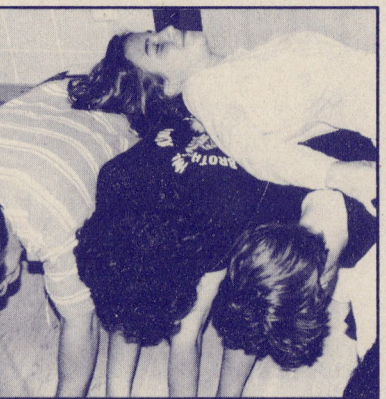

cher ausgeprägt als die anderen. Je mehr sensorische Kanäle aktiviert werden, desto effizienter ist die Lerntätigkeit und desto aktiver ist der Schüler. Andererseits sind die Schüler auch umso aktiver, je mehr Lerntypen durch die Unterrichtsgestaltung angesprochen werden.

(17): Das Anspruchsniveau der Schüler hinsichtlich optischer, medialer und materieller Unterrichtsgestaltung ist vor allem durch die neuen Medien und die Animationsbewegung enorm gestiegen. Professionalität ist in Relation zu diesen "Maßstäben der Schüler" zu sehen! Auch wenn er es nicht wahrhaben möchte: Der Lehrer steht in sichtbarer und un

merksam sind und "viel lernen". (17)

*** Unlängst war ich krank. Ich war richtig froh, einige Tage Ruhe zu haben und mich ausschlafen zu können. Vor allem den Samstag habe ich genossen! Kennen Sie noch andere arbeitende Menschen, die eine ständige 6-Tage-Woche haben so wie wir Schüler? Ich nicht! - Aber ich wollte eigentlich eine andere Geschichte erzählen. Nach einigen Tagen im Bett wollte ich doch so ungefähr wissen, was in den wichtigsten Fächern passiert ist. Ich wollte nicht wirklich etwas arbeiten, aber doch ein wenig am Laufenden sein. Und so habe ich meine Freundin gebeten, mir einige Stunden mit dem Walkman aufzunehmen. Die Cassetten habe ich mir dann im Bett angehört. Das war eine Story! Ich bin auf die Idee gekommen, die Stunden zu analysieren wie das Tennismatch, das nebenbei im Fernsehen gelaufen ist. Dort haben sie im Insert immer wieder die Anzahl der Asse, Eigenfehler usw. eingeblendet. Ich habe dann Kritik, Nörgeln, Lob, Fragen etc.gezählt. Jetzt ist mir vieles klar geworden: Ich weiß(!) jetzt auch, warum ich mich bei manchen Lehrern besser fühle und mehr lerne als bei anderen. (18)

*** Es kommt mir schwer über die Lippen, aber wenn die Lehrer nichts für's Klima machen, bleibt überhaupt kein positives Klima im Schulhaus mehr übrig! Weil, ehrlich, gehen Sie einmal mit offenen Augen durch unser Schulhaus und bleiben Sie dort 10 Sekunden stehen, wo sie sich optisch und gefühlsmäßig einigermaßen wohlfühlen. Unsere Schule schaut außen wie innen einfach überhaupt nicht zum Wohlfühlen aus. Erinnert mich an halb aufgelassene Fabriken oder an moderne Krankenhäuser: Krankenhäuser - nicht Gewächshäuser! - Diese werden ja genau so eingerichtet und temperiert, wie es die jeweiligen jungen Pflanzen zum Wachsen etc. brauchen. Kommen andere Pflanzen, machen die dort wieder ein neues passendes Klima.
Ein Blumenstock müßte man sein ... (19)

*** Ich habe den Eindruck, Sie passen nicht mehr auf. Wahrscheinlich erzähle ich Ihnen Geschichten, die Sie gar nicht hören wollen. Oder taugt Ihnen meine Speach nicht? Sie haben nicht unsere Wave? Sie bräuchten etwas ganz anderes? Tut leid! Da gibt's nur mehr eines: Wollen! Schalten Sie Ihre Aufmerksamkeit auf mich einfach absichtlich ein. (20)

sichtbarer Konkurrenz zum TV und anderen Kommunikations- und Unterhaltungsmedien.

(18): Jede verbale und nonverbale Intervention des Lehrers beeinflußt das Selbstwertgefühl des Schü-

lers und die Gefühlsatmosphäre in der Klasse insgesamt. Da Lernen das individuelle Gefühl von Sicherheit voraussetzt, reduziert ein negatives Beziehungsklima die objektiv möglichen Lernmöglichkeiten der Schüler.

(19): Der Raum animiert oder behindert. Bestimmte Räume sind für bestimmte Absichten gestaltet und fördern bestimmtes Verhalten (Fitnessraum, Küche, persönlicher Schreibtisch, Atmosphäre verschiedener Möbelstile). Der sichtbare Raum mit seiner Farbgestaltung, seinen Möbeln und Gegenständen, dem Raumklima, den vorgesehenen Wegen und Verweilplätzen für die Benützer ist die nonverbale Deklaration der Einstellung der verantwortlichen bzw. entscheidungsbefugten Besitzer. Im Fall der Schule werden die Einstellungen der Erwachsenen zum Lernen der jungen Menschen und zur Arbeit der Lehrer sichtbar. Im Gegensatz zum gesprochenen Wort, das verklingt, wirkt der Raum aber bleibend, ist ständig da.

(20): Aktive Aufmerksamkeit wird willentlich von einer Person "eingeschaltet", ist eine bewußte Entscheidung für eine bestimmte Aufmerksamkeitsrichtung und für eine begrenzte Zeitdauer.
Passive Aufmerksamkeit "passiert" einem Menschen. Was seinen Bedürfnissen, Interessen, kulturell-ästhetischen Gewohnheiten entspricht, fällt ihm auf: Er bemerkt beispielsweise den Werbespot, der ihm besonders gut gefällt. (Vor allem so funktioniert Werbung).
Zum Einschalten der aktiven Aufmerksamkeit ist für den Schüler entscheidend, ob er eine möglichst komplette Botschaft erhält: Also nicht nur "Paß auf!" sondern möglichst genaue Objekt- und Zeitbestimmungen ("In den nächsten 10 Minuten werden Ich euch eine neue Grammatikregel an die Tafel schreiben und erklären. Die sollt ihr anschließend abschreiben, dann werden wir eine kurze Mini-Pause machen."
14-jährige Schüler können sich in der Regel nur 30

*** Ich soll mich kürzer fassen? Da machen wir lieber eine Pause. Ich kann doch nicht einfach nur eine handvoll Stichworte auf den Tisch knallen und überhaupt nichts sonst sagen! Das wäre ja gerade so, als würden Sie Instantkaffeepulver mit dem Löffel essen. Sehr ungesund! Das gießen Sie doch auch mit Wasser auf. Und Ihr Essen besteht ja auch nicht nur aus Joule sondern vor allem aus Schlackstoffen und ein bißchen schöner Garnierung. Wegen der Verdauung und so. (21)

*** Ich wäre gerne viel früher auf die Welt gekommen. Oder ganz weit weg von hier, wo es noch fast nichts gibt. Ich beneide alle Erfinder! Ich wäre gerne auch einer. Vielleicht bräuchte man auch nur die Schule abzuschaffen. Dann könnte ich auf viel mehr Dinge selber draufkommen. Ich hasse es einfach, alles vorgekaut und beigebracht zu bekommen. Die meisten Lehrer tun wie lästige und obergescheite Großeltern: Ständig sagen sie einem irgendwelche angeblich so wichtigen Regeln vor. Ich weiß schon, daß viele davon stimmen. Aber ich will selbst draufkommen können und dürfen!!! (22)

*** Nichts zu ändern! Kismet! Schicksal! Manche schaffen halt diese Schule und manche eben nicht. Mal sehen, zu welchem Teil ich gehöre. Erstens interessieren mich andere Sachen mehr. Zweitens werde ich nicht mehr besonders viel lernen. Das bringt nichts. Ich hab's eine Zeitlang ausprobiert. Erfolg: Wie gehabt. Die Schularbeiten waren zu schwer. Dann habe ich mich noch weniger angestrengt. Erfolg: Auch nicht schlechter, je nach Zufall oder wie eben die Lehrerin aufgelegt war. Warum soll ich also lernen?
Außerdem bin ich nicht so lernbesessen wie mein Nachbar. Wenn der einmal kein Sehr gut bekommt, lernt der sofort doppelt so viel wie vorher! Ich glaube, der bekommt dann die nächste gute Note schon deshalb, weil die Lehrerin sich freut, daß wenigstens irgendwer sich angestrengt hat.
Oft glaube ich, für die Schule kann ich einfach nicht lernen! In Religion soll ich irgendwelche Sachen lernen. Läppisch. Aber wozu? Der gibt so und so nur Sehr gut und Gut ins Zeugnis. Da brauche ich nichts zu fürchten. Und in Englisch, da habe ich überhaupt keine Hoffnung mehr. Nach so vielen Mißerfolgen und dem Tempo, mit dem die Lehrerin im Stoff weitergeht, sehe ich nicht den Funken einer Chance auf Erfolg. In Sprachen war ich immer schon schwach. Also detto: Wozu anstrengen? (23)

*** Ich werde jetzt Schluß machen, hat schon ziemlich lange gedauert. Ich geh jetzt zu meiner Freundin. Wir müssen etwas aus der letzten Stunde durcharbeiten. Ich hab etwas abgeschrieben von der Tafel und das kann irgendwie nicht stimmen. Und in

Minuten auf eine gewöhnliche Arbeit konzentrieren. Erschwerend für Sie als Lehrer ist, daß sich Kinder umso schlechter konzentrieren können, je seltener sich Erwachsene auf sie konzentrieren bzw. sich früher auf sie konzentriert haben.

(21): Neue Information soll in einen guten "Polster" vertrauter Gegebenheiten eingepackt sein: Zusammenhänge, Bezüge, Beispiele, Symbole, Bilder, Wiederholungen von Bekanntem etc. Damit bekommt der Schüler Zeit zum Lernen und die neue Information wird ins bestehende System besser verankert und an bestehendes Wissen und Können netzartig angeknüpft.

(22): Regeln beherrschen zu lernen ist ein bedeutender Teil der Schüleraktivitäten wie des Schulerfolgs überhaupt. Beim Lernen von Regeln gibt es drei Formen:
Induktive Methode (Berufsbild: Erfinder, Entwickler)
Deduktive Methode (Berufsbild: Vortragender Lehrer)
Mischmethode oder Gelenkte Entdeckung): (Berufsbild: Animateur)

(23): Das Anspruchsniveau soll idealerweise realistisch, also nicht zu niedrig (genügend viel Hoffnung auf Erfolg, keine Furcht vor Mißerfolg) und nicht zu hoch sein (zu wenig Hoffnung auf Erfolg, zu viel Furcht vor Mißerfolg).
Für einen eingetretenen Erfolg/Mißerfolg werden "Ursachen"/Faktoren verantwortlich gemacht ("Kausalattribuierung"): Diese Faktoren liegen entweder in der Person (Begabung, Anstrengung) oder außerhalb der Person (Aufgabenschwierigkeit, Zufall).
Erfolgsdominante Schüler führen Mißerfolge eher auf sich selbst zurück, mißerfolgsdominante machen hingegen eher äußere Faktoren verantwortlich.
Kinder werden mißerfolgsdominant durch regelmäßige Überforderungen. Da sie keine Erfolge erleben (keine haben!), auch nicht mit großer Anstrengung, müssen sie an der eigenen Begabung zweifeln. Erfolgsdominante hingegen haben überwiegend Erfolge erlebt, dadurch Vertrauen in ihre eigenen Fähigkeiten gewonnen und erfahren, daß eigene Anstrengung die vorhandenen Fähigkeiten mobilisiert und bestätigt.

(24): In vielen Schulbüchern ist zu wenig Informationsinput und zu wenig strukturierte Information enthalten. Oft wird auf ein leicht zugängliches Ordnungssystem verzichtet und der Aufsuchvorgang erheblich erschwert.

dem verdammten Buch kann ich die Erklärung dazu nicht finden! Jetzt haben wir die doppelte Arbeit. Die Lehrer geben uns manchmal sehr interessante Arbeitsbücher. Aber die wichtigen Informationen über das Neue kommen dann nur in der Stunde. Ein paar Abschreibfehler, und der Teufel sitzt fest. (24)

*** Vor dem Abendessen kommt auch noch mein ”Nachhilfeschüler” zu mir. Ist der Schwächste in der Klasse. Ich bin zwar auch nicht besonders gut, aber das Lehrerspielen macht mehr Spaß als das Schülersein. Hat nur Positives: Geld, Spaß und Training für mich. (25)

Abschreiben von der Tafel ist zwar ein relativ effizienter, weil aktiver Lernvorgang, allerdings werden meist weder die wichtigen Informationsteile im Heft vom Schüler so attraktiv gestaltet, daß er später wieder gerne hinschaut, noch werden sie auf ihre Richtigkeit hin überprüft.

(25): Ein Lerninhalt ist erst wirklich verstanden, wenn er aktiv wiedergegeben werden kann. Einem anderen Schüler den Stoff erklären, bedeutet, daß man den ganzen Stoff mit seinem Inhalt und der Struktur des Inhalts in sein Wissen und Können integriert hat und jetzt in der Lage ist, ihn einem Zuhörer entsprechend wiederzugeben. Davor ”hat man verstanden, aber es fehlen einem die richtigen Worte”.
In der Kommunikation mit einem anderen Schüler ist man gezwungen, zu sprechen oder zu schreiben. Das entspricht auch in großen Zügen einer Prüfungssituation!

2.3
Was uns gefällt!

"Was UNS gefällt, ist nicht so, wie es den Alten gefällt! Das ist ja alles die urfaade Langeweile. Schnee von vorgestern. Schläft ja alles. Wir wollen Power!"

In den letzten Jahren hat sich ein markanter Wandel in dem, was jungen Menschen gefällt, vollzogen. Besonders stark geändert haben sich die Formen des persönlichen Ausdrucks und der Kommunikation. Die Ästhetiken, die von den jüngeren Generationen bevorzugt werden, sind sehr verschieden zu den früher gewohnten. In den Bereichen der Kommunikationsmedien, Unterhaltung, Mode und Werbung ist dieser Wandel am deutlichsten zu beobachten. Das ist auch deshalb leicht verständlich, weil dort ein hohes Maß an Freiwilligkeit besteht: Der Jugendliche (Konsument) läßt sich beispielsweise nur mit einem Werbespot erreichen, der ihm gefällt. Ebenso kauft er teurere Tickets für ein Life-Aid-Concert, aber er spendet nicht in der Kirchensammlung.

Mit seiner (unausweichlich selektiven) Wahrnehmung nimmt jeder Mensch vor allem die Aspekte, Details, Kommunikations- und Aktionsangebote seiner Umwelt auf, die seinen momentanen Bedürfnissen, Interessen, Absichten, Vorlieben und ästhetischen Gewohnheiten entsprechen.

Berücksichtigen Sie diese Realitäten vor allem für die Phasen und Elemente der Lehrtätigkeit, bei denen für die Schüler ein höheres Maß an Freiwilligkeit geboten werden soll. Welchen Nutzen können Sie für Ihre Arbeit daraus ziehen?

Was eher OUT ist:

Harmonie, geschriebene Worte, ausdrückliche Begründungen, Ausführlichkeit, Argumentationen, Zurückhaltung, Grautöne, Monotonie, Abhängigkeit, logischer Aufbau, der rote Faden, der Trott, Langeweile, weil's immer schon so war.

Konkret:

Warten, 3 Mahlzeiten am Tag, Arbeit, starre Grenzen, Anstrengung, Mitgliedschaften, das Alte, Instanzen, Sammelbüchsen, Fließband, verzichten, Symphonien.

Was eher IN ist:

ICH, auch WIR, das Grelle, Laute, Stärke, Power, Durcheinander, Chaos, Witz, Paradoxes in rauhen Mengen, Widersprüche, etwas, das die absehbare Ordnung stört, ständiger Wechsel, sehr kurzer Rhythmus, unabhängig sein, Intensität, anders sein, protestieren, starke Emotionen, sich stark fühlen, Bilder, Farben, auf allen Sinnen gleichzeitig angesprochen werden, Erotik, News, körperliche Reize, Spannung, ein Teil der ganzen Welt sein, dazugehören, Sinnvolles in der Gesellschaft tun, das Paradies auf Erden, gleich hier und jetzt, Dramatik, sich total abhauen.

Konkret:

Laute Musik, Humor, Betonung des eigenen Körpers, Rollen ausprobieren, das andere Geschlecht, Abenteuer im Alltag, Mode, Life-Aid-Concerts, Greenpeace, Music-Clips, Leichtigkeit, Snacks, Fast Food, Konsument sein, gesundes Leben, Ökologie.

Kapitel 3

Grundlagen ganzheitlichen Unterrichtens

Aspekte und Bausteine

Mögen Sie Theorie ?

3.1
Spannungsfelder des Lehrens

3.2
Aspekte ganzheitlichen Lernens

3.3
Bausteine für gestaltpädagogisches Unterrichten

Mögen Sie Theorie ?

Jedes Handeln ist theoriegeleitet, ob wir es wollen oder nicht. Viele von uns haben aber ein zwiespältiges Verhältnis zu Theorie. Das Wort erinnert uns an trocken, fad, "grau", lernen müssen, geprüft werden. Andererseits kann Theorie Sicherheit, Orientierung, Argumentationshilfe. Identifikation und Abgrenzung bieten.

Auch dieses Buch bietet Theoretisches, besonders in diesem Kapitel.

Es soll anregend auf Sie wirken, aber auch bestätigend in dem Sinn, daß kreativ unterrichten mehr ist als bunt und abwechlungsreich oder lustig. Vor allem sollen die Beiträge dieses Kapitels klären, daß kreativ unterrichten richtigeres Unterrichten ist, daß kreativ unterrichten nichts zusätzliches ist, das letztlich zu Lasten des Stoffes geht. Im Gegenteil: Die meisten gewohnten, üblichen, eingefahrenen Unterrichtsformen gehen zu Lasten des Lernens im Sinne eines ganzheitlichen Erfassens und Verstehens von Wirklichkeit. Sie gehen an den Menschen vorbei ... auch am Lehrer.

Kreative LehrerInnen brauchen sich nicht zu rechtfertigen!

Die drei Beiträge dieses Kapitels betrachten kreativen Unterricht aus verschiedenen Perspektiven. Sie überschneiden sich und ergänzen einander.

Gemeinsam ist ihnen, daß sie - wie überhaupt dieses Buch - die individuelle Person des Lehrers miteinbeziehen und nicht nur sagen, was für die Schüler richtig wäre. Die Person des Lehrers ist seine wichtigste Didaktik!

Darin unterscheiden wir uns von vielen anderen pädagogisch-didaktischen Konzepten: Ohne Ihre besondere Eigenart als LehrerIn geht gar nichts. Das muß auch theoretisch mitgesehen werden.

"Erkläre mir,
und ich werde
vergessen.

Zeige mir,
und ich werde mich
erinnern.

Beteilige mich,
und ich werde
verstehen !"

3.1
Spannungsfelder des Lehrens
oder: Der konstruktive Widerspruch

Gemeinsam ist uns klar: würde die Anwesenheitspflicht in der Schule heute einfach wegfallen, es gäbe ein sehr verwirrendes Durcheinander. Kontinuierliches Lernen wäre zunächst unmöglich. Viele würden Analphabeten bleiben oder wieder werden.

Andererseits: Jede/r von uns, die/der schon in einem Freigegenstand (Schulspiel, Medienerziehung, ...) mit Schülern gearbeitet hat oder in einem Weiterbildungsseminar mit freiwilligen Teilnehmern gearbeitet hat, weiß, daß hier oft erstaunliche Arbeits- und Lernerfolge erzielt werden, die den Pflichtunterricht bei weitem übertreffen. Lernen hat eben etwas mit Motivation, Motivation etwas mit Freiwilligkeit zu tun.

Was also?

Immer wieder verfallen wir im Denken und Diskutieren in ein verkürzendes "entweder - oder" oder in ein sich wissenschaftlich gebärdendes "einerseits - andererseits", während es um ein dynamisches Wechselspiel von "sowohl - als auch" gehen könnte.

10 solcher Spannungsfelder möchte ich kurz darstellen:

1. Anwesenheitspflicht - Freiwilligkeit

Zielrichtung ist letztlich die Freiwilligkeit. Realistisches und lebendiges Lehren geht aber von der an Autoritätsdruck gewöhnten Wirklichkeit der Schüler aus und respektiert die damit verbundenen Sicherheitsbedürfnisse. Statt der letztlich zynischen Floskel "Meldet sich jemand freiwillig oder muß ich wen bestimmen?" erfahren die Schüler immer wieder glaubhaft und deutlich, wo echte persönliche und kooperative Freiräume sind und wo des Lehrers oder des Schulsystems Grenzen sind.

2. Vorgegebene Inhalte (Lehrplan) - Persönliches Interesse (Betroffenheit)

Schüler und Lehrer erleben beide (unbewußt), daß sie im Lehrplan nicht wirklich vorkommen, daß ihre eigenen Erfahrungen, Interessen, Wünsche letztlich das "Weiterkommen im Stoff" gefährden, daß Lehrer und Schüler letztlich austauschbar sind. Für diese frustrierende Verdinglichung des Lernens machen sich oft Lehrer und Schüler gegenseitig verantwortlich, obwohl sie gemeinsam ihr Opfer sind.

Der konstruktive Widerspruch könnte so lauten: Meine Betroffenheit ist Ausgangs- und Zielpunkt meines Lernens! Die vorgegebenen Inhalte (Lehrplan) bilden den Begriffsrahmen und die Systeme, an denen sich meine Betroffenheit orientieren kann, durch die ich sie kommunizierbar machen kann.

Detaillierte Lehrpläne und Curricula stören lebendiges Lernen.

3. Unpersönliche Methoden - Soziales Lernen

Inhalte und Methoden entsprechen einander letztlich. Je wichtiger meine Betroffenheit für die Lerninhalte wird, desto wichtiger werden Methoden, die meine Erfahrungen verdeutlichen helfen und die Zusammenarbeit zwischen Schülern fördern.

4. Defiziterfahrungen (Entmutigung) - Erfolgserfahrungen (Ermutigung)

Wir alle haben in mehr oder minder großem Maß eine Kontaktgeschichte hinter uns, die sich an unserem unerwünschten Verhalten, an unseren Schwächen und Fehlern orientiert hat. Wir haben das ziemlich integriert und nehmen mehr die Schwächen als die Stärken an uns wahr. Lerntheoretisch ist zwar die Überlegenheit von Ermutigung gegenüber Kritik und Strafe vielfach erwiesen, trotzdem kann sich diese Erkenntnis nicht durchsetzten. Schon deshalb, weil ich als Lehrer zu wenig Möglichkeit habe, bei mir selbst mit der Ermutigung zu beginnen, was aber die Voraussetzung für ein ermutigendes Lehren ist. Trotzdem heißt Lernen natürlich auch: Defizite erkennen und verringern.

Der konstruktive Widerspruch könnte so lauten: Unser Selbstwertgefühl (Lehrer und Schüler) als Basis unseres Wachstums (Lernen) braucht viel mehr Stütze und Anerkennung, als es üblicherweise bekommt. Auf dieser Basis kann ich auch leichter meine Defizite selbstkritisch wahrnehmen und zur Motivation für gezieltes Lernen verwenden.

5. Konkurrenzierende Einzelarbeit und nebulose Gemeinschaftsillusion - Einzelarbeit und differenzierte Zusammenarbeit

Üblich ist: "Jeder gegen jeden" und "Wir sind wir". Durch eine Einzelarbeit, die sich wesentlich am "besser oder schlechter als andere sein" orientiert, verarmt mein Selbstbewußtsein - und daraus entsteht dann auch ein mir eher unklares Bedürfnis nach Wir-Gefühl und Gemeinschaftsillusion (miteinander Saufen, Sportplatz- und Cliquenverhalten).

Diese verkürzte Selbsterfahrung sitzt tief in uns drinnen, und sie gilt es zu respektieren, wenn wir selbstbewußte und kreative Einzelarbeit fördern, um darauf aufbauend differenzierte Zusammenarbeit zwischen Schülern zu ermöglichen. Gute Zusammenarbeit lebt von bewußter Einzelarbeit.

6. Klischeehaft vorgegebene Leiterrolle - authentische und flexible Autoritätsausübung

Selbstbestimmung ist schwer, in vielen Fällen zu schwer. Wir wollen dazu beitragen, daß Autorität durchschaubar, lebendig, kontrollierbar, veränderbar gestaltet wird. Nur in der Orientierung an solcher Autorität kann sich Selbstbestimmung konstruktiv weiterentwickeln.

7. Einzelleistung, Einzelverantwortung - kooperative Leitung, Selbst- und Mitverantwortung

Die Gesellschaft der Zukunft braucht keine expansions- und aufstiegslüsternen Einzelkämpfer einerseits und Duckmäuser andererseits, von denen Politik und Wirtschaft heute dominiert werden, sondern kooperationsfähige Menschen, die Interessen deutlich und kontrollierbar abwägen können. Das erfordert eine neue Art des sozialen Lernens, schon von klein auf. D .h. die Entwicklung von Mitbestim-mungsmodellen ab der 1. Klasse Volksschule! Eine Wochenstunde als Minimum für Fragen der Klassengemeinschaft, der Schulorganisation etc. in allen Schulstufen!

Das schließt unbedingt die schrittweise Veränderung des Klimas unter den Lehrern und mit dem Direktor ein.

8. Verzögerte und entfremdende Belohnung - direkte Belohnung

Die immer stärkere Orientierung an abstrakten Fernzielen ("Wenn ich die Matura habe, dann...", "Wenn du erst dein Diplom hast, dann...") zerstört den konkreten Bezug zu dem, was ich gerade tue und leiste. Ist das abstrakte Ziel erreicht, bleibt auch die Befriedigung abstrakt, leblos. Die gesellschaftlich notwendige Erhaltung solcher Leistungsschwellen (Matura, Diplom) muß ergänzt werden durch die lebendige Freude über kurzfristig überschaubare Lei-stungen. Wer lernt darf auch feiern. Viele Lehrer träumen von herzlichen Schulfesten, mit Recht. Interessante Arbeiten von Schülern und Lehrern sollten öfter veröffentlicht werden; so können die Eltern mit Freude auch inhaltlich Anteil nehmen, statt sich auch nur abstrakt über die Noten Sorgen zu machen (zu dieser Überlegung gibt es in der Freinet-Pädagogik wertvolle Gedanken und Erfahrungen; siehe auch Kapitel 6: Wir können uns sehen lassen).

9. Fixe und einschränkende äußere Bedingungen - selbst gestaltete und flexible äußere Bedingungen

Leben heißt wachsen, und Wachstum hat seine Bedingungen in Bezug auf Zeit und Raum. Das gilt auch fürs Lernen.

Lernen braucht Rhythmus, aber sicher keine generellen 50-Min.-Einheiten mit läppischen 5-Min.-Pausen. Innerhalb eines gewissen zeitlichen Rahmens können Interessen und Konzentrationsfähigkeit den jeweils richtigen Rhythmus für die Schüler festlegen. Da müssen Schüler auch mitbestimmen können. Der Lernerfolg würde steigen.

Ähnliches gilt für den Raum. Die sterilsten und anonymsten Räume in unserer Gesellschaft sind die, in denen ich lernen soll (Schule) oder in denen ich gesunden soll (Krankenhäuser). Wie absurd.

Ich lerne dort am besten, wo es etwas zu lernen gibt, d.h. überall: in Geschäften, Betrieben, im Wald, im Museum usw. Die Schule brauchen wir natürlich als gemeinsames "Nest", wo wir unsere Erfahrungen verarbeiten, ordnen, uns mit Büchern beschäftigen usw.

Wir brauchen allerdings viel kreative Phantasie, um diese Erkenntnis in konkrete Schulstrukturen einfließen zu lassen. Projekttage und -wochen bieten ein Experimentierfeld für andere Zeitstrukturen und andere Lernräume.

10. Beurteilen - verdeutlichen

Aus den bisherigen Punkten, die ja alle ineinandergreifen, ergibt sich wie von selbst, daß so etwas wie "objektive Beurteilung" nicht nur nicht möglich ist, sondern auch kaum nötig ist. Sehr wohl notwendig ist die konkrete und differenzierte Rückmeldung von Lehrern und Schülern, wie sie mein Lernen, meine Aktivitäten, meine Neigungen etc. erleben. Für gewisse Leistungsschwellen wird die Gesellschaft jedoch auch Beurteilungen brauchen.

Das Leben und Arbeiten in Spannungsfeldern ist wirklichkeitsnah - es ist auch anstrengend und gelingt daher kaum allein. Lehrer, die sich den Spannungsfeldern und ihren Schwierigkeiten dabei stellen, suchen überall Hilfe. Es gibt einen deutlichen Trend von Lehrern, Weiterbildung auch außerhalb der zuständigen Einrichtungen zu suchen, um sich animieren zu lassen, aufzutanken, offen ihre Schulleiden auszudrücken und um neue Wege zu suchen. Es zeigt sich aber, daß Weiterbildungsseminare nur unzureichend diese wichtigen Bedürfnisse befriedigen können; daher entstehen - als zweiter Trend - in den letzten Jahren immer mehr "Lehrergruppen", die unter verschiedenen Bezeichnungen (Balintgruppen, Supervision, Gestaltpädagogik, Jahresgruppen,...) teils mit, teils ohne Trainer gemeinsam ihre Situation besprechen, sich moralische Unterstützung und manchmal auch Hilfe holen. Es gibt auch bereits Modelle, bei denen ganze Schulklassen ein gemeinsames Kommunikationstraining gemacht haben, um ihre Situation zu verbessern.

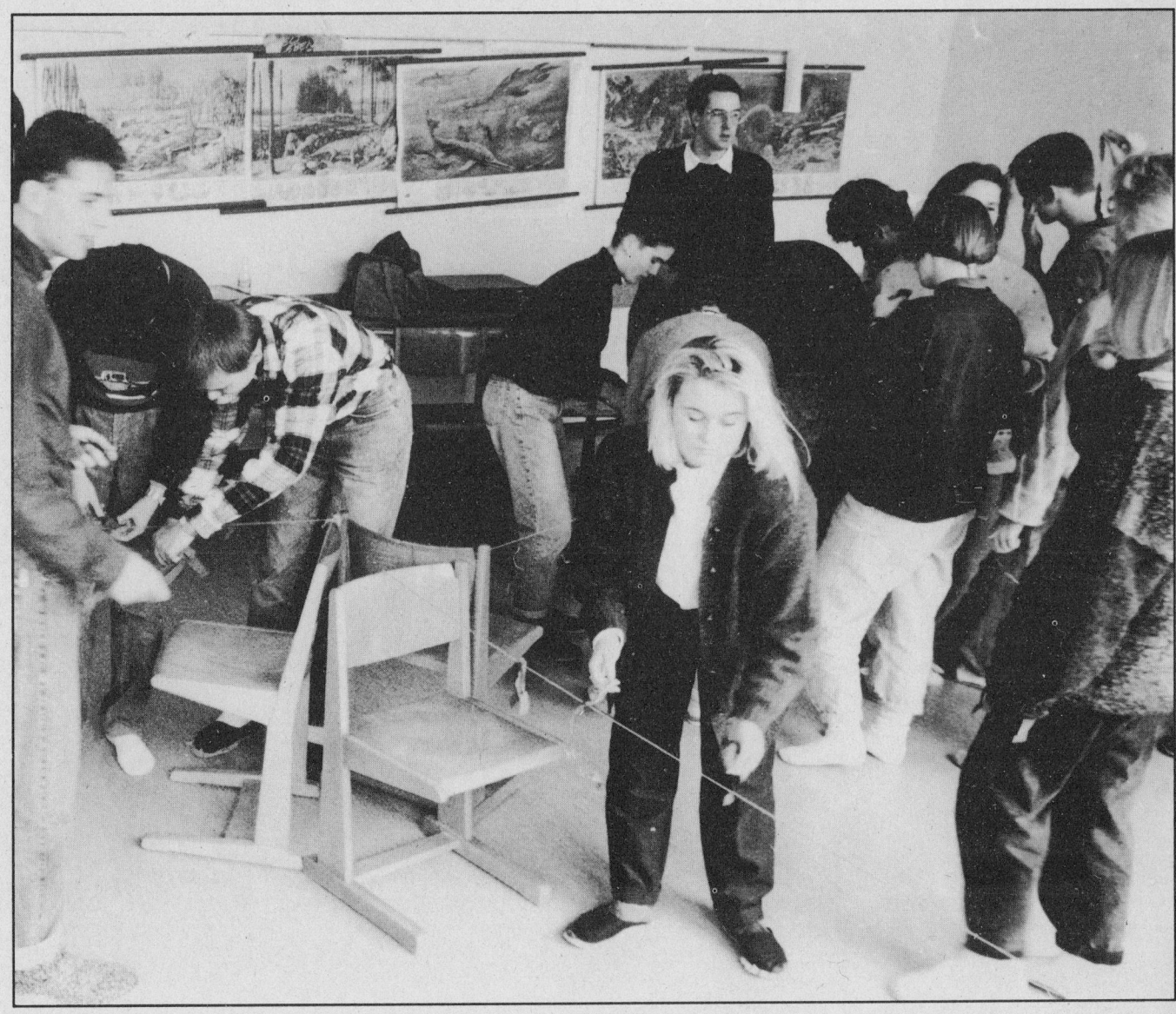

Aspekte ganzheitlichen Lernens

Hubert Teml

"Ganzheitliches Lernen" klingt angenehm in meinen Ohren. Dem Wort "Lernen" scheint damit jene Bedrohlichkeit genommen, die sich in mir im Laufe meiner "Lernkarriere" aufgebaut hat. "Ganzheitlichkeit" lockt mich an, breitet sich als Wort wohlig in meinem Körper aus. Ich kann spüren, daß es mich lebendig macht... Ich möchte mich damit mehr auseinandersetzen..., Erfahrungen sammeln und auch weitergeben...

Vermutlich ahnen viele Menschen, daß "Lernen" anders sein kann und soll, als sie es in der Schule erfahren haben. Der gegenwärtige "Boom" an alternativen Lehrformen wird besonders in den Bereichen der Erwachsenenbildung und in der beruflichen Fortbildung sichtbar: "Sanftes Lernen", "Entspanntes Lernen", "Superlearning" ist "in". Nach einem Prospekt eines privaten Lehrinstituts sollen wir beim Lehren und Lernen...

*   *"Geist, Körper und Psyche als Einheit gleichermaßen ansprechen;*
*   *die jedem Menschen innewohnende Fähigkeit fördern, aus der eigenen Mitte heraus konzentriert und entspannt im Kontakt mit seinen eigenen bewußten und unbewußten Ressourcen zu lernen;*
*   *Lernen und Persönlichkeitsentwicklung in gleicher Weise gewichten..."*

"Mit Kopf, Herz und Hand ..."
Ganzheitliche Sachbegegnung

Grundsätzlich sind dies Ziele, die in der Schule längst gefordert werden. In den Lehrplänen wird darüber an vorderster Stelle im "Allgemeinen Bildungsziel" gesprochen. Hier heißt es etwa im österreichischen Volksschullehrplan, den Kindern solle "eine grundlegende und ausgewogene Bildung im sozialen, emotionalen, intellektuellen und körperlichen Persönlichkeitsbereich ermöglicht werden." Für die Hauptschulen und die allgemeinbildenden höheren Schulen wird eine Bildung gefordert, "die den ganzen Menschen umfaßt, seine intellektuellen und musischen Fähigkeiten ebenso wie seine Gefühlskräfte und körperlichen Anlagen". Auch in den "Didaktischen Grundsätzen" der Lehrpläne tauchen ähnliche Formulierungen auf: "Die Schulerziehung hat den ganzen Menschen zu bilden und darf keinen Seinsbereich, vom Körperlichen bis zum Seelisch-Geistigen, vernachlässigen."

Allerdings neigt die Schulpraxis dazu, die Ganzheitlichkeit durch Fächerdenken aufzuspalten. Die sogenannten "Hauptfächer" sind dann für das Intellektuelle "zuständig", das Emotionale wird als "Nebensache" in die häufig als "Nebenfächer" bezeichneten Gegenstände Musik, Bildnerische Erziehung oder Religion "abgeschoben"; der Körper soll in der Leibeserziehung "versorgt" werden.

Worum es jedoch bei "ganzheitlichem Lernen" geht, ist der "ganze Mensch" in jedem Lernprozeß. Neben der logisch-rationalen Auseinandersetzung mit Sachinhalten soll eine intuitive, gefühlsmäßige, körperlich-sinnliche und kreative Sachbegegnung ermöglicht werden. Was dies konkret bedeuten kann, möchte ich am Thema "Bäume unserer Umgebung" näher ausführen:

eher logisch-rationale Sachbegegnung:	eher ganzheitlich-kreative Sachbegegnung:
Baumarten in der Umgebung benennen	mit dem Lieblingsbaum im Schulhof sprechen
Teile von Bäumen aufzählen können	ein Phantasiebaum sein, Wurzeln, Stamm und Äste spüren
einen Merktext über Bäume schreiben	ein Baumgedicht schreiben und vortragen
Blätter skizzieren	Herbstblätter malen
den Jahreskreis im Leben eines Baumes beschreiben	sich einen Phantasiebaum in den 4 Jahreszeiten vorstellen
Merkmale verschiedener Bäume bennen	einen Baum begreifen, tasten, fühlen, riechen

"Mit dem ganzen Gehirn ..."
Biologische Didaktik

Um die Bedeutung des Wortes "Bruder Baum" wirklich zu verstehen, genügt es offensichtlich nicht, Bäume ausschließlich rational und analytisch zu betrachten. Dazu gehören vor allem sinnliche Erfahrungen und auch die Möglichkeit, sich in das Wesen des Baumes einzufühlen.

Als theoretische Grundlage für ganzheitliches Lernen wird heute meist die unterschiedliche Arbeitsweise der beiden Gehirnhälften (Hemisphären) herangezogen. In populärwissenschaftlicher Vereinfachung (und auch Verkürzung) ist danach die linke Hemisphäre für die logisch-rationale Bewältigung der Welt zuständig. Sie wird als "verbal", "analytisch" oder "intellektuell" beschrieben. Die rechte Hemisphäre ermöglicht einen Zugang zum Weltverständnis über Bilder, Phantasie, Kreativität, Intuition und sinnliche Wahrnehmung. Noch schlagwortartiger: Im Gehirn stehen sich der "Analytiker" und der "Künstler" gegenüber.

Natürlich ist auch an diesen Vereinfachungen etwas Wahres dran. Schon der Volksmund sagt: "Du bist nur mit dem halben Hirn dabei!" Dies ist ein Vorwurf an jemanden, der vor sich hinträumt. Darin zeigt sich auch, daß in unserer Kultur diese Art der Weltbetrachtung weniger geschätzt wird. Eigentlich müßten wir der Schule aber einen anderen Vorwurf machen: Sie spricht nur das "halbe Hirn" der Kinder an! Logisch-rationales Denken steht im Vordergrund und wird hier oft bis zur "Einseitigkeit" betrieben. In den letzten Jahren wurde daher auch der Ruf nach vermehrter Beachtung der rechten Gehirnhälfte mit ihrer mehr "ganzheitlichen" Sichtweise laut. Neben der Verbindung der linken und rechten Gehirnhälfte (über den sogenannten "Balken") sollen auch tiefergelegene Hirnschichten angesprochen werden (besonders das limbische System, das für unsere Emotionen zuständig ist).

Es gibt heute bereits sehr gut ausgearbeitete didaktische Programme, die sich auf die unterschiedlichen Arbeitsweisen des Gehirns berufen und die auch in der praktischen Anwendung sehr überzeugend wirken. Ich verweise etwa auf die Bücher "Garantiert zeichnen lernen" von Betty Edwards oder "Garantiert schreiben lernen" von Gabriele Rico. Deutsch- und Zeichenlehrer können daraus sicher wertvolle Impulse für ihren Unterricht erhalten. Den "Boom" an Literatur zum ganzheitlichen, "gehirngerechten" Lernen muß man jedoch mit Vorsicht betrachten. Springer/Deutsch stellen nach einer sehr sorgfältigen Analyse fest, daß diese Programme zwar "funktionieren", die gehirntheoretischen Erklärungen aber eher problematisch zu betrachten sind und sich andere lerntheoretische Erklärungen oft besser anbieten."

Neuere Forschungen verweisen darauf, daß eine starre Trennung in zwei unterschiedlich arbeitende Hemisphären den Sachverhalt nicht angemessen beschreibt. Unser Gehirn ist eher als ein äußerst komplexes System zu sehen, bei dem es darum geht, möglichst viele Vernetzungen der einzelnen Teile und ihrer unterschiedlichen Arbeitsweisen herzustellen. Manche Forscher sehen das Gehirn heute als eine Art "Hologramm", bei dem jeder Teil mit den anderen in Verbindung steht und die gesamte Information jeweils gespeichert hat. Robert Ornstein spricht auch von "Multimind", das heißt von vielen verschiedenen Arbeitsweisen unseres Geistes. "Gehirngerechtes" Lernen kann daher m.E. nur als eine Metapher gesehen werden, über neue Lernformen verschiedenste Regionen und Arbeitsweisen des Gehirns anzusprechen:

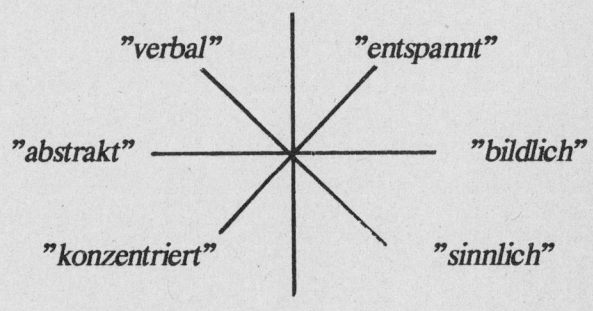

Ganzheitliche Lernmethoden - etwa das szenische Darstellen eines Themas, kreatives Malen oder Phantasiereisen - regen in besonderem Maß die Arbeitsweise der rechten Gehirnhälfte an. Sie ermöglichen auf diese Weise neue "Einblicke" in Sachverhalte. Sie schaffen durch die Beachtung gefühlsmäßiger Erfahrungen auch "Zugänge" zu tieferen Gehirnschichten. Auf diese Weise werden Informationen vielfältiger im Gehirn vernetzt und mit positiven Gefühlen verbunden.

Frederic Vester spricht in diesem Zusammenhang von einer "biologischen Didaktik", welche die Arbeitsweisen unseres Gesamtorganismus respektiert. Dabei zeigt er auch die notwendige ethische Dimension eines "neuen Denkens" auf. Eine einseitig logisch-rationale Betrachtung reicht seiner Meinung nach nicht zu vollem Verständnis von Welt aus. Sie führt letztlich - wie sich heutzutage zeigt - zu einer zunehmenden Zerstörung unserer Lebensgrundlagen: "Es ist daher ein Unding zu glauben, daß sich die Erkenntnis unserer Welt und eine vernünftige Handhabung unserer Mittel lediglich mit den paar Neuronen unseres kognitiven Gehirnbereichs bewerkstelligen ließe. Sie kann es nicht und sie darf es nicht. Deshalb müssen wir, nachdem wir jenen kognitiven Bereich und seine Logik so großartig entwickelt haben, auch die anderen, mehr unbewußten Gehirnpartien der Mustererkennung, der bildhaft und analog arbeitenden Bereiche, der emotionalen und intuitiven Vorgänge und damit den Gesamtorganismus wieder in unser Denken und Handeln einbeziehen..."

"Vom Haben zum Sein"
Bedeutungsvolles Lernen

Die Einseitigkeit unserer Weltbetrachtung steht mit grundsätzlichen Einstellungen zum Leben und auch zum Lernen im Zusammenhang. Hier herrscht auch heute weithin noch eine einseitige "Produkt-Orientierung". Das Zähl- und Meßbare steht im Vordergrund, der Prozeß des Lernens (und Lebens) wird hingegen weniger beachtet.

Nach Paolo Freire besteht die traditionelle Art des Lehrens darin, den Schüler wie einen "Container" zu füllen. Ein Lehrer ist dann umso besser, je vollständiger er die "Behälter" füllt, ein Schüler umso besser, je williger er es zuläßt, gefüllt zu werden.

Diese Art des Lehrens und Lernens ordnet Erich Fromm der "Habenorientierung" zu: Der "Haben-Typus" sammelt Wissen, notiert und hütet es sorgsam. Aber Inhalt und Lernender "bleiben einander fremd". Ruth Cohn bezeichnet es daher auch als "totes Lernen", weil es keinen Bezug zur Person selbst hat und sie letztlich unberührt läßt. Carl R. Rogers spricht von "bedeutungslosem Lernen", vergleichbar mit dem Einprägen sinnloser Silben in psychologischen Gedächtnisexperimenten: "Lernen dieser Art betrifft nur den Intellekt. Es ist Lernen, das 'vom Hals aufwärts' stattfindet. Es schließt Gefühl und persönliche Bedeutungszusammenhänge nicht ein; es hat keine Relevanz für den ganzen Menschen."

Wenn Schüler nach einigen Jahren der "Beschulung" unter "Lernen" nur mehr die Reproduktion von Wissen verstehen, das mit ihrer Person selbst nichts zu tun hat, wird vermutlich nur mehr wenig von der ursprünglichen Bereitschaft zu lebenslangem Lernen übrig sein. Wenn die Schule diesem "heimlichen Lehrplan" entgegensteuern will, muß sie sich darauf besinnen, die ursprüngliche Lernfreude der Schulanfänger zu bewahren und auszubauen. Dies scheint mir allerdings nur unter einer anderen, mehr ganzheitlichen Sichtweise von Lernen möglich, auf die die bisher genannten Autoren hinweisen:

Carl Rogers beschreibt diese Art von Lernen auch als *bedeutungsvolles Lernen*. Es schließt Engagement der ganzen Person - mit ihren kognitiven wie gefühlsmäßigen Aspekten - ein, durchdringt und verändert den Menschen und erschließt ihm persönlichen Sinn.

Erich Fromm ordnet dieses aktive, produktive, schöpferische Lernen dem "Seinsmodus" zu. Lernende im Seinsmodus beschreibt er so: "Statt passives Auffangbecken für Worte und Gedanken zu sein, hören sie zu und hören nicht bloß; sie empfangen und reagieren auf aktive und produktive Weise. Was sie hören, regt ihre eigenen Denkprozesse an; Fragen formulieren sich, neue Ideen resultieren, neue Perspektiven zeichnen sich ab..."

Für Ruth Cohn geht es um "lebendiges Lernen", bei dem nicht nur das Denken allein eine Rolle spielt, sondern der Mensch als ganzheitliches, gefühlsbe-

tontes und sinnliches Wesen einbezogen wird. Paolo Freire fordert eine "problemformulierende Methode", die Lernende nicht zum Objekt von Belehrung macht, sondern ermöglicht, daß sie Subjekt ihres Lernens bleiben. Lehren ist bei ihm ein Problematisieren der eigenen Situation, nicht ein Programmieren mit fremdem Wissen und ein Beschreiben fremder Wirklichkeit. Lernen ist vielmehr ein Erkenntnisvorgang und eine Veränderung des Lebens durch "Bewußtmachung". Erziehung ist dann immer Selbstbefreiung, die es den Menschen ermöglicht, "Wesen für sich selbst" zu werden.

Nun mag dieser Abschnitt vielleicht als spekulativ und zu wenig praxisrelevant erscheinen. Die neueren Lehrpläne verweisen jedoch darauf, daß diese ganzheitliche und prozeßorientierte Sichtweise von Lernen in der Schule zum Tragen kommen sollen. Offene, projektorientierte und entdeckende Lernformen werden hier genannt, weil sie zu bedeutungsvollem Lernen führen.

"Neue Sichtweisen ..."
Paradigmenwechsel

Allerdings wird bedeutungsvolles Lernen nur unter günstigen institutionellen Rahmenbedingungen sowie veränderten persönlichen Einstellungen gedeihen können. Einerseits muß die Institution Schule für neue Formen des Lernens auch förderliche Bedingungen bereitstellen, etwa durch Auflösung eines starren Stundenplans. Aber auch die subjektiven Theorien von Lehrern müssen beachtet werden. Vielfach lehnen LehrerInnen neuere Lernformen ja mit dem Hinweis ab, daß diese zu viel Zeit in Anspruch nehmen würden und die Schüler dabei zu wenig gesichertes Wissen erwerben. Dieses Argument ist m.E. ein Beleg dafür, daß Lernen eher im Sinne statischen Wissenserwerbes und weniger in prozeßorientierter Weise gesehen wird.

Meine Ausführungen verweisen hingegen auf ein neues "Paradigma", also auf andere Denk- und Deutungsmuster im Bereich von Erziehung und Schule, wie sie etwa von Merylin Ferguson aufgezeigt werden. Einige der von ihr zusammengestellten "Leitsätze" des "alten" und "neuen" Paradigmas seien hier beispielhaft genannt:

Leitsätze des alten Paradigmas in der Erziehung:

Lernen als ein Produkt, eine Bestimmung.

Priorität liegt auf der Leistung.

Betonung liegt auf der äußeren Welt. Die innere Erfahrung wird in der Schule oft als ungeeignet angesehen.

Betonung liegt auf dem analytischen, linearen Denken der linken Gehirnhemisphäre.

Es wird primär dem theoretischen, abstrakten Buch-Wissen vertraut.

Klassenzimmer werden im Sinne dieser Effektivität und Zweckmäßigkeit entworfen.

Zunehmendes Zutrauen in die Technologie (audivisuelle Ausrüstung, Computer, Texterverabeitung), Entmenschlichung

Leitsätze des neuen Paradigmas in der Erziehung:

Lernen als eine Entwicklung, eine Reise.

Priorität liegt auf dem Selbstbild, jener Instanz, die Leistung hervorbringt.

Innere Erfahrung wird als Zusammenhalt für das Lernen angesehen. Der Gebrauch der Vorstellungskraft, des Geschichtenerzählens, von Traumtagebüchern und von Übungen, die "Mitte finden" und die Erforschung von Gefühlen werden gefördert.

Es wird versucht, das gesamte Gehirn miteinzubeziehen. Die Rationalität der linken Gehirnhälfte wird durch ganzheitliche, nicht-lineare und intuitive Strategien ergänzt. Der Zusammenfluß und die Verschmelzung beider Vorgänge wird betont.

Theoretisches und abstraktes Wissen wird im starken Maße durch Experimente und Erfahrungen ergänzt. Sowohl innerhalb als auch außerhalb des Klassenzimmers. Es gibt Erkundungen, Zeiten der (handwerklichen) Lehre, Vorführungen und Experten, die in die Schule kommen.

Man befaßt sich mit der Lernraumatmosphäre: mit Licht, Farben, Luft, physischen Annehmlichkeiten, mit dem Bedürfnis nach Zurückgezogenheit und Interaktion; ebenso nach sowohl ruhigen als auch überschwenglichen Aktivitäten.

Man benutzt geeignete Technologien. Die menschlichen Begegnungen und Beziehungen zwischen Lehrern und Schülern sind von primärer Bedeutung.

Wenn sich eine neue Sichtweise von Erziehung und Unterricht durchsetzen soll, so muß es nach Ferguson zu einer "Transformation der Lehrer" kommen, d. h. zu einer persönlichen Veränderung ihrer Perspektive, die aus dem Kontakt mit der inneren Erfahrung resultiert:

"Wenn Lehrer ihren tiefsten Empfindungen und Motivationen freien Lauf lassen, wenn sie sich nach innen wenden, um Selbsterkenntnis zu erlangen und sich selbst emotional zu befreien, beginnen sie, sich nach außen zu kehren, gesellschaftliche Strukturen zu verändern... Die Erziehung kann die Kultur transformieren, aber nur soweit, wie die Lehrer transformiert werden."

"Von Person zu Person..." - Schülerzentrierter Unterricht

Ganzheitliches Lernen kann sich also nicht in erster Linie als ein neues Methodenkonzept verstehen, um traditionelle Leistungsziele besser zu erreichen. Vielmehr kommt es auf die dahinterliegende Orientierung an. Es geht in erster Linie um den Schüler als ganze Person. Ein solcher schülerzentrierter Unterricht zielt auf "menschenwürdige" Lernprozesse zur Entfaltung des gesamten menschlichen Potentials. Schülerzentrierter Unterricht bedeutet also nicht, wenig bedeutsame Lerninhalte "schmackhafter" zu machen. Es geht mir auch nicht um eine Polarisierung der Standpunkte: Hier "Menschlichkeit" und hier "Leistung". Vielmehr werden Lernende in einer schülerzentrierten Atmopshäre, in der sie sich als ganze Person entfalten können, erst ihre volle Leistungsfähigkeit entwickeln.

Ganzheitliche Lernmethoden bringen Schüler in Kontakt mit ihrer Person und erfordern von uns, daß wir ihnen auch als Person begegnen. Schülerzentrierter Unterricht bedeutet in erster Linie, daß ein positives zwischenmenschliches Klima gegeben ist, in dem Kinder oder Jugendliche lernen können, sich selbst ihrer inneren Welt zu öffen, sich darauf einzulassen und etwas davon mitzuteilen. Schülerzentriert sind wir als Lehrer dann, wenn die Kinder und Jugendlichen deutlich spüren können...,

- daß wir sie als Person in ihrer Eigenart annehmen,
- daß wir auf ihre inneren Kräfte vertrauen und
- daß der Bereich ihrer Innenwelt von uns auch akzeptiert, einfühlsam verstanden und nicht bewertet wird.

Es geht also ganz allgemein um eine personzentrierte Einstellung, wie sie der amerikanische Psychologe Carl R. Rogers (1902-1987) beschrieben hat. Diese drückt sich zunächst einmal in einem grundlegenden Vertrauen in die konstruktiven Kräfte, in das natürliche Wachstumspotential und in die "innere Weisheit" einer jeden Person aus. Personzentrierte Erzieher (Eltern, Lehrer oder Gruppenleiter usw.) geben ihre Rolle als "Belehrer" weitgehend auf. Sie entwickeln stattdessen eine Haltung, in der sie sich als "facilitator" sehen, als jemand, der selbstbestimmtes und bedeutungsvolles Lernen unterstützt und fördert (to facilitate: erleichtern, fördern).

Ganzheitliche Lernmethoden erfordern eine derartige personzentrierte Haltung, die mit Respekt, Einfühlungsvermögen und Echtheit auf andere Personen eingeht und ihnen Freiheit für persönliches Wachsen läßt. Im Mittelpunkt steht die Person und der Prozeß ihrer Auseinandersetzung mit den inneren Erfahrungen.

Es ist dies eine Einstellung, wie sie häufig in der Metapher "Erzieher als Gärtner" beschrieben wird: Für gute Wachstumsbedingungen sorgen und auf die Wachstumskräfte der Pflanzen vertrauen. Rogers sagt dazu folgendes: "Es ist äußerst unwahrscheinlich, daß jemand... sich darauf festlegen könnte, ein Facilitator des Lernens zu sein, wenn er nicht zu einem tiefen Vertrauen in den menschlichen Organismus und dessen inneren Kräfte gekommen ist. Wenn ich dem Menschen mißtraue, dann kann ich nicht umhin, ihn mit Informationen meiner eigenen Wahl vollzustopfen, damit er nicht einen falschen Weg geht. Wenn ich dagegen auf die Fähigkeit des Individuums vertraue, sein eigenes Potential zu entwickeln, dann kann ich ihm viele Möglichkeiten anbieten und ihm erlauben, seinen eigenen Lernweg und seine eigene Richtung zu bestimmen."

Dieses Vertrauen können wir allerdings nicht durch Worte vermitteln, sondern in erster Linie durch unser alltägliches Handeln. Es zeigt sich etwa in der Art, ob und wie wir Kindern und Jugendlichen genügend Freiräume und eigenverantwortliche Entscheidungen zugestehen. Lenkung und Gängelung, häufiges Kritisieren und Nörgeln, unbegründete Einschränkungen und unklare Grenzen schaffen keine günstigen Voraussetzungen für selbständiges Wachsen.

Das konstruktive Potential von Menschen entfaltet sich nach Rogers nur in einer wachstumsfördernden Beziehung zwischen den Erwachsenen und den Heranwachsenden. Für ihn ist diese Beziehung der Kernpunkt förderlicher Erziehungsarbeit. Wenn wir Erwachsene den Herwachsenden als eigenständige Person begegnen - und nicht als einem "Objekt", das "man" erziehen muß - werden sie sich in konstruktiver Weise entwickeln. Diese förderliche *Begegnung von Person zu Person* ist durch die personzentrierten Haltungen Echtheit, einfühlendes Verstehen und Wertschätzung von seiten der Erzieher näher gekennzeichnet. Diese drei personzentrierten Haltungen werden erst in konkreten Erziehungssituationen (und nicht in großen Worten) sichtbar:

Wertschätzung

Mit Wertschätzung als personzentrierter Haltung ist etwa folgendes gemeint: Ich achte und schätze Kinder oder Jugendliche als ganze Person. Ich wende mich ihnen zu, gehe warm, sorgend, freundlich und herzlich mit ihnen um. Ich ermutige sie, vertraue ihnen, nehme sie ernst und respektiere ihre Meinung. Ich lenke und gängle sie nicht, sondern überlasse ihnen ihre Eigenverantwortung.

Wertschätzung bedeutet nicht, jemanden von "oben herab", gleichsam "gönnerhaft" zu behandeln oder gar mit Wärme förmlich zuzudecken. Die Zuwendung ist auch nicht an Bedingungen geknüpft (etwa: "Ich mag dich, weil du gute Noten hast"). Wertschätzung heißt auch nicht, einen Konflikt mit "Nettigkeit" zuzudecken oder ihm auszuweichen. Vielmehr geht es darum, bei Uneinigkeit (etwa bezüglich der Erfüllung gemeinsam vereinbarter Aufgaben) auch die Andersartigkeit jedes einzelnen zu respektieren und ihn in seiner Einzigartigkeit anzunehmen.

Einfühlendes Verstehen

Diese personzentrierte Grundhaltung bedeutet: Ich versuche, in der inneren Welt von Kindern oder Jugendlichen zentriert zu sein. Ich fühle mich in sie ein und versuche zu verstehen, wie es in ihnen aussieht. Ich möchte gleichsam die Welt mit "ihren Augen" sehen, um ihren Standpunkt und ihr gefühlsmäßiges Erleben besser zu verstehen.

In personzentrierter Sichtweise geht es nicht um ein Interpretieren der Innenwelt, sondern um genaues Hinhören und Hinsehen auf die inneren Erlebnisse der Kinder oder Jugendlichen. Nicht unsere Deutung steht im Vordergrund, sondern die Bedeutung einer Erfahrung für den anderen. Es geht also um ein

"aktives Zuhören", das auf die Sichtweise des Partners eingeht: "Aha, für dich ist das so..."
Nicht die eigenen Wertungen werden herausstellt: "Das macht "man" so..." Kein Verstehen ist es auch, Gefühle "auszureden" oder sie mitleidsvoll zu beschwichtigen (z.B.: "Du brauchst das nicht so wichtig zu nehmen...") Vielmehr schlüpfe ich "in die Haut" des anderen, um zu spüren, wie er das fühlen und welche Bedeutung es für ihn haben könnte.

Echtheit und Aufrichtigkeit

Mit Echtheit als personzentrierter Grundhaltung ist folgendes gemeint: Ich bin als Erwachsener möglichst in mir selbst zentriert. Ich weiß meist, was in mir vorgeht. Ich setze mich offen mit mir selbst auseinander. Ich bin mir vieler meiner Gefühle und körperlichen Reaktionen bewußt. Wenn es wichtig ist, dann teile ich auch mit, was mit mir los ist, was ich innerlich fühle und denke.
Ich mache den Kindern und Jugendlichen auch meine eigenen Grenzen deutlich. Ich berufe mich dabei aber nicht darauf, daß "man" so etwas nicht machen kann, sondern daß "ich" dies oder jenes nicht möchte. Im Falle eines Konflikts bin ich nicht beschuldigend, sondern zeige, daß ich selbst für meine (negativen) Gefühle verantwortlich bin ("Ich bin enttäuscht, weil mir das nicht gelungen ist.").
Wenn ich echt und aufrichtig bin, spiele ich Kindern und Jugendlichen auch nichts vor (z.B. sicherer tun als ich bin). Ich versuche, mehr "ich selbst" zu sein und mich nicht daran zu orientieren, wie "man" sein sollte (z.B. als Lehrer darf "man" das nicht, muß "man" etwas so machen...). Ich verstecke meine Gefühlen nicht, sondern versuche sie echt zu zeigen (etwa Freude, Traurigkeit oder Ärger). Ich lebe meine Gefühle jedoch gegenüber anderen nicht in schädigender Weise aus. Ich versuche vielmehr, dem anderen offen und ehrlich mitzuteilen, was in mir vorgeht, was ich mir wünsche oder was ich befürchte.

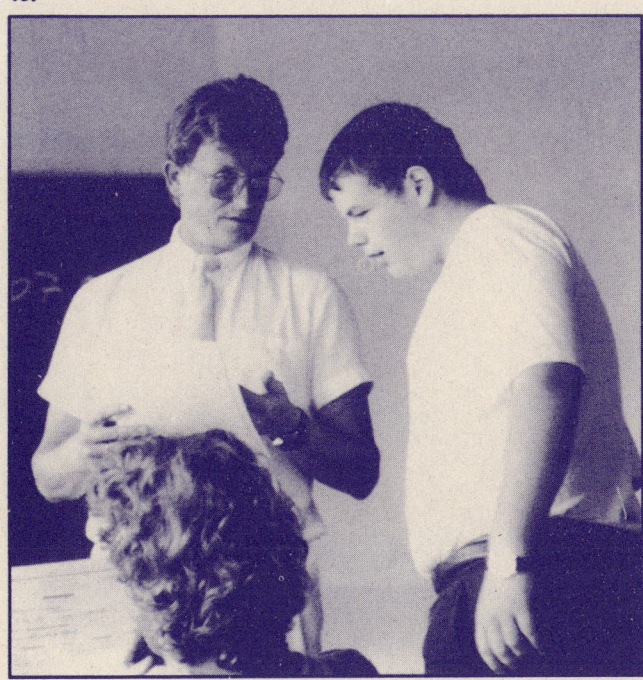

Nichtdirigierende Lernangebote

Wenn Lehrer diese drei personzentrierten (schülerzentrierten) Haltungen leben, werden sie Kinder und Jugendliche nicht lenken oder gängeln, sondern ihnen viele Freiräume ermöglichen. Dabei sind schülerzentrierte Erzieher aber nicht passiv, sondern aktiv bemüht, Anregungen zu geben und Angebote zu machen. Diese Angebote sind "nichtdirigierend", das heißt sie drängen die Kinder und Jugendlichen nicht in eine bestimmte Richtung. Vielmehr fördern sie selbstbestimmtes und bedeutungsvolles Lernen.
Ganzheitliche Lernmethoden sind in einem schülerzentrierten Rahmen als ein offenes, nicht-dirigierendes Angebot zu verstehen, sich mit einem Themenbereich in kreativer Weise auseinanderzusetzen.

Persönliche Entwicklung

Man kann diese personzentrierten Haltungen allerdings nicht "antrainieren" und sie auch nicht von sich oder anderen fordern. Jeder Imperativ - "Sei personzentriert!" - führt sich selbst ad absurdum, weil er die Person, wie sie hier und jetzt ist, ignoriert. Diese Haltungen können jeweils nur aus uns selbst erwachsen, wenn wir uns in einen Prozeß der persönlichen Entwicklung einlassen. Der Besuch von Gesprächsgruppen oder Selbsterfahrungskursen kann dazu beitragen, daß diese förderlichen Haltungen in uns allmählich vertieft werden. Man lernt dabei vor allem auch, mit sich selbst personzentriert umzugehen. Ich werde nämlich andere eher wertschätzen, sie verstehen und ihnen gegenüber echt sein...

- wenn ich mich selbst achte, annehme, schätze, freundlich mit mir umgehe;
- wenn ich mich in mich selbst einfühle, auf mein Inneres höre, Verständnis für mich selbst habe;
- wenn ich mir selbst gegenüber offen bin, ehrlich zu mir bin, mehr in mir selbst zentriert bin als in den Forderungen und Normen anderer;
- wenn ich mir selbst mehr Freiräume schaffe, mich nicht gängle oder gängeln lasse, auf der Suche nach anregenden Aktivitäten bin, meine Handlungsmöglichkeiten erweitere...

Literaturhinweise:

Die Literaturangaben im obigen Text sind in den folgenden Büchern bzw. Artikeln näher angeführt:
Teml, H.: Entspannt lernen. Streßabbau, Lernförderung und ganzheitliche Erziehung. Linz:Veritas 1987.
Teml, H.: Zielbewußt üben - erfolgreich lernen. Lerntechniken und Entspannungsübungen für Schüler. Linz:Veritas 1989.
Teml, H.: Aspekte des Lernens und Lehrens in der Grundschule. In: Satzke, K./Wolf, W.(Koord.): Kommentar zum Lehrplan der Volksschule.Wien: ÖBV 1990, 103 - 124.
Teml, H.: Gestaltpädagogik in der schulischen Praxis. Begleitheft zur Video-Dokumentation "Demokratisch-kreative-Schule", Schiltwald/Schweiz. Projektbericht zur Pädagogischen Tatsachenforschung an Pädagogischen Akademien. Linz:Pädagogische Akademie 1990.
Teml, H und H.: Komm mit zum Regenbogen. Phantasiereisen für Kinder und Jugendliche. Entspannung - Lernförderung - Persönlichkeitsentwicklung. Veritas:Linz 1991.

3.3
Bausteine für gestaltpädagogisches Unterrichten

Der Überschrift liegt ein Bild zugrunde: Das Bild eines Hauses, das - mit soliden Bausteinen gebaut - ein menschliches Zuhause für das (pädagogische) Alltagsleben bieten soll. Theorie besteht in diesem Sinn aus den Bausteinen für die Grundmauern, innerhalb derer es sich dann gut weitergestalten und einrichten läßt.
Solche Metaphern können abstrakte Systematiken gut ergänzen. Daher ersetze ich hier den sonst geläufigen Ausdruck "Prinzipien" durch "Bausteine" (1).
Zunächst die Übersicht:

1. Bewußtheit durch Wahrnehmung

2. Konzentration auf den Kontakt

3. Das Hier und Jetzt

4. Wertschätzung

5. Lernen durch Erfahrung

6. (Selbst)Verantwortung

7. Dialogisches Lernen

8. Geschlossene Gestalt

9. Integration

10. Kreativität

11. Leiblichkeit

12. Szenisches Erfassen

13. Mehrperspektivität - Grenzerfahrungen

1. Bewußtheit durch Wahrnehmung

Ein Hauptziel jedes lebendigen Lernens ist es, die Bewußtheit (awarness) dafür zu fördern, was in mir, mit mir und um mich herum geschieht. Die Quellen dieser Bewußtheit sind die sinnliche Wahrnehmung und das Vertrauen in diese Wahrnehmung. Das heißt, ich nehme das, was ich wahrnehme, zunächst einmal als wahr an. Aus der unermeßlichen Fülle des Wahrnehmbaren tritt immer wieder etwas in den Vordergrund (es wird Figur, wie man in der Gestalttherapie sagt), das andere tritt in den Hintergrund. ... So wie Wellen, die sich aufbauen und dann wieder zusammenbrechen und im Meer aufgehen.

In der Schule kann vieles in den Vordergrund treten: Der Stoff, ein einzelner Schüler, die Dynamik der Klasse, die Methodik, das Befinden des Lehrers, die Rahmenbedingungen (Zeit, Raum, die Luftqualität, die Angst vorm Inspektor usw.). All das ist wert, wahrgenommen zu werden, denn miteinander gestalten diese Faktoren den Unterrichtsprozeß.

Voraussetzung für die Wahrnehmung als Quelle des Lernens sind Anreize (Stimuli). Da die Schule im allgemeinen ein recht steriler und reizarmer Raum ist, müssen solche Anreize vorbereitet werden. Diese Vorbereitung lohnt sich aber in den meisten Fällen. Siehe dazu die Impulse und Ideen in den Kapiteln 4.2 bis 4.4 sowie 5.2.
Die Verdauung von Wahrnehmung führt schließlich zur "Erfahrung", siehe den 5.Baustein.

2. Konzentration auf den Kontakt "Alles fließt"

Im Prozeß des Fließens geschieht Kontakt ... zwischen Menschen, zwischen Mensch und Umwelt, auch in der Umwelt ... und dieser Kontakt fördert oder hemmt wieder den Prozeß, den Lebensfluß ... und das Lernen.
Ein Kind, das "selbstvergessen" spielt, ist in gutem Kontakt mit den Bausteinen, Liebende sind in gutem Kontakt miteinander. Auch Lehrer und Schüler können in gutem Kontakt miteinander und dem Stoff sein.

Konzentrationsstörungen sind Kontaktstörungen. Ein Schüler sitzt vor dem aufgeschlagenen Heft und träumt zum Fenster hinaus; sein Lernprozeß ist blockiert; vielleicht durch Entmutigung, weil er sich vom Lehrer abgewertet fühlt; oder vom Widerstand gegen elterlichen Zusatzdruck; oder weil er gerade gerne etwas ganz anderes tun möchte und in Gedanken ständig dabei ist. Da "geht nix weiter"! Erst wenn die Blockade (Störung) aufgehoben ist, kann der Kontakt wieder in Gang kommen und der Lernprozeß wieder in Fluß kommen. Das kann unter Umständen länger dauern.

Die Frage, wie im Unterricht guter Kontakt ermöglicht wird, ist entscheidend für Motivation und Lernerfolg. Dieser Kontakt ist allerdings nicht so ohne weiteres "machbar". Er setzt beim Lehrer eine gute Selbst-Wahrnehmung voraus, ebenso die Einfühlung in den oder die Schüler. "Einen Draht haben" sagen wir dazu umgangssprachlich.
Eine häufige Kontaktstörung ist die Unoffenheit. Wenn ein Lehrer bei sich selbst spüren kann, daß er heute eigentlich keine Lust hat, oder daß dieses Kapitel ihn selbst nicht so sehr interessiert, und wenn er das den Schülern gegenüber in einem guten Maß mitteilen kann, dann wird es leichter und besser weitergehen, als wenn der Widerstand, die Unlust still im Raum hängt.

3. Das Hier und Jetzt

Bei vielen Anlässen neigen wir dazu, uns gleich um die Ursachen, die Schuld, die Vorgeschichte zu kümmern, sei es bei geschichtlichen Ereignissen oder beim Verhalten von Schülern ("Wer hat angefangen?".) Die andere häufige Neigung ist die, das Ereignis einseitig unter dem Blickpunkt des Ziels, der Zukunft, zu betrachten und zu bewerten ("So kommst du nie zur Matura!" - "Der Zweck heiligt die Mittel!" - "Si vis pacem, para bellum!")

Der Einstieg in das Verstehen gelingt aber nur, wenn das, was ist, d.h. was jetzt gerade ist, ernst genommen wird. Denn in der Gegenwart - dem Hier und Jetzt - sind Vergangenheit und Zukunft verschränkt und lebendig. Nur hier und jetzt ist die Wirklichkeit konkret wahrnehmbar.

Unter diesem Aspekt heißt der Satz "Nicht für die Schule, sondern für das Leben lernen wir" eigentlich "Hier in der Schule ist (noch) kein Leben." Tatsächlich ist aber das, was Lehrer und Schüler jetzt gerade fühlen, denken und tun, das Leben - sonst nichts ! Die Unterordnung dessen, was ist, unter das, wass einmal sein soll, führt zu vielfältigen Verdrängungen, unterdrückungen, zumindest zu viel Langeweile, für die Schüler und auch für die Lehrer.

Hilfreich für die Wahrnehmung dessen, was gerade ist, ist alles Körperliche. Meine eigenen Körpersignale (Kopfschmerzen, Blickrichtung, Sitzhaltung, typische Gesten, ...) und das, was ich da bei den Schülern und Kollegen wahrnehmen kann, helfen mir und erleichtern so den "stimmigen" Kontakt. Oft ist auch die Wahrnehmung und der Ausdruck dessen, was ist,m schon ein Impuls zur Veränderung, sofern die Kommunikation darüber ehrlich und angstfrei ist: "Wo bist du gerade mit deinen Gedanken?"

4. Wertschätzung

Wahrnehmung kann nicht rein faktisch (objektiv) bleiben, sie drängt nach Wertung. Lernen im Kontakt kann nur dann sich kontruktiv entwickeln, wenn der Prozeß von einer grundsätzlichen Wertschätzung begleitet ist. Wertschätzung und Respekt gegenüber Menschen, Tieren, Pflanzen, Dingen, gegenüber der Geschichte und der Umwelt ist eine Erfahrung, die - wenn sie der Schüler erlebt - ermutigend auf ihn selbst wirkt. Das allerorts übliche Klima von offener oder versteckter Abwertung und Geringschätzung entmutigt und hemmt Lernfreude. Hier wirkt das Elternhaus entscheidend mit: Wie gerne lesen und schreiben die Eltern? Schauen sie manchmal in ein Lexikon? Warum soll ich für Geographie und Geschichte von Ländern Interesse haben, wenn über die Menschen, die von dort kommen, vorwiegend verächtlich geredet wird?

Warum soll ich einem Lehrer interessiert und aufmerksam folgen, wenn ich mich von ihm mißtrauisch belauert fühle?

In der Schule wirkt sich hier auch die abwertende Konkurrenz unter den Lehrern und zwischen Gegenständen aus. Für kollegiale Geringschätzung sind Schüler sehr sensibel (das kennen sie oft schon von den Eltern). Kollegiale Wertschätzung hingegen kann Lernfreude fördern. Sie ist oft die Voraussetzung, daß der Lehrer Wertschätzung auch in die Klassen hineintragen kann. Und so ist die Entwicklung einer solchen Haltung zunächst nicht in der Klasse mäglich, sondern beginnt beim Umgang des Lehrers mit sich selbst und mit den Kollegen.

5. Lernen durch Erfahrung

"Erkläre mir, und ich werde vergessen -
Zeige mir, und ich werde mich erinnern -
Beteilige mich, und ich werde verstehen."

Dieser Baustein ist ein eigenartiger. Er weist auf etwas hin, was einerseits jedem bewußten Pädagogen völlig klar ist; etwas, wo jeder nickt, wo sich niemend provoziert fühlt. "Learning by doing" ist eine Kalauer.

Andererseits ist die Sprache der Fakten genau gegenteilig. Während ein Kleinkind noch "begreifen" und dadurch begreifend lernen darf, wurde die Schule immer mehr zum sterilen, erfahrungsreduzierten Raum weiterentwickelt. Jedes bißchen Gestaltung, jeder Schulgarten, jede kleine Exkursion wird schon als tolles Projekt gefeiert und beweist so, daß das Gegenteil die Regel ist.

Lernen durch Erfahrung bedeutet:

Etwas anfassen und spüren -
Etwas zerlegen, aufbauen oder weiterbauen -
damit spielen -
daran riechen -
um etwas streiten -
etwas zeichnen, fotografieren, filmen -
jemanden genau befragen -
extra woanders hin fahren -
einen Bericht über Erlebtes gestalten -
Gelerntes anderen vorführen und erklären.

Und all das immer wieder.

An Ideen und Methoden mangelt's da nicht. Siehe besonders Kapitel 4. Strukturelle Barrikaden und die Bequemlichkeit vieler Lehrer sind die Verbündeten für einen überwiegend erfahrungsarmen, langweiligen Unterricht.

Sicher gibt es Begabungsunterschiede. Aber wenn ein Kind im Mathematikunterricht am Ende nicht mitkommt, muß das nicht heißen, daß es dafür nicht begabt genug ist. Als ich das erstemal während meiner Ausbildung in einer Sonderschule war, habe ich in der Pause auf dem Schulhof von den Lehrern von solch einem Kind gehört, das nicht rechnen konnte.

Der Junge stammte aus einfachen und bedrängten Verhältnissen; in der Grundschule erwies er sich als so schwacher Rechner, daß nicht einmal die Familie der Einweisung in die Sonderschule widersprechen mochte. Jetzt ist er neun Jahre alt, und den Lehrern fällt auf, daß er immer so gut angezogen ist, neue Sachen trägt, die nicht zum Einkommen der Eltern passen. Sie fragen nach und entdecken: Der Junge hat eine Kaninchenzuchtangefangen und betreibt ganz selbständig einen Handel mit jungen Kaninchen, Fleisch und Fellen rings im Landkreis. Damit verdient er so gut, daß er sich fein herausputzen kann. In der Schule ist nach wie vor vollkommen unfähig im Rechnen.

Ein sicherlich vertrackter Fall. Aber irgendeine Instanz im Hirn des Neunjährigen muß da doch wohl bilanzieren: Futterkosten, Heu, Errichtung und Instandhaltung der Ställe, sprich Drahtgitter, Holz, Nägel, Dauer der Aufzucht usw.gegen spekulierte und tatsächlich auf dem Markt erzielte Erlöse. Und es bleibt genug übrig, sich einen schicken Rollkragen-Pulli anzuschafffen oder ein Paar schwarze Schuhe. Natürlich tauscht er nicht bloß, er berechnet den Tauschwert seiner Produktion. Wer oder was hindert ihn, diese Fähigkeit in den Mathematik-Unterricht zu integrieren?

(aus: Ute Andresen: So dumm sind sie nicht)

---

6. (Selbst-) Verantwortung
"Hilf mir, es selbst zu tun." (Maria Montessori)

In der Schule besteht die - oft unbeabsichtigte - Tendenz zur Entmündigung: Die Aufgaben sind meist so angelegt, daß man den Schülern alles genau vorher sagen muß, von der Heftgröße über die Härte des Bleistifts bis zum genau proportionierten Lehrstoff: "Zwei Reihen großes M, zwei Reihen kleines m und dann die Zierzeile." Diese alltägliche Karikatur von Lernen muß im Normalfall Unlust und Zeitvergeudung produzieren. Wenn die Rahmenbedingungen erleichtert werden, können Kinder ihr Lernen viel besser selbst organisieren; und lernen dabei noch viel mehr als den Lernstoff. Es geht darum, die Kinder lernen zu lassen statt mühsam etwas hineinzustopfen, was sie unwillig und hilflos macht.

Schülern einzeln und miteinander etwas zutrauen, ihnen etwas zumuten, daß sie Lernerfahrungen und Übungen selbst entwickeln und gestalten, den ihnen innegewohnten Leistungswillen nutzen (statt ihn erst abzuwürgen und dann über die fehlende Motivation zu klagen), auch eine gewisse Konkurrenz gelten lassen, durch Gruppenarbeit dabei aber auch Mitverantwortung zu fordern und zu fördern, all das ist riskanter als der übliche Trott, aber auch spannender und erfolgreicher ... auf Dauer!

Bewertet wird dann nicht, ob eine Schüler eine Angabe des Lehrers genau verstanden und gelöst hat, sondern ob er eine interessante Aufgabenstellung entwickelt und gelöst hat - mit Unterstützung des Lehrers. Das bewirkt dann natürlich auch eine andere, angemessene Mitbeurteilung der Leistungen, auch eine andere Kultur des Streitens und der selbständigen Konfliktlösung unter den Kindern.

Die Plausibilität dieses Bausteins ist durch viele Erfahrungen in Projekten und Freigegenständen belegt und ringsum - als Ausnahme - zu erleben.
Damit sind wir bei dem heiklen Zusammenhang zwischen Verantwortung und Freiwilligkeit. Schule ist keine freiwillige Situation. Andererseits kann ich gegen den Willen eines Menschen nichts mit ihm tun. Um diesen Widerspruch muß ständig gerungen werden.

7. Dialogisches Lernen

Der Titel riecht nach "partnerschaftlich" und so, also nach abgegriffenen Klischees, an die - gerade in der Schule - niemand so recht glauben mag.

Ich möchte diesem Aspekt konkrete und vollziehbare Inhalte geben:

Der üblichen räumlichen Struktur der Klasse entspricht auch eine inhaltliche Struktur beim Lernen: Der Lehrer gibt Inhalte an die Schüler, mündlich oder schriftlich, und diese geben die Inhalte (hoffentlich) bald weiter. Gelegentlich dürfen auch die Schüler fragen, und der Lehrer antwortet (erfreut oder unwillig), sofern die Fragen in den Rahmen des vorgegebenen Stoffes passen. Wenn der Lehrer fragt, weiß er die Antwort schon, und das ist der entscheidende Punkt, an dem Dialog und Partnerschaft auf Dauer unmöglich werden.

Ich möchte daneben ein anderes Prinzip stellen, das "Landkarten-Prinzip": An der Einfahrt zu einem fremden Ort hält eine Auto mit einer Touristen-Familie. Sie stellen sich vor den Übersichtsplan (wie er z.B. auch in U-Bahn-Stationen zu finden ist). Dicht beieinander stehend suchen sie ihre Ziele und die Wege dorthin. Vielleicht streiten sie um die wichtigeren Ziele oder um die besseren Wege, dann entscheiden sie sich und gehen los. Unterwegs müssen sie wieder auf den Plan schauen, weil sie den Weg verloren haben.

Wenn also der Lehrer den Lehrstoff so einbringt, daß dabei auch für ihn Unbekanntes zum Thema wird, daß auch er neugierig werden kann, was jetzt dabei herauskommt, dann wird er zum Mitlernenden und zum Partner. Ein Beispiel: Ein Innsbrucker Lehrer griff die Lektüre des Deutschunterrichts - "Gullivers Reisen" - auf und ließ die Klasse in seiner Mathematikstunde in Kleingruppen mathematische Probleme aus der Darstellung des Landes "Lilliput" herausarbeiten und dann überprüfen, ob Jonathan Swift selbst konsequent in seinen Maßangaben war. Die Schüler waren bald im vollen Eifer und vergaßen die laufende Videokamera völlig. Die Ergebnisse waren dem Lehrer vorher selbst nicht völlig klar.

Einige weitere Anregungen exemplarisch:

* Eine Götterwelt wie die der Griechen oder Römer für die heutige Zeit entwerfen;
* den 30jährigen Krieg aus der Sicht z.B. der 12jährigen Tochter des Generals erzählen;
* in Turnen neue Gleichgewichtsübungen erfinden;
* die Kalorien des morgendlichen Frühstücks ausrechnen (auch der Lehrer!); etc.etc.

Wieviele spannende Fragen, auf die auch ein Lehrer zunächst keine Antwort weiß! Welch ein Unterricht! Wenigstens manchmal!

Natürlich ändert sich da die Rolle des Lehrers, und eine neue Sicht dosierter Autorität muß daraus abgeleitet und entwickelt werden.

8. Geschlossene Gestalt

Einatmen - ausatmen, Sonnenaufgang - Sonnenuntergang, Begrüßung - Verabschiedung. Prozesse tendieren zur Abrundung, zur immer neuen Vollendung.

Abgebrochene Prozesse hinterlassen Störungen, sie behindern Neubeginn.

"Unerledigte Geschäfte" (Fritz Perls) bleiben an uns hängen, sie blockieren. Schlechte Trennungen, abgebrochene Schullaufbahnen, verhinderte Trauerarbeit, unterdrückte Zornesreaktionen sind die großen Beispiele, aber auch im Kleinen wird vieles durch abgebrochene Prozesse.

Spüren sie die Wirkung, die das Fehlen des Prädikats im vorigen Satz auf sie ausübt?

"Komm jetzt sofort essen!" wenn das Kind gerade mitten im Spiel ist, oder die Schulglocke läutet, wenn gerade einmal eine interessantes Gespräch in Gang gekommen ist; da geht immer etwas kaputt.

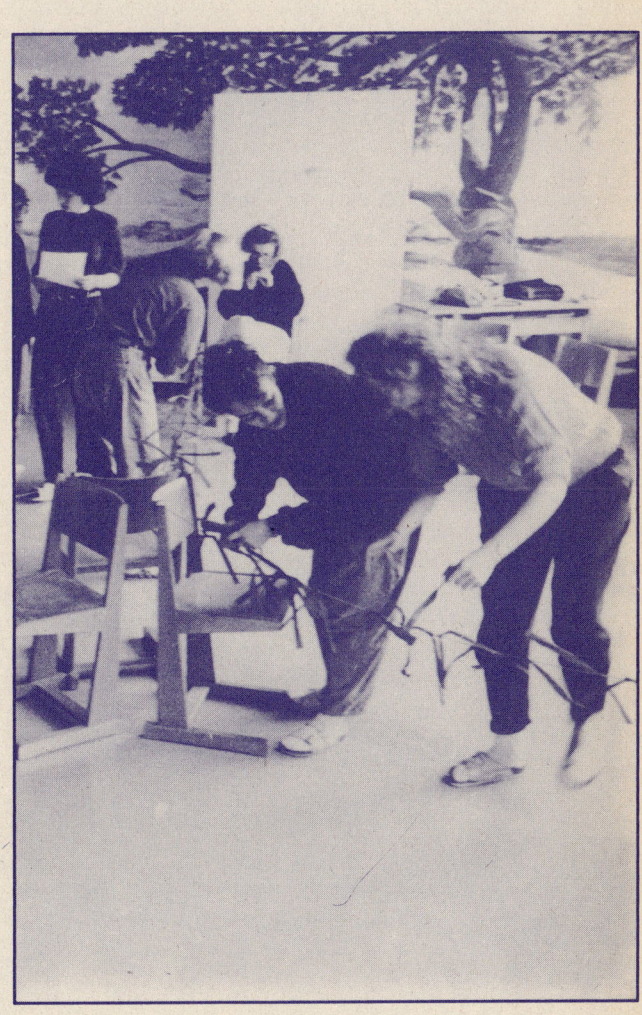

"Intensives-sich- Einlassen" - ein wesentlicher Moment bei nachhaltigem Lernen - kann man nicht mit Knopfdruck ein- oder ausschalten. Menschen haben ein subjektives Zeiterleben. Wenn wir mehr Rücksicht darauf nehmen können und etwas flexibler in unserer Zeitgestaltung sowohl in der Schule als auch in der Familie (gilt natürlich auch für viele Arbeitssituationen) werden, dann werden Prozesse besser abgeschlossen und neue zuversichtlicher und konzentrierter begonnen. Sonst aber wird der Frust des Abbruchs in die nächste Phase mitgenommen.

Die eigene diesbezügliche Lebenserfahrung prägt da den Lehrer, ob er intuitiv diesen Baustein beachtet, ob er z.B. Störungsreste aus der vorigen Unterrichtsstunde oder aus der Pause in der Klasse spürt, aufgreift oder ermöglicht, etwas vielleicht jetzt noch abzuschließen, oder ob er vorschriftsmäßig und unsensibel drüberfährt und die Stunde pflichtgemäß, mühsam und wenig erfolgreich durchzieht.

Eine verbreitete und gut motivierende pädagogische Strategie macht sich das Bedürfnis nach geschlossenen Gestalten zunutze: Der Lückentext, die unvollendete Geschichte, das Bild, wo etwas fehlt. Wenn hier immer wieder auch Raum für subjektive Vollendung bleibt, und wenn immmer wieder auch der Zeitdruck subjektiv beeinflußbar bleibt, dann eröffnet dieser Baustein eine Fülle wertvoller didaktischer Möglichkeiten.

9. Integration

Die Wirklichkeit stellt sich dar in Gegensätzlichkeiten - wie Tag und Nacht, Mann und Frau, Enge und Weite, Macht und Ohnmacht, dunkel und hell, Leben und Tod. Der Prozeß, der Lebensfluß, entwickelt sich aus dieser Spannung. Er ringt dabei um die Vereinbarung der Gegensätze, da sie ja einander bedingen.

Die in unserer Zivilisation vorherrschende dualistische Denkweise will hier einen Pol dem anderen unterordnen, einen Aspekt der Gegensätzlichkeit verleugnen, bekämpfen.

Die hier angestrebte Alternative ist das immer wieder neue Bemühen um Integration, das ist ein Prozeß konstruktiver Vereinbarung der Gegensätze. Das Ungewohnte, das Ungewöhnliche, das Neue, Beängstigende und auch das Ärgerliche müssen als notwendiger Teil unserer Wirklichkeit wahrgenommen werden, in einer respektvollen Auseinandersetzung soll immer wieder der Konsens gesucht werden.

So können im schulischen Alltag Angst und Versagen, Widerstand und Unlust, Beliebtheit und Außenseitertum in der Klasse viel deutlicher und verständnisvoller thematisiert werden als es gewöhnlich geschieht; dann würden auch manche Zuspitzungen geringer ausfallen. (2)

In diesem Zusammenhang ist auf eine besonders gravierende Folge der Verdrängunen der Schatten im Shculalltag hinzuweisen: die regelmäßigen Schülerselbstmorde zu Schulschluß, die doch nur die Spitze eines Eisberges von unausdrückbarer Angst und Einsamkeit darstellen, und die alle Pädagogen - und noch mehr die Eltern - zu intensivem Denken und Handeln anregen müßte.n Auch viele Schulabbrüche sind Ausdruck dafür, daß die jeweilige Schule nicht mit den anderen Lebensbedingungen zusammenpaßt, daß die Widersprüche zu lange verdrängt und nicht konstruktiv ausgetragen wurden.

10. Kreativität

Hier geht es um drei Aspekte:
Einerseits die Nutzung der Fähigkeiten des Menschen, Analogien zu bilden über bildhafte Vergleiche, Geschichten, Träume, Metafern, Symbole kann sich der Mensch indirekt und zugleich umfassender ausdrücken. Die Träume des Einzelnen, die Volksmärchen (als kollektive Träume), die Gleichnisse des Neuen Testaments sind ebenso Analogien wie ein gemaltes Bild, eine Tonfigur. Die Umwandlung einer Aussage in eine andere, bildhafte Form ist ein kreativer Ausdruck, der auch eine tiefere Form von Verstehen ermöglicht.

Der Zweite Aspekt von Kreativität ist das Medium. Der Mensch hat eine Fülle von Medien neben der Sprache zur Verfügung. Das bedeutet einerseits Vielfalt. Die Fülle meiner Möglichkeiten zu entdekken und auszuschöpfen, erfüllt mein Leben. Manche Medien sind auch nicht ersetzbar durch Sprache. "Was mein Mund nicht sagen kann, ...", sagt die Art meines Tanzes, eine Geste, eine Zeichnung oder auch die Art und Weise, wie ich mein Zimmer einrichte. Kreative Vielfalt von Medien schafft auch Dynamik in einer Gruppe, wo einer, der beim Reden eher unauffällig ist, beim Malen, Fotografieren oder beim Theater Spielen plötzlich in den Mittelpunkt rückt.

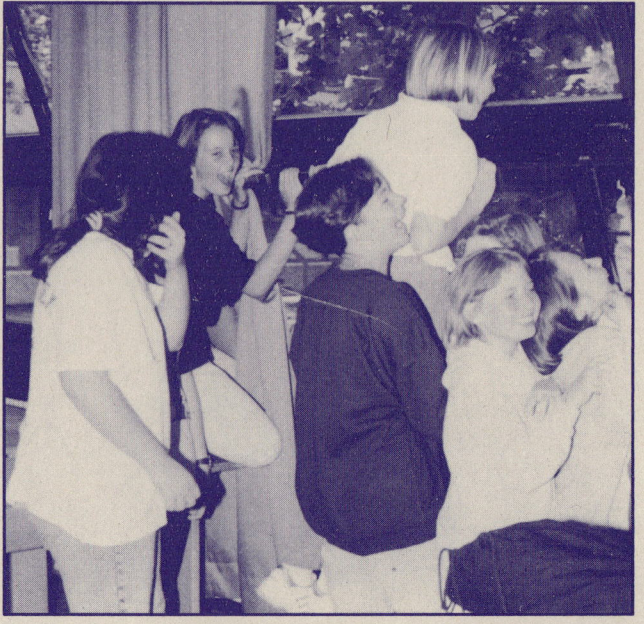

Der dritte Aspekt von Kreativität ist der politische. "Wer will, daß die Welt so bleibt, wie sie ist, der will nicht, daß sie bleibt." Diese Erkenntnis ist heute schon recht gesichert und hat zur Folge, daß die Menschen die Fähigkeit zu Veränderung, d.h. zur Gestaltung von Veränderung, entwickeln müssen. Nur Menschen, die neue Lösungen suchen und finden, können unser Überleben sichern. Angesichts von ungeheurer Armut, einer bald unkontrollierbaren Völkerwanderung, einer noch nicht einmal vollständig erkannten Umweltzerstörung und -gefährdung ist Kreativität nicht mehr allein eine Frage von Ästhetik oder von Psychohyperne, sondern eine Frage von existenzieller Ethik.

Daher sind Fragen wie "Was kann man anders machen?", "Wie könnte Schule ganz anders aussehen?", "Was würdet Ihr als Weltsicherheitsrat machen?" usw. usw. pädagogisch äußerst wichtig. Unrealistische, "verrückte" Antworten sind als notwendige, für kreative Prozesse typische Aspekte und Zwischenstufen zu respektieren.

11. Leiblichkeit

Beim Baustein "Hier und Jetzt" habe ich schon hingewiesen, welche existenzielle Bedeutung mein Körper hat für die Wahrnehmung dessen, was ist.

> *"Habe ich meinen Körper verloren, so habe ich mich selbst verloren.*
> *Finde ich meinen Körper, so finde ich mich selbst.*
> *Bewege ich mich, so lebe ich und bewege die Welt."* (V.Iljine)

Lernen in starren Sitzhaltungen führt zu starren Wahrnehmungen, zu fixierten Beziehungen, zum Stillstand. Wie gerne gehen Lehrer herum; recht haben sie. Für Schüler ist Schule ein körperlicher Terror, besonders im Wachstumsalter. Dazu die meist unflexiblen und zu engen Klassenräume, die entsetzlichen Gänge und Hallen. All das beschränkt Beweglichkeit, und das beschränkt Wahrnehmung, Kreativität, Lernen.

So wie der Körper im frühesten Alter Reize (Stimulierung) braucht, so braucht unser Leib (das ist die einheit von Körper, Seele und Geist) Stimulierung zum Lernen.

Körperbewußtsein ist auch Selbstbewußtsein.

Zum Erfahren brauche ich Bewegungs-Spielraum, zum Nachdenken brauche ich Rückzugsraum, für Kontakt und Kooperation brauche ich vielfältige Möglichkeiten. Eine lebendige Lerngruppe muß sich immer wieder neu und anders gruppieren können, Nähe und Distanz variieren können und ihren Raum so gestalten können, daß sich die Schüler/innen "leibhaftig" einbringen können. Viele Lernstörungen, Konzentrationsschwächen und viele Verhaltensauffälligkeiten sind schlichtweg das Resultat der systematischen Unterbindung von Bewegung und Körpererfahrung. Der Turnunterricht allein kann hier keinen Ausgleich schaffen, wenn der Körper nicht mehr in die Schule und in das Lernen integriert wird.

12. Szenisches Erfassen

Mit verschiedenen Methoden läßt sich leicht erfahren und verdeutlichen, daß der Mensch viel mehr als die Sprache wahrnimmt und versteht, und daß diese Wahrnehmung auch schon viel früher beginnt als das Sprachverständnis.

Ein zweijähriges Kind versteht kein Wort vom Streit der Eltern; wenn es diesen aber immer als bedrohlich miterlebt hat, wird es als erwachsener Mensch - wenn einmal im Fernsehen eine Szene mit ähnlicher Körperhaltung und Stimmlage gespielt wird - plötzlich unerklärliche Angst spüren (und diese dann wohl irgendwie wegschieben). Wir nehmen nicht Einzelheiten wahr, sondern ganzheitlich, Atmosphären, Szenen. Und wir reagieren auf diese Ganzheiten, z.B. auf den Widerspruch zwischen Sprache und Mimik, oder auf Atmosphäre in der Direktionskanzlei. Die Atmosphäre einer Klasse als Ganzes, die man regelrecht riechen kann, beeinflußt unser Verhalten als Lehrer viel mehr, als es gewöhnlich beachtet wird. Viele sogenannte Teilleistungsstörungen lösen sich in (fast) nichts auf, wenn die "Szene" in der Klasse oder zu Hause beim Aufgaben machen verändert würde. (3)

Zu dieser "Szene" gehört alles, was sinnlich wahrnehmbar ist: die Körperhaltung, die Farben, die Blicke, die Worte, die Luft, ... und die "Szene" läßt

sich dann kaum durch die Summe dieser Sinnens seindrücke beschreiben, denn "das Ganze ist mehr als die Summe der Teile".

Wer seine Fähigkeit, Szenen und Atmosphären auch beim Lernstoff wahrzunehmen und positiv zu ges stalten, entwickelt, der lehrt und lernt viel leichter und nachhaltiger. Viele Strategien beil Lesetrainig oder beim Superlearning arbeiten mit diesen Eins sichten. Das erfordert aber auch eine andere Art von Prüfung und Beurteilung. Es ist dann wichtiger, den Sinn eines Textes und die Atmosphäre eines historis schen Ereignisses verstanden zu haben als jedes einz zelne Vokabel oder die genaue Jahreszahl.

Vor allem soll dieses szenische Verständnis bei der Gestaltung der Lernsituation konstruktiv mitarbeit ten.

13. Mehrperspektivität - Grenzerfahrung

Wenn man die 12 bisherigen Bausteine durchdenkt und irgendwie bejaht, dann ergeben sich möglicherw weise zwei innere Reaktionen:

a) Die Fülle der Aspekte, die es zu beachten und zu behandeln gilt, wirkt sehr groß, beinahe übergroß. Das geht in Richtung Überforderung. "Da ist so vieles neu, und alles gleichzeitig, das ist (mir) zu viel!"

b) "Das ist ja alles irgendwie ganz richtig, aber in der heutigen Schulsituation ist das reine Illusion." Ja, die Verhältnisse, die sind nicht so, wie wir die gerne hätten.

Diese zwei Reaktionsmuster nenne ich die "Selbstb bezichtigung" ("Ich bin zu schwach") und die "Ohnmacht" ("Das System ist zu stark"). Beides sind verständliche Ausreden, und die Arbeit mit dies sen inneren Reaktionsmustern ist daher selbst ein "Baustein für ganzheitliches Unterrichten". Äußere und innere Grenzerfahrungen können blockieren, aber auch kreative Arbeit mit sich selbst und mit Kollegen fördern. Ein Beispiel dafür finden sie in Kapitel 1. über die Arbeit mit "Ansprüchen".

Kehren wir zu der Metapher zurück, die diesem Kap pitel zugrundeliegt: Das Haus, dessen tragende Maue ern aus diesen Bausteinen bestehen. Sie können sich immer nur in einem Raum dieses Hauses zugleich aufhalten und ihn gestalten, aber sie können hier mit einer Bewußtheit für das Ganze des Hauses sein. Wenn Sie das Wohn-Gefühl für das ganze Haus entwickelt haben (das braucht eine gewisse Einge"wöhnung"), dann können Sie sich ohne weit teres auf den einen oder anderen Raum konzentrier ren. Sie wohnen in einem Schloß. aber Sie müssen da nicht ständig herumirren. Für die Schule heißt das: Die Ganzheit des Unterrichtsgeschehens, das

synergetische Zusammenwirken aller Faktoren und Kräfte wird "holographisch" erfaßbar, ohne daß daraus eine Überforderung abgeleitet werden muß. Phasenweise kann es aber dazu kommen.

Wenn Sie mit anderen dieses Haus gestalten wollen, und das geht bei einer Schule nicht anders, dann werden die anderen (Schüler, Kollegen, Direktor, Landesschulrat, Schulwart, ...) massiv mitwirken, das ist ihr Recht. Und so, wie es bei Schülern Konz zentrationsblockaden und Lernstörungen gibt, gibt es Blockaden und Störungen auch bei uns, bei Koll legen, bei Direktoren und "im System". Da gilt es dann immer wieder, kreative Prozesse in Gang zu setzen.

Anmerkungen

(1)"Handlungsleitende Prinzipien" nennt Olaf-Axel Burow seine Systematik. In: Burow: Grundlagen der Gestaltpädagogik. Verlag Modernes Lernen, Dortm mund 1988, S. 98ff. Hier wird Burows Darstellung etwas verändert und ergänzt. Parallelen ergeben sich auch zu: Hilarion Petzold: Grundkonzepte der Integrativen Pädagogik. In: Gusti Reichel: Lebendig statt brav. Ökotopia Verlag, Münster 1988, S.201ff.
(2) So ließ der Wiener Psychiater und Regisseur Jac cob L. Moreno einmal eine Frau, die immer die Reine, die Prinzessin darstellte, eine Hure spielen. Die Erfahrungen aus diesem Experiment waren Anf fang des Jahrhunderts eine der Grundlagen für die Entwicklung des Psychodramas, eines der wichtigs sten Konzepte für heilende Integration.
(3) Siehe auch die Anekdote von Ute Andresen beim Baustein "(Selbst-)Verantwortung"

Kapitel 4

Unterrichts-Methoden

Auf dem Weg zum ganzheitlichen Lernen

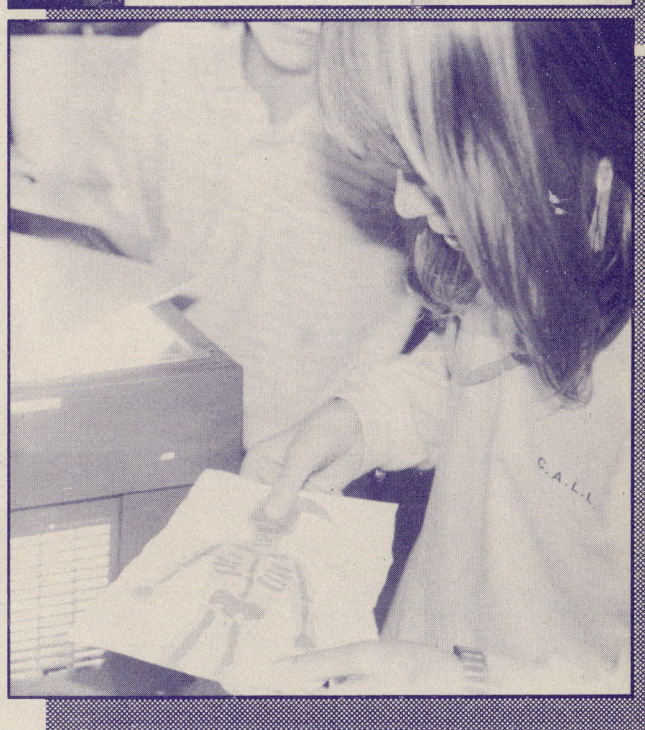

4.1
Kommunikation und Erlebnis-Dimensionen im Unterricht

Aneignen statt Überhäufen!
Assimilieren statt Introjizieren

Assimilieren meint Lernen im besten Sinn: die selbstzerkauende und -verdauende Eigenverarbeitung von Lernstoff und Anforderungen. Introjektion meint einfach geschluckte, hinuntergewürgte Einnahme von Anforderungen und Ansprüchen. Dieses Runterschlucken wird häufig von Lehrern und Schülern verlangt und ist für Merk-Lernen geeignet. Für alles Können-Lernen ist Assimilieren = selbstaneignendes Lernen günstiger - und für alle Beteiligten Selbstwert fördernd.

Methodisch wird Selbstaneignung möglich durch die Beachtung und Nutzung der unterschiedlichen Kommunikationsebenen, durch konkrete Begegnung der Schüler in der Gruppenarbeit, durch abwechslungsreiche Kommunikationsstrukturen und -medien sowie durch erweiterte Erlebnisdimensionen. Dies stellen wir im Folgenden genauer dar.

*Eile nicht,
gehe langsam,
du mußt ja auf dich zugehn.
Eile nicht, gehe langsam,
denn das Kind deines Ich,
das ewig Neugeborene,
kann Dir sonst
nicht folgen."*

Garcia Lorca

4.1.1
Die Kommunikation

Das "Eisbergmodell" der Kommunikations-Ebenen

Die Kommunikation zwischen Menschen und also auch in Klassen kann man sich so ähnlich vorstellen, wie einen Eisberg: Ein kleiner Teil guckt über die Wasserfläche, ein großer Teil ist scheinbar verborgen unter der Wasseroberfläche:

Sachthemen - wo es "richtig und falsch" zu geben scheint - werden vorrangig und leicht kommuniziert. Die Erlebnisthemen "Ich fühle .. brauche .. möchte .. fürchte" und Beziehungsthemen "Ich denke über Dich .. ich brauche von Dir .. ich schätze an Dir .. ich fürchte von Dir .." sind weit schwieriger zu kommunizieren und werden leicht über Sachthemen umgeleitet. Dies kann zu Verwicklungen oder Vermeidungen führen. Das Bedürfnis ist klar: im unsicheren Kommunikationsgeschehen durch die Sicherheit üblicher Kommunikationsrituale geschützt zu sein.

Es braucht eine sehr wertschätzende Atmosphäre und methodische Schritte, damit die Erlebnis- und Beziehungsthemen offener und direkter kommuniziert werden können. Auch das ermöglichen die folgenden Methoden.

Fühlen sich Schüler und Lehrer in ihrem Selbstwert bedroht, dann greifen sie zu 4 häufigen Streßbewältigungs-Strategien (nach Virginia Satir):

1. Anklagen
2. Ablenken
3. Rationalisieren
4. Beschwichtigen

Mehr dazu im Kapitel 1.3 "Selbstwert und Kommunikation" und 6.2 "System Klasse"

Umgegekehrt können Sie am eigenen Verwenden dieser "Streß"-Strategien - meist in Mischformen - erkennen, daß Sie sich gerade gefährdet fühlen und schneller auf die Metakommunikation umsteigen: "Ich fühle mich gerade von Dir angegriffen ..." oder andere STOPs .

Direkte, möglichst stimmige Kommunikation erleichtert die personale Begegnung, indem jeder Beteiligte in seiner Kontur deutlich und greifbar, die Verantwortung für das eigenen So-Sein ermöglicht und erleichtert wird und sich so der Selbstwert entfalten kann.

Verdichtung der Kommunikation: Paar- und Gruppenarbeit

Persönlicher kommunizieren und eigenverantwortlicher arbeiten können die Schüler in kleineren Gruppen und - noch dichter - in Paaren. Damit Gruppen- und Paararbeit gelingt, sind die folgenden Tips wertvoll:

Günstige Voraussetzungen für die Gruppenarbeit:

1. Griffige Gruppenbildung:
z.B. durch 4-6 Ecken, durch Atome-Moleküle, durch Symbol-Puzzles, durch Paare, die sich neue Paare suchen

2. Kommunikativer Impuls zum Einstieg,
falls die Schüler einander fremd sind oder schon länger nicht mehr miteinander persönlich kommuniziert haben: Zur Jahreszeit, zur Schulzeit, zur eigenen Lebenszeit passend: Wer hat als nächstes Geburtstag ? Was gefällt mir an meinem Namen ? Meine Stimmungs-Wetterlage ? Wohin fahre ich am liebsten auf Urlaub ? Was wäre ich als Tier ? Mit welcher Landschaft vergleiche ich unsere Klasse ?

3. Klare Rollen (falls nötig):
"Was bin ich hier ? Wann bin ich dran ? Wer ist wofür zuständig in der Gruppe ?

4. Eindeutiger Arbeitsauftrag:
"Welche Aufgabe habe ich zu lösen ? Wieviel Zeit haben wir ?"
Geht es um Einstellungen oder Wissen ?
Geht es um eine Lern- oder Prüfungssituation ?
Thema, Methode, Darstellungsmedium, Zeit

5. Zeit- und energieschonender Austausch der Gruppenergebnisse:
z. B. Verschnitt/Austauschgruppen, eine Szene, ein Plakat, eine Installation, die Erarbeitung eines Thesen- oder Arbeitspapiers.

6. Sichere Würdigung/Beachtung der Gruppenergebnisse durch den Lehrer

Plus: mehr Eigenaktivität der Schüler
Minus: geringere Kontrollmöglichkeit für die Lehrer

Abwechslung belebt: Wechselnde Kommunikations- strukturen und -Medien

Die Wahl der passenden Kommunikations-Struktur für die Arbeit oder Kommunikation in der Klasse ist eine wirksame Stütze im Leiten der Klasse. Wir haben 12 dieser Gruppierungsformen und Strukturierungs-Möglichkeiten einer großen Gruppe gesammelt und möchten sie Ihnen hier im Überlick vorstellen. Genau und umfassend finden Sie die Kommunnikationsstrukturenin unserem Buch "Großgruppen-Animation".

1. Bienenkörbe - schnelle Kleingruppen:

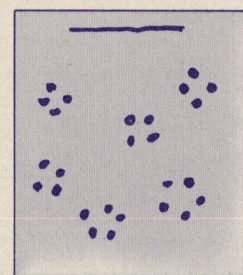

Sie regen die Schüler an, jeweils Kleingruppen zu bilden - rasch mit den umittelbaren NachbarInnen - in der Teilnehmerzahl, die Ihnen passend erscheint (je 3 bis 8 Gruppenmitglieder). Diese Bienen körbe bekommen von Ihnen einen klaren Arbeitsauftrag und Zeitrahmen.

2. 4-6 Ecken - das gewählte Thema bildet die Gruppen:

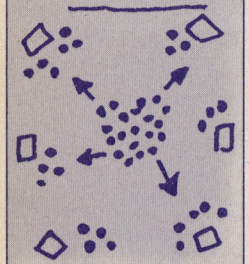

Sie geben zu einem Thema/Problem/Aufgabenstellung 4 - 6 alternative Wahlmöglichkeiten vor. Die Schüler gehen nun herum und wählen ihre Alternative aus. Diese Alternativen (Texte, Bilder, Symbole) sind so im Raum (Ecken) verteilt, daß sich die Schüler zur gewählten Alternative stellen können. Die Gruppen, die sich so bilden haben also eine gemeinsame Entscheidung zugrunde und sind so meist gut arbeits- und kommunikationsfähig. Nach einer kurzen Begründung ihrer Wahl erhalten die Schüler dieser Gruppen eine spezifische Arbeits- oder Darstellungsaufgabe.

Die Gruppengrößen sind unterschiedlich - können aber nach der Wahl angeglichen werden: "Wer will denn zur Gruppe "..." wechseln ?" So kann offenes Lernen strukturiert werden. Siehe "Themen bearbeiten".

3. Karussell - von Person zu Person/Station zu Station:

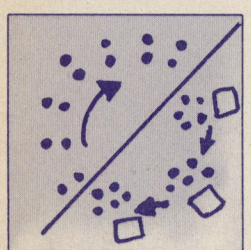

Ein klarer Ablauf von Partnerwechsel: Innenkreis-Außenkreis-Paare. Die Paare haben einen kurzen Arbeitsauftrag/ Kommunnikationsanregung/ Erlebnisimpuls und wechseln danach zum nächsten Partner im Kreis nach links. Mit diesem ein neues

Erlebnis oder gleicher Arbeitsauftrag. Auf diese Weise 3-6 Partnerarbeiten. Oder: Gruppen wechseln nach Plan von einer Arbeits/Erlebis- Station zur nächsten. Auf diese Weise durch gehen sie 3 - 6 Stationen. Vorteil: geregelte Abwechslung.

4. Markt - offene Lernangebote:

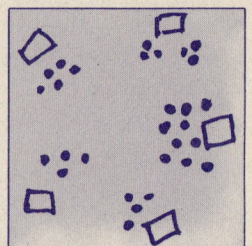

Die Schüler können zwischen verschiedenen Lern/Erlebnismöglichkeiten frei wählen, verweilen und wieder wechseln. Vorzubereiten sind nur die Lernstationen und die räumliche Aufteilung. in der Klasse oder im ganzen Schulgelände. Viele Schulfeste sind derart strukturiert. Verbindlichkeit kann durch einen Lern/Erlebnis-Paß erhöht werden, indem jede absolvierte Station eingetragen wird. Variation: Schülergrüppchen wählen ihre Stationen.

5. Austauschgruppen - verbindlicher Verschnitt verschiedener Arbeitsgruppen:

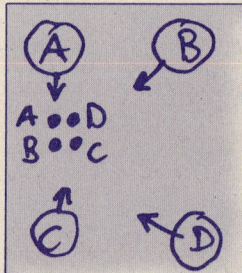

Falls Sie länger arbeitende Gruppen zum Bericht ihrer Erfahrungen anregen wollen, bilden Sie Gruppen, in welchen jeweils ein Mitglied jeder Arbeitsgruppe vertreten ist. Diese berichten einander über ihre Gruppenarbeit und so übernimmt jeder Schüler die Verantwortung für den Bericht. Nach einer kurzfristiger Klassenteilung können dies auch Austausch-Paare sein.

6. Pool - im Herzen der Klasse:

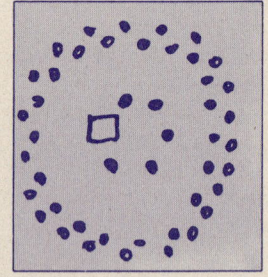

So wird Diskutieren interessant: In der Mitte der Klasse sitzen 4-6 VertreterInnen einer Gruppe oder Meinung und diskutieren diese. Auf einem leeren Sessel können Zuhörende spontan Platz nehmen und mitreden und wieder gehen. Nach ca. 15-30 Min Pause (Gruppen können sich beraten) und Wechsel der Pooler zur nächsten Runde.

7. Wechselnde Paare:

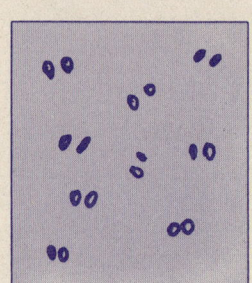

Viel Kontakt und Abwechslung: Die SchülerInnen bilden Paare zu einer Elebnis/Arbeitsaufgabe und Wechseln nach kurzer Zeit zu einer neuen Partnerin.

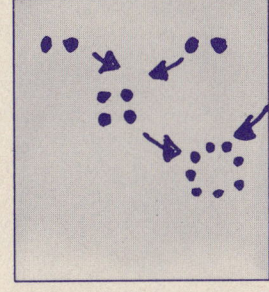

8. Lawine:

Aufbauend: Schüler bilden Paare zu einer Aufgabe - nach einiger Zeit bilden sie mit einem anderen Paar eine 4er oder 6er Gruppe und arbeiten zu einer neuen Aufgabe, die dieser Gruppengröße entspricht - nach einiger Zeit 8er oder 12er Gruppen und dann die ganze Gruppe.

9. Signalzeichen:

Das übliche Aufzeigen kann durch differnzierte Fragestellungen an die ganze Klasse belebt werden. "Was glaubt ihr, welche Antwort eher stimmt: A: .. B: ... oder C: .... Wer stimmt für A ?" So kann ein Informationsgespräch geführt werden. Noch besser: "Ampelfeedback" siehe Abschnitt "Themen bearbeiten"

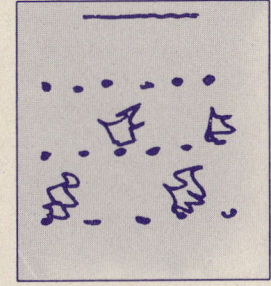

10. Ausgangspunkt:

Die übliche Klassenform: vorne die Tafel und die Lehrerin, dann die sitzenden Schülerreihen. Dies hat zentrierende Wirkung - einige Zeit - dann ist eine Intesivierung oder Abwechslung wichtig: Signalzeichen, Paargespräche, Bienenkörbe etc.

11. Kreis/U - alle im Blick:

Die Klasse als Ganzes kann im Kreis/U am besten wahrgenommen werden. Deshalb sind wichtige oder gemeinschaftliche Themen im Kreis/U gut zu erleben und zu erarbeiten. Bei Kreistänzen wird dies ganz deutlich - auch die Spannung, wenn vorhanden.

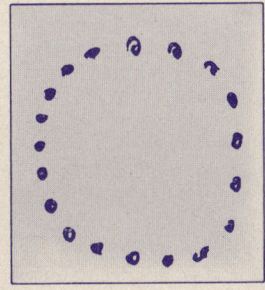

12. Einzeln und gleichzeitig:

Die üblichste Arbeitsform in der Schule: jeder Schüler arbeitet für sich. Diese Kommunikationsform kann durch spezielle Einzelaufgaben wie Identifikationen, Phantasiereisen, neue Texte, Meditation, Fragebögen etc. angereichert und vertieft werden.

Kommunikationsmedien: Darstellen, sinnlich Gestalten und Selbstausdruck

Während des Unterrichtens und Kommunizierens werden die Schüler laufend "beeindruckt" (auch wenn es manchmal ganz anders aussieht). Diese vielfältigen Eindrücke während der Stunde, des Tages und im bisherigen Leben brauchen den adäquaten Ausdruck, um in die persönliche Bedeutung, Beachtung und Wertschätzung zu kommen. Ist dieser adäquate Ausdruck nicht möglich, reagieren Schüler wie Lehrer mit Entfremdung, Abwertung, Mißtrauen und Desinteresse dem eigenen Erleben und dem anderer gegenüber.

Zusätzlich erleichtert der Ausdruck des eigenen Erlebens/Verstehens/Deutens das Verständnis untereinander und die Selbst-Aneignung des Lernstoffes, der Erlebnisinhalte. Dies wird durch die sinnliche Vielfalt der Kommunikationsmedien, "Kreativen Medien", ermöglicht, vertieft, erweitert.

Siehe auch "Themen darstellen".

Tonformen

Malen und Zeichnen

Symbole/Gegenstände

Bewegen und Tanzen

Verkörpern

Szenen Gestalten

Texten und Dichten

Phantasieren und Visualisieren

Sprache, Töne, Singen

Musik Hören und Machen

Fotografieren

Collagen, Plakate

OH

Video

4.1.2
Erlebnis-Dimensionen

Hubert Teml

Ganzheitliches Lernen zielt auf ein Lernerlebnis, an dem die ganze Person beteiligt ist. Beteiligung entsteht dabei vor allem durch Selbstaneignung des Lerninhaltes. Erst dann wächst die Bedeutung eines Lernstoffs für den Lernenden.

Ruth Cohn hat dies als "lebendiges Lernen" beschrieben, bei dem Person und Thema einander nicht fremd bleiben. Bloß äußerliches "Hineinstopfen" von Inhalten führt dazu, daß die Lernenden bald "angefressen" sind oder ihre Lernfächer gar "zum Kotzen finden". Beim ganzheitlichen Lernen geht es hingegen um Integration des Gelernten in unsere Person. Wir müssen die Inhalte "verdauen", sie mit uns verbinden, damit sie zu unserem Wachstum einen sinnvollen Beitrag leisten.

Diese Integration geschieht vor allem durch bewußte Annäherung an den Lerngegenstand, durch aktive Beteiligung und Aneignung der Inhalte sowie durch gezielte Verarbeitung und Integration des Gelernten.

In diesem Kapitel werden zahlreiche ganzheitliche Methoden vorgestellt, die bedeutungsvolles, lebendiges Lernen fördern.

Erlebnisdimensionen

Ganzheitlich-kreatives Lernen versucht, alle Dimensionen des menschlichen Seins zu beachten. Es geht um eine Integration der kognitiven, affektiven, psychomotorischen und auch sozialen Dimension des Lernens. "Kopf, Herz und Hand" sollen gleichermaßen berücksichtigt werden und im gemeinsamen Tun zu bedeutungsvollem Lernen führen. Intellektuelles, emotionales, körperliches sowie auch soziales Lernen sprechen dabei bestimmte Erlebnisqualitäten an. Die folgenden sieben Erlebnisdimensionen tauchen dabei in den einzelnen Methoden immer wieder auf und sind die Quelle neuer Ideen.

"Aktivieren und Zentrieren"
"Wahrnehmen und Begreifen"
"Einfühlen und Identifizieren"
"Darstellen und Verkörpern"
"Ausdrücken und Gestalten"
"Reflektieren und Werten"
"Kommunizieren und Kooperieren"

"Aktivieren und Zentrieren"

Eine zentrale Erlebnisdimension ganzheitlichen Lernens liegt in der "energetischen Qualität", im Wechselspiel von Aktivierung der Energien und der Zentrierung nach innen.

Nach neueren Lernforschungen ist ein Zustand "mittlerer Aktiviertheit" besonders lernfördernd. Bei Müdigkeit werden daher auflockernde Bewegungsübungen empfohlen, bei Überaktivierung (z.B. vor einer Schularbeit) hingegen beruhigende, zentrierende Übungen.

Aktivierung und Zentrierung sind jedoch nicht nur als "Mittel zum Zweck" anzusehen, um die Leistungsbereitschaft der Schüler zu erhöhen. Der Eigenwert von aktivierenden Übungen liegt besonders darin, dem natürlichen Bewegungsdrang von Kindern entgegenzukommen. Übungen zur inneren Beruhigung dienen in einem ganzheitlichen Lernkonzept vor allem dazu, die Lernenden mit dem "Hier und Jetzt" in Kontakt zu bringen. Indem sie sich nach innen wenden, werden sie auch offener für das, was sie wahrnehmen und empfinden. Es geht auch um ein "aufgelockertes" und entspanntes Lernklima, das uns Neues leichter aufnehmen läßt.

Im österreichischen Volksschullehrplan wird dies etwa folgendermaßen ausgedrückt: "Jeder Unterrichtstag soll inhaltlich und zeitlich so ausgewogen gestaltet sein, daß Arbeit und Spiel, Anstrengung und Entspannung einander ergänzen und durchdringen" (Lehrplan, 1987³, 40).

Räkeln - dehnen - strecken

Du hast sicher schon einmal eine Katze beobachtet, wenn sie nach einem Schläfchen aufsteht. Sie springt nicht gleich hoch, sondern dehnt und streckt vorerst alle Glieder. Dadurch wird sie wieder frisch und munter.

Dehne dich wie ein Kätzchen, strecke die Arme, räkle dich wohlig. Wenn du Lust hast, kannst du dabei auch richtig gähnen...

Schalte nun eine kurze Besinnungspause ein. Spüre dabei in deinen ganzen Körper hinein, wie gut ihm diese Aufwärmübung getan hat...

Horchen

Setze oder lege dich bequem hin..., schließe dann deine Augen...

Achte nun auf alle Geräusche, die du hier im Raum hören kannst...

Konzentriere dich nun auf alle Geräusche, die von außen kommen...

Horche nun deinem eigenen Atem zu, ohne ihn zu beeinflussen...

Dehne und strecke dich nun, spanne alle Muskeln an und öffne deine Augen...

Literaturhinweis:

Hubert Teml: Entspannt lernen. Streßabbau, Lernförderung und ganzheitliche Erziehung Linz:Veritas 1987.

"Wahrnehmen und Begreifen"

Ganzheitliches Lernen versteht sich als "sinnliches Lernen". Alle Sinneskanäle sollen einbezogen werden.Als Gedächtnisstütze kann uns dazu das Wort *"VAKOG"* dienen, das an die wesentlichsten Wahrnehmungsqualitäten erinnert:

*V*isuell: sehen, beobachten, Formen und Farben wahrnehmen...

*A*uditiv: hören, lauschen, sprechen, Klänge wahrnehmen...

*K*inesthetisch: spüren, fühlen, bewegen, Wärme wahrnehmen...

*O*lfaktorisch: riechen, duften, Gerüche wahrnehmen...

*G*ustatorisch: schmecken, kosten, Geschmack wahrnehmen...

Auch die Alltagssprache zeigt, daß wir offensichtlich den "Sinn" einer Sache verstehen, wenn wir alle Sinne einbeziehen:

So kann man etwas "einsehen", oder es fehlt einem "der Durchblick" (visuell). Um gut zu lernen, soll man die "Ohren spitzen", sonst geht es "bei einem Ohr hinein, beim anderen heraus" (auditiv). Wir "begreifen" etwas besser, wenn wir es auch begreifen können, andernfalls werden wir uns beim Lernen "schwer tun" (kinästhetisch). Wenn wir in ein Lerngebiet "hineinschnuppern", können wir "auf den Geschmack kommen". Es kann uns allerdings auch "anstinken", wenn wir einen Lernstoff "nicht verdaut" haben (olfaktorisch und gustatorisch).

Lernende sollten einer Sache möglichst mit allen Sinnen oder mit dem ganzen Körper begegnen. Es geht dabei zunächst um "handelndes Lernen" als einer Voraussetzung für besseres intellektuelles "Be-Greifen". Darüber hinaus wird ganzheitliche "Wahr-Nehmung" wichtig, aus der heraus erst ein vertieftes Verständnis für das Wesen einer Sache erwächst.

Etwas be-greifen

Einen zum Thema gehörigen Gegenstand (mit geschlossenen Augen) in die Hand nehmen, abtasten, befühlen, spüren, bewegen... usw.
Beispiel Biologie: die Rinde einer Fichte und einer Tanne...
Geographie: ein Stück Seide aus Indien...
Physik/Chemie: ein Stück Schwefel...
Anleitung:
Schließe deine Augen... Betaste diesen Gegenstand ganz bewußt. Untersuche seine Form..., die Oberfläche..., beachte die Größe...,
Spüre, ob der Gegenstand starr ist oder beweglich, hart oder weich, kalt oder warm, rauh oder glatt...
Achte auf Unterschiede bei einzelnen Teilen...
Variation als Partnerübung:
Dem Partner diese Qualitäten mitteilen.

Literaturhinweis:
Rebeca Wild: Erziehung zum Sein. Erfahrungsbericht einer aktiven Schule. Heidelberg:Arbor Verlag 1986[1].

"Einfühlen und Identifizieren"

Im Unterricht steht in der Regel "die Sache" im Vordergrund. Das "Objektive" dominiert, das "Subjektive" wird meist ausgeschaltet. Gefühle und auch persönliche Gedanken spielen kaum eine Rolle. Lebendiges Lernen entsteht jedoch vor allem dort, wo wir uns mit Aspekten des Lerninhaltes identifizieren und auf persönliche Weise auseinandersetzen können.

Verschiedene der folgenden Methoden zeigen auf, wie die Lernenden sich in einen Aspekt des Lerngegenstandes einfühlen und sich mit ihm förmlich vereinen können. Die Schüler versetzen sich in Personen, Tiere oder Dinge hinein, identifizieren sich mit ihnen. Sie fühlen in sie hinein, schwingen gleichsam innerlich mit und versuchen die Welt aus einer anderen Perspektive her zu betrachten.

"Ich bin ..."

Schreibe einen kurzen Aufsatz zu unserem heutigen Thema (z.B.: Napoleon..., Umweltverschmutzung...)
Suche Dir eine Person, ein Tier oder ein Ding aus, das mit dem Thema zu tun hat. Schreibe eine Geschichte, die du als diese Person (oder dieses Tier, dieses Ding) erlebst. Beginne deine Geschichte so: "Ich bin ..."
Beispiel: Ich bin die umweltverschmutzte Erde... Ich bin voll Narben..., Gift sickert in mich ein...

Verwandlung

Hinweis: Hier wird als Beispiel das Thema "Baum" (jeweils in Klammern) vorgegeben. Für einen anderen Inhalt das Thema vorher deutlich nennen bzw. Aspekte daraus bei Bedarf besprechen. Die Anleitung entsprechend abändern.
Du kannst dich in deiner Phantasie heute (...in einen Baum...) verwandeln...
Setze oder lege dich dazu hin... Schließe deine Augen ... Mach es dir noch ein wenig bequemer... Beobachte deinen Atem, wie er von selbst kommt..., und geht...
Stell dir vor, du verwandelst dich langsam... und wirst allmählich zu... (...einem Baum...) Du erlebst dich ganz als... (...Baum...), mit allen wichtigen Teilen.... (... Wurzeln..., Stamm..., Ästen..., Blättern...)
Du schaust, wo du jetzt bist..., betrachtest deine Umgebung... Du horchst auf Geräusche... Achtest auf Bewegungen..., und vielleicht bewegst du dich selbst... Kannst du als ... (...Baum...) etwas riechen oder schmecken...?
Wie ist es, ein... (... Baum...) zu sein...? Was fühlst du...? Was denkst du...? Vielleicht möchtest du etwas Bestimmtes sagen..., eine wichtige Botschaft mitgeben...
Bleib jetzt noch eine Weile verwandelt..., nimm dir noch Zeit, alles in deiner Phantasie zu tun, was du jetzt für gut findest... ... ...

Literaturhinweis:
Teml, H.u.H.: Komm mit zum Regenbogen. Phantasiereisen für Kinder und Jugendliche. Entspannung, Lernförderung und Persönlichkeitsentwicklung. Linz:Veritas 1991.

"Darstellen und Verkörpern"

Man kann die Schüler bei vielen Lerngelegenheiten auch anregen, ein Thema im wahrsten Sinn des Wortes zu "verkörpern". Die körperliche Darstellung hilft, daß das Thema "in Fleisch und Blut" übergeht. Dies geschieht etwa im Fremdsprachenunterricht bei Rollenspielen zu Alltagsszenen (z.B.: Ein Hotel buchen). In anderen Lernbereichen ist dies aber noch nicht so geläufig. Das "Stillsitzen" dominiert nach wie vor. "Lebendiger" Unterricht entsteht aber erst dann, wenn "Bewegung" hineinkommt. Dabei ist zu bedenken, daß dadurch auch die motorischen Bahnen im Gehirn mit einbezogen werden und auf diese Weise ein Lerninhalt vielfach vernetzt wird.

Hier einige Beispiele einer Verbindung von Vorstellungsübungen mit körperlichen Handlungen:
- Thema "Sterne" im Sprachunterricht der Grundschule: Schüler spielen "Stern" und zeigen mit Bewegungen der Arme und Hände die unterschiedlichen "Leuchtqualitäten": leuchten, strahlen, funkeln, glitzern...
- Thema "Samenkorn": Sich als Samenkorn in der Erde erleben, in der Phantasie nach oben wachsen und dies gleichzeitig körperlich darstellen...
- Thema "Eigenschaftswörter": Eine Eigenschaft aussuchen, sich in der Phantasie mit dieser Eigenschaft erleben und sie auch körperlich darstellen...

"Dramatisieren..."

Ein Text zu einem Thema wird vorgelesen, etwa das folgende Beispiel eines Geschichte-Textes über die "Mittelalterliche Stadt" aus einem Schulbuch:

Jeder Schüler sucht sich spontan eine ihm zusagende Rolle aus (z.B. Bauer, Reiter, aber auch Schaf oder Rathaus...). Der Text wird dann mehrfach gelesen und dargestellt...

An Markttagen ging es lebhaft zu. Der Marktplatz war der wichtigste Platz der Stadt. Er war gesäumt von den schönsten Häusern, die reichen Bürgern oder Zünften gehörten. Den Mittelpunkt bildete das Rathaus. Hier herrschte an Markttagen ein buntes Treiben. Schon zeitig am Morgen kamen die Bauern mit Fuhrwerken, andere mit Handkarren, Kraxen oder Körben. Rinder, Ziegen und Schafe wurden in die Stadt getrieben...

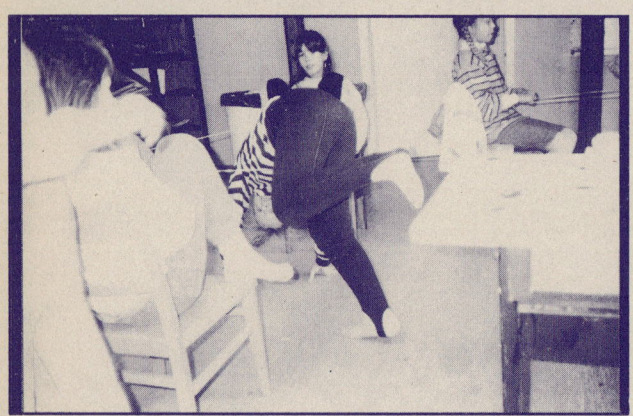

Literaturhinweis:
Klaus W. Vopel: Denken wie ein Berg, fühlen wie ein Fluß. Hamburg:iskopress 1991.

"Ausdrücken und Gestalten"

Eine ganzheitliche Verbindung zu einem fachbezogenen Inhalt wird neben der phantasiemäßigen und körperlich-handelnden Darstellung auch durch "kreative Medien" ermöglicht. Damit ist vor allem der Einsatz von verschiedensten Materialien sowie von Bildern, Fotografien, Musik oder schriftlichen Ausdrucksformen gemeint. Ein Unterrichtsthema wird mit Hilfe eines dieser Medien kreativ umgesetzt und ausgestaltet. Dadurch entsteht ein vertiefter, auch gefühlsmäßiger Bezug zum Thema.
Wichtig erscheint in diesem Zusammenhang, daß Ganzheitlichkeit nicht nur kreativer Ausdruck eines Themas bedeutet, sondern daß damit auch kognitive Einsichten und Reflexionen verbunden sind. Kreativer Ausdruck soll die Reflexion über ein Thema ergänzen und erarbeitete Einsichten vertiefen oder zu neuen Fragen führen.

Bilder malen

Mittels Wachskreiden, Fingerfarben, Wasserfarben oder Buntstiften soll das Thema ausgedrückt und ausgestaltet werden. Dabei geht es weniger um zeichnerisches Talent, sondern um einen emotionalen Zugang zum Thema. Farbige Flächen, Symbole oder auch nur "Strichmännchen" können diese gefühlsmäßigen Beziehungen darstellen helfen.
Beispiel Deutsch:
Zu einer Kurzgeschichte (etwa: Brudermord im Altwasser) zeichnen die Schüler ihre Stimmung und besprechen dann die Bilder.

Gedichte schreiben

Ein Thema kann auch durch ein Gedicht ganzheitlich "verdichtet" werden. Auch hier ist nicht vollendete sprachliche Gestaltung das Ziel, sondern persönlicher Ausdruck.
Beispiel aus dem Bioligieunterricht:

Baumleiden

Der Baum, der wird nun frieren,
wenn ihn die Kälte bedeckt

Leider, wir können ihn nicht fragen
ob es schwer ist, Schnee zu tragen

Fragen, ob ihm das Laub abgeht ?

Sicher, er wird sich sehnen
nach seiner Pracht

Peter Seifriedsberger

Literaturhinweis:
Cornelia Janson-Michl: Gestalten - Erleben - Handeln. München:Pfeiffer 1980.

"Reflektieren und Werten"

Lernen wäre ebenso "eindimensional", wenn es nur mehr aus der gefühls- und erlebnismäßigen Auseinandersetzung bestehen würde. Ganzheitliches Lernen bedeutet auch Reflexion und Aktion. Es geht immer auch um kognitives Durchdringen, kritisches Analysieren und Handeln nach begründeten Wertvorstellungen.

Unter "Werterziehung" versteht man nach der Auffassung von Raths, daß den Schülern nicht Werte "vermittelt" werden (z.B. durch moralisierende Appelle), sondern daß sie zu Reflexion über ihre Werte und damit zu selbständiger Wertebildung angeregt werden. Dahinter steht die Auffassung, daß wir von einem "Wert" (z.B. Achtung der Menschenwürde) nur sprechen können, wenn wir...
- den Wert frei und nach sorgfältiger Überlegung gewählt haben;
- den Wert hochschätzen, auch öffentlich dafür eintreten;
- dem Wert entsprechend handeln und danach leben.

Über verschiedene Wertklärungsstrategien können wir als Lehrer die Schüler zur Reflexion darüber anregen, ob sie ihre Werte frei gewählt haben, dafür eintreten und auch entsprechend handeln. Hier einige Beispiele:

Fragebogen

Wertbezogene Fragen zum Stoff können zur Stellungnahme und Begründung herausfordern. Hier ein Beispiel zum Thema "Französische Revolution":

1. Meinst Du, Revolutionen seien von Zeit zu Zeit notwendig, um die Not der Volksmassen zu beenden?

0	0	0	0
ja auf jeden Fall	wahrscheinlich ja	wahrscheinlich nein	auf keinen Fall

2. Während der Französischen Revolution wurden viele Menschen hingerichtet, weil sie Gegner der Revolution waren. - War das richtig?

0	0	0	0
ja auf jeden Fall	wahrscheinlich ja	wahrscheinlich nein	auf keinen Fall

3. Der französische Staat war 1789 bankrott. Deshalb wurde die Kirche enteignet. - Hast Du dafür Verständnis?

0	0	0	0
ja auf jeden Fall	wahrscheinlich ja	wahrscheinlich nein	auf keinen Fall

Begründe Deine Meinung hier genauer........

Stand-Punkt/Meinungslinie

Durch die Klasse wird eine Linie gezogen (z.B. mit Wollfaden). An jedem Ende wird je ein extremer Standpunkt angeschrieben (z.B. für oder gegen Kennzeichnung von Aids-Kranken).

dafür <---> dagegen

Jeder Schüler stellt sich nun auf die Position, zu der er sich mehr hingezogen fühlt und formuliert seinen "Stand-Punkt" dann auch schriftlich.

Literaturhinweis:
Raths, L.E./ Harmin, M. / Simon, S.B.: Werte und Ziele. München: Pfeiffer 1976.

"Kommunizieren und kooperieren"

Miteinander reden und arbeiten ist ein wesentliches Ziel von Schule wie auch eine Methode des Unterrichts. Ganzheitliches Lernen bedeutet auch, den Aspekt der "Lerngruppe" zu berücksichtigen und dazu konkrete Hilfen zu geben. Die Frage lautet: Wie kann ich als Lehrer einer Ansammlung von Schülern helfen, sich zu einer "guten Gruppe" zu entwickeln, die Gene Standford so beschreibt:

- *Die Gruppenmitglieder verstehen und akzeptieren sich gegenseitig.*
- *Die Kommunikation ist offen.*
- *Die Mitglieder fühlen sich für ihr Lernen und Verhalten verantwortlich.*
- *Müssen Entscheidungen getroffen werden, gibt es festgelegte Verfahrensregeln.*
- *Die Mitglieder sind fähig, sich offen mit Problemen auseinanderzusetzen und ihre Konflikte auf konstruktive Weise zu lösen.*

Man kann als Lehrer allerdings nicht erwarten, daß eine Klasse gleichsam von selbst eine produktive Lern- und Arbeitsgemeinschaft wird, in der optimal kommuniziert wird. Hier muß der Lehrer zunächst selbst prosoziales Verhalten vorleben (z.B. Schüler selbst ausreden lassen!). Darüber hinaus wird es aber notwendig sein, soziale Erfahrungen in der Klasse zu besprechen, Regeln gemeinsam zu erarbeiten und Verhaltensweisen einzuüben. Dies geschieht am besten durch kooperative Arbeit an gemeinsamen Aufgaben (z.B. bei Projekten), aber auch durch gemeinsame Feste, Feiern oder außerschulische Aktivitäten. Um Sozialverhalten gezielter aufzubauen, können auch strukturierte Übungen verwendet werden.

Kreativ vorbereiten

3 Symbole/Gegenstände zu meinem Thema

1. Gehen Sie herum und suchen/finden Sie 3 Symbole/Gegenstände zu Ihrem Unterrichtsthema.
2. Die 3 Symbole stellen Sie nun vor sich hin und schreiben Ihre Assoziationen zum jeweiligen Symbol auf ein Blatt Papier. 3. Danach wählen Sie die griffig-plausiblen Verknüpfungen aus und gestalten daraus Ihre Stoffübersicht und wählen die passenden Lernmethoden dazu aus.
Z.B.: Diese Symbole in der Klasse aufstellen und die Schüler verknüpfen lassen. Siehe Absatz: "Sinnlicher Einstieg"
Möglich: Beim Prüfungsgespräch die 3 Gegenstände wieder aufstellen !

Meine Höhen und Täler - Pflicht und Kür

Setzen Sie sich entspannt hin, vor Ihnen einen großen Bogen Papier mit Ölkreiden in Griffweite und wählen Sie den vorzubereitenden Zeitraum und eine bestimmte Klasse aus.
Dann schließen Sie die Augen und stellen sich die Unterrichtsthemen der nächsten Zeit vor: Worauf Sie Gusto haben, was Sie eher als Pflicht durchnehmen müssen, also Ihr Pflicht- und Kürprogramm.

Lassen Sie dazu Farben und Formen auftauchen. Malen Sie nun Höhen und Täler/Kür und Pflicht auf ihr Papier und schreiben Sie dazu die Inhalte und ev. die Schüler, deren Interesse Sie sicher sind.
Vereinbaren Sie mit sich oder Freundinnen ein kleines Festprogramm nach jedem erlebten Gipfel.
Dies können Sie auch mit den kommunikativen Vorgängen in der gewählten Klasse machen und dazu malen.

Mind-Mapping - ein Thema entfalten und überblicken

Schreiben Sie in die Mitte eines großen Bogens Papier Ihr Unterrichtsthema und entfalten Sie dieses vor Ihren Augen und in Ihrer Vorstellung:
In den mittleren Kreis schreibe Sie Ihr Thema und zeichnen nun zu jedem Aspekt des Themas einen "Ast" mit der treffenden Bezeichnung. Diese Äste.
Für jede neue Idee kommt ein neuer Ast dazu - jede Ideefortsetzung und Differenzierung zeichnen Sie als Verästelung eines bestehenden Astes dazu. So entsteht eine Themenverzweigung, die visuell leicht erfaßt und mit Farben und Formen zusätzlich sinnlich gestaltet und verankert werden kann (Symbole für die Hauptäste u.ä.)
Diese Mind-Map, Ideen-Landkarte können Sie den Schülern als Ganzes vorstellen oder/und mit den Schülern entwickeln.

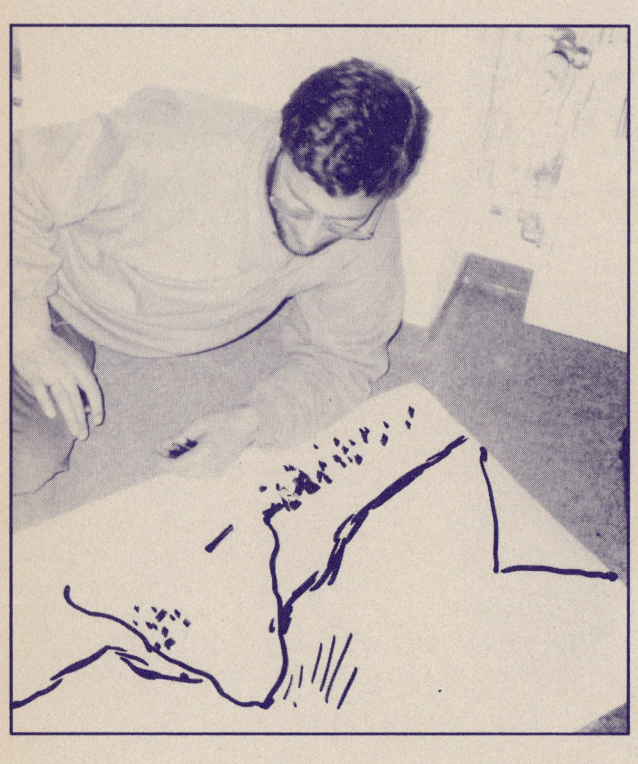

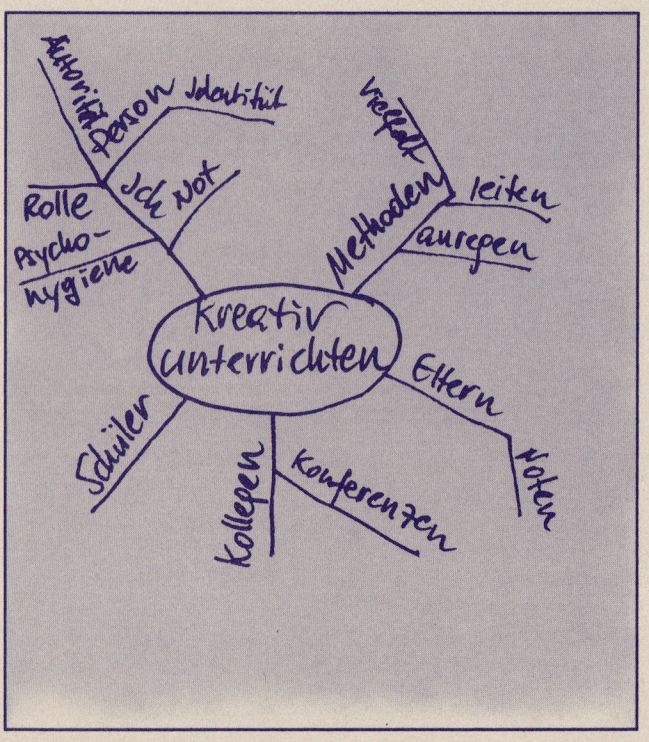

Meine Ressourcen entdecken*

Die persönlich wirksamste Art, sich vorzubereiten ist das Entdecken und Verankern von Erinnerungen und sinnlichen Qualitäten, die Ihnen Selbstwert und Ernergie spenden. Diese Quellen nennen wir hier Ressourcen.

Wenn wir unsere "Kraftquellen verankern" wollen, brauchen wir die richtige "Haltung" zum erfolgreichen Unterrichten. Wir können dazu eine kurze eine Phantasiereise machen, um eine positve "Einstellung" und "Haltung" einzuüben:

Setzen Sie sich entspannt auf hin. schließen sie die Augen, beobachten Sie ihren Atem...

Erinnern Sie sich an ein Erlebnis, als Sie "gut drauf" waren... Es kann mit Ihrem Beruf zusammenhängen oder ein anderes "Erfolgserlebnis" sein, etwa als Sie damals mit einer Klasse guten Kontakt hatten, als Ihnen eine Stunde besonders "geglückt" ist oder als Sie sich im Urlaub "voll Energie" gefühlt haben. Erleben Sie all das noch einmal ganz deutlich... Gehen Sie ganz in diese Szene hinein, hören Sie Worte und sehen Sie Dinge oder Personen an diesem Ort... Wo sind Sie jetzt, ..., was hören Sie...? Spüren Sie dieses Gefühl, daß Sie "gut drauf" sind, daß alles ganz leicht gelingt...? Und nun achten Sie darauf, wie Sie dabei sitzen, stehen oder sich bewegen, wenn Sie "gut drauf" sind... Verändern Sie jetzt auch Ihre Körperhaltung ein wenig... Setzen Sie sich so hin, daß Sie spüren: Das ist eine Haltung, so bin ich "gut drauf", so kann ich meine Kräfte spüren... Vielleicht ist es gut, Ihr Körperhaltung noch ein wenig zu verändern..., sodaß alle Ihre Qualitäten Raum haben, sich zu entfalten... Genießen Sie dieses positive Gefühl..., und spüren Sie, wie Sie dabei atmen..., sich gut, sicher und erfolgreich fühlen...

Meine Erfolgslatte realistisch legen: Erfolgs-Thermometer

Erleichternd für Ihre Arbeit mit Klassen und Kollegen ist es, die passende Erfolgserwartung zur jeweiligen Situation zu haben. Gehen Sie mit Ihren Gedanken in die Klasse Ihrer Vorbereitung und legen Sie sich eine Erfolgsskala von "einfach zufrieden" bis "sehr zufrieden" zurecht. Zum Beispiel:

Ich unterrichte gut, wenn ich mich gut vorbereitet fühle und mich das Thema und die Methode interessiert.

Ich bin zufrieden wenn ca. 1/3 oder die ... und der ... Interesse zeigen.

Ich bin zufriedener, wenn 2/3 mitmachen.

Ich bin sehr zufrieden, wenn die Schüler einander ernst nehmen und weitermachen wollen.

Ich bin glücklich, wenn ich mich ganz beteiligt und zugleich wohlwollend distanziert fühle.

Dies können Sie in Form eines Erfolgs-Thermometers machen - und dies auch einmal mit Ihren Schülern probieren.

Vorbereitung mit Intuition

Die Schritte:
1. Zentrieren. 2. Reise zum "Guten Ort" und Entdeckung emotionaler Qualitäten. 3. Blick auf die eigenen Klassen und Formulieren einer Botschaft, Auswahl eines Unterrichtsthemas, Zuordnen einer Unterrichts-Methode
0. Richten Sie sich einen Platz ein, wo Sie gut und ungestört sitzen können. Ein großes Blatt Papier (A2) haben Sie vor sich liegen und dazu einige Ölkreidenfarben gewählt, die für Sie Wohlfühlen und Aktivität ausdrücken.

1. Zentrieren:
Setzen Sie sich bitte aufrecht und bequem, mit gutem Kontakt zum Boden. Senken Sie den Blick oder schließen Sie die Augen. Richten Sie Ihre Aufmerksamkeit auf die Berührungsflächen Ihres Körpers und spüren Sie Ihr Gewicht. Gehen Sie nun zu Ihrem Atem und lassen Sie ihn fließen, Sie leeren und füllen. Nun gehen Sie mit Ihrer Aufmerksamkeit zu Ihrem Herzen und fühlen Sie, wie es schlägt und Sie durchpulst.

2. Reise zum "Guten Ort":
Wandern Sie nun mit Ihrer Phantasie zu einem Ort, den Sie gern haben, wo Sie sich wohlfühlen. Dieser Ort kann Ihnen bereits vertraut sein oder diesen Ort können Sie jetzt neu entdecken oder schaffen.

Dort angekommen, begrüßen Sie sich mit einer liebevollen Willkommensbotschaft.

Nun sehen, hören, riechen Sie sich hier um. Welche dieser sinnlichen Qualitäten nehmen Sie hier wahr? Und welch körperliches Empfinden spüren Sie hier am Guten Ort? Benennen Sie 3 sinnliche Qualitäten - wie für ein Erinnerungsalbum - und unterstützen/verankern Sie diese Erinnerung durch eine passende Berührung an Ihrem Körper.

3. Blick auf die Klasse:
Verbunden und verankert mit diesen Qualitäten Ihres guten Ortes schauen Sie nun auf Ihre Klassen. Bleiben Sie dabei in Verbindung mit dem Guten Ort!

Finden Sie für jede Klasse eine Farbe und Form, die Ihr Wohlfühlen und Ihre Aktivität in dieser Klasse ausdrücken. Wandern Sie so von Klasse zu Klasse und spüren Sie die Unterschiede - bei einigen geht's leichter, bei anderen schwerer. Lassen Sie diese Unterschiede zu!

Wenn Sie so alle Ihre Klassen durchgegangen sind, wiederholen Sie nochmals Ihre Willkommensbotschaft (2.) an Sie und öffnen Sie nun Ihre Augen, wenden sich dem Zeichenblatt zu.

Malen Sie nun jede Klasse in den visualisierten Formen und Farben, die jeweils Ihre Aktivität und Ihr Wohlfühlen ausdrücken.

Schreiben Sie zu jeder Klasse eine Botschaft der Anerkennung, Ihrer Stärke, Ihrer Aktivität, Ihrer Abgrenzung.

Wählen Sie für jede Klasse das Unterrichtsthema, das Sie dort in nächster Zeit interessiert.

Schreiben Sie nun jene Unterrichts-Methoden auf je ein Kärtchen, die Sie interessieren, die Sie ausprobieren wollen und verteilen Sie nun einige dieser Kärtchen auf die Klassen, im Kontakt mit Ihren sinnlichen Qualitäten für Aktivität und Wohlfühlen.

Wählen Sie nun eine Klasse aus und beginnen Sie mit der Detail-Vorbereitung. Mögliche Methoden-Kärtchen: Zwiebel, Umfrage-Methode, 4-6 Ecken, Symbole verknüpfen, Gruppen fragen Gruppen, Glückstopf, ABC-Rollenspiel

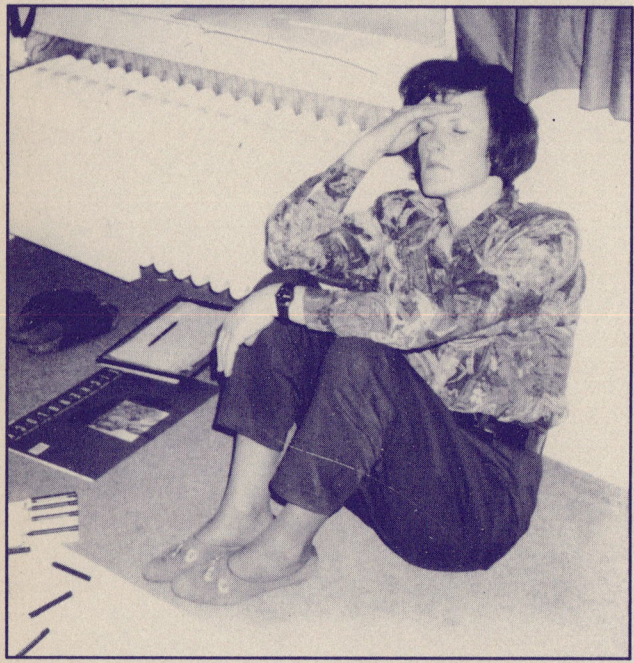

Vom Problem zum Ziel

Spontan denken wir oft an die befürchteten und erlebten Probleme mit einer Klasse/in einer sozialen Situation. Das ausschließliche Verweilen in der "Problemsicht" kann zwar tröstlich sein, aber gleichzeitig die Sicht auf das, was Ihnen möglich ist, auf das, was Sie wollen, auf Ihre Ziele verstellen.

Hilfreiche, von der Problem- zur Zielsicht zu kommen, ist ein Arbeitsvorgang, den Sie am besten mit einem Zweiten und nach einmaliger Übung auch jeweils alleine machen können. Dieser Vorgang stammt aus dem NLP:

Nach dem Sie das Problem mit einer Klasse/den Kollegen kurz geschildert haben, nehmen Sie sich Zeit, Ihr Ziel zu finden und zu beschreiben.

Dann arbeiten Sie mit dieser Methode genauer weiter (Ihre Partnerin kann Sie ähnlich einer Interviewerin durch die Fragestellungen führen):

Zum Thema Lernwiderstand finden Sie eine NLP-Übung im Kapitel 1.2.

Ziel-Arbeit - NLP

1. Was ist Dein Ziel ?
Formuliere es handlungsaktiv/positiv und in Deiner Verantwortung/Kompetenz liegend!

2. Woran wirst Du merken, daß Du Dein Ziel erereicht hast ?
Nenne Kriterien, die für Dich und Deinen Begleiter überprüfbar sind.

3. Stelle körperlich dar, wie Du aussiehst, wenn Du Dein Ziel erreicht hast.
Mit Berührung verankern.

4. Kontextbestimmung: Wann, wo, mit wem wirst Du Dein Ziel erreichen ?

5. Öko-Check: Wie wird sich dadurch Dein Leben verändern ?
 - mit Dir selber ?
 - mit Deinem Partner, Familie ...?
 - im Beruf, mit dem Chef, mit den Kollegen, mit der Klasse ?

6. Was gibst Du auf, was ist Dein Preis, was ist das Gute am jetzigen(vorherigen) Zustand ?

7. Welche Hilfen brauchst Du ?
Welche Ressourcen hast Du bereits ? Diese mit Berührung/Geste verankern !

8. Was steht Dir im Weg ?
 - ein Gefühl, eine Überzeugung, eine Erinnerung, ein Entschluß ..

9. Was tust Du zuerst ?

10. Willst Du 1. wirklich ?

Neugierde deklarieren, Schwerpunkte auswählen und vergeben

Programm vorstellen: Plakat, Info-Puzzle, Mind-Mapping

Schüler und Lehrer können den Lernstoff der nächsten Zeit besser ins Auge fassen und ihr Interesse darauf richten, wenn das "Programm" der nächsten Zeit(Stunde/Woche/Semester/Jahr) auf einem Plakat/einer Folie gut sichtbar und prägnant vorgestellt wird.

Methodisch ausgefeilte Möglichkeiten:
Info-Fenster, Info- Puzzle, Mind Mapping, 3 Symbole zum Thema usw. Siehe "Griffig informieren".

Interesse/Neugierde-Punkte vergeben

Aus den vorgestellten Lernstoffbereichen oder Lehretappen wählt jeder Schüler seine 3 interessantesten aus und kennzeichnet diese mittels Farbpunkt (Klebepunkt/Ölkreide/OH-Stift). Diese Auswahl-Entscheidung schärft die Wahrnehmung und mobilisiert die Aufmerksamkeit und Lernenergien. Je nach Interesse können die Punkte unterschiedlich groß gezeichnet werden. Danach Interpretation und Stellungnahme des Lehrers und der Schüler. Bekanntgabe der nächsten Lernschritte. Differnziert: Jeder kann einen Interessenspunkt, einen Fragepunkt ("Ich kenne mich dabei nicht aus") und einen Kenntnispunkt ("Da kenne ich mich bereits aus")vergeben. Plus Kommentar jedes Schülers und des Lehrers.

UNTERRICHTS-
THEMA:

A ••O.X

B .:XX

C .

D X•.O

Namen-Kreuzwort mit Assoziationsworten

Sie nennen Ihr Unterrichtsthema und laden die SchülerInnen ein, ihre Assoziationen dazu zu entdecken: Jeder Schüler schreibt auf ein A5-Kärtchen seinen Vornamen in Blockbuchstaben - jeder sucht

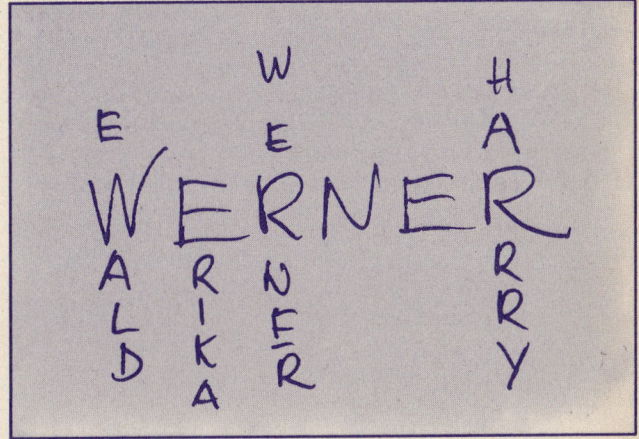

einen Schüler, dessen Name in seinem kreuzwortartig einfügbar ist und schreibt ihn dazu. Mit dem Kreuzungs-Buchstaben bildet der Schüler ein Wort zum Thema, erklärt dies dem Mitschüler und schreibt dies auf die Rückseite seines Kärtchens. Umgekehrt genauso. Dann wechseln alle die Partner - bis sie ihre Namen auf diese Art gekreuzt haben und dementsprechende Assoziationsworte entdeckt haben.

Zur Fortsetzung kann nun jeder Schüler sein wichtigstes Wort (oder + - Begriff) auf ein Plakat schreiben und vorstellen. So entsteht ein Begriffspanorama der Schüler zum Thema.

Variation: "Mein Name - mein Programm" Siehe 4.3.2

Neugierde-Partner vorstellen

Nach Paarkontakten, etwa durch "Visitkarten, Zwiebel oder Namenkreuzwort", wo das Paar-Thema "Worauf bin ich neugierig?" vorkam, stellen die Neugierde-Partner einander der Klasse vor und kleben/pinnen dessen Kärtchen auf die passende Stelle des Programm-Plakats.

Fragen sammeln

Nachdem die Lehrerin das Unterrichtsthema bekanntgegeben und vorgestellt hat, können alle Schülerinnen auf Kärtchen Fragen (erweiterbar mit Aussagen) sammeln. Diese werden gemeinsam nach Themenbündeln geordnet und danach in Kleingruppen erstbearbeitet oder sogleich von der Lehrerin

im Dialog mit den Fragestellerinnen beantwortet.
Dies ist eine Mini-Moderations-Methode.
Als Variation bietet sich an:

Ampel-Feedback: rot-gelb-grün

Eine Feedback und Entscheidungsmethode für große
Klassen - oder wortkarge: Jeder Schülerin hat ein
rotes, grünes und gelbes Kärtchen. Die Lehrerin
(und wo möglich auch die Schülerinnen) formulieren
je eine Aussage zum Thema. Alle überlegen kurz
wiesehr sie dieser Aussage heute zustimmen und heben dann das grüne Kärtchen bei voller Zustimmung, das rote bei Ablehenung und das gelbe bei
teilweiser Zustimmung. Einige der Abstimmenden
können ihre Entscheidung begründen - und dann
kommt die nächste Aussage.
So kann man das auch mit Lernstoff-Themen machen: Nach jeder Überschrift nehmen die Schülerinnen mittels Farbkärtchen Stellung und begründen
ihre Entscheidung. Dialog zu den Stellungnahmen.

Phantasiereisen

1. Mit Phantasiereisen bringen Sie die Schüler einfach in Entspannung und Streßabbau indem sie eine
reise zum Ort der Kraft, der Lebendigkeit, der Zufriedenheit, des Selbstvertrauens anleiten. Oder:
2. Sie führen die Schüler mit der Reise in das Unterrichtsthema hinein: wie die berühmten Reisen durch
den Körper, durchs Universum, durch das Innere der
Erde - so können auch Sie eine Reise durch Ihr Unterrichtsthema entwickeln. Achten Sie auf die sinnlichen Qualitäten !
Phantasiereisen bringen Entspannung und Vorstellungen zum Thema.
Nähere Beschreibung siehe "Sinnlicher Einstieg".

Metafern: "Dieses Thema ist wie..."

1. Zum Unterrichts-Thema laden Sie die Schüler ein,
Metafern/Vergleiche zu finden: "Algebra ist wie ...
BWL ist wie ..." Diese Metafern sammeln Sie auf einem Plakat. Sie können diese einfach stehen lassen
als Einstimmung - oder damit in Ihren Unterricht
einsteigen: Einzelne Metafern auf ihre Prägnanz
prüfen und verdeutlichen. Daraus können Sie ein Ta-
felbild zum Unterrichtsthema entwickeln.
Die können auch Kleingruppen tun.

2. Sie stellen zum Thema 3-8 Bilder/Worte/Sätze zur
Verfügung und die Schüler wählen die passenden
aus. Siehe Methode "4-6 Ecken" oder "Bilder auswählen"

Dingsda

Einen aufregenden, witzigen Einstieg können Sie
durch das Ratespiel "Dingsda" ermöglichen:
1. Sie Teilen Ihren Schülerinnen Stichworte/Stoffele-
mente/Begriffe auf Kärtchen aus. Kleine Schülergruppen oder Schülerpaare entwickeln nun 10 Um-
schreibungssätze zum Begriff. Diese Umschreibun-
gen stellen die Paare nun der ganzen Klasse vor und
alle können raten, was gemeint ist. Applaus für Ra-
teerfolge.
2. Sie nennen nur das Unterrichtsthema und die
Schüler finden selbst Beriffe und erarbeiten dazu in
Paaren oder Kleingruppen die 10 Umschreibungssät-
ze.

Fotoalbum = Diatechnik

3 "Standfotos"(Statuen) zu einem selbstgewählten
oder bestimmten Thema erarbeiten, darstellen und
eventuell erraten.
Die Schülerinnen schreiben auf Kärtchen Stichworte
zum Thema (oder bekommen von Ihnen zum Thema passende Stichwortkärtchen), erarbeiten dazu in
Kleingruppen - nach einer Gesprächsphase über die
Kärtchen - 1-3 Standbilder. Diese werden von den
Kleingruppen der ganzen Klasse gezeigt - die zuschauenden Schüler erraten danach das dargestellte
Thema. Diese Darstellung ist in der Diatechnik
möglich: Alle schließen die Augen - die Gruppe baut
ihr erstes Bild auf und sagt dann "Klick"=Augen auf
- nach einigen Sekunden des Betrachtens
"Klack"=Augen zu. So wird das Anschauen mehre-
rer Bilder einer Gruppe interessant.
Anschließend Auswertung aller Bilder und Überblick über das Thema. Mögliche Weiterarbeit der
Kleingruppen an ihrem Aspekt z.B. mit Mind-Mapping.

Mind-Mapping - das Thema entdecken und ausloten

Die Schüler können gemeinsam oder einzeln die
Aspekte und eigene Anliegen zum Thema darstellen.
In der Mitte des Papierbogens steht das Thema, jeder
Aspekt des Themas wird als Ast gezeichnet und beschrieben. So können die Schüler ihr Wissen zum
Thema sichtbar machen und neue Qualitäten darin
erkennen. Mind-Mapping ist auch als Zusammenfassung und Verarbeitung Ihres Einstiegs ins Thema
möglich. Sie heben auf den verschiedenen Maps Ihre
Unterrichtsschwerpunkte hervor oder entwickeln
daraus neue. Siehe auch "Kreativ vorbereiten"

Erfolgs-, Info-Thermometer

Genauer beschrieben siehe "Stimmungen".

Einstieg in ein neues Buch
Methode für einen wichtigen Moment

Lehrer arbeiten in ihrem Fach viele Monate lang mit einem bestimmten Buch. Zu häufig werden den Schülern alle Bücher auf einmal ausgeteilt. Die Schüler fühlen sich überfordert und desorientiert. Individuelle Orientierungsversuche werden als Unterrichtsstörung unterbunden.

Ein neues Buch kann für die Schüler alles sein zwischen "schön gebundenem Altpapier", "fremdsprachlich geschriebener Anleitung für Fließbandarbeiten", "unerforschtem, südamerikanischem Urwald" und "ehrfurchtsgebietendem Mysterium".

1. Austeilen.

Sie geben jedem Schüler sein Buch. Ein Buch! Wenn Sie mehrere Bücher für ihr Fach verwenden, so bringen Sie das nächste Buch frühestens in der nächsten Stunde "ins Spiel".

2. Einlesen - Hängenbleiben - Markieren.

Geben Sie 10 - 15 Minuten Zeit, in denen jeder für sich allein in seinem Buch schmökert, Inhaltsverzeichnis und/oder Text- und Bildteil durchblättert. Jeder macht es genau so, wie es im Augenblick paßt: Manche blättern das ganze Buch durch, manche bleiben bei einem Kapitel hängen. Dabei benützt jeder Markerstifte oder Buntstifte, mit denen er die Stellen oder Bilder markiert, die seine Aufmerksamkeit hervorgerufen haben. Er setzt seine "persönlichen Interessenspunkte".

3. Austausch mit dem Nachbarn.

Geben Sie 5 Minuten Zeit, damit jeder mit seinem Nachbarn über das neue Buch spricht. Vor allem werden die markierten Stellen (Interessenspunkte) gegenseitig vorgestellt.

4. Klasseninterview.

Zum Abschluß erzählt ein Schüler aus jedem Paar einen Punkt aus dem Gespräch über das Buch mit seinem Nachbarn. Bei kleinen Klassen bzw. genügend Zeit kann jeder Schüler zu Wort kommen. Den Abschluß der Runde machen Sie, indem Sie jetzt (zum ersten Mal!) auch aus ihrer Sicht zum Buch Stellung nehmen und erzählen, was Ihnen daran wichtig ist, welches Ihre Position zu dem Buch ist.

Mit diesen Schritten nehmen Sie Rücksicht auf
- die anfängliche Nervosität der Schüler,
- die individuellen Vorlieben, auf Neues zuzugehen,
- die persönliche Neugier,
- die Notwendigkeit, ein Buch zu "seinem" Buch zu machen,
- die Gesprächsbedürfnisse zum Nachbarn,
- die Bedürfnisse, eigene Positionen dem Lehrer mitzuteilen,
- die höhere Zuhörbereitschaft der Schüler, wenn zuvor ihnen selbst zugehört worden war,
- Ihren eigenen Wunsch, Informationen über Ihre Art der Arbeit mit dem Buch deutlich auszusenden.

Das Unterrichtsthema wählen: 4-6 Ecken - von Arbeitsgruppen bis "Offenes Lernen"

Mit 4-6 Ecken können Sie eine Phase des offenen Lernens beginnen oder Interessensgruppen für die Gruppenarbeit bilden:

3-8 Differenzierungen/Aspekte/Aufgabenstellungen Ihres Unterrichtsthemas hängen Sie an verschiedenen Positionen in der Klasse so auf, daß sich Schülerinnen dazustellen können. Die 3-8 Alternativen können Texte, Bilder, Überschriften, Arbeitsaufgaben oder Lernangebote sein. Die Schüler gehen nun herum und wählen sich die für sie passende Alternative aus, stellen sich dazu und bilden Gruppen mit denen, die sich ebenso entschieden haben. Diese Gruppen können nun eine kürzere Gesprächsaufgabe haben oder mit einer längeren Arbeit beginnen.

Auf diese Weise können Sie auch eine Phase "Offenen Lernens" beginnen. Beispiel aus einer Wiener Schule: Ein Arbeitsplan, den die Schüler nach jeder Station ausfüllen (Silvia Fikar, Seite 114)

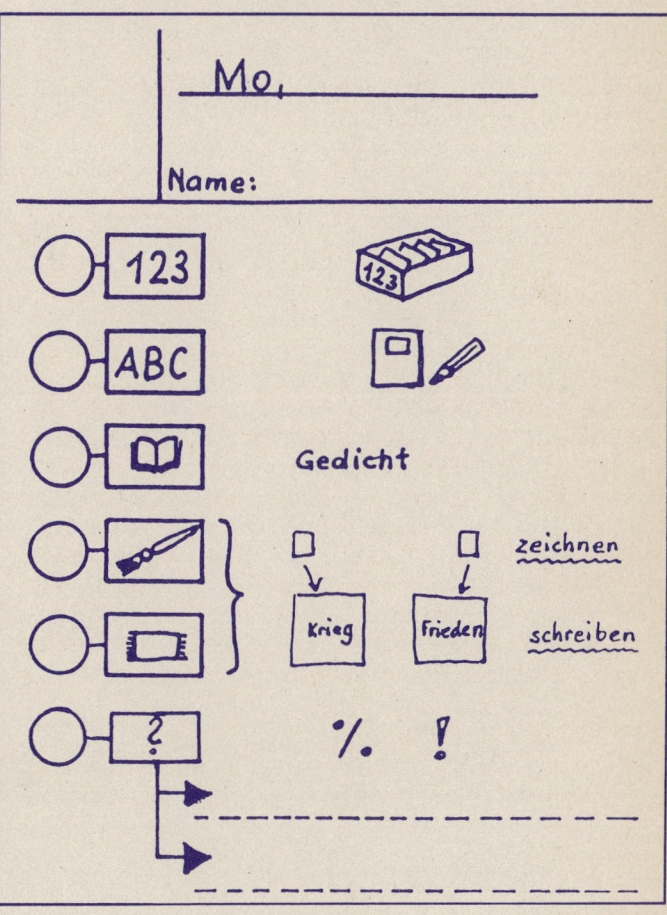

4.3.2
Stimmungen

Blitzlicht - einfach rundum

Die bekannteste und zugleich in großen Klassen schwierigere Art, seine Stimmungen/Einstellung zum Stoff oder Klassensituation mitzuteilen, ist das Bltzlicht. Im Kreis sitzend sagt jeder, wie er zum Thema steht. Hier ist die genaue Gesprächsleitung des Lehrers wichtig: Kein Dreinreden, ausreden lassen, Unterschiede der Meinungen wertschätzen und fördern. Blitzlichter können zur Kommunikationskultur einer Klasse werden. Beispiel siehe "Die Klasse leiten".

Meinungslinie

Sie laden die Schüler ein, Ihre Einstellung zum kommenden Unterrichtsthema oder zu Ihrem Gegenstand in einer Meinungslinie/Stirnreihe darzustellen: "Wie sehr bist Du über dieses Thema ... informiert", "Wiesehr hast Du zum Thema ... praktische Erfahrungen/siehst Du praktische Anwendungsmöglichkeiten?"
Sie bezeichnen einen Ausgangspunkt der Stirnreihe und einen Endpunkt, geben diesen die Bedeutung:"Hier ist sehr ... hier ist ganz wenig - stelle Dich nun in Deine passende Position - zunächst nur nebeneinander, daß sich eine Reihe ergibt!"
Nun können einige Schüler zu Ihrer Position zum Thema Stellung nehmen - mit Wünschen zum Unterrichtsablauf. Nach einiger Unterrichtszeit können Sie als Feedback nochmals eine Reihe stellen, um die Veränderungen allen sichtbar zu machen.

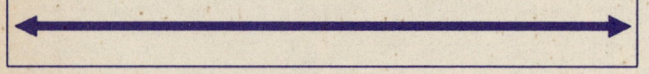

Bilder auswählen

Sie legen zur Einstimmung 6-12 Bilder auf/bzw. pinnen Sie an die Wände. Dazur eignen sich hervorragend Kalenderbilder - entweder dem Unterrichtsthema ganz entsprechend - oder symbolische Bilder wie Bäume, Landschaften, Blumen, Wasserläufe oder ganz gemischt. Spruchkarten, die Einstellungen zum Lernen oder zum Thema ausdrücken, sind ebenfalls gut geeignet.
Die Schüler gehen nun umher, von Bild zu Bild und wählen durch Dazustellen (siehe6 Ecken) oder durch Vergeben von Farbpunkten zu den Bildern ihre Stimmung zum Thema oder zur Klassensituation. Ihre Wahl können die Schüler im Paar- oder Kleingruppengespräch einander mitteilen und einige / oder sogar alle dies allen kund tun. Sie nehmen dazu mit Ihrer Stimmung Stellung - ohne die Äußerungen der Schüler zu kritisieren. Es gibt ja keine richtigen oder falschen Gefühle.

Mein Name - mein Programm

Ich verbinde meinen Namen mit einem bestimmten Bereich meiner Fähigkeiten und Vorlieben des Unterrichtsgegenstandes oder -themas.. Ich lenke meine Aufmerksamkeit auf das, was da ist und was ich an mir schätze und anerkenne. Mit dieser Methode kann ich zu ganz unterschiedlichen Themen einen persönlichen und momentanen, also aktuellen Bezug herstellen:
Claudia und Mathematik
Christoph und English - lesson 1 bis 10
Martin und Biologie

Michael und meine Lehrtätigkeit:
M aterial herschleppen
I ndividuelle Arbeitsspiele
C haos und Creativitätsphasen
H ausarbeiten und eigene Experimente
A ufbauende Aktivitäten
E igenarbeit der Lernenden
L iebevolle Bemerkungen

4-6 Ecken: Stimmungen auswählen

Genaue Beschreibung mit Stimmungsbeispiel siehe "Ins Gespräch und zum Thema kommen"

Gruppen-Einblick

Sie bilden mit den Schülerinnen einen Kreis und bitten sie, einen (persönlichen) Gegenstand in die Hand zu nehmen. Dann stellen Sie eine "Wie sehr - wieviel"Frage, die mittels Gruppeneinblick graduell beantwortet werden kann:
Jede Schülerin legt nun ihren Gegenstand je nach persönlicher Einstellung so weit zum Mittelpunkt, wie es der Frage entspricht.
Zum so entstandenen Differenzierungsbild kann jede/können einige Stellung nehmen, insbesondere zur Lage des eigenen Gegenstands. Sie würdigen/kommentieren ebenfalls das Einstellungsbild und stellen eine weitere Frage oder beginnen mit Ihrem Unterricht.

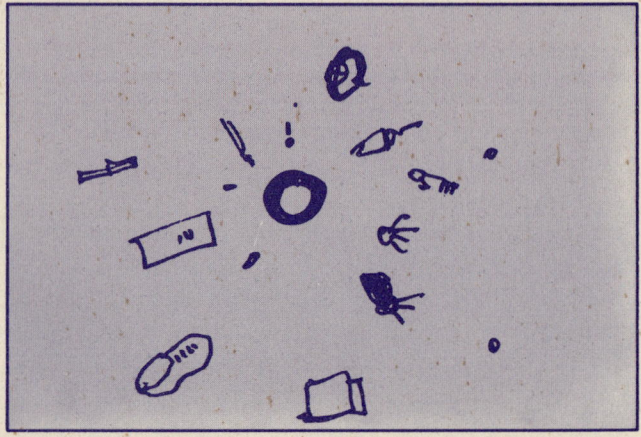

Mein Ressourcen-Wort auswählen

Sie legen am Boden/ bzw. heften an die Wand etliche Worte, die stärkende Qualitäten ausdrücken. Zu angenehmer Musik schauen sich die Schüler alle Worte an und wählen danach eines aus, das ihnen heute(oder für die kommende Schularbeit) Kraft, Sicherheit, Elan, Offenheit bringt. Sobald sich jeder Schüler ein Wort gewählt hat, laden Sie die Schüler ein, sich gemütlich hinzusetzen, die Augen zu schließen und das Wort zu spüren:"Welche Farben, welche Szene, welche körperlichen Gefühle verbinde ich mit diesem Wort". Zur Bekräftigung können Sie die Schüler einladen, sich dieses Wort mit einer Berührung oder Haltung zu verankern. Auf kleinen Kärtchen kann nun jeder Schüler sein Wort malen - oder es als Statue, einem andern zum Erraten vorführen.

Mögliche Wörter - von Hubert Teml gesammelt:

> Aufmerksamkeit
> Ausdauer
> Begeisterung
> Dankbarkeit
> Einfachheit
> Energie
> Elan
> Freiheit
> Freude
> Freundschaft
> Friede
> Geborgenheit
> Geduld
> Gelassenheit
> Harmonie
> Herzlichkeit
> Humor
> Kraft
> Liebe
> Mut
> Ordnung
> Offenheit
> Ruhe
> Schönheit
> Selbständigkeit
> Sicherheit
> Stille
> Verständnis
> Vertrauen
> Wachstum
> Wärme
> Zukunft

Erfolgsthermometer und Infothermometer

Eine gute Einstimmung in die Unterrichteinheit oder das Thema ist dieses Thermometer.
Es gibt den Schülern die Möglichkeit, Ihre Erfolgserwartungen oder ihren Informationsstand zum Thema dosiert wahrzunehmen und auszudrücken.

1. Erfolgsthermometer

Sie zeichnen ein Thermometer auf das Plakat/die Oh-Folie mit der "Hitzeskala". Sie laden die Schüler ein, sich nun einige Gedanken zu machen, was sie als Erfolg wahrnehmen würden, wie ihre dosierten Erfolgserwartungen aussehen: von "unzufrieden" bis "sehr zufrieden". Jeder Schüler zeichnet sich selbst sein Thermometer und schreibt zu den jeweiligen Graden seine entsprechend hohe oder niedrige Erfolgserwartung dazu. Dann laden Sie die Schüler ein, ihren momentanen Erfolgsstand am Klassenplakat einzutragen und ev. die zutreffende Erwartung zu nennen/dazuzuschreiben.
Daraus kann sich ein gutes Klassengespräch ergeben - über Unterricht und Schülersein.

2. Infothermometer

Sie zeichnen das Infothermometer auf ein Plakat oder OH-Folie. Nun laden Sie die Schüler ein, sich kurz zu überlegen, wiesehr sie sich zum Thema bereits auskennen, sich informiert fühlen. Diesen Informationspegel zeichnen sich die Schüler in ihr eigenes Heft - mit dem heutigen Datum. Danach markieren die Schüler ihren aktuellen Stand am Plakat mit einem kurzen Kommentar. Daran können Sie ihre Unterrichtsplanung orientieren.

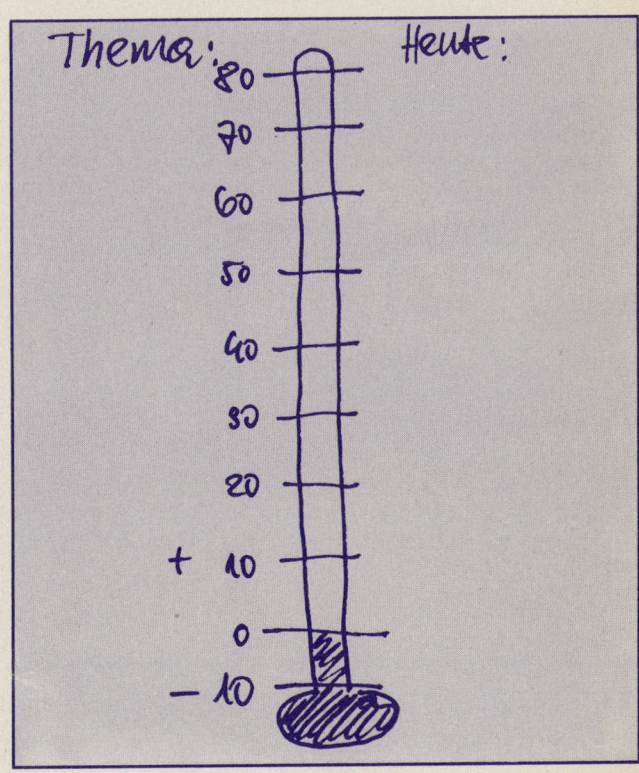

4.3.3
Griffig informieren

Info - Memory

Hier bereiten Sie auf einem großen Bogen Packpapier für jedes Element Ihres Unterrichtsthemas ein leeres Feld in einer spezifischen Form vor. Im Laufe Ihrer Einleitung des Themas kleben Sie auf die leeren Felder die farbige Überschriften der Stoffinhalte - in der Form, die den leeren Feldern entspricht. So werden die Unterrichtsthemen mit Farben, Formen und der Plazierung auf dem Plakat verknüpft und verankert. Dies könnte noch mit einer speziellen Melodie zu jedem Feld verdichtet werden.

Als Verarbeitung nehmen Sie die Farbfelder wieder ab und lassen die Schüler das Puzzle im Heft mit den Farbe, Formen und Inhalten zeichnen. Danach Überprüfung in Kleinstgruppen/Paaren und dann Erhebung in der Klasse, wer die jeweiligen Felder mit richtigen Inhalten gefüllt hat.

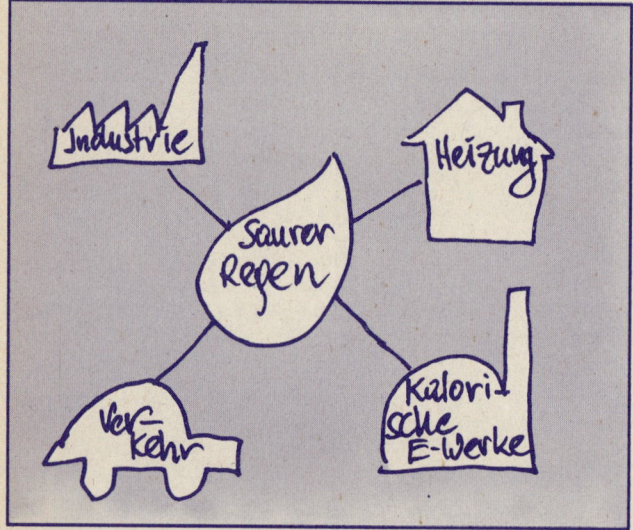

Info-Mosaik

Schlüsselbegriffe auf Kärtchen ordnen.

Schlüsselbegriffe des Stoffes werden auf Kärtchen geschrieben an Gruppen ausgeteilt. Jede der Gruppen hat nun die Aufgabe, diese Kärtchen in einem Sinnvollen Zusammenhang aufzulegen - Schema ! - und diese Zusammenhänge laut den anderen Gruppen zu erklären.

Danach präsentieren Sie Ihr Schema und heben farblich auf den Schüler-Schemata die richtigen Positionierungen hervor.

Möglich:

Prüfung: Auch hier verwendet jeder Schüler die Schlüsselwort-Kärtchen und gestaltet so sein Prüfungsgespräch.

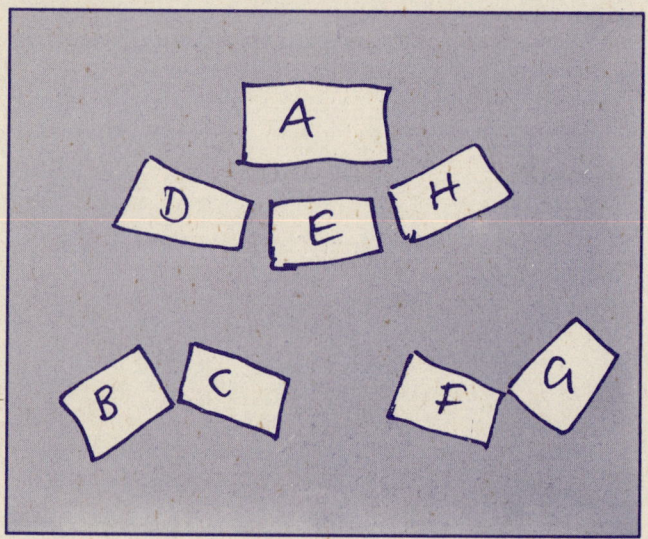

Kurz-Bild-Serie

Zu einem Thema stellen Sie prägnante 5-10 Dias/Folienbilder zusammen, dazu einigen Text und Musik.

Die Reduktion auf 5-10 Bilder fördert Ihre Bündelung der Aussagen auf das Wesentliche, wir nennen das "Prägnanz".

Nach der Präsentation der Kurzserie, können Sie die Schülerinnen ihre verbliebenen Eindrücke und Erinnerungen nennen lassen - ev. auf OH oder Tafel mitschreiben.

Danach zeigen Sie Bild für Bild und lassen die Schülerinnen dazu assoziieren, und Sie ergänzen Ihre wichtigen Informationen.

Die Schülerinnen machen sich nun Skizzen der 5 Bilder ins Heft (bzw. bekommen von Ihnen kopierte Bildblätter) und schreiben dazu die Informationen auf.

Schülergestaltung:

Arbeitsgruppen entwickeln zu ihrem Thema derartige Kurz-Bild-Serien: OH-Folien/Dias, Text und Musik. Nach jeder Kurzserie Erinnerungen der zuschauenden Schülerinnen sammeln - die Autorinnen der Kurzserie notieren mit - und ziehen Bilanz über ihre Informationsqualität.

Info-Fenster
Informationstraining mit OH-Folie für Lehrerinnen und Schüler:

Wählen Sie sich ein Unterrichtsthema der nächsten Zeit oder Ihr Fach als Ganzes oder den Lehrstoff einer Schulstufe.

Teilen Sie die OH-Folie in 4 Fenster und versuchen Sie 4 unterschiedliche visuelle Informationsqualitäten zu einem Thema:

1. Ausschnitt: Digital.Schriftliche Information, Sätze, Worte, ev. hierarchisch mit Nummern geordnet

2. Ausschnitt: Schematisch. Sie entwickeln ein Schema der Inhalte oder des Unterrichtsablaufs mit Kästchen, Pfeilen, Kreisen usw.

3. Ausschnitt: Metapher. Finden Sie ein Symbol, ein Gleichnis für Ihr Thema: ''Es ist wie ...'' und zeichnen Sie dazu das Bild der Metapher.

4. Ausschnitt: Dramatik, szenische Handlung. Zeichnen Sie ein Comic-Bild mit Köpfen/Strichmanderl und Sprechblasen, in der ein typischer Dialog/eine Dialogfolge zum Thema passiert.
Beispiel von Paul Lahninger umseitig.

Schülergestaltung: Auf diese Weise können Sie auch die Schüler dazu bewegen, ein Thema zu gestalten/verarbeiten. Die Folien werden präsentiert und ins Heft geklebt. Geht auch als Arbeitsblatt im Heft.

OH-Theater/Folientheater

Der OH-Projektor mit seiner großen, platten Projektionsfläche eignet sich sehr gut, diverse Gegenstände oder Folienteile daraufzulegen, herumzuschieben und so eine Dramatik in der Gestaltung zu erreichen.

OH-Theater:

Sie wählen zu einer Geschichte/zu einem Thema einige Gegenstände und legen diese auf die Lichtplatte, lassen die Gegenstände über sich und das Thema erzählen (Identifikation/Verknüpfung) und bewegen diese zueinander, der Handlung entsprechend.

Folientheater:

Sie fertigen zu Ihrem Thema Folienteile, die Sie dann dem Inhalt entsprechend dazu oder wegnehmen, bewegen, übereinanderlegen. Die Folienteile lassen sich an langen Folienstreifen so bewegen, daß Sie nicht ins Bild greifen müssen.
Die Folienbilder lassen sich leicht herstellen: Sie kopieren die passenden Bildteile oder pausen sie von entsprechenden Bildvorlagen ab. Mit einem Klebestreifen verbinden Sie Bildausschnitt und Führungsstreifen - und fertig ist das Folientheater.

Schülergestaltung:
OH- und Folientheater sind auch gut für Schülerpräsentationen geeignet.

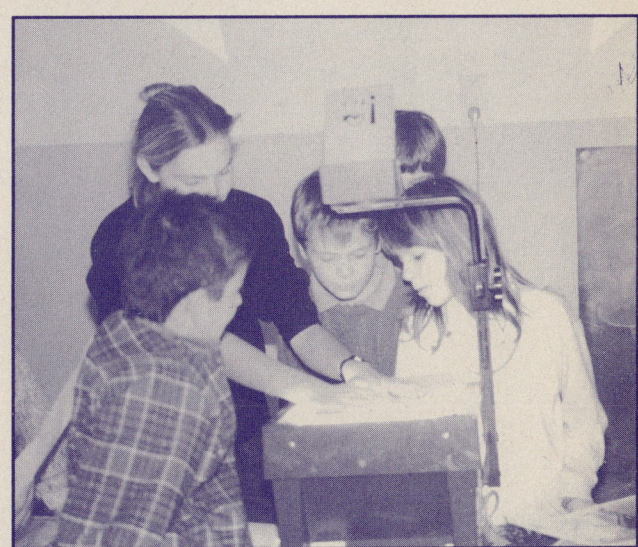

Mind-Mapping
Ausführliche Beschreibung: Siehe vorhergegangene Absätze.

Anzetteln
Themen-Baum
Siehe Absatz: ''Stichworter bündeln''

Was macht das **X** in der gleichung?

$$2 + x = 4$$

$$2 + \boxed{?} = 4$$

Das X in einer mathematischen Gleichung steht für eine unbekannte Zahl, die errechnet wird.

Das X in der Gleichung ist so wie das fehlende Indiz, nach dem der Detektiv sucht um den Fall zu lösen.

Was willst denn Du hier?

Ich bin der große Unbekannte nach dem alle suchen!

Paul Lahninger

4.3.4
Sinnlicher Einstieg

Symbole/Gegenstände zu meinem Thema

1. Im Umhergehen 3-5 Symbole/Gegenstände zu meinem Unterrichtsthema suchen und finden
2. Die 3 Symbole vor den Schülern aufstellen, das Thema nennen und die Schüler das Thema mit den Gegenständen verknüpfen lassen. Diese Assoziationen auf einem Plakat in 3 Kolonnen zu den jeweiligen Gegenständen sichtbar mitschreiben. (In Großgruppen auf Overhead)
3. Danach die eigenen Verknüpfungen nennen und die passenden der Schüler unterstreichen und würdigen.
4. Nach einem Tag/beim nächsten Mal die 3-5 Gegenstände nur mehr an die Tafel/auf den OH schreiben und die Assoziationen überprüfen.
Sicher 80% in Erinnerung !
Möglich:Beim Prüfungsgespräch die 3 Gegenstände wieder aufstellen !
Variation: Die Schüler schreiben ihre Assoziationen erst in die 3 Begriffs-Kolonnen im eigenen Heft. Dann erst Veröffentlichung und weiter wie oben.

Symbole mitbringen als Stoff-Wiederholung/Prüfung: Jeder wählt sich zuhause 3 Symbole zum Stoff/Thema aus, bringt sie mit und stellt sie vor allen oder in Kleingruppen vor.

Symbole-Theke

Sie stellen 10 Symbole zum Thema auf, jeder Schüler wählt sich 1-3 und dann Kleingruppen, wo jeder seine 1-3 (auf Kärtchen geschrieben oder besser gezeichnet) zeigt und die anderen assoziieren wie oben. Der präsentierende Schüler schreibt in den 1-3 Begriffs-Kolonnen mit und ergänzt.

Symbole-Markt

Jeder (od.Kleingruppen) gestaltet einen Tisch=Marktstand mit mitgebrachten Symbolen zum Thema. Wechselnd geht immer eine Hälfte der Schüler als Marktbesucher zu den Ständen der anderen Hälfte und läßt sich das gestaltete Thema erklären. Dann Rollenwechsel: die andere Hälfte wird zu den Marktausstellern.

Sinnliche Aufgaben

Siehe Aufgabe-Karten bei "Thema bearbeiten" S. 91, S. 102

Ressourcen-Wörter wählen

Genaue Beschreibung siehe "Kreativ vorbereiten" und "Stimmungen"

Identifikationen: "Ich bin ..."

Verwandlungen in Teile des Unterrichtsthemas (Personen, Tiere, Pflanzen, Elemente, Abstraktionen wie Zahlen und Buchstaben): Sie können einen unmittelbaren sinnlichen Einstieg ins Unterrichtsthema erleichtern und so Interesse und Neugierde mobilisieren. Sie laden die Schüler ein, für kurze Zeit ein Element des Unterrichtsstoffes zu sein. Sie schlagen dieses Element vor oder lassen die Schüler eines auswählen - kurzes Klassengespräch "Wer hat sich was gewählt ?"
Nun entspannt sich jeder (ev. Musik) und versetzt sich in dieses Element "Wie schaue ich aus, was habe ich in diesem Zusammenhang für eine Bedeutung, was kann ich, was bewirke ich ..." Dies kann danach aufgeschrieben, gemalt oder szenisch dargestellt werden. Einzelne können auch ihre Identifikationen vorstellen - das ist sehr anregend und vertiefend.

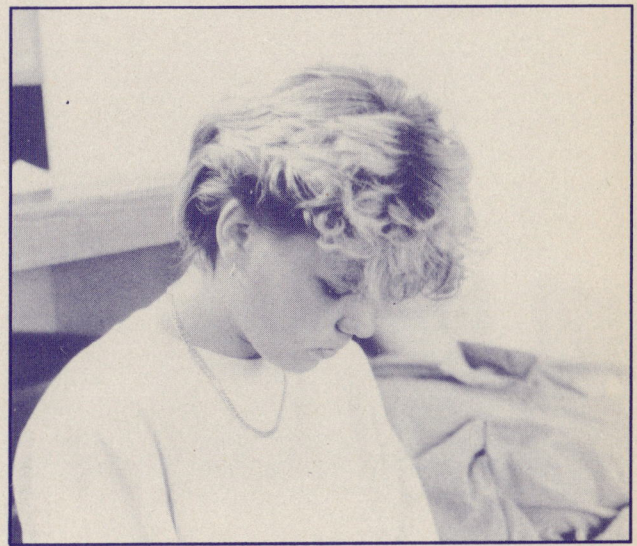

Identifikations-Kreis

Zu einem Text, einer Geschichte ist dieser Identifikations-Kreis eine anregende Einladung, sich mit einer Figur, einem Teil der Geschichte/des Textes zu identifizieren:
Sie lesen den Text/die Geschichte vor - die Schülerinnen sitzen im Kreis - und laden am Ende des Textes die Schülerinnen ein, sich eine Figur auszusuchen und in deren "Ich" zu schlüpfen. Nach kurzer Auswahlzeit rutscht nun die Schülerin, die anfangen will einen Ruck zur Mitte und beginnt in der "Ichform" sich den anderen Schülerinnen vorzustellen: "Wer bin ich , wie bin ich, was gefällt mir an mir, was fürchte ich, was sage ich zu meiner Umgebung, zu den anderen Figuren..." Sie können beispielgebend beginnen. Danach können alle Fragen an die "Figur" richten. Die Schülerin rutscht wieder in den Kreis, wenn sie fertig ist und keine Fragen mehr gestellt werden. Dann kommt die nächste.

Variation zum Mitspielen:

Mitspielgeschichte und "Jeux dramatiques"

Eine wundersame Art, mitten ins Geschehen zu kommen: Nach einer kleinen Lockerung lesen sie eine rollenreiche Geschichte zum Thema vor.

Danach kann jede Schülerin wählen, wer sie sein möchte, sagt dies laut, gleiche Rollen gehen zusammen. Sie haben einen Berg Gewand und Tücher in die Mitte gelegt. Jede verkleidet sich und sucht sich ihren Platz in der Klasse. Dieser wird hergerichtet (auch von Rollengruppen).

Nun lesen Sie die Geschichte nochmals vor und jede improvisiert, wenn sie im Text dran kommt, ihren Auftritt - ohne Worte.

Haben Sie auf diese Weise die Geschichte durchgespielt kann sie mit gleichen oder veränderten Rollen nochmals improvisiert werden.

DannGesprächskreis.

Bildmeditation/Bildassoziation

Größere Fotos, Kalenderbilder, vergrößerte Karikaturen, OH-Folien und Dias: Sie oder Schüler wählen zu Ihrem Thema ein Bild und ev. passende Musik. Bei der Bildarbeit haben Sie verschiedene Möglichkeiten:

Bilder auswählen

Zum Thema stellen Sie mehrere(5-12) Bilder aus: an den Wänden, am Boden, auf Sesseln.

Die Schüler gehen nun herum und wählen das ihnen zum Thema und zur Fragestellung passende aus. Sie können auch Farbpunkte neben das Bild auf ein Blatt Papier malen: grün=sehr passend/angenehm, rot=unpassend/fürchterlich o.ä.

Nun können sich die Schüler zu ihrem "roten" Bild stellen und Stellung nehmen und dann zum "grünen".Statt der Punkte könen die Schüler jedem Bild 3 Eigenschaften zuordnen.

Bildmeditation

Sie projizieren das Bild und nennen Thema und Betrachtungsweisen zum Bild - die Atmosphäre, die Musik und Ihre Wortwahl machen die meditative Wirkung aus. Oder: Sie sagen zum Bild nur ein Thema und überlassen die Schüler ihren Gedanken/ Empfindungen während einer vorgegebenen Zeit. Anschließend Gedankenaustausch - ev. kurzen Text darüber verfassen.

Bildverknüpfungen

Sie projizieren das Bild und nennen das Thema. Die Schüler verknüpfen mit ihren Ideen/Assoziationen das Bild mit dem Thema.

Bild erfassen

Zum Thema projizieren Sie ein Bild und lassen den Schülern Zeit, das Ganze und Details zu erfassen. Dann blenden Sie das Bild aus und sammeln Beobachtungen der Schüler.Fragestellungen ans Bild sind nun möglich als Vorbereitung für das neuerliche Betrachten. Bild wieder einschalten und Beobachtungen ergänzen.

Bilderrätsel

Nur ein Detail wird gezeigt (bekannt durch Dalli-Klick) und die Zuschauer raten, welches Bild "kommt". Die Details/Puzzleteile werden immer mehr - bis das Ganze sichtbar ist.

Oder: 2-5 Bilder werden gezeigt und die Schüler erraten, welches Thema dargestellt wird.

Siehe auch "Fotografieren" im Abschnitt "Bewegen und Begegnen - Die Klasse leiten".

Oder: In einer Bilderfolge fehlt ein Bild - die Lücke erraten, bzw. mit der eigenen Phantasie füllen.

Phantasieren und visualisieren* Reise nach innen

Phantasiereisen führen in die innere Welt, bringen Schüler in Kontakt mit ihren Vorstellungen und Phantasien. Häufig werden für Phantasiereisen auch die Begriffe Vorstellungs-, Visualisierungs- oder Imaginationsübungen verwendet. Die auftauchenden Bilder, Töne oder Empfindungen sollen neue Perspektiven eröffnen und ganzheitliches Lernen anregen. Ziel von Phantasiereisen und Visualisierungsübungen ist es, die körperliche, geistige und seelische Entwicklung zu fördern.

Die bewußte Pflege der inneren Bilder soll auch die natürliche Fähigkeit der Kinder zu bildlichem Denken bewahren und weiterentwickeln. Gleichzeitig geht es darum, der Überflutung durch äußere Bilder entgegenzuwirken.

Phantasiereisen und Visualisierungsübungen können in der Schule vor allem drei Zielbereichen dienen: "Entspannung", "Lernförderung" und "Persönlichkeitsentwicklung". Phantasiereisen eignen sich sehr gut zum "Einstimmen und Einsteigen", aber auch zum Bearbeiten von Themen und zur Stoffwiederholung. Dies kann am Beispiel des "Regenbogens" gut verdeutlicht werden:

Phantasiereisen zur Entspannung

regen in erster Linie angenehme Vorstellungsbilder an, um innere Ruhe, Ausgeglichenheit und Konzentration zu fördern - etwa zu Beginn des Unterrichts. Die Kinder und Jugendlichen sitzen (oder liegen) entspannt, schließen ihre Augen und treten eine Reise nach innen an.

"Stell dir vor, du sitzt ganz ruhig und entspannt vor einer Almhütte... Vor dir die saftig grünen Wiesen..., weite Wälder, Hügel und Berge... und ein Regenbogen..., der sich über den Himmel spannt... mit seinen sanften Farben..., beruhigend..., so still..., so schön... Du betrachtest die Farben des Regenbogens... und plötzlich..., wie von Zauberhand, strahlt alles in hellem Rot..., es strahlt rot am Himmel und rot über die Berge... Du läßt das Rot auf dich wirken... und bemerkst, wie sich nun alles in die Farbe Orange verwandelt..., die ganze Landschaft ist in Orange getaucht..., wunderbar anzuschauen... Nun wird alles gelb..., Bäume und Wiesen leuchten gelb..., und dann tritt das Grün hervor..., strahlt grün auf die Wolken... Der Regenbogen verfärbt sich blau... und dieses wunderschöne Blau verändert sich dann zu violett... Alles um dich ist in wunderschönes Violett getaucht... Wälder und Berge... alles violett... Du spürst dieses Violett in dir... beruhigend..., entspannend.... Du genießt dieses Gefühl von Beruhigung... ... ... Nun löst du dich von den Farben des Regenbogens..., kommst langsam wieder hierher zurück..., dehnst und räkelst dich..., fühlst dich erfrischt und ausgeruht, als wärest du gerade aufgewacht."

Phantasiereisen zur Lernförderung

enthalten Texte, in denen kognitive Lerninhalte mit emotional ansprechenden Vorstellungsbildern verknüpft oder positive Lernhaltungen unterstützt werden. Auch das läßt sich am Beispiel "Regenbogen" zeigen. In einer Physikstunde könnte etwa die folgende "meditative" Anleitung als entspannende und anregende Stoffwiederholung angeboten werden:

"Stell dir vor, du sitzt an einem Sommertag auf deinem Lieblingsplatz in der freien Natur..., machst es dir dort bequem... entspannst dich... und während du so schaust, bemerkst du einen Regenbogen..., weit über den Himmel gespannt... Du freust dich über seine Farben..., und erinnerst dich, daß man sie Spektralfarben nennt... Du siehst die Farben genau an... Außen ein sanftes Rot..., dann folgt orange... und gelb. Es wandelt sich zum Grün..., geht über in ein Blau und wird innen violett... Du läßt diese Farben des Spektrums auf die wirken... und bist nun neugierig..., wieso der Regenbogen gerade hier steht... Du hältst Ausschau, woher die Sonne kommt... Tatsächlich, sie ist hinter dir, wärmt sanft deinen Rücken..., und vor dir ist diese Wolkenwand mit dem Regenbogen... Und du erinnerst dich, daß

das weiße Sonnenlicht durch die kleinen Regentropfen gebrochen wird..., zerlegt in diese wunderbaren Spektralfarben..., genau so wie beim Versuch mit dem Prisma..., damals im Unterricht..., dieselben Farben...,rot, orange, gelb, grün, blau, violett..., wunderschön anzuschauen..."

Phantasiereisen zur Persönlichkeitsentwicklung

zielen vor allem darauf ab, Kinder und Jugendliche in ihrer seelischen Entwicklung anzuregen. Vorstellungsbilder können sie etwa in ihrem Selbstwertgefühl stärken oder sie anregen, sich mit ihren Wünschen oder Ängsten auseinanderzusetzen. Daß dies auch für Erwachsene hilfreich sein kann, verdeutlicht vielleicht das nächste "Regenbogen-Beispiel":

"Stell dir vor, du gehst auf einer wunderschönen Wiese spazieren... Vögel zwitschern..., weit weg einige Hügel und Wälder... Während du so dahinwanderst, taucht vor dir ein Regenbogen auf..., überstrahlt mit sanftem Licht die Landschaft..., wunderbare Farben..., eine seltsame Stimmung... Du erinnerst dich an die alte Geschichte, daß am Ende des Regenbogens ein Schatz zu finden ist... und du machst dich auf den Weg..., gehst dem Regenbogen nach... Du siehst bereits..., dort hinter dem Hügel geht der Regenbogen nieder... und wie du näherkommst, kannst du tatsächlich etwas sehen... Das Ende des Regenbogens zeigt auf ein Gefäß, das im hohen Gras steht... Du gehst näher hin... und bemerkst, daß dein Name auf dem Gefäß steht... Du siehst hinein... und findest einen Ring... Es ist ein Zauberring, er ist imstande, dir das zu geben, was du gerade jetzt für dein Leben brauchst..., was dir hilft, deine Ziele zu erreichen..., was sicher dich macht..., dir Kraft gibt... Du steckst den Ring an..., drehst ihn einmal um... und du merkst, wie sogleich dein Wunsch in Erfüllung geht..., und all das in deiner Phantasie geschieht, was für dich gut ist..."

Literaturhinweis: Helga und Hubert Teml: Komm mit zum Regenbogen. Phantasiereisen für Kinder und Jugendliche. Entspannung, Lernförderung, Persönlichkeitsentwicklung. Linz:Veritas 1991.

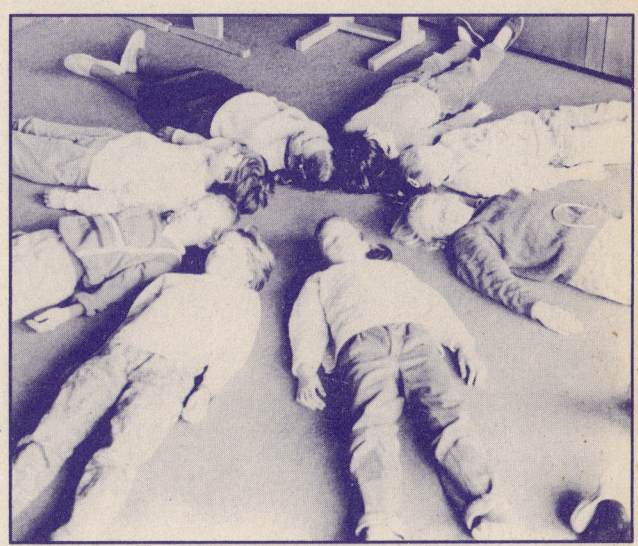

4.4.1
Zum Thema kommen, Thema erkunden, Stellung nehmen

Glückstopf

3 Möglichkeiten:

1. Schlüsselwörter sind von der Lehrerin vorbereitet:

Sie sammeln zu einem Unterrichts- oder Klassenthema 8 - 16 Schlüsselwörter, vom Eigenschaftswort bis zum Begriff. Davon kopieren Sie so viele Garnituren, wie Sie Kleingruppen/Bienenkörbe in Ihrer Klasse machen wollen. Günstige Schülerzahl pro Gruppe: 3-5

Diese Garnituren teilen Sie den gebildeten Kleingruppen aus und erklären folgende Spielregel:

Die Kärtchen werden verdeckt und gemischt in der Mitte der Gruppe aufgelegt. Eine Schülerin (die jüngste, oder die als nächste Geburtstag hat) beginnt, zieht ein Kärtchen und

a) stellt das Wort pantomimisch dar, die anderen erraten - oder

b) umschreibt das Wort ähnlich "Dingsda", die anderen erraten - oder

c) zeigt einfach ihr Kärtchen in der Runde

Nun nimmt die Schülerin dazu Stellung - wie sie dieses Wort mit dem Thema und sich selbst verbindet.

Dann kommt die nächste dran.

Wichtig:

Sie als Lehrerin entscheiden welche Wortdarstellung a, b oder c dran ist.

2. Spontane Schlüsselworte von den Schülern:

Kleingruppen mit 3-6 Schülern. Jeder Schüler schreibt auf 2 Kärtchen je ein Wort zum Thema. Diese Kärtchen werden verdeckt aufgelegt und weiter geht's wie bei Vorschlag 1.

3. Struktur-Kärtchen von der Lehrerin vorbereitet:

Jedes Kärtchen hat eine festgelegte Bedeutung und wird in der Reihenfolge der Zahlen oder Buchstaben aufgelegt. Oder die Schüler legen damit ein Stoff-Schema oder ein Diagramm.

Beispiel zum Thema: Prüfung und Noten

einstimmen
Angst
persönliche Quellen
Streß
Ohnmacht
Vorbereitung
schummeln
Erfolgsdruck
aufgeregt
tüchtig
Hilfe
versagen
lernen
hinausschieben
Belohnung
Lob
persönliche Strategien
Veränderungswunsch an die Prüfung
Zeugnis

Mögliche Fortsetzung:

Anzetteln
Themen-Baum

Sinnliche Aufgabestellungen

Der ganzheitlichste Zugang zu einem Thema ist die sinnliche Erfahrung. Mit allen Erlebnis-Möglichkeiten kommen die Schüler(und Lehrer)dem Thema nahe und bündeln die Erfahrungen mit dem Thema, das persönliche Wissen und das gemeinsame Können in der Bewältigung konkreter Arbeitsaufgaben.

Erkundungskärtchen
zum Thema "Wiese"

Hier ein Beispiel von sinnlichen Arbeitsaufträgen in der 3. Klasse des BRG/BORG Kirchdorf von Gertraud Leitzenberger. Gegenstand: Biologie und Umweltkunde. Die Schüler bilden kleine Gruppen. Die Gruppen ziehen ein Arbeitskärtchen, haben in dieser Stunde Zeit für die Aufgabe und berichten in der nächsten Stunde:

> *Geht hinaus und fühlt die Wiese mit Händen und Füßen*

> *Malt draußen ein Bild von der Wiese*

> *Stellt fest, wie die Wiese riecht*

> *Fragt Leute, ob sie die Wiese mögen – warum, warum nicht*

> *Sucht die im Buch angegebenen Gräser und bringt sie mit*

> *Welche Tiere findet ihr auf der Wiese? Schreibt sie auf !*

> *Sucht die Riesen und Zwerge bei den Pflanzen, meßt sie ab und notiert die Ergebnisse*

> *Findet das Wort Wiese in vielen verschiedenen Sprachen und schreibt es an die Tafel*

> *Welche Farben findet ihr auf der Wiese und welche gefallen Euch und welche nicht*

Darstellungskärtchen
zum Thema "Verdauung"

Hier ein Beispiel zur Darstellung von Funktionen, Herta Anna Strohmayr, 2. KLasse der HBLA Kirchdorf, Gegenstand: Ernährungslehre.
Die Schüler bilden Gruppen und ziehen je ein Kärtchen mit einzelnen Organen. Sie haben die Aufgabe, den Verdauungsvorgang "Abbau der Nährstoffe" ihres Organs szenisch darzustellen. Die ganze Klasse ist Bühne, jede Gruppe bestimmt, wo ihre Zuschauer Aufstellung nehmen.

> *1. Mund*

> *2. Magen*

> *3. Zwölffingerdarm*

> *4. Bauchspeicheldrüse*

> *5. Galle*

> *6. Dünndarm*

> *7. Dickdarm*

Stellungnehmen zu einem Bild/Text

Zu einem Bild/Text, das Sie an der Stirn des Klassenraumes aufhängen (z.B Tafel, Oh-Folie, Dia-Projektion) nehmen die Schüler Stellung, indem sie sich je in die eine oder andere Hälfte des Raums stellen, dort mitden Schülern in der gleichen Häflte ihre Entscheidung besprechen und dann einige ihre Wahl öffentlich begründen.

Dies kann kurz und bündig innerhalb von 10 min geschehen - oder bereits die Gesprächsstruktur für einen guten Teil der Stunde ausmachen.

Vorbereitung: Zum Unterrichts/Klassen-Thema wählen Sie 1-5 Bilder/Dias/Texte aus und erarbeiten dazu klare Entscheidungsfragen.

Durchführung: Sie machen Bild/Text sichtbar, stellen die Entscheidungsfrage. Sie benennnen die Ja-Nein Hälften im Klassenraum und laden die Schüler ein, aufzustehen und sich in ihren Bankreihen in die passende Hälfte zu stellen. Besser ist es natürlich, wenn Sie mit den Schülern erst den Klassenraum frei machen. Dann besprechen sich die Schüler der gleichen Hälfte miteinander, einige geben ihre Stellungnahme kund, kurze Diskussion - und Sie geben das nächste Bild mit Fragestellung vor.

Schülergestaltung: Auf diese Weise können Schüler bestenfalls Texte/Bilder mit Entscheidungsfragen der Klasse präsentieren.

Dies kann sowohl für Stoffwiederholungen als auch zu aktuellen Klassenthemen passieren.

Beispiel zum Thema Umwelt/Zukunft:

Bild der Linzer Industrie: "In 10 Jahren werden wir eine saubere Luft haben - Ja-Nein"

Bild von einem afrikanischen Kral-Dorf: "Dieses Dorf kann überleben - Ja-Nein"

Bild von einer Rallye: "Sollte in Zukunft verboten sein - Ja- Nein"

Bild eines Waldstücks: "Wir werden den Wald retten können - Ja-Nein"

Bild eines Lehrer-Schüler-Kontakts: "Möchte ich hier erleben - Ja-Nein"

Beispiel für Stoffwiederholung:

Siehe entsprechenden Abschnitt 4.5

Ampel-Feedback

Zum Thema formulieren Sie einige Aussagen inhaltlicher ("Ein Halbleiter funktioniert wie ein Ventil") oder emotionaler Art ("Ich kenne mich in diesem Kapitel genügend aus" oder "Ich befasse mich gern mit Elektronik").

Die Schüler haben rote, gelbe und grüne Kärtchen/Blätter. Damit geben sie zu Ihren Aussagen das "Ampellicht": Rot=Nein, stimmt nicht(für mich). Gelb=trifft teilweise zu(Ich kenne mich nicht aus). Grün=Stimmt(für mich). Was die Farben jeweils bedeuten schreiben Sie oder sagen Sie zu jeder Aussage. Die Festlegung der Bedeutung kann schon sehr kommunikativ sein.

Nach jedem Ampel-Feedback können sich Schüler zu ihrer Farbe melden und sie erläutern, einander diesbezüglich fragen und Sie selbst bestimmten Schülern Fragen stellen.

Günstig: Die Schüler sitzen im Kreis, sodaß sie die Kärtchen voneinander gut sehen können.

Schülergestaltung: Die Schüler treffen selbst Aussagen zum Thema und zu den Einstellungen.

Gruppen-Einblick zu Aussagen

Hier ist die Kreissitzform wichtig. Wie beim Ampelfeedback formulieren Sie (wenn die Methode vertraut ist, die Schüler ebenso) Aussagen zum Thema mit graduellen Zustimmungsmöglichkeiten: "Wiesehr stimmt die Aussage, daß Halbleiter wie Ventile funktionieren ?" "Wie interessant ist der Physikunterricht gerade ?" Jeder Schüler nimmt nun einen Gegenstand und legt diesen nach dem Grad seiner Zustimmung zur Mitte: mehr ..weniger..garnicht.

Jetzt können einige zu ihrer Position Stellung nehmen. Sie stellen bestimmten Schülern Fragen zu ihrer Position und geben Ihre Informationen dazu.

Dokumentation der Positionen (ergebnisorientiert):
Bei wichtigen Fragen können Sie die Positionen der Schüler auf einem Plakat - zu jeder Aussage eine Farbe - einzeichnen lassen.

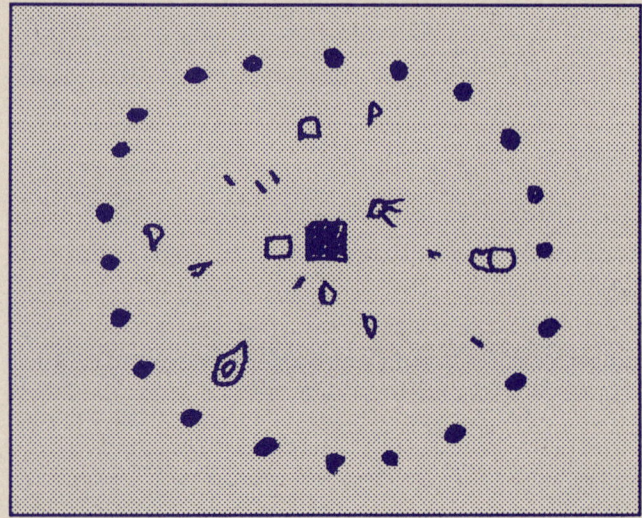

Die Umfrage-Methode

Zu Thesen Stellung nehmen, das Meinungsbild der Klasse wird sichtbar, Einstellungen begründen

Einzelarbeit (Wenn Sie es eilig haben):

Jede Schülerin bekommt ein Thesenblatt, reißt es in Thesenstreifen und wählt jene aus, welchen sie zustimmt. Die anderen Kärtchen legt sie beiseite. Auf die Rückseite der ausgewählten Kärtchen schreibt sie ihre Begründungen.

Dann möglich: Partnergespräch mit der Nachbarin über die ausgewählten Thesen.

Noch möglich: Bevor Sie die Zustimmungen öffentlich einholen können Sie das Ergebnis-Toto durch führen. Siehe weiter unten.

Auf jeden Fall:

Sie sammeln nun zu jeder These die Zustimmungen und schreiben diese Zahlen auf die OH-Folie zu den Thesen oder auf das Thesen-Plakat. Nun können einzelne Schülerinnen interpretieren, warum welche Aussage, soviele Zustimmung oder kaum welche bekommen hat.

Sie nehmen nun fachlich/persönlich dazu Stellung. Das kann die Struktur der weiteren Unterrichtsstunde sein. Und der nächsten. Dazu ist aber stets die Anküpfung an die Zustimmungen/Ablehnungen zu der jeweiligen These wichtig.

Noch kürzer:
Sie legen eine OH-Folie mit den gekennzeichneten (A - X) auf und lassen die Schülerinnen in ihrem Heft die Kennbuchstaben aufschreiben und dazu einen Zustimmungsvermerk machen. Weiter, wie beschrieben.

Kleingruppen-Arbeit (normale Variante):

Die Schülerinnen bilden 4er- oder 6er-Gruppen. Jede Schülerin bekommt ein Thesenblatt. Dieses reißt sie in Thesen-Kärtchen und sortiert sie nach Zustimmung und Ablehnung der These: Die Kärtchen der Zustimmung behält sie in Händen, die abgelehnten steckt sie weg. Nun beginnt eine (die als nächstes Geburtstag hat) und legt ihre erste These in die Gruppenmitte - alle, die ebenso gewählt haben, legen ihr Kärtchen dazu, nun kann jede ihre Zustimmung und Ablehnung kurz begründen. Dann wird gleicherart die nächste These "ausgespielt".

Je nach Zeit geht dies sehr straff oder gesprächsbetont.

Wenn alle zugestimmten Thesen-Kärtchen am Boden/Tisch liegen, dann:

Zum Schluß der Kleingruppenarbeit die wichtigste These mit persönlicher Unterschrift signieren - zur Identifikation und Prägnanz - bevor die Kärtchen aller zusammengelegt werden.

Als Übergang zur Gesamtklasse ist interessant:

Ergebnis-Toto

Jede tippt auf einem Plakatraster, welche der Aussagen insgesamt am meisten und welche am wenigsten Zustimmung bekommen haben wird.

Auflegen aller Kärtchen aus den Kleingruppen zu **Zustimmungssäulen** (oder wenn der Raum zu klein ist: Aufkleben auf einem großen Plakat oder nur die Gruppen-Zahlen zu jeder Aussage addieren., Würdigung des Ergebnisses, Vergleich mit dem Toto und Begründungen und Vermutungen darüber, warum die Schülerinnen gerade so zugestimmt/abgelehnt haben und welche Konsequenzen das haben könnte.

Fortsetzung siehe "Mögliche Weiterarbeit"

Beispiele:

Thesenstreifen zum Thema "Prüfung" folgend.
Thesenstreifen zum Thema "Umwelt" siehe 4.9
Thesenblatt zum Thema "Entwicklungshilfe" von Paul Lahninger - umseitig.
Thesenblatt zum Thema "Leid" von Katharina Költringer - umseitig.

A) Ich habe Angst vor Prüfungen !
B) Ich lasse mich gerne prüfen !
C) Schularbeiten und Prüfungen lassen mich kalt.
D) Bei Prüfungen kann ich mein Wissen unter Beweis stellen !
E) Schularbeiten belasten mich !
F) Vor Schularbeiten und Prüfungen bin ich niedergeschlagen.
G) Ich gehe entspannt zu Prüfungen !
H) Ich lasse mich sehr ungern prüfen !

A) Daß die Weißen die Schwarzen nicht in Ruhe ließen, war ein großer Fehler. Sie waren viel glücklicher vorher.

E) Wohlstand, Technik und spezialisiertes Berufsleben sind Gift: Rauschgift, von dem jeder abhängig wird, der damit in Berührung kommt.

B) Farbige haben eine innige und direkte Beziehung zur Natur.

F) Entwicklungs-Zusammenarbeit ("Hilfe") ist eine wichtige Forderung der Menschlichkeit.

C) So einfach und arm, wie viele Völker heute noch leben, könnte ich nicht leben. Ich würde es einfach nicht aushalten

G) Das Ideal einer gerechten Welt ist nur in voneinander unabhängigen Regionen möglich: Handel ist die Versuchung zur Ausbeutung.

D) Mein Traum ist, einmal so ganz ohne Zivilisation in den Tag hineinzuleben - irgendwo in den Tropen.

H) Ich möchte gern einmal in die Haut eines Farbigen schlüpfen und die Welt mit dessen Augen und Bewußtsein erleben.

A) Was uns nicht umbringt, macht uns härter

G) Leid hat überhaupt keinen Sinn. Es ist - wie alles in der Welt - zufällig und sinnlos.

B) Alles Unglück ist eine Strafe Gottes. Wer viel leidet, der hat auch viel angestellt und verdient es.

H) Leid bringt Lebenserfahrung. Es trägt dazu bei, daß wir weiser und reifer werden.

C) Wir können nicht in jedem Leid Sinn finden. Wir können es aber leichter ertragen, wenn wir an Gott glauben.

I) Ohne Leid kann man keine Freude erleben.

D) Alles Leid hat seinen Ursprung in den Wünschen und Begierden des Menschen. Wir müssen lernen, bedürfnislos zu leben.

J) Leid ist der Preis für die Liebe. Wer liebt, muß auch Leiden in Kauf nehmen.

E) Leid ist eine Prüfung - wir müssen uns darin bewähren.

K) Alles - auch das Leid - ist vorherbestimmt. Wir können den Sinn nicht durchschauen.

F) Leid spornt uns an, ein Mittel dagegen zu finden. Es führt zum Fortschritt, damit es unsere Nachkommen besser haben.

L) Wenn Gott allmächtig ist, dann soll er das Leiden abschaffen.

4-6 Ecken
Ein Thema und 3-8 Alternativen/Aufgaben

Zu einem Thema stellen Sie 3 - 8 gleichwertige Alternativen/Aufgaben, die jeder Schüler wählt, sich dazustellt. So entstehen die Kleingruppen (unterschiedlich groß). Vorteil: Jeder hat sich zu seiner Alternative entschieden und ist mit Gleichgesinnten in einer Gruppe.

Variation 1: Thema mit Alternativen

Thema: Meine Stimmungs-Wetterlage:
Wetterbilder wie regnerisch/nebelig/sonnig/heiter bis wolkig/stürmisch/Morgen- Abendrot. Gespräch dazu.

Thema: Ich als Arbeitstier:
Wortblätter zu Pferd/Hund/Katze/Ameise/Wiesel. Einander seine diesbezüglichen Eigenschaften erzählen, auf ein Kärtchen seine 3 passendsten notieren - möglich: Feedback dazu einholen

Thema: Mein Bild von "Klasse":
Bilder zu Dschungel/Nest/Getriebe/Seilschaft/Mobile. Dazu eine Szene entwickeln. Nach Vorbereitungszeit einander vorspielen. Alle Zuschauer geben Feedbback: "Was sehe ich ..." während die darstellende Gruppe in einem typischen Schluß/Standbild verharrt. Genauer: Siehe Kapitel "Die Klasse leiten"

Weitere 4-6 Ecken Themen:
+ meine Einstellung zum Unterrichtsthema
+ mein Bild vom Unterrichtsfach
+ meine Lernhaltung
+ mein Bild von Erfolg
+ mein Traumberuf

Variation 2: Arbeitsaufgaben zum Lernstoff

Sie bereiten zu Ihrem Stoff 3-8 Arbeitsaufträge vor - die Schüler wählen sich die ihre und arbeiten nach dieser Wahl an den Lösungen.

Arbeits/Darstellungsaufgaben für die Kleingruppen in den Ecken:

a) Gespräch über die Motive der eigenen Entscheidung - was ist uns jetzt gemeinsam ?
1.a. Bei großen Untergruppen Paar- oder 3er-Gespräche !!!

b) Jeder in der Kleingruppe schreibt nach dem Gespräch 3 Eigenschaften zur gewählten Alternative auf und zeigt sie den Schülern seiner Gruppe - ev. zum Bild kleben/pinnen

c) Jede Gruppe macht ein Plakat zum Thema

d) Jede Gruppe verfaßt eine Plus-Minus-Liste zur gewählten Alternative (nachdem die übrigen Schüler zu jeder Alternative gesagt haben, warum sie diese nicht gewählt haben)

e) Jede Gruppe malt ein Bild: danach Promenade

f) Jede Gruppe entwickelt eine Statue/Pantomime/Szene zum Thema: vorzeigen, Feedback - Weiter mit Plus-Minus-Bilanzliste
zur eigenen Wahl:
Die Darstellungs- und Feedbackergebnisse verarbeitet jede Kleingruppe zu einem Plakat als Bilanz der Vor- und Nachteile ihrer Sicht von Klasse. Dieses Plakat wird noch differenziert auf Lehrer und Schüler.
Weiter mit
"Promenade"
Die Plakate werden aufgehängt und alle haben Gelegenheit, die Bilanzen zu betrachten, Rückfragen zu stellen.

g) Zum Unterrichts-Thema gibt es 3-8 Arbeitsaufträge, Lösen der Lernaufgaben

Die Zwiebel
Wechselnden Partnern begegnen, kurze Experimente erleben, Aufgaben lösen

Sie lassen die Schüler paarweise zusammengehen und so einander gegenüber aufstellen, daß ein Innen- und Außenkreis entsteht.

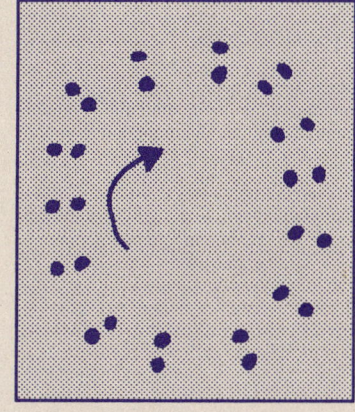

Die erklären den Schülern das sich wiederholende Ritual: Partner begrüßen - Experiment/Aufgabe bewältigen - verabschieden - zum nächsten Partner nach links gehen.

Vorbereitung: Sie sammeln 4 - 6 Paaraufgaben zu Ihrem Thema für die wechselnden Paare:

Beobachtungen, Interviewfragen aneinander, Thesen, Einstellungen, Darstellungen (Paarstatuen, Minidramen, Texte, Plakat), Lösungen von Aufgaben

Ein Beispiel zum Thema "Umwelt":

+ Einander blind beschreiben: Die Partnerinnen schauen sich gut an, von oben bis unten (Gelächter wahrscheinlich), die Partnerin im Innenkreis schließt nun die Augen und beschreibt ihre gegenüberstehende Partnerin blind. Danach Rollentausch. Dann Partnerwechsel:

+ 3 konkrete Beobachtungen über Umweltbeeinträchtigungen in meinem Lebensraum: Kurz nachdenken, dann einander erzählen. Partnerwechsel:

+ Minidrama/Rollengespräch: Arzt-Erde. Die Partnerinnen wählen sich die Rolle Erde oder Arzt. Nun kommt die Erde auf Arztbesuch - kurz 2 m auseinander - aufeinanderzugehen. Die Erde klagt ihr Leid, der Arzt gibt ihr darauf ein Rezept. Danach stellen alle oder einige Erden laut das erhaltene Rezept vor. Partnerwechsel:

+ Wie passiert die Mülltrennung bei uns daheim: Einander erzählen. Partnerwechsel:

+ Minidrama plus Dialogblatt: Baum-Saurer Regen.: Die Paare bekommen je ein Dialogblatt. Jede wählt sich ihre Rolle: Baum oder Saurer Regen. Jede füllt ihre Sprechblase mit einem typischen Satz beim Aufeinandertreffen. Nun stellen sich die beiden zu einer passenden Statue (kann auch beweglich sein) und sprechen ihren Kurzdialog. Applaus für die Szenen. Bei großen Klassen gehen je zwei Paare zusammen.

Kommunikative Einstiege:

+ ein Wort zum Unterrichtsthema, das mit meinem Anfangsbuchstaben beginnt einander mitteilen
+ meine Stimmung auf deinen Rücken malen - du errätst, was ich gemeint habe
+ mein Nachgeschmack vom der letzten Stunde/Exkursion - einander mitteilen
+ einander anschauen und dann abwechselnd blind beschreiben - und meine 3 bisherigen (ersten) Eindrücke von Dir
+ Statue "Selbstbewußtsein" jeweils mit dem anderen formen plus passenden Satz dazu finden und im Kreis mit Satz vorzeigen "Wachsfigurenkabinett"
+ pantomimisch interviewen: einer stellt Fragen, der andere antwortet nur pantomimisch
+ Spiegeln: Spiegelpantomime zur Musik
+ Schultern klopfen: entspannen und Energie gewinnen

Fortsetzung: Siehe "Mögliche Weiterarbeit"

"Am Weg zum Buffett" Rollengespräch: Schüler-Paare nehmen zu Thesen Stellung

Sie sammeln zu Ihrem Thema Thesen, Infos, Zeitungsausschnitte u.a. Schreiben und kleben diese je auf ein Blatt Papier.
Schülerpaare schlüpfen in Rollen, greifen ein derartiges Thesenblatt auf und nhemen dazu als Rollenpaar in einem Kurzauftritt bei einem imaginären "Tag der offenen Tür" Stellung.

Der Klassenraum wird nach Möglichkeit so umgestellt, daß mit einigen Tischen eine Art Gang entlang der Tafelseite des Raumes entsteht. Die übrigen Tische werden an den Rand gestellt. Jeder Schüler hat seinen Sessel und Schreibzeug.

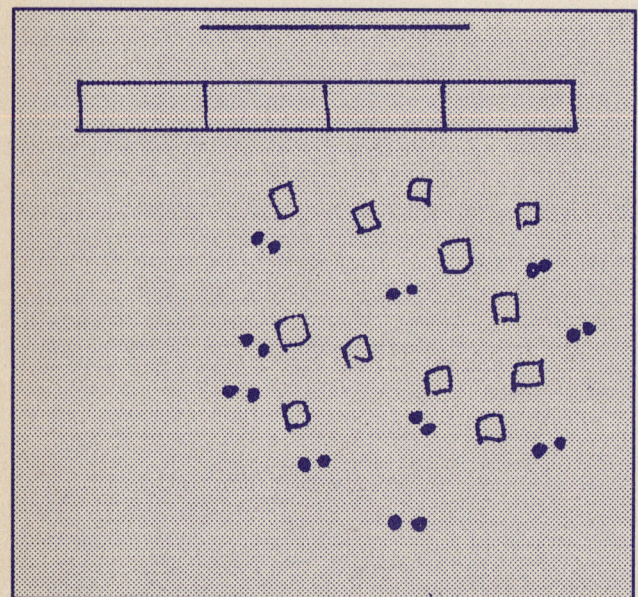

Der Lehrer informiert ganz kurz, welches das (neue) Thema ist, z.B."Export und Import mit der Dritten Welt." , und daß zu diesem Thema in einem Kongreßhaus eine öffentliche Veranstaltung mit einem "Tag der offenen Tür" stattfindet. An diesem Tag kommen verschiedene Personen in dieses Haus, die an diesem Thema interessiert sein könnten, die mit diesem Thema in irgendeiner Weise verbunden oder von ihm betroffen sind. In unserem Beispiel könnten das sein:

Journalisten, Firmenchefs, afrikanischer Bürgermeister, Entwicklungshelfer, Lastwagenfahrer, indische Krankenschwester, Kinder einer nach Europa geflohenen Familie, Indianerhäuptling, Weltbankangestellter, UNO-Soldat, Cafehaus-Besucher etc.

Die Schüler bilden Paare und wählen sich eine derartige Rolle. Im Paar haben beide Schüler dieselbe Rolle aber jedes Paar hat eine andere Rolle. Jetzt legen Sie Ihre vorbereiteten Informations- oder Thesenblätter verteilt in die Mitte des Raumes. Auf jedes Blatt haben Sie eine "kleine Portion Information" oder eine These zum Thema kopiert.
Die Schüler lesen die aufgelegten Blätter, bis jedes Paar ein oder zwei Blätter, die sie, auch in ihrer übernommenen Rolle, ansprechen, auswählen können. Wer seine Wahl getroffen hat, nimmt das entsprechende Blatt und setzt sich zu einer kurzen, vorbereitenden Besprechung nieder.
Sie besprechen, wie sie (als Journalist etc.) über die beschriebenen Informationen denken. Vielleicht stimmen sie überwiegend zu, oder sie ärgern sich, "finden das wieder typisch ...", sind neugierig, freudig oder ...
Nach der Vorbereitungszeit (ca.10 Minuten) setzen sich alle Schüler so, daß sie zum "Gang" auf der Tafelseite sehen. Der letzte Teil des Rollenspiels beginnt.
Das erste Paar tritt auf. Es befindet sich am Weg zum Buffett. Beide reden miteinander. Vor allem reden sie über dieses Blatt Papier, das sie "eben gefunden haben", was sie davon halten, wie sie dazu stehen.
Nach 2-3 Minuten "gehen sie weiter" und das nächste Paar betritt den Gang. Applaus.

Erfahrungsgemäß sind die kurzen Rollenpräsentationen sowohl lustig als auch lehrreich und informativ für die Zuschauer. Als erster Schritt der Weiterarbeit werden die Namen der Schüler, ihre Rolle und die Überschrift bzw. der Hauptgedanke ihres ausgewählten Papieres von allen aufgeschrieben.

4.4.2
Stichworte bündeln, strukturieren, gestalten

Anzetteln und Bündeln

(Mini-Moderationsmethode)

Die geschriebenen Kärtchen werden (am Ende des Glückstopfs) zu Themenbündeln zusammengelegt und mit passenden Überschriften gekennzeichnet. Kärtchen, die "aus der Reihe" fallen, passen vielleicht zu Bündeln anderer Gruppen.

Die Themen-Bündeln werden auf Plakate geklebt, die Plakate aufgehängt, die Überschriften beachtet und gewürdigt, Ergänzungen durch die Lehrerin: Verbindungen herstellen, zusammen- oder auseinander "klauben" von Bündeln, stimmiges Schema des Unterrichtsthemas erstellen, neue oder fehlende Überschriften dazufügen.

Arbeitsgruppen, Aufgabenstellungen, Orientierung können folgen.

Oder:

Themen-Baum

Dies ist eine sinnliche Verdichtung der Methode Anzetteln. Die zu einem Thema geschriebenen Kärtchen werden zu einigen Aspekten zusammengelegt. Zu diesen werden stimmige Überschriften gesucht. Zu jedem Bündel kann nun eine Arbeitsgruppe den Themen-Baum erarbeiten: Der "Grund", die "Wurzeln", der "Stamm", die "Verästelungen", die "Krone", die "Früchte" eines Themas werden auf einen dazu gemalten Baum geklebt und gestaltet.

Die Bäume werden aufgehängt, gewürdigt und benannt, das heißt, wir suchen stimmige Titel.

Begriffe reihen und ordnen: Schema erstellen

Schlüsselbegriffe auf Kärtchen ordnen:

Schlüsselbegriffe des Stoffes werden auf Kärtchen geschrieben an Gruppen ausgeteilt. Jede der Gruppen hat nun die Aufgabe, diese Kärtchen in einen sinnvollen Zusammenhang aufzulegen - Schema ! - und diese Zusammenhänge laut den anderen Gruppen zu erklären.

Danach präsentieren Sie Ihr Schema und heben farblich auf den Schüler-Schemata die richtige Positionierungen hervor.

Möglich:

Prüfung: Auch hier verwendet jeder Schüler die Schlüsselwort-Kärtchen und gestaltet so sein Prüfungsgespräch

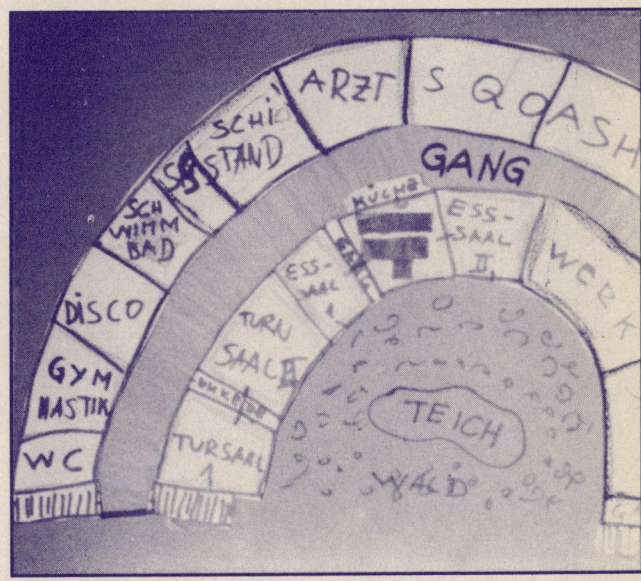

4.4.3
Mögliche Weiterarbeit nach dem thematischen Einstieg

Als Fortsetzungen nach Umfragemethode, Zwiebel und 4-6 Ecken gibt es 3 Strategien:
I. Konkretisieren
II. Ausweiten
III. Visionen
Diese Arbeiten stellen Mini-Projekte dar und führen zum Projektunterricht.
Siehe auch "Problemlösungen finden" und "Projekt-Unterricht"

I. Konkretisieren

Zum Beispiel nach dem Umfragespiel "Umwelt":
Sie wählen nun (ev. durch Abstimmung der Schülerinnen) ein Detail eines Themas aus und arbeiten in den nächsten Stunden an diesem Detail. Z.B: welches Schulmaterial verwenden wir, wie sieht die Mülltrennung in unserer Klasse aus ?
So können auch Arbeitsgruppen verfahren: Ein Detail eines Themas wird ausgearbeitet - möglichst praktisch.

Aktuelle Fragestellung

a) Wie komme ich täglich/heute hier her ?
b) Was habe ich heute konkret mit ?

Mitbringsel

Jede Schülerin/der Lehrer bringt einen typischen Gegenstand mit. Eine frisch gekaufte Ware wird gemeinsam ausgepackt, z.B: ein Hemd ...

Anwendung

Jede Schülerin/die Klasse entwickelt einfache, durchführbare Handlungen, die zum Thema und den Bedürfnissen der Schülerinnen passen. Handlungskatalog auf Plakat mit Namen , Handlung, Ort und Zeit schreiben und nach einem Monat wiederbeachten.

Wissen: Gruppen-Quiz

Nach dem Einstieg bilden Sie in der Klasse Gruppen von 3-5 Schülern, die zum Thema je 3 Wissens-Fragen erarbeiten inklusive der Antworten. Die Gruppen stellen nacheinander ihre Fragen den anderen Gruppen, die eine Antwort finden. Die Antworten werden auf einem großen Raster eingetragen und am Ende der Bfragung der Gruppe bestätigt oder korrigiert. Sie als Lehrer nehmen dazu Stellung.

II. Ausweiten

Andere Befragen

Die Schülerinnen bekommen ein vollständiges Thesenblatt und befragen andere Menschen:
jeweils ein Familienmitglied und/oder ein anderes Kind und/oder einen Erwachsenen in ihrem Lebensbereich. Diese Ergebnisse werden in der nächsten Stunde vorgestellt und mit den Einstellungen der Klasse verglichen.

Briefe

an entsprechende Adressaten wie Zeitungen, Politiker, Parteien: Mit Dokumentation der Einstellungen in der Klasse und der Wünsche der Schülerinnen an diese Gruppierungen. Darstellung der eigenen Konsequenzen. Das wäre eine Art "Mini-Projekt".

Einladungen und Hearings

Lehrer und Schülerinnen laden Personen ein, zu den Themen der Umfragemethode Stellung zu nehmen, ihre Sicht und ihr Handeln vorzustellen. Dies können sogenannte Fachleute wie Prominente wie ganz "normale" Menschen sein, für die Interesse in der Klasse herrscht.

Projekte
a) Fächerübergreifender
Unterricht:

Sie sprechen sich mit Ihren anderen Kollegen ab und diese nehmen zu Aspekten der Umfrage Stellung und/oder arbeiten am Thema weiter und mit.

b) Projektunterricht:

Zu den Themen des Umfragespiels bilden sich Interessensgruppen und erarbeiten den Ist-Zustand anhand von
- Zeitungsmeldungen
- Befragungen eingegrenzter Personengruppen
- Erhebungen in der Schule
- Erhebungen in der Stadtverwaltung, Bürgermeisteramt, Parteien
Die Ergebnisse dieser Erhebungen stellen die Schülergruppen dann mittels Zeitungstheater, Videoclips, Tonbandreportagen, imaginären Talkshows, Fotoausstellungen, Dokumentationsmappen, Zeitungen, Briefwechseln, Plakatwänden u.a. dar.
Dies kann zu einer *Großveranstaltung* in der Schule führen.

III. Visionen

Zielarbeit

Jede Schülerin wählt sich ihr betreffendstes Thema und stellt sich nach einer kurzen Einstimmung mit Musik eine Situation/einen Tag vor, an dem das Ziel ihrer Wünsche erreicht ist.

Geeignete Fragestellungen dazu (NLP):

- was ist Dein Ziel ? (positiv formulieren: "Alle fahren mit dem Bus zur Schule" statt "Keiner fährt mehr mit dem Auto")

- woran erkennst Du , daß Du Dein Ziel erreicht hast?

- wie schaust Du aus, wenn Du Dein Ziel erreicht hast ? (Dies am besten körperlich nachfühlen und ausdrücken)

- wie sieht die Situation aus, in der Du Dein Ziel erreichst: wo, mit wem, wann ?

- welchen Gewinn und welchen Preis beschert Dir/ Euch die Erreichung dieses Ziels ?

- auf welche Kräfte/Energien kannst Du/könnt ihr dabei bauen und vertrauen ? Dazu ein Symbol finden.

Szenarien entwickeln

Darauf aufbauend oder mit einer anderen kurzen Einstimmung oder Phantasiereise entwickeln die Schülerinnen/Arbeitsgruppen zu einem gewählten/ gezogenen Thema ein Szenarium: Wie sieht die Situation aus, wenn sie gut gelöst ist ?

Eine detaillierte Beschreibung und Darstellung einer konkreten Lebenssituation nach der Verwirklichung eines Wunschkonzeptes. Dazu können zunächst jeder Arbeitsgruppe von der ganzen Klasse Stichworte geliefert und auf einem Plakat mitgeschrieben werden.

Daraus entwickeln die Gruppen ihre Szenarien - wobei sprachlich die Gegenwarts-Form benützt werden sollte "So ist es, wenn unsere Vision Wirklichkeit geworden ist: Heute ..."

Die Szenarien können akustisch (Hörspiel, Radiosendung etc.), visuell (OH- Folien, Plakate, Fotos, Video), dramatisch (Szenen, Ausdruckstanz, Video) dargestellt werden oder in einer persönlichen Arbeit jeder Schülerin zusammengefaßt werden.

Siehe auch 4.8 "Projektunterricht"

4.4.4
Themen darstellen

Die Ergebnisse, Erfahrungen und Einstellungen zu einem Thema können mit vielfältig-sinnlichen Möglichkeiten prägnant zum Ausdruck gebracht und dargestellt werden. Beispiele von
Aktionskarten* *folgen umseitig.*

Verkörpern:
Statuen bauen/Figuren formen
Beispielsweise "Fotoalbum/Diatechnik" siehe "Interesse wecken"

Paarszenen - Minidramen
Paarweise werden typische Rollen übernommen wie z. B: Baum - saurer Regen oder Arzt - Erde. Diese Paare improvisieren eine kurze Interaktion und berichten über das Ergebnis Ihres Spiels: Die Erden-Rollen erzählen, welches Rezept sie vom Arzt bekommen haben.

Szenen spielen

Schattenspiel erarbeiten
mit verschiedenen Impulsen
1. Folien-Bild malen als Hintergrund
2. Thema gestalten/Szene entwickeln
3. Texte/Gedichte zum Thema
4. Geschichten/Märchen
5. Zeitungsausschnitte vorlesen/dazuspielen
Dazu Vorbereitungsgruppen, Vorführungen

Zeitungstheater
Aus den Zeitungen der letzten Woche werden zum Thema Beiträge, Notizen, skurile Meldungen, oder überhaupt nur Überschriften herausgeschnitten. Diese werden dann von Schülergruppen dargestellt und gleichzeitig vorgelesen.

Mitspieltheater/Jeux dramatiques
Zu einem Text, einer Geschichte wählen sich die Schüler Rollen und spielen eine Szene - im Wesentlichen ohne Worte, während einer den Text vorliest.

Forumtheater
Beschreibung siehe "Veränderungen probieren"

Playback-Show
Zum Thema passende Songs, Sketches von der Platte/dem Band abspielen und dazu eine Szene, eine Choreographie entwickeln

Bewegung/Tanz entwickeln, erfinden
Die Schüler stellen zu einer gewählten Musik die Stimmungen und Haltungen zum Thema dar. Szenische und lockernde Vorübungen sind wichtig.

Gestalten und Formen:
Symbole suchen und vorstellen
Tonfigur formen
Skulptur aufbauen
Sich zum Thema verkleiden
Installation/räumliche Gestaltung
Ausstellung gestalten
Führung durch Erlebnisstationen:
Die Schülerinnen entwickeln zum Thema ähnlich einer Geisterbahn oder einem Fitness-Parcour unterschiedliche Erlebnis- und Informations-Stationen. Die anderen Schülerinnen (der Klasse, der Schule) werden dann durchgeführt.

Erlebnis- und Themen-Raum:
Ecken in der Klasse, ganze Klassen in der Schule werden zu unterschiedlichen Aspekten eines Themas gestaltet und verändert.

Bilder:
Bild malen, Collagen kleben
Dia-Reihe, OH-Folien gestalten
Folien-Theater erarbeiten
Video-Film drehen
Wände bemalen

Texte:
Tagebuch zum Thema führen
Geschichte/Märchen erfinden
Gedicht verfassen
Phantasiereise entwickeln
Thesen zum Thema formulieren
Lied texten - zu bekannter Melodie
Zeitung zusammenstellen
Szene schreiben

Imaginieren:
Bild-Meditation
Identifizieren, verwandeln
Traum- und Phantasiereise
Zielbilder anschauen:
Siehe auch "Kreativ vorbereiten"
auch "Mögliche Weiterarbeit"
Szenarien entwickeln

Tagebuch

Du weißt, was ein Tagebuch ist: Jemand schreibt darin auf, wie es ihm persönlich geht, was er denkt oder fühlt. Du kannst so etwas Ähnliches wie ein Tagebuch auch zu unserem heutigen Unterrichtsthema schreiben. Nimm dazu ein Blatt Papier und notiere alles, was Dich persönlich an unserem heutigen Thema berührt, was Dir Sorgen macht, was Dich freut, was Dir unklar ist und was Du ganz wichtig findest.
Hier ist ein Beispiel, wie Du etwa zum Thema "Wald" persönlich schreiben könntest:

> *"Wir haben jetzt viel über den Wald gehört. Die Bilder vom Waldsterben haben mich richtig erschreckt. Ob es bei uns auch bald so aussehen wird ? Die toten Bäume haben mir leid getan ..."*

Wenn Du Deine persönlichen Gedanken aufgeschrieben hast, kannst Du sie der Klasse vorlesen.
Wenn Du Deine Gedanken für Dich behalten willst, ist das auch gut. Du kannst Dich später entscheiden, ob Du uns etwas vorliest oder nicht.

Beginne jetzt mit deiner Arbeit, Du hast ungefähr ... Minuten Zeit.

Bild

Du kannst heute ein Bild malen, das zum Thema unserer Stunde paßt. Probier es ! Es ist nicht wichtig, daß Du alles wunderschön zeichnest. Es geht einfach darum, daß Du das auf das Papier bringst, was Dir zu unserem Thema einfällt.

Hole Dir ein größeres Blatt Papier, Filzstifte, Wachskreiden oder Wasserfarben.
Male das, was ganz von selbst aus Dir herauskommt und zu unserem Thema paßt: Gefühle, Stimmungen, Formen, Gestalten ...

Wenn Du fertig bist, kannst Du Dein Bild herzeigen, wenn Du möchtest.
Du kannst Dein Bild dann auch den anderen erklären - wenn Du das als notwendig erachtest.

Beginne jetzt mit Deiner Arbeit. Du hast etwa ... Minuten Zeit dazu.

Collage

Weißt Du, was eine Collage ist ? Eine Collage ist ein Bild, das aus ausgeschnittenen Zeitungsbildern oder Zeitungsüberschriften zusammengeklebt wird. Kannst Du Dir so etwas vorstellen ?
Du holst einfach einige Zeitschriften und Zeitungen, dazu eine Schere, Klebstoff und ein größeres Zeichenblatt.
Du suchst und findest in den Zeitungen Bilder und Wörter, die zu unserem heutigen Thema passen. Du schneidest diese Bilder und Wörter aus und klebst sie so auf Dein Zeichenblatt, daß daraus ein sinnvolles Bild entsteht.

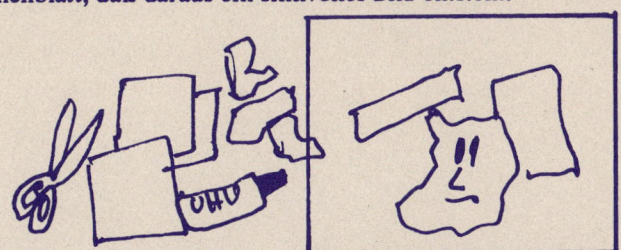

Wenn Du willst, kannst Du zu Deinen Zeitungsausschnitten mit Filzstift oder Wachskreiden auch noch etwas dazuzeichnen oder dazuschreiben. Wir werden uns anschließend die Arbeiten anschauen.
Beginne jetzt mit Deiner Arbeit und hole Dir Dein Material. Du hast etwa ... Minuten Zeit zum Arbeiten.

Gedicht

Du kennst sicher einige Gedichte, zum Beispiel ein Frühlingsgedicht oder ein Muttertagsgedicht.
Heute kannst Du versuchen, einmal selbst ein Gedicht zu schreiben. Das ist gar nicht so schwer !
Dein Gedicht kann sich reimen, es gibt aber auch Gedichte, die sich nicht reimen.
Hier ist ein Beispiel eines Gedichtes, das ein Schüler einmal zum Thema "Bäume" geschrieben hat:

> *Baumleiden*
> *Den Baum, den wird nun frieren,*
> *wenn ihn die Kälte bedeckt.*
> *Leider, wir können ihn nicht fragen,*
> *ob es schwer ist, Schnee zu tragen.*
> *Fragen, ob ihm das Laub abgeht.*
> *Sicher, er wird sich sehnen*
> *nach seiner Pracht.*

Dein Gedicht soll etwas zu unserem heutigen Thema aussagen.
Setze Dich dazu entspannt hin und lasse zuerst einmal ein paar Bilder aus Deinem Inneren aufsteigen.
Wenn Dir einige Ideen gekommen sind, dann kannst Du das Gedicht niederschreiben und anschließend vorlesen (wenn Du es möchtest).
Beginne jetzt mit Deiner Arbeit. Du hast etwa ... Minuten Zeit dazu.

Traumreise

Jeder von uns hat schon oft geträumt - etwas Schönes, manchmal auch etwas Beängstigendes.

In unseren Träumen kommen viele Dinge vor, die es in Wirklichkeit so nicht gibt, zum Beispiel phantastische Landschaften, neuartige Erfindungen, merkwürdige Gestalten.

Wir können auch am Tag träumen und uns Bilder zu allen möglichen Themen einfallen lassen.

Zum Beispiel könnte so ein Traum über "Die Welt im Jahr 2.200" aussehen:

"Ich schwebe über einer wunderschönen, grün schimmernden Landschaft. Im Hintergrund sehe ich eine Stadt mit zahlreichen Fabriken. Aber aus den Schloten kommt kein schwarzer Rauch, sondern warme, saubere Luft. Autos gondeln lautlos auf den Straßen ..."

Du kannst Dir auch zu unserem heutigen Thema eine solche Traumreise einfallen lassen.

Setze Dich dazu vorerst bequem hin und schließe die Augen. Denke an unser heutiges Thema und schau ganz einfach hin, welche Bilder dabei ganz von selbst auftauchen. Schau Dir diese Bilder an, stelle fest, was hier vorkommt, was das mit unserem Thema zu tun hat.

Wenn Du genug gesehen hast, versuche Dein Bild aufzuschreiben. Du kannst anschließend Deine Traumreise vorlesen, wenn Du möchtest.

Beginne jetzt mit Deiner Traumreise. Insgesamt hast Du etwa ...Minuten Zeit.

Dia-Reihe

Sicher hast Du in der Schule schon einmal eine Dia-Reihe gesehen. Bei einem Dia-Vortrag werden die Fotos mit dem Projektor auf die Leinwand geworfen.

Du kannst zu unserem heutigen Thema auch einen kleinen Dia-Vortrag gestalten. Allerdings sollst Du nicht fotografieren, sondern Deine Dias auf Folien zeichnen. Diese Folien werden wir uns am Overhead-Projektor anschauen. Hier ist ein Beispiel, wie man das Thema "Waldsterben" zeichnen könnte:

Du siehst, daß Deine Zeichnungen recht einfach sein können. Versuche es mit unserem heutigen Thema. Was könntest Du auf zwei, drei oder vier Folien zeichnen?

Überlege Dir zuerst, was Du zeichnen möchtest - mach Dir Skizzen auf Papier - hole Dir dann Filzstifte und Folien und beginne mit der Arbeit.

Wenn Ihr mehrere Schüler in einer Gruppe seid, dann teilt Euch die Arbeit auf, indem jeder ein Bild zeichnet.

Wenn Du fertig bist, kannst Du die Folien auflegen und zu jedem Bild kurz sprechen. Bereite Dir also auch vor, was Du zu jedem Bild sagen wirst.(Wenn Ihr mehr seid, kann jeder zu seinem Bild sprechen).

Jetzt kannst Du beginnen, insgesamt hast Du etwa ... Minuten Zeit für deine Arbeit.

Text-Szenen/Zeitungs-Theater

In einem Theaterstück sprechen Schauspieler den Text, den sie vorher eingelernt haben. Wir machen heute auch so etwas wie "Theater", Du brauchst aber nichts sprechen oder einlernen. Du sollst nur zu einem vorgelesenen Text etwas spielen, ohne dabei zu reden. Hier ein Beispiel:

Text aus einem Biologiebuch: Kohlweißling Etwa im April legt das Weibchen Eier auf das Wiesenschaumkraut ab. Die ausschlüpfenden Raupen (Krautwürmer) befallen junge Gemüsepflanzen und wachsen rasch heran ...

Wie könnte man das Spielen?

Wie könntest Du die ausschlüpfenden Raupen darstellen?

Am besten ist es, wenn Ihr bei dieser Darstellung in Gruppen zusammenarbeitet. Ihr sucht Euch eine interessante Stelle aus dem Sachbuch/der Zeitung (oder Ihr bekommt einen Text vorgegeben). Ihr lest den Text und probiert gleich jede Idee aus, diesen Text in einer Theater-Szene darzustellen. Ihr könnt Euch die verschiedenen Rollen aufteilen.

Nachher soll einer von Euch den Text langsam vorlesen, die anderen spielen dazu.

Beginnt jetzt, Ihr habt zur Vorbereitung etwa ...Minuten Zeit.

Verwandlung: "Ich bin ..."

Im Fasching verwandeln wir uns alle gerne in eine andere Person. Wir verkleiden uns und sind dann vielleicht ein Indianer, eine Königin oder ein Clown ...Es ist ein angenehmes Gefühl, sich einmal in eine ganz andere Person zu verwandeln. Wie ist das für Dich, wenn Du ein wirklicher Indianer wärest? Oder eine Königin "?

Fühle einmal, wie es Dir dabei gehen würde ...

Du kannst Dir auch vorstellen, Dich in ein Tier oder ein Ding zu verwandeln. Wie würde es Dir etwa gehen, wenn du Dich in einen Schuh verwandelst? Etwa so:

"Ich bin ein alter Tennisschuh. Mir geht es sehr schlecht, weil ich den ganzen Tag herumlaufen muß. Außerdem schäme ich mich, weil ich vorne ein großes Loch habe, das niemand repariert..."

Du siehst, wir können uns mit unserer Phantasie in alle Dinge und Personen hineinversetzen. Heute kannst Du Dich auch verwandeln. Denke an unser heutiges Thema und stelle Dir vor, daß Du eine Person, ein Tier oder eine Sache bist, die in unserem Thema vorkommt. Wähle etwas aus und sage Dir: "Heute bin ich einmal ..."

Setze Dich kurz hin, schließe die Augen und stelle Dir vor, wie es ist, diese Person oder diese Sache zu sein. Schreib dann Deine Gedanken nieder. Beginne so:

Beginne jetzt, Du hast insgesamt etwa ...Minuten Zeit.

4.4.5
Kreativer Einsatz technischer Medien

OH-Folien, Dias, Kurzfilme/ Video

Kurz-Bild-Serie

Zu einem Thema stellen Sie prägnante 5-10 Dias/Folienbilder zusammen, dazu einigen Text und Musik. Genauer, siehe "Griffig informieren"

Schülergestaltung:

Arbeitsgruppen entwickeln zu ihrem Thema derartige Kurz-Bild-Serien: OH-Folien/Dias, Text und Musik. Nach jeder Kurzserie Erinnerungen der zuschauenden Schülerinnen sammeln - die Autorinnen der Kurzserie notieren mit - und ziehen Bilanz über ihre Informationsqualität.

Bildmeditation/Bildassoziation

OH-Folien und Dias können gut für Bilderfassungen, Bildmeditationen oder Bildverküpfungen dienen.
Sie wählen zu Ihrem Thema ein Bild und ev. passende Musik. Bei der Bildarbeit haben Sie verschiedene Möglichkeiten:

Bildmeditation:

Sie projizieren das Bild und nennen Thema und Betrachtungsweisen zum Bild - die Atmosphäre, die Musik und Ihre Wortwahl machen die meditative Wirkung aus.

Bildverknüpfungen:

Sie projizieren das Bild und nennen das Thema. Die Schüler verknüpfen mit ihren Ideen/Assoziationen das Bild mit dem Thema.

Bild erfassen:

Zum Thema projizieren Sie ein Bild und lassen den Schülern Zeit, das Ganze und Details zu erfassen.

Bilderrätsel: Nur ein Detail wird gezeigt (bekannt durch Dalli-Klick) und die Zuschauer raten, welches Bild "kommt". Meditationen, Assoziationen, Betrachtungen, Bildrätsel.

Stellung nehmen zu einem Bild/Text

Zu einem Bild/Text, das Sie an der Stirn des Klassenraumes (z.B Tafel, Oh-Folie, Dia-Projektion) nehmen die Schüler Stellung, indem sie sich je in die eine oder andere Hälfte des Raums stellen, dort mit ihresgleichen ihrer Entscheidung besprechen und dann einige ihre Wahl öffentlich begründen.

Gemeinsam auf OH-Folien malen

Ein Paar bis 4 Schüler malen oder gestalten eine OH-Folie zur Musik und zum Thema.
Mögliche reizvolle Spielregeln:

Maldialog

Die Schüler malen jeweils abwechselnd. Durch zwei verschiedene Farben sichtbar.

Malkarussell

Jeder beginnt auf seiner Folie, dann gibt er sie nach links zum nächsten Partner weiter - jeder ergänzt das Bild mit seinen Strichen.

OH-Folien als Kulisse für Schattenspiele

Die schnellste und einfachste Art, zu einem Hintergrund im Schattenspiel zu kommen, ist die OH-Folie. Sie legen färbige oder bemalte OH-Folien auf und können so den Szenen eine passende Kulisse bieten.

Kurzfilm/Video kommunikativ einsetzen

Beim kommunikativen Einsatz von Film und Video sind
1. die Kürze (bzw. bei längeren Filmen die Unterbrechung) und
2. konkrete Aufgaben zur Weiterarbeit wichtig.
Allzulanges "Filmschaun" bewirkt das Gegenteil von Aktivierung, nämlich Apathie.

Ein umfassendes Mopdell der kreativen Arbeit mit einem Krzfilm stellen wir im Kapitel 4.9 vor:"Überlebe mein Schmetterling!"

Aktiviernde Impulse

Vor der Vorführung:
Beobachtungsfragen an alle.
Verschiedene Beobachtungsfragen an Schülergruppen.

Die Vorführung:
Unterbrechung an dramatischer Stelle und aktuelle Aufgaben dazu: "Wie geht es weiter ? Wie würde ich den Film vollenden ?"
Dies kann von Schülergruppen mit ähnlichem "Ende" als Szenen vorgespielt werden.
Den Film in Sequenzen vorführen und dazwischen Notizen oder Kurzgespräche anregen.

Nach der Vorführung:
Titel zum Film erfinden
Jede Schülerin findet ihren passenden Titel zum Film und notiert diesen auf ein Kärtchen (persönliche Festlegung). Damit können Trends sichtbar gemacht werden
- Zusammengehen aller mit ähnlichem Titel
- Kärtchen zu ähnlichen Trends bündeln und aufkleben
- Ergebnisse vergleichen
Die Schülerinnen können das Kärtchen auch als Ausgangspunkt für persönliche Gespräche in Kleingruppen verwenden.

Identifizieren mit Personen oder Teilen des Films
Die Schülerinnen wählen eine Gestalt (können auch abstrakte Teile sein) des Filmes, mit welchen sie sich identifizieren, aus und führen folgende Gespräche/schriftliche Arbeiten durch:
- welcher Teil bin ich
- was sage ich als..., wie fühle ich als..., was brauche ich als...
- was tue ich als ...
- ich erzähle das ganze Ereignis als ...

Dramatisieren
Die Schülerinnen spielen Teile des Films nach, spielen mögliche Fortsetzungen weiter, erwecken "tote" Teile des Films zum Leben.

Text selbst verfassen
Der Film/eine Sequenz wird ohne Ton vorgeführt. Die Schüler verfassen dazu einen Text.
Oder: Schüler bilden Interessensgruppen und verfassen als solche einen passenden Text.
Medienpädagogischer Impuls: Die Schülergruppen sind Redaktionen verschiedener Zeitungstypen- ohne daß die anderen Gruppen davon wissen. Sie verfassen den Text in ihrem "Stil", lesen ihn vor und die anderen erraten, welche Zeitung sie repräsentieren wollten. Kriterien der Informationsarbeit und Interessenslagen der Zeitungen können so erarbeitet werden.

Speziell für Lehrfilme:
- zu verschiedenen Schwerpunkten des Filmes Gruppen bilden, die eine Zusammenfassung auf Plakat erarbeiten
- Überprüfung der Einsichten mittels `Gruppen-Einblick` und konkreter Fragestellungen "Wie sehr hat Dir der Film ..."
- Überprüfung der Einsichten mittels `4-6 Ecken` und vorbereiteter Alternativ-Aussagen
- aktivierende Fragebögen zu den Film/Unterrichtsinhalten:
a) Prioritäten: Die vorgekommenen Inhalte nach Wichtigkeit oder Verständnis reihen
b) Profile: Zustimmungs- oder Verständnis-Profile von 1-5 (kaum bis sehr) zu jedem Inhalt ankreuzen.

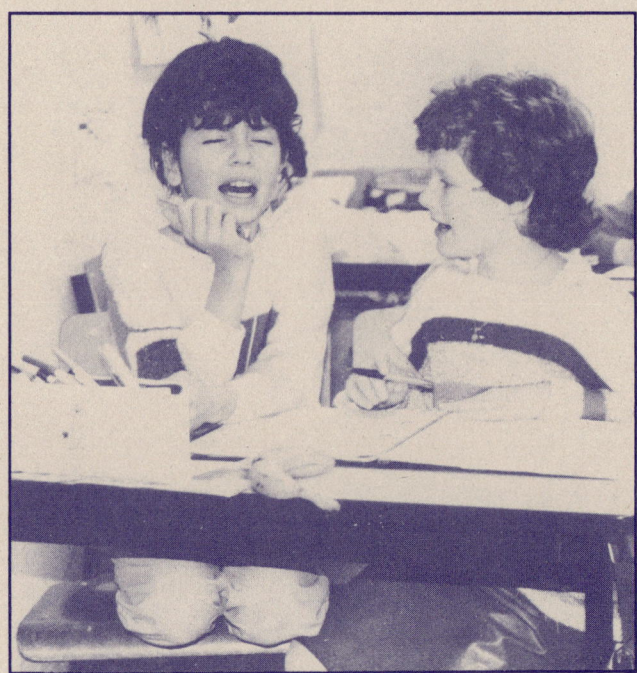

Medienpädagogische Fragestellungen zum Kurzfilm:

1. In welche Stimmung hat mich der Film gebracht? (Stimmungen sind oft entscheidend für die Einstellung zu einem Thema)?

2. Welche eigentlichen Botschaften sind bei mir angekommen, teilt mir der Film mit?

3. Wer könnte der Auftraggeber dieses Films sein - wer hat Interesse - wessen Interesse wird spürbar?

4. Welche Mittel benutzt der Film? Farben, Tempo, Sound der Stimmen und Musik etc.

5. Was ist der (dein) "ehrliche" Titel des Films?

Diese Fragen passen gut zum Kurzfilm "Im Strom der Zeit", über die Film-Contact-Verleih, Graf-Starhemberg-Gasse 3, A-1040 Wien zu beziehen.

Mögliches Vorgehen zusammengefasst:

O. Beobachtungsaufgaben

1. Film zeigen

2. Impulsfragen zu Stimmung, Botschaften, Titel, Fortsetzungen erfinden

3. Kleingruppen zum Austausch - Vielfalt von Aufgabestellungen

4. Zusammenfassende Plakate oder andere Ergebnisse zusammentragen, würdigen, interpretieren

5. Schlußbemerkungen

Videos anschauen im Rollenspiel

Weiterarbeit nach einem Videofilm, Spot, Kurzfilm Diakurzserie.

Diese Methode eignet sich für den Einstieg in die Bearbeitung eines Themas nach dem Einsatz eines AV-Mediums.

Für Oberstufenklassen mit eher kleineren Klassenzahlen.

1. Sie bereiten sich eine kurze aber konkrete Information über den Film vor. Dieser Text soll nicht länger als ca.10 Zeilen sein. Aus ihm erfahren die Schüler den Titel und einige erste Informationen über den Inhalt.

2. Diesen Text lesen Sie der Klasse zweimal vor. Bei einem Videofilm lassen Sie auch den Vorspann laufen und stoppen beim ersten "richtigen" Bild mit der Standbildschaltung.

Jeder Schüler wählt sich jetzt eine Rolle, die in einem plausiblen Zusammenhang mit dem Thema steht. Sie schreiben die von den Schülern übernommenen Rollen als Visualisierung an die Tafel.

3. Alle denken, fühlen und bewegen sich in ihre Rolle hinein, gehen umher, tun so als ob, bewegen sich für ihre Rolle typisch. Schließlich bleiben sie an einem Platz und setzen sich: Das ist jetzt "ihr" Platz geworden. Eine "Oma" sitzt dann eben auf "ihrem Lehnsessel" und der Schultisch eines anderen wird symbolisch zum Verkaufspult eines Trafikanten.

4. Sind alle ruhig geworden, starten Sie den Film. Jeder in seiner Rolle schaut den Film an.

5. Der Film ist zu Ende und Sie leiten sofort über zur nächsten Aktivität: "Einer nach dem anderen bekommt jetzt diesen (symbolischen) Telefonhörer zugeworfen. Jeder ruft damit jemanden an, dem er etwas über den Film, den er eben im Fernsehen gesehen hat, erzählen möchte. Das kann ein Freund sein, die Mutter, ein Firmenkollege etc. Ihr erzählt ihm, was ihr von dem haltet, was ihr gesehen habt. Welche Bedeutung hat das? Welche Konsequenzen, Vorteile, Nachteile? Was müßte man jetzt tun?

Ist das kurze aber für alle hörbar geführte Telefonat beendet, werft ihr den Telefonhörer dem nächsten zu und der telefoniert mit der von ihm ausgewählten Person."

6. Hier endet das Rollenspiel. Aufstehen, Rollen abschütteln, alte Sitzordnung wiederherstellen.

Nachbesprechung der Aktion. Aufgreifen des Inhalts und thematische Weiterarbeit.

Variante zu Schritt 5.: Jeder erhält ein Blatt Papier DIN A5 oder DIN A6 und schreibt eine kurze Nachricht an eine ausgedachte Person. Anschließend werden die Texte vorgelesen.

Die Blätter können schließlich ins Heft eingeklebt werden.

4.5
Problem-Lösungen finden
Veränderungen probieren

Ein Lernabenteuer für kleine und große Schülerinnen ist das Finden von Problemlösungen. Hier folgen einige der interessantesten Methoden dazu. Siehe auch "Mögliche Weiterarbeit" und "Projekt-Unterricht"

Statuentheater (Nach A. Boal)

In kurzer Zeit können durch das Statuentheater einige Lösungsansätze zu einem Problem ausprobiert und veranschaulicht werden.

1. Die Statuen vorbereiten: (Falls Sie noch kein Thema haben: Themen sammeln, mit Interessepunkten gewichten und auswählen) Die Schüler bilden Gruppen zwischen 5 - 8 Personen. Diese erarbeiten eine Statue zum gewählten Problem-Thema: Wie schaut der (bedrohliche) Ist-Zustand aus ? In der Gruppe Statuen ausprobieren, eine Statue auswählen und

2. Statue aufbauen: Position Zuschauer/Darsteller beachten

3. Anschauen durch die zuschauenden Schüler, Beobachtungen nennen

4. Thema, Titel der Statue finden, benennen - Bestätigung durch die Darsteller in der Statue

5. Veränderungen, Lösungen zeigen: Meinungsbildung ! Nacheinander! "Wie stellst Du Dir hier eine Lösung/ein Idealbild vor ? Wer möchte die Statue nach seinen Vorstellungen verändern ?"
- jeder Schüler kann die Statue zu einem Lösungs-Idealbild verändern
- die Darsteller sagen, wie sie die Veränderung erlebt haben: Wie fühle ich mich ? Was kann ich jetzt tun - erreichen ? Was brauche ich ? Was ist mein nächster Schritt ?

6. Andere Lösungsbilder ausprobieren

7. Daraus die beabsichtigte "Ideal"Statue festlegen und

8. Veränderung von der Ausgangsstatue zur Idealstatue in Zeitlupe vollziehen

9. Falls nötig, die Veränderungsschritte zusammenfassen - Plakat:
Wer ist Nutznießer, wer Draufzahler dieser Veränderung. Mit Draufzahlern meist keine echte "Lösung" möglich !

Zu Geschichten und Filmen Fortsetzungen, Lösungen finden und spielen:

Sie wählen eine lösungsbedüftige Geschichte (eine problemorientierte Filmsequenz).

Variation 1:
Sie lesen die Geschichte vor und laden die Schülerinnen ein, das Ende, die Fortsetzung , die Lösung der Geschichte selbst zu ersinnen und aufzuschreiben (Stichwortartig auf Kärtchen oder als längerer Text zum Vorlesen).
Mit den Notizen über die eigene Fortsetzungs/Lösungsvorstellung gehen die Schülerinnen umher und suchen welche mit ähnlicher Fortsetzung. So bilden sich Schülergruppen, die zu ihrer Fortsetzung/Lösung eine kurze Szene erarbeiten und vorspielen. Die vorgezeigten "Lösungsmodelle" können anschließend charakterisiert werden :"Was bringen sie, was verschlechtern sie, was kosten sie den Beteiligten ..." und diskutiert bzw. verändert werden.

Variation 2:
Die Schülerinnen spielen bereits beim Vorlesen der Geschichte mit: Indem sich jede Schülerin reihum die jeweils genannte Rolle wählt und spontan mitspielt. Oder indem Sie Rollenkärtchen vorbereitet haben, die die Schülerinnen zu Beginn ziehen können und dann spontan in die gelesene Szene einsteigen - und wieder aussteigen, sobald ihre Aktion beendet ist. Dann folgt der Vorgang von Variation 1.

Variation 3:
Nach dem Mitspielen in der Szene , in der eine Lösung bereits vorkam, übertragen die Schülerinnen die Rollenkonstellation auf andere Lebens- und Themenbereiche und versuchen dort eine Lösung zu finden. Ist das Lösungsmuster der Geschichte auch dort möglich ?

Beispiel:"Komm, sagte der Esel" siehe Kapitel "Unterrichtssequenzen"

Mini-Forum-Theater zum "Helfer-Spiel"

Mit Fotos/Bildern zu konkreten Konfliktsituationen können Sie in der Klasse rasch zu Mini-Forum-Szenen kommen:

Sie bilden Gruppen von 4-6 Schülern. Diesen teilen Sie die Bilder z.B. des "Helferspiels"(Ravensburger) aus. Auf diesen sind einige brenzlige Situationen, in die Kinder geraten können, dargestellt.

Jede Gruppe hat sich ein Bild gezogen und entwickelt nun eine Szene, die mit der Situation auf dem Bild (!) endet.

Nach dieser Vorbereitung spielt jede Gruppe nach diesem Ritual ihre Szene vor:

0. Allen wird die folgende Spielregel erläutert.
1. Eine Gruppe spielt ihre Szene vor bis zum "Höhepunkt".
2. Die Zuschauer diskutieren (paarweise), was das Kind ("Opfer") machen könnte, um dieser Gefahr/Krise zu entgehen. Zunächst darf nur das "Opfer" ausgetauscht werden!
3. Die Szene wird nochmals gespielt und jeder zuschauende Schüler darf an einer Stelle, wo er anders handeln würde, STOP rufen. Die Szene wird unterbrochen, der Schüler tritt anstelle des "Opfers" in die Szene und spielt seine Lösungsvorstellung. Die anderen Spieler in der Szene können spontan auf die neue Situation reagieren, was verblüffende Wendungen bringen kann. Er hört damit auf, sobald er seine Vorstellung verwirklicht hat oder damit gescheitert ist. Applaus für den Auftritt.
4. Kurzes Interview, wie sehr er mit dem Verlauf zufrieden ist und was er von seiner Idee verwirklichen konnte.
5. Die Szene wird wieder gespielt - bis wieder ein Schüler STOP ruft.
6. Nach einigen derartigen Verwandlungen: Ende der ersten Szene, Zusammenfassen der Lösungsvorschläge und Applaus für die vorführende Schülergruppe.

Auf diese Weise spielen Sie die weiteren Szenen durch und erarbeiten, falls nötig und erwünscht, eigene Szenen mit den Schülern. Siehe "Forum-Theater".

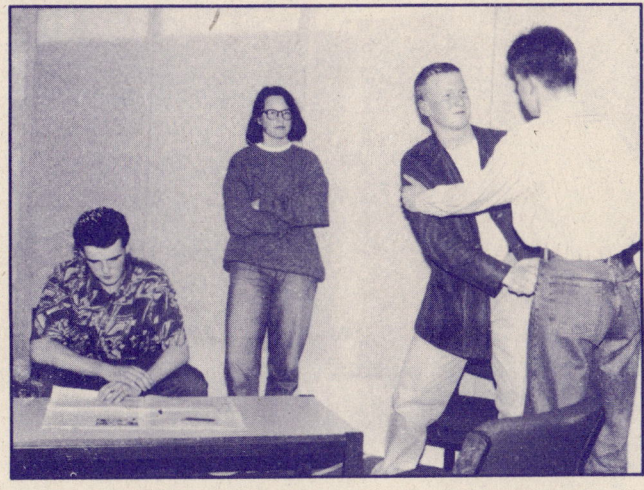

Elemente des Rollenspiels, die das Mitspielen erleichtern und Problemlösungen ermöglichen:

Bekannte Geschichten, bekannte Rollen mit attraktiven, verbindlichen Spielregeln, erleichtern das sofortige Mitspielen

1. Situation/Ereignis:
+ aktuelle Ereignisse
+ Geschichten, Märchen, Bibelstellen
+ typische Alltagssituationen (Klischees)
+ übliche dramatische Genres: Dramen-Genress und Film-Genres
+ politische Situationen

2. Rolle/Personen:
+ Typ/Klischee "Der Mann", "Die Frau" usw.
+ 3 Eigenschaften
+ Position, Funktion im Gefüge
+ Geschlecht, Alter

3. Beziehungen/System:
+ Positionen
+ Verbindungen, Zugehörigkeiten, Abhängigkeiten, Isolationen, Koalitionen, Allianzen
+ Atmosphäre

Animationsmöglichkeiten:
- Jeder macht mit und das Gleiche: Simultanszenen, Einfühlungsübungen
- Nachahmen und Mitmachen: Z.B. Follow me
- Lücken füllen: Hier fehlt doch wer!
- Szenen erraten
- Szenen verändern, fortsetzen: Fortsetzung erfinden, Schluß entwickeln, Szene übertragen, verfremden z. B. moderne Märchen usw.
- Rollenkärtchen ziehen, Rollenzuteilung der Reihe nach

ABC-Rollenspiel
Kleingruppen erspielen gleichzeitig eine Problemlösung

Idee Ulli Baer, Akademie Remscheid, BRD
Das ABC-Rollenspiel ist für viele Themen und Problemstellungen günstig, leicht vorzubereiten und gut zu leiten. Alle Schüler sind gleichzeitig aktiv. Eine große Bandbreite von Lösungsqualitäten wird am Schluß sichtbar.

Sie bilden in der Klasse 3er Gruppen. Jeder Schüler wählt sich vor Beginn seine Rolle: A, B oder C. Der Szenen-Raster auf dem Plakat oder der Tafel erleichtert das Mitspielen:

	A	B	C
1. Szene	Peter 16 J.	P. Vater	///
2. Szene	Viola 16 J.	///	Peter 16 J.
3. Szene	///	Peter	Berater 28 J.

Lösungen:
Gruppe 1:
Gruppe 2:
Gruppe 3:
Gruppe 4:

Ablauf: A und B übernehmen ihre Rollen, C ist zunächst Beobachterin. Die Lehrerin erzählt den Ausgangspunkt der 1. Szene. Und nun Start der 1. Szene. A und B spielen in den vorgegebenen Rollen ihre Szene. Der dritte Mitspieler ist jetzt Beobachter - mit Schreibzeug.
Nach ca. 5 Min wird die Szene abgebrochen und der Beobachter erzählt kurz seinen Spielern, was er gesehen hat.
Dann Rollentausch für die 2. Szene. Die Lehrerin erzählt die Ausgangslage und die 2. Szene läuft wieder 5 min. Die Beobachter berichten ihren Mitspielern.
Dann Rollentausch zur 3. Szene. Ausgangslage. Szenen-Spiel 5 Min. Beobachter berichten.
Gespräch in den Kleingruppen über den Ausgang der Geschichte, über die Problemlösung.
Jetzt fragt die Lehrerin jede Gruppe nach ihrer Problemlösung. Dies kann bei genügend Zeit auch Szene für Szene durchgegangen werden.
Möglich:

Auflisten der Problemlösungen und der dahinterstehenden Problemauffassungen und des zugrundeliegenden bzw. fehlenden Wissens zum Thema.

Mögliche Fortsetzung mit "Gruppen fragen Gruppen (Gruppen-Quiz)", siehe "Mögliche Weiterarbeit" und "Stoff wiederholen"

Die Szenen müssen unterschiedliche Interaktionsebenen beinhalten - unterschiedliche hierarchische Ebenen kommen so in Kontakt.

Beispiele:
Thema: Europäischer Wirtschaftsraum - EWR:

1. Szene: In der Landwirtschaftskammer
A-Bauer trifft B-Funktionär
2. Szene: In einer EG-Kommission
A-Funktionär trifft C-Kommissär
3. Szene: Zuhause am Tisch
B-Funktionär trifft auf ein Familienmitglied
Entwickelt von Reinhard beim Seminar für BWL-Lehrer der HAK

Thema: "Kaufvertrag und Gewährleistung"

1. Szene: In der Familie
A-15jähr. Tochter/Sohn klagt bei B-Mutter/Vater über einen Schaltungsschaden(ca. 400 ÖS beim neuen Montainbike (Neupreis: 15.000 ÖS)
2. Szene: Beim Freund
A-17jähr. Freund, der das Rad empfohlen hat, beratschlagt mit C-15jähr.
3. Im Radgeschäft
B-15 jähr. verhandelt mit C-Verkäufer. (Ergebnis müsste kostenlose Reparatur sein)
Vergleich der Ergebnisse der Gruppen
Idee: Wolfgang für BWL

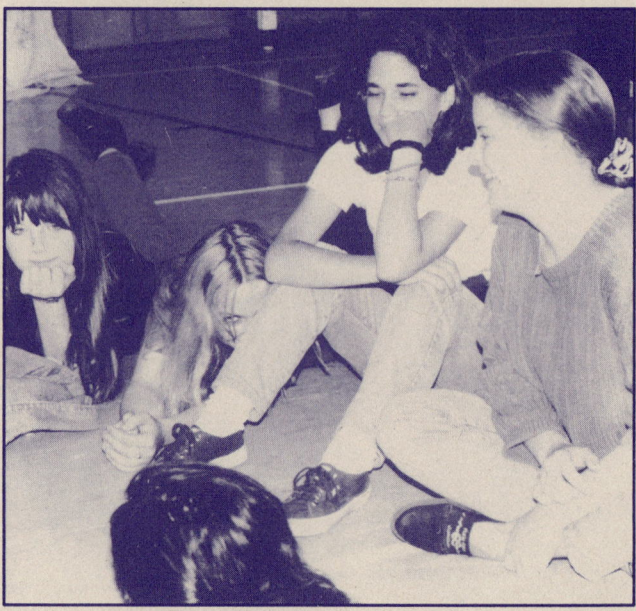

ABC-Rollenspiel zur AIDS-Problematik

Ulrich Baer hat in "Gruppe & Spiel" 2/88 ausführlich den pädagogischen Nutzen des ABC-Rollenspiels in seinem Beitrag "Die Phantasie ist an der Macht!" beschrieben. Joachim Polnauer von der Gesamtschule in Gelsenkirchen hat zum Thema AIDS zwei ABC-Rollenspiele entwickelt:

Ziel des Spiels: Eine Gruppe soll motiviert werden, sich ein konkretes Interaktionsproblem bewußt zu machen und darüber zu sprechen.

Spielablauf: Es handelt sich um drei kurze Dialoge (1., 2. und 3. Spiel), die immer von allen Dreier-Gruppen gleichzeitig gespielt werden. Alle drei zu spielenden Dialoge sind Ausschnitte aus einer Geschichte, die der Spielleiter erzählt. Für jeden Dialog und jede Gruppe gibt es immer einen aus der Gruppe, der die anderen beobachtet und sich den Verlauf der Diskussion in Stichworten notieren soll.

Spieldauer: Ohne Auswertung ca.30-45 Min.

Spieler: 12-39 (abhängig von Raumgröße, Teilnehmerzahl soll durch 3 teilbar sein) ab 15 Jahren (wegen des Themas!).

Reflexion: Alle Spieler aller Gruppen kommen zusammen und diejenigen, die im letzten Spieldurchgang Beobachter waren, sollen über den Ausgang berichten; die anderen können ergänzen, wie die Gruppe ins Gespräch gekommen ist, wie Konflikte und Probleme angegangen wurden, ob es Lösungsmodelle gab, wie gut die Schüler über das Thema informiert waren, wie realistisch gespielt wurde, ob das Thema tatsächlich angegangen oder ob um den heißen Brei herumgeredet wurde, woher die einzelnen Meinungen und Informationen stammen und ob man sich in Zukunft noch genauer informieren muß.

Mögliche Fortsetzung:
Gruppen fragen Gruppen (Quiz)

"Peter ist verunsichert"

Szene 1:
Spieler/in A: Peter, 16 Jahre alt
Spieler/in B: Peters Vater/Mutter
Spieler/in C: Beobachter.
"Peter erklärt seinem/r Vater/Mutter, daß er in den Sommerferien mit seiner Mitschülerin Viola geschlafen habe und nun Angst hätte, sich mit AIDS infiziert zu haben; denn er habe durch Mitschüler gehört, daß Viola drogenabhängig sei und außerdem "wild in der Gegend herumpenne".

Szene 2:
Spieler/in A: Viola, 16 Jahre.
Spieler/in B: Beobachter.
Spieler/in C: Peter, 16 Jahre alt.
"Peter verabredet sich mit Viola in einem Eiscafé. Er möchte von ihr reinen Wein eingeschenkt haben, ob etwas an den Gerüchten seiner Mitschüler dran sei. Er beginnt das Gespräch:"Du, Viola, ich wollte Dich mal was fragen..."

Szene 3:
Spieler/in A: Beobachter.
Spieler/in B: Peter, 16 Jahre.
Spieler/in C: Berater/in, 28 Jahre.
"Das Gespräch mit seinem/r Vater/Mutter und Viola haben Peter die Unsicherheit noch nicht genommen. Außerdem hat er in den letzten Tagen häufig kleine Pickel an beiden Armen festgestellt. Er sucht eine Beratungsstelle auf, weil er Sicherheit haben möchte. "Herr/Frau Schulze, ich habe da ein Problem, ich weiß nicht, ob ich vielleicht AIDS habe..."

Forumtheater

Elisabeth Kolb

Ein Spiel als Antwort auf Unterdrückung und Gewalt

Ein Spiel mit Engagement: Lust und Idealismus
Forumtheater gibt SchülerInnen die Möglichkeit, eigene Themen, eigene Erfahrungen zu spielen, sie werden mit ihrem Leben und ihren Erfahrungen ernst genommen. Das fördert Selbstwert und Engagement von SchülerInnen, etwas, das im normalen Schulalltag immer mehr droht unterzugehen.

Forumtheater besteht im Kern aus einer kurzen Szene, in der eine Konfliktsituation modellhaft dargestellt wird. Protagonist der Szene ist die sogenannte "Opferrolle". Es ist die Rolle, mit der sich das Publikum am meisten identifiziert. Die "Opferrolle" ist die "Hauptleidtragende" in dem dargestellten Konflikt. Das Ende einer Forumtheaterszene zeigt die Höhepunkte des Konflikts; in der anschließenden "FORUMPHASE" wird das Publikum aufgefordert, die dargestellte Situation aus der Sicht der Opferrolle zu verändern = verbessern. Das geschieht, indem jemand aus dem Publikum "STOP" ruft, die ursprüngliche Szene unterbricht, selbst auf die Bühne kommt, in die Opferrolle schlüpft und seine/ihre Lösungsvariante spielt. Es beginnt ein Stegreifspiel, die SchauspielerInnen der ursprünglichen Szene reagieren nun spontan auf die neue Situation, entsprechend ihren Rollen und ihren Interessen im dargestellten Konflikt.

"Dabei entsteht ein Kampf, bei dem die Schauspieler die Welt zeigen, wie sie ist, und das Publikum, wie sie sein könnte" (Augusto Boal)

Zur Koordinierung der Mitspielphase gibt es eine Spielleitung, die die Spielregeln erklärt und fallweise die Diskussionsleitung übernimmt. Um das Publikum aus der passiven Zuschauerrolle zu befreien gibt es zu Beginn einer Forumtheateraktion ein gemeinsames Aufwärmen von Publikum und SchauspielerInnen, in denen erste Kontakte hergestellt werden. Diese erleichtern dem Publikum später tatsächlich "STOP" zu rufen, aufzustehen und sich in die Szene auf der Bühne einzumischen. Forumtheater ist eine "Probe für die Wirklichkeit". Es werden verschiedene Lösungsmöglichkeiten gespielt und der/die einzelne kann die eine oder andere Variante selbst mit Unterstützung und Solidarität des Publikums ausprobieren. Das Ziel dabei ist es, Handlungsstrategien zu entwickeln, "idealen" Lösungen näher zu kommen und dabei sensibler zu werden für Ungerechtigkeit und Unterdrückungssituationen im alltäglichen Leben.

Im Forumtheater kann Solidarität erlebt und gelebt werden. Das gibt Mut, sich einzumischen und Stellung zu beziehen.

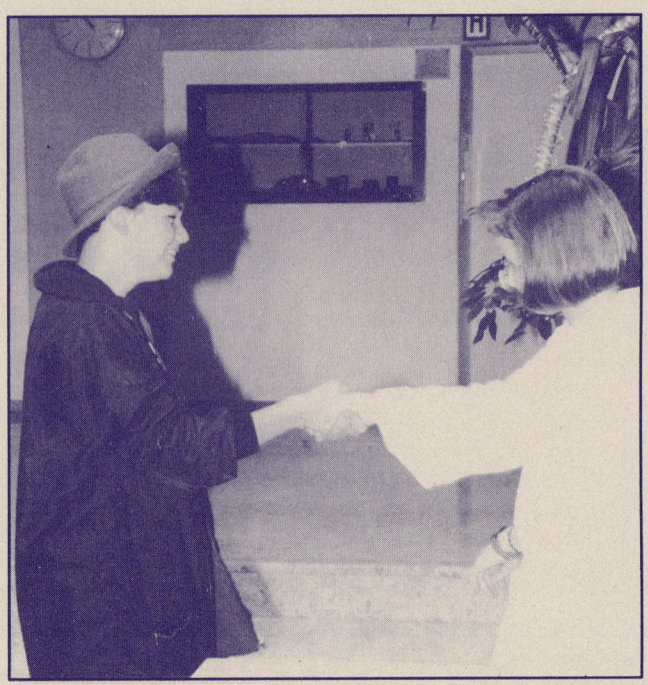

Forumtheater ist eine Theaterform des "Theaters der Unterdrückten", das vor allem von Augusto BOAL in Südamerika und später in Europa entwickelt wurde. Diese Theaterformen haben das Ziel, Unterdrückungssituationen wieder spürbar zu machen und zu lernen, sich dagegen zur Wehr zu setzen.

Die Struktur von Forumtheater ist für die Schulsituation sehr geeignet. Es gibt da einige Möglichkeiten:

* Eine Theatergruppe einladen,
die ein Forumtheaterstück im Repertoire hat. Den SchülerInnen wird dabei Theater geboten, es gibt die Möglichkeit zu konsumieren und es gibt die Möglichkeit mitzuspielen. Da im Forumtheater nur Leute mitspielen, die mitspielen wollen, entsteht kein Zwang, und die Angst, bloßgestellt zu werden, die vor allem bei Jugendlichen groß ist, kommt nur wenig auf. Bei Kindern ist die Lust mitzuspielen so groß, daß viele gleichzeitig mitspielen wollen, sodaß sich das "STOP" rufen meist erübrigt und mehr die Frage im Vordergrund steht, wer denn nun endlich spielen darf.

* Mit den Schülern arbeiten:
Da die Szenen für Forumtheater nur sehr kurz sein müssen - 5 Minuten - eignet es sich auch sehr gut für die Arbeit von SchülerInnen selbst. Die Phase von der Erarbeitung einer Szene bis zur Aufführung der Forumphase ist nicht sehr lang, sodaß es möglich ist, den Spannungsbogen auch in der Schulstruktur aufrecht zu erhalten. Projekttage sind natürlich besonders geeignet für Forumtheateraktionen.

Literatur zum Thema: "Theater der Unterdrückten" Augusto Boal, "Pädagogik der Unterdrückten" Paulo Freire

Weitere Informationen und Seminarleitung zum Thema: Elisabeth Kolb, Neubaugasse 51, A-1070 Wien

4.6
Lernen und Leisten organisieren

"Lernen heißt, Fehler machen zu dürfen. Leisten heißt, Fehler zu vermeiden und Standards zu erfüllen." Für diese zutiefst unterschiedlichen Arbeitsformen brauchen die Schüler deutlich unterscheidbare Zeiten und Gelegenheiten. Im Idealfall wissen die Schüler also, ob gerade Lernen oder Leistung verlangt und möglich ist. Hier stellen wir Ihnen zwei gelungene Modelle von Lernorganisation vor.

Funktionslehre, Mathematik
Rainer Derschmidt

Gestaltpädagogische Qualitäten im Mathematikunterricht.
Konkret ging es darum, in der 5. Klasse AHS das Kapitel "Funktionslehre" in reiner Selbstaneignung durchzuführen.
Inhaltliche Grundlagen bildeten das Lehrbuch und von mir zur Verfügung gestellte Übungsunterlagen. Die Strukturierung der Unterrichtsstunden erfolgte meinerseits durch Aufteilung in Einzel-, Partner- und Gruppenarbeitszeiten.
Um die Bewußtheit der Eigenverantwortung für diese Lernphase zu erhöhen stellte ich jedem Schüler

1. eine <u>Zeittafel (Kopie)</u> mit den verfügbaren Stunden zur Verfügung, in die er seinen persönlichen Lernplan einzutragen hatte und

2. verpflichtete ich jeden, einen <u>Vertrag</u> aufzusetzen (schriftlich), in dem er mit sich selbst vereinbarte, diesen Zeitplan gewissenhaft einzuhalten (Selbstverantwortung). Dieser Vertrag wurde zur Erhöhung der Bedeutsamkeit von mir gegengezeichnet.

3. Ein <u>Plakat in Matrizenform</u> wurde aufgehängt, auf dem zeilenweise die Unterkapitel des Stoffgebietes aufgelistet waren und jeder Schüler seine Spalte hatte, um dort mit Datum und Unterschrift die erfolgreiche Bewältigung dieser Lerneinheit abzuzeichnen.
Dadurch konnte jeder Schüler selbst erkennen (Bewußtheit) wieweit er, am kollektiven Standard gemessen, war und entsprechend reagieren. Das Plakat hing neben der Tafel. Es zeigte sich, wie dieses Rückmeldungssystem mit der Zeit voller und voller wurde und sich zum Ende der Eledigungszeit für dieses Kapitel gänzlich schloß (geschlossene Gestalt).

Dieser Vorgang hatte den großen Vorteil, daß ich als Lehrer nicht damit beschäftigt war, auf die Erledigung der einzelnen Lerneinheiten zu achten, sondern mich wirklich inhaltlicher Arbeit mit Einzelnen und kleinen Gruppen widmen konnte !

4. Parallel dazu entstand ein <u>weiteres Plakat</u>, auf dem zunächst nur die Themen des Kapitels vermerkt waren. Dazu wurden im Lauf der Zeit von den Schülern ihre wichtigsten "Destillate" dieses Kapitels geschrieben und gezeichnet, ergänzt und gestaltet (Kreativität, geschlossene Gestalt). So war sowohl der Fortgang der Arbeit ersichtlich wie auch durch das dauernde vor-Augen-Haben der wichtigsten Wissensdetails ein ständiger Wiederholungseffekt gegeben.

Insgesamt führte dieser Versuch zu einer starken Polarisierung der Leistungen: Der Mittelwert der nächsten Schularbeit war gleich. Allerdings gab es mehr gute und mehr schlechtere Arbeiten als vorher.

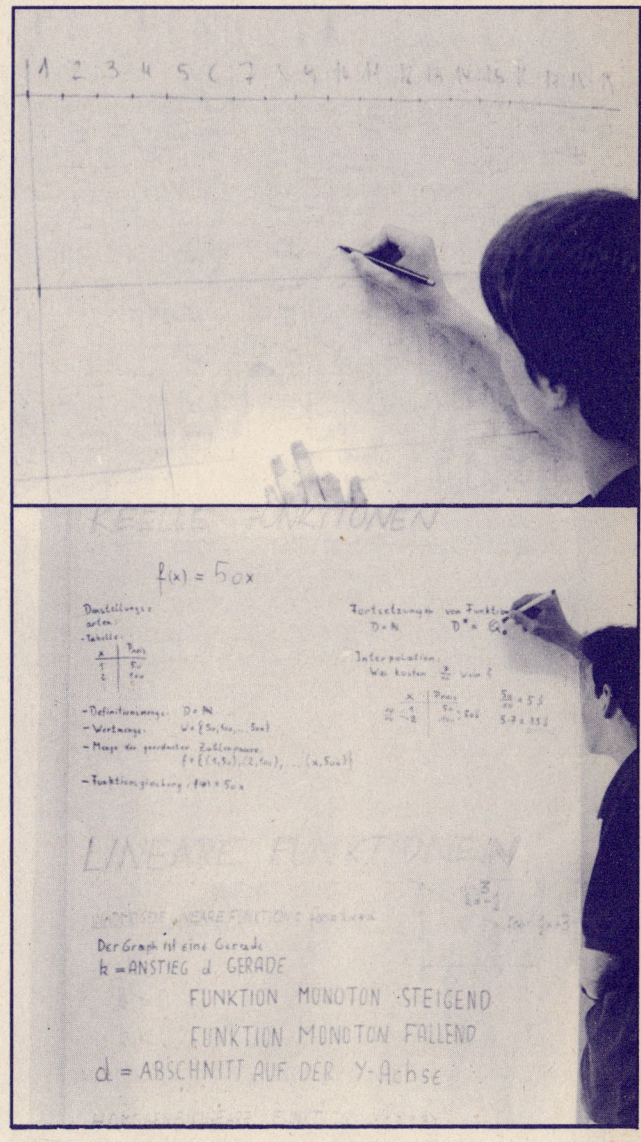

Lerngruppen im Schulversuch "Neue Grundschule"

Sylvia Fikar

Wenn die Kinder am Morgen kommen, lassen sie ihre Aufgaben bei uns anschauen: Mathematik bei Vicky, Deutsch bei Joe und Lesen bei mir. Dann haben sie die Gelegenheit, gleich Verbesserungen zu machen, sich eine Arbeit zu suchen, zu lesen, zu zeichnen, zu spielen, zu helfen.

Um ca. 8.15 h schalten wir die Kassette mit Musik ein und das bedeutet: "Bitte fertig machen und in den Kreis kommen !" Wir beginnen mit einem Gespräch, wobei die Kinder mitteilen, was ihnen gerade wichtig ist - oder wir besprechen etwas Organisatorisches. Oft stellen wir ein Thema für den Sachunterricht im Kreis vor. Oder wir singen ein Lied, feiern einen Geburtstag ...

Anschließend werden den Kindern die Aufgaben erklärt, die sie in den Stationen erledigen sollen.

Nun holt sich jedes Kind seinen Plan und wählt die Station, in der es beginnen möchte.

Das Deutsch-Eck wird von Joe betreut. Es gibt unterschiedliche Aufgaben für die Großen (sie gaben sich den Namen "Katzen") und für die Kleinen ("Panther"). Hier werden Buchstaben erlernt und Texte geschrieben.

Im Mathematik-Eck unterstützt Vicky die Kinder bei ihrer Arbeit. Hier befinden sich Karteikästen mit aufbauendem Übungsmaterial im Zahlenraum 0-100 und viele Spiele, besonders Montessori-Material. Jedes Kind arbeitet schrittweise in der Kartei, je nach Tempo und Verständnis. Damit die Kinder und wir einen Überblick haben, malen sie die jeweilige Nummer der erledigten Kartei auf den Plan in ihrem Heft.

Im Lese-Eck können sich die Kinder an mich wenden. Auch hier stehen Lesekarteien zur Verfügung mit Kontrolle auf Plänen. Häufig bekommen die Kinder auch andere Lesetexte, entweder getrennt nach Schulstufen oder gleiche zum gemeinsamen Lesen. Manchmal ist ein Gedicht zu lernen, eine Bildgeschichte zu legen und zu erzählen, sind Sätze zu ordnen, Rätsel zu lösen ...

Im Mal-Eck zeichnen, malen und basteln die Kinder. Haben wir Besuch von den Eltern, Großeltern und Lehrerinnen können die Kinder mit ihrer Hilfe schwierigere Arbeiten machen. Ansonsten arbeiten die Kinder in diesem Eck ohne Betreuerin.

Im Teppich-Eck legen wir oft bestimmte Lernspiele auf, oder die Kinder üben Mal-Sätzchen, messen, wägen, kaufen ein ...

Auch hier sind die Aufgaben so gestellt, daß sie die Kinder mit gegenseitiger Hilfe bewältigen können. Wenn wir Besuch haben, wird auch diese Station betreut.

Im Freiarbeits-Eck befinden sich diverse Montessori-Sinnesmaterialien, Lernspiele, Satzwürfel ... Meist können die Kinder frei wählen.

Manchmal gibt es auch eine Station am Gang, wo die Kinder zum Beispiel nach einer Kassette etwas lernen, eine "Bank" aufmachen, eine Geräuschgeschichte mit Instrumenten zusammenstellen, ein Rollenspiel improvisieren. Ein andermal findet diese Station im Hof oder Park statt, wenn wir Tiere und Pflanzen beobachten, etwas erforschen, messen o.Ä. In diesem Fall ist immer eine Betreuerin dabei.

Das Spiel-Eck steht den Kindern vor dem Unterricht oder in den Pausen zur Verfügung.

Hat ein Kind nun eine Station erledigt, so malt es auf seinen Plan den entsprechenden Punkt und wählt einen neuen Aufgabenbereich. Manche Kinder arbeiten sehr rasch und werden mühelos mit allen Stationen fertig. Andere arbeiten langsam, trödeln oder haben einfach einen schlechten Tag und machen nur wenige Stationen-Punkte. Deutsch, Mathematik und Lesen sollten sie auf jeden Fall erledigen. Etwa 20 Min. vor Unterrichtsschluß spielen wir wieder Musik und versammeln uns im Kreis. Nun dürfen die Kinder erzählen, wie es ihnen ergangen ist und ob und wobei es Probleme gegeben hat. Meist schließen wir dann mit einem Spiel oder einem Tanz den Vormittag ab.

Nach Unterrichtsschluß schauen wir Lehrerinnen uns gemeinsam die ausgefüllten Pläne der Kinder an und tauschen unsere Beobachtungen aus.

Im Normalfall arbeiten wir dreimal in der Woche mit diesen Plänen. Zweimal trennen wir die Klasse in zwei Gruppen, in denen gemeinsam und lehrerzentriert etwas Neues erarbeitet oder eine bestimmte Aufgabe geübt wird. Die dritte Lehrerin arbeitet mit einer Fördergruppe.

Manchmal übernimmt jeder von uns 3 Lehrern ein Thema, die Kinder teilen sich in 3 Gruppen und wechseln dann.

Stoff wiederholen, prüfen und Feedback
Zusammenfassen, Auswerten, Prüfen

Wiederholen

Gruppen fragen Gruppen (Gruppen-Quiz)

In Kleingruppen (z.B. den ABC-Rollenspielgruppen) sammeln die Gruppen Fragen zum Thema, auf die sie Antworten wissen, mit unterschiedlichem Schwierigkeitsgrad. Davon wählen sie 1-3 (ja nach Zeit) aus. Die Lehrerin fertigt inzwischen einen Frage-Antwortraster:

Fragen: Gruppe:	A	B	C	D	E
1.					
2.					
3.					
4.					
5.					
6.					
7.					
8.					

Nun stellt die Gruppe A ihre Frage und eine Sprecherin jeder Kleingruppe gibt die Antwort bekannt, die in den Raster eingetragen wird. Zum Schluß dieses Vorgangs sagt die fragende Gruppe ihre Antwort. Übereinstimmungsüberprüfung am Raster: welche Gruppen haben die richtige Antwort genannt? Dann die nächste Gruppe. So gehts, bis alle Gruppen dran waren.
Nun kann mit den 2. Fragen der 2. Durchgang gestartet werden - und wenn noch Zeit ist, der 3. Durchgang.
Die Lehrerin gibt ergänzende Informationen oder Feedback zum Schwierigkeitsgrad der Fragen oder zur inhaltlichen Ausdehnung/Beschränkung der Fragen.

Begriffe ordnen

Schlüsselbegriffe auf Kärtchen ordnen
Schlüsselbegriffe des Stoffes werden auf Kärtchen geschrieben an Gruppen ausgeteilt. Jede der Gruppen hat nun die Aufgabe, diese Kärtchen in einem zum Thema sinnvollen Zusammenhang aufzulegen - Schema! - und diese Zusammenhänge laut den anderen Gruppen zu erklären.

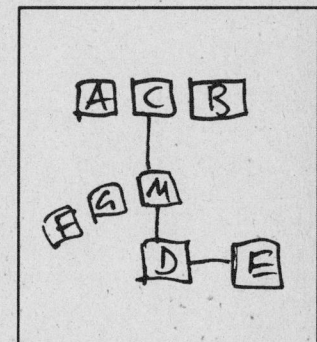

Danach präsentieren Sie Ihr Schema und heben farblich auf den Schüler-Schemata die richtige Positionierungen hervor.
Prüfung: Auch hier verwendet jeder Schüler die Schlüsselwort-Kärtchen und gestaltet so sein Prüfungsgespräch.

Glückstopf als Stoffwiederholung

Gleichzeitige Stoffwiederholung in Gruppen: Verlaufserklärung siehe "Zum Thema kommen".
Zu einem Unterrichtsthema zu einem Verfahren/Vorgehen z. B. "Wechselgeschäft"
5er Gruppen bilden, erklären der Spielregeln, jede Gruppe hat 5 Kärtchen, auf die sie schreibt:

1. Beispiel: Erfahrung/Erinnerung
2. Chance/Vorteil des Verfahrens
3. Grenze/Nachteil des Verfahrens
4. Definition: Grundlagen/Elemente des Verfahrens
5. Anwendung: Vision/Vorhaben

Die Karten werden nun verdeckt aufgelegt, gleichzeitig zieht jeder eine. Alle, die die Karte 1 gezogen haben, nennen nun in ihrer Gruppe Beispiele zum Wechselgeschäft. Dann kommen alle mit der Karte 2 dran und nennen Vorteile. Dann nennen die mit der Karte 3 Grenzen oder Nachteile. Jene mit der Karte 4 versuchen nun eine Definition. Danach jene mit Karte 5: Mögliche Anwendungen, Konsequenzen.
Bei Themen, wo es offensichtlich (leider) keine Anwendung gibt entfällt die 5. Karte oder wird durch eine andere Dimension ersetzt. Zum Beispiel: 5. Auswirkung.
Bei Unterrichtsthemen, die keine Verfahren behandeln können die 5 Fragen dementsprechend anders strukturiert sein. Siehe folgende Seite.

Wiederholungskarten zum Vernetzen des Lernthemas*

Die Wiederholung kann paarweise oder wie im 'Glückstopf' in Form eines Kartenspiels gemacht werden. Sie teilen die folgenden Fragekärtchen jedem Schülerpaar oder jeder Schülergruppe aus (auch als A4 Kopie, die sich die Schüler selbst in Kärtchen schneiden). Ein Schüler zieht ein Kärtchen und stellt die Frage einem anderen. So prüfen die Schüler einander mit Fragen, die nicht dem Auswendiglernen sondern dem Verstehen und Vernetzen des Stoffes dienen.

> Was ist das Wichtigste an diesem Thema ?
>
> Versuche eine Überschrift und einige Unterpunkte zu nennen.
>
> Wie könnte eine grafische Übersicht dazu aussehen ?
>
> Nenne zwei Begriffe aus dem Lernstoff, die zusammengehören.
>
> Kommt dieses Thema im Alltag irgendwo vor ?
>
> Versuche, das Thema mit zwei oder 3 Sätzen zu beschreiben.
>
> Was wäre, wenn es diese Sache oder dieses Thema nicht gäbe ?
>
> Was sollten alle Menschen über dieses Thema wissen ?
>
> Für wen ist dieses Wissen besonders wichtig ?
>
> Was möchtest Du dazu jemanden fragen ?
>
> Was berührt Dich am Thema am meisten ?
>
> Was wäre in einem Film darüber zu sehen ?
>
> Wie könnte ein Film- oder Buchtitel darüber heißen ?
>
> Welche leichte Prüfungsfrage würdest Du dazu stellen ?
>
> Was wäre eine schwere Prüfungsfrage dazu ?
>
> Wo fühlst Du Dich in Deinem Wissen noch unsicher ?
>
> Was kannst Du bei diesem Thema besonders gut ?
>
> Was würdest Du einem Kind unter 10 Jahren dazu erklären ?

Fragebogen zum Thema*

Zum Unterrichtsstoff entwickeln Sie einen Fragebogen, den die Schüler ausfüllen. Beispiel zur 'Französischen Revolution' siehe "Reflektieren und werten".

Aha-Sätze, Aha-Erlebnisse*

Nach einem Unterrichtsabschnitt können die Schüler mittels vorgegebner Sätze ihre Einsichten notieren und sagen:

Mir ist bei diesem Thema klargeworden, daß ...
Ich kann nun ...
Ich weiß nun ...

Oder:

Bei diesem Thema habe ich gelernt:
Neu für mich war:
Nicht verstanden habe ich:
Am meisten gefallen hat mir:
Gestört hat mich:
In Zukunft will ich :
Demnächst möchte ich lernen:

Fragekasten*

Sie stellen eine Schachtel auf und die Schülerinnen sammeln offene Fragen zum Unterrichtsstoff. Diese Fragen werden in die Schachtel geworfen. Sie oder eine Schülerin ziehen nun eine erste Frage, die Schülerin versucht die Antwort - mit Klassenunterstützung - und dann mit Ihren Ergänzungen. So arbeiten Sie alle Fragen durch.

Fragen bündeln

Variation:Die gezogenen Fragen können Sie auch zuerst zu Themenbündeln sortieren, kleben und dann beantworten. Dies wäre die Moderationsmethode.

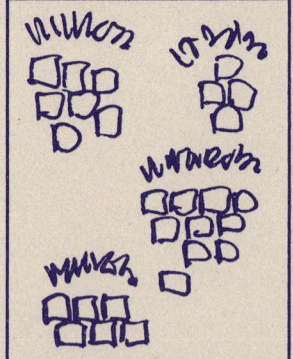

Destillate-Plakat ausfüllen

Bereits während der gesamten Bearbeitungszeit des Unterrichtsthemas hängt ein Plakat mit allen Untergliederungen des Stoffes. Die Schüler sind eingaladen, ihre Erkenntnisse dazu als 'Destilate' in die jeweilige Zeile zu schreiben oder als Symbol zu zeichnen. Regelmäßig nehmen Sie darauf Bezug, würdigen das Eintragen und geben den Schülern Zeit, die eigenen Erkenntnisse klar zu bekommen, zu formulieren und einzutragen. Siehe "Lernen organisieren".

Bilanzpunkte auf's Stoffplakat

Sie fassen das Stoffgebiet in Überschriften oder Thesen auf einem Plakat zusammen. Die Schüler schreiben sich dies in ihr Heft ab und vergeben zu jedem Abschnitt einen Bilanzpunkt: grün = kenne ich mich aus, rot = ich weiß ich nicht mehr, gelb = ich schwimme.

Nach dieser persönliche Arbeit machen Sie zu jedem Abschnitt ein Bilanzgespräch: "Wer hat dazu grün ...wer gelb ... wer rot ?" Sie führen mit den jeweils aufzeigenden Schülern kurze Verständnisdialoge und tragen die Ergebnisse ins Stoffplakat ein. Dies kann sehr schnell geschehen oder eine ganze Stunde das Wiederholungsgespräch strukturieren.

Oder:

Jeder Schüler kommt hervor, gibt seine Bilanz bekannt und trägt seine Punkte ein. Dazu können Sie klärende Dialoge führen.

Die Fragen mit viel Gelb und Rot können Sie erneut aufgreifen.

Oder:

Sie bilden zu den so gekennzeichneten Abschnitten Arbeitsgruppen mit einer guten Mischung von Grün, Rot und Gelb, mit der Aufgabe einander die offenen Fragen zu klären. Sie können als Hilfe angefordert werden.

Würfel-Wiederholung

Sie ordnen den 6 Würfelaugen zum Stoff passende Fragen zu. z.B:

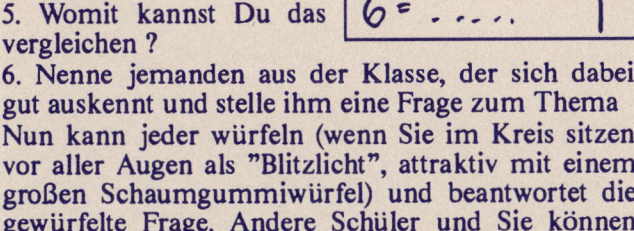

1. Definition
2. Persönlicher Zugang zum Thema "Wie tue ich mir damit"
3. Beispiel einer praktischen Anwendung
4. Löse die Aufgabe/Jahreszahlen etc.
5. Womit kannst Du das vergleichen ?
6. Nenne jemanden aus der Klasse, der sich dabei gut auskennt und stelle ihm eine Frage zum Thema

Nun kann jeder würfeln (wenn Sie im Kreis sitzen vor aller Augen als "Blitzlicht", attraktiv mit einem großen Schaumgummiwürfel) und beantwortet die gewürfelte Frage. Andere Schüler und Sie können Zusatzfragen stellen.

Die Würfelzahlen können neben Fragen auch Darstellungs- und Erklärungsaufgaben beinhalten. "Male auf die Tafel .., Stelle körperlich mit einem anderen dar, wie ... Vergleiche dieses Element mit ... "

Auf diese Weise können Sie auch in Kleingruppen den Stoff wiederholen: Die Schüler würfeln und beantworten in Kleingruppen. Die Aufgaben stellen Sie oder werden sogar von Kleingruppen selbst erarbeitet und der Nachbargruppe zum Beantworten weitergegeben.

Stellung nehmen zu einem Bild/Text

Zu einem Bild/Text, das Sie an der Stirn des Klassenraumes (z.B Tafel, Oh-Folie, Dia-Projektion) aufhängen, nehmen die Schüler Stellung, indem sie sich je in die eine oder andere Hälfte des Raums stellen.

Beispiel für Stoffwiederholung: Sie projizieren (hängen größere Papierbögen auf) nacheinander die wichtigsten Themen/Symbole der letzten Zeit und stellen dazu jeweils die Frage: "Da kenne ich mich aus - Ja-Nein"

Die Schüler in den Hälften können nun ergänzende Fragen aneinander und an den Lehrer stellen.

Zusätzlich kann auf einem Fragebogen danach jeder Schüler seine jetzige Position eintragen - und dann seine Zielposition:

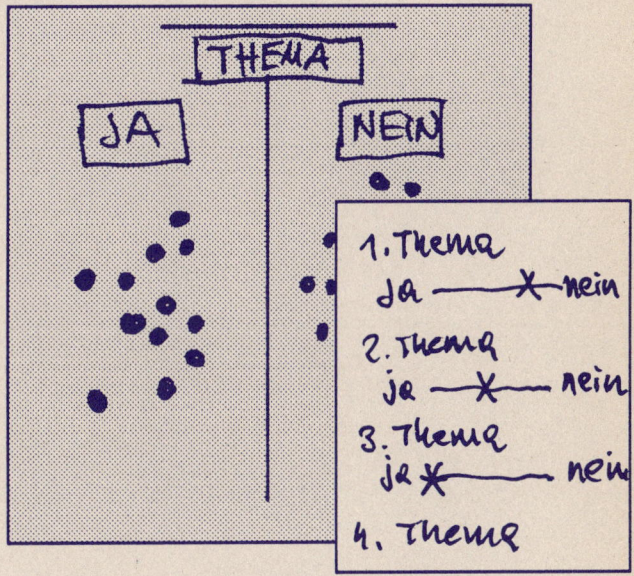

Gruppen-Einblick und Ampel-Feedback

Sie formulieren zum Thema Fragen und überprüfen einer dieser beiden Methoden, die Ihnen auf einem Blick den Verständniszustand der Klasse ermöglicht. Genaue Beschreibung des Methodenverlaufs siehe "Zum Thema kommen"

Themen-Report mit Aktions-Karten

Blättern Sie bitte zu "Themen darstellen": Dort finden Sie attraktive Aktionskarten, die Sie zum Abschluß eines Themas den Schülerinnen austeilen können, bzw. in der Form der 6 Ecken die Schülerinnen wählen lassen. Die Schülerinnen wiederholen indem sie den Stoff mulitimedial aufbereiten und einander zusätzlich präsentieren. So wird das Thema in Eigenaktivität und in sinnlicher Vielfalt des Wahrnehmens verankert.

Umfrage-Methode

Sie schreiben die wichtigsten Inhalte/Aussagen/Elemente Ihres Stoffes auf ein A4-Blatt, das die Schüler in Aussagekärtchen/Streifen reißen können. Jeder Schüler sortiert nun jede Aussage nach "Verstanden/kenne mich aus" und "Nichtverstanden/brauche Hilfe/Lernzeit". Wie bei der 'Umfragemethode'(siehe "Zum Thema kommen") beschrieben, werden die Verstanden-Kärtchen in Kleingruppen aufgelegt und erklärt oder gleich das Gesamtergebnis der Klasse aufgelegt bzw. auf der OH-Folie vermerkt. Daraus können Lernstrategien für die offenen Fragen entwickelt werden: Lernzeiten, Lernpartner ..

ABC-Wiederholung*
Mein Name-Mein Programm

Die Schüler schreiben die Anfangsbuchstaben ihres Namens (plus Familienname) untereinander und schreiben zu jedem Buchstaben einen Begriff/Inhalt des Unterrichtsthemas. Austausch und Ergänzungen dazu in Paaren oder Kleingruppen. Auf einem großen ABC-Plakat werden die gefundenen Inhalte aller Schüler dazugeschrieben. Was kommt oft, was selten, was fehlt ? Ergänzungen durch den Lehrer.
Variation: Statt des eigenen Namens nehmen die Schüler das ABC.

> Günstigste Möglichkeit
> Einkauf ist bequem
> Risiko ist gering
> E
> R
> H
> A
> R
> D
> I
> E
> M
> L
> EURO-SCHECK

Mind-Mapping

Zum Wiederholen und Vernetzten des Unterrichtsthemas ist diese Methode sowohl für Einzel-, Paar- und Gruppenarbeit der Schülerinnen besonders gut geeignet. Beschreibung siehe "Interesse wecken".

Prüfungs-Kommission

Jeder Schüler sucht sich 2 andere Schüler als 'Prüfungskommission' und zwar einen skeptischen und einen wohlwollenden Prüfer (bzw. jene, die er dafür hält - ist ja ein Feedback an die Mitschüler). Diese zwei (die Wahl angenommen) haben kurz Zeit, die Eindrücke über die Mitarbeit und Kenntnisse des Mitschülers zu vergegenwärtigen und zu notieren und geben dann ihre Einschätzung/Note bekannt. Der Schüler und der Lehrer geben dazu ihre Stellungnahme ab und der nächste kommt dran.
KLassenspezifische Fortsetzung: Am Schluß können die Wahlen zum skeptischen und wohlwollenden Prüfer zusammengefaßt und besprochen werden: Wiesehr stimmt das, wie komme ich dazu, wie ist meine Haltung zueinander ?

Sich selbst Zeugnis oder Noten geben

Vor dem Zeugnis und nach jeder Prüfung können Sie die Schülerinnen einladen, sich selbst eine Note zu geben - oder sich ein Zeugnis auszustellen. Dieser Vorgang kann sowohl zur Note als auch zum Zeugnis mit der "Prüfungskommission" - siehe oben - erweitert und vertieft werden. Beim Zeugnis kann noch differenziert werden: Mein Idealzeugnis, mein realistisches Zeugnis, mein pessimistisches Zeugnis.

Feedback-Zielscheibe

Eine Kombination aus Gruppeneinblick und Info-thermometer ist diese Methode:
Jeder Schüler bekommt als Kopie eine Zielscheibe mit einigen Sektoren zu verschiedenen "Wie-sehr, wie-viele" Fragen zu Unterrichtsgegenstandes, Unterricht, Stoffgebiet. Je nach Zustimmung zur Frage macht er näher oder entfernter zum Zielpunkt seine Markierung und erarbeitet so seinen momentanen Stand zum Thema. Nach dieser Einzelarbeit können sich alle Schülerinnen ins Zielscheibenplakat oder auf die OH-Folie eintragen. Gespräch.

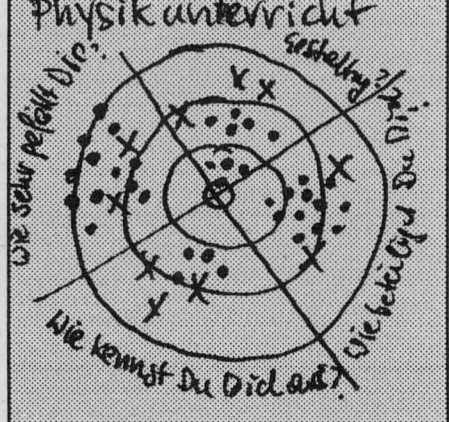

Info-thermometer

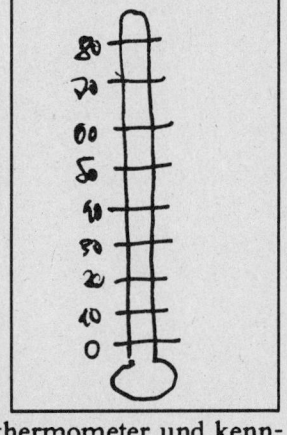

Einfach, schnell und übersichtlich ist das Infothermometer als Feedback für Sie, wie bei "Stimmungen" näher beschrieben. Sie stellen die Frage "Wie infomiert fühlst Du Dich zum Thema ...?" oder "Wie sicher bist Du Dir bei der Anwendung/Bedeutung von ...". Die Schüler zeichnen sich zunächst in ihr Heft das Infothermometer und kennzeichnen dann ihren Standard auf dem Ihrem Thermometer-Plakat/OH- Folie. Gespräch.

3 mal 3 - Feedback

Sie laden die Schülerinnen ein, zu Ihrem Gegenstand ein Feedback zu geben - und zwar mit jeweils 3 Rückmeldungen:

> Zu unserm Gegenstand nenne bitte
> 3 positive Dinge:
>
> 3 negative Dinge:
>
> 3 Verbesserungsvorschläge:

Idee: Christine Pichler

Schüler-Selbsteinschätzung

Sie erarbeiten mit den Schülern Kriterien für die Lernbeurteilung, Mitarbeit und Selbstverantwortung. Daraus entsteht ein Fragebogen, auf dem sich die Schüler selbst einschätzen, sich dann die Einschätzung von 3 anderen Schülern holen und dann die Einschätzung des Lehrers bekommen. Gespräch zu den Gefühlen der Bestätigung und Enttäuschung und die subjektiven Anteile einer Einschätzung.
Beispiel für einen Kriterienkatalog für höhere Klassen*:

Schüler-Selbst-Einschätzung:
hoch ‹----------› niedrig

1. Übernimmt Selbstverantwortung für den eigenen Lernprozeß
hoch ‹----------› niedrig

2. Entwickelt Interesse und Problembewußtsein für das Thema
hoch ‹----------› niedrig

3. Versucht, Sachverhalte zu verstehen, aktiv zu erforschen und mit Praxiserfahrungen zu verbinden
hoch ‹----------› niedrig

4. Beteiligt sich von sich aus, meldet sich zu Wort, fragt, gibt Anregungen, macht Vorschläge
hoch ‹----------› niedrig

5. Setzt sich mit eigenen Eistellungen und Wertproblemen zum Thema offen auseinander, macht "Ich-Aussagen" zum Thema
hoch ‹----------› niedrig

6. Arbeitet selbständig und zielgerichtet an den Lernaufgaben
hoch ‹----------› niedrig

7. Trägt zu einem konstruktiven Gruppenklima bei, geht auf andere ein, spricht sie direkt an
hoch ‹----------› niedrig

8. Äußert sich kritisch zu hemmenden Lernbedingungen und eigenen Störungen, verändert ungünstige Lernbedingungen
hoch ‹----------› niedrig

Lehrerfeedback*

Bereits im Absatz 1.3 "Erfolgreiche Lehrer" haben wir die Studie von Mayr, Eder und Fatacek dargestellt und gewürdigt. Das Forscherteam hat daraus 10 besonders bedeutsame Handlungsstrategien ausgewählt und zu einem Fragebogen zusammengestellt. Lehrerinnen können sich zunächst selbst einschätzen und dann mit den Mittelwerten der anonymen Schülereinschätzungen vergleichen. Über Strategien, wo sich höhere Diskrepanzen zwischen Selbst- und Schülereinschätzung ergeben, kann die Lehrerin mit der Klasse reden und gemeinsame Maßnahmen zur Verbesserung überlegen.

Darüberhinaus können Sie sich mit den Handlungsstrategien erfolgreicher Lehrer vergleichen - deren Werte im Wesentlichen im Bereich der "0" mit Punkt gekennzeichneten Bandbreite lagen. "Erfolgreiche Lehrer" erfüllen zwei Bedingungen:

1. Die Schüler arbeiten im Unterricht gut mit und stören relativ wenig.
2. Die Schüler sind zum Lehrer positiv eingestellt.

Schätze Deine Lehrerin/Deinen Lehrer ein:

stimmt ‹--------› stimmt nicht

5 4 3 2 1
O O O O O

1. Er/Sie bemerkt alles, was in der Klasse vor sich geht.

O Ⓞ Ⓞ O O

2. Er/Sie greift gleich ein, wenn ein Schüler zu stören anfängt.

Ⓞ Ⓞ Ⓞ O O

3. Er/Sie läßt uns vieles selbst entscheiden.

O O Ⓞ O O

4. Er/Sie kontrolliert laufend, wie wir arbeiten und was wir können.

Ⓞ Ⓞ Ⓞ O O

5. Er/Sie versucht uns zu verstehen, auch wenn wir ihm/ihr manchmal Schwierigkeiten bereiten.

Ⓞ Ⓞ Ⓞ O O

6. Er/Sie achtet darauf, daß wir im Unterricht immer beschäftigt sind.

O Ⓞ Ⓞ O O

7. Wir reden mit ihm/ihr auch über den Unterricht und über unsere Klasse.

O Ⓞ Ⓞ Ⓞ O

8. Er/Sie ist zu uns offen und ehrlich.

Ⓞ Ⓞ Ⓞ O O

9. Wenn sich Schüler falsch verhalten, haben sie damit zu rechnen, daß er/sie sie bestraft.

O Ⓞ Ⓞ Ⓞ O

10. Ich glaube, er/sie mag uns.

Ⓞ Ⓞ Ⓞ O O

Unterrichts-Auswertungsbogen

Wie war für mich der Unterricht in diesem Schuljahr?

Bitte trage Deine Einschätzung/Beurteilung in die Felder neben den Fragen ein: 1 2 3 4 5
1=sehrgut, 2=gut, 3=mittel, 4=weniger, 5=garnicht

1.) Der Unterricht

1. Was wir gemacht haben, hat mich interessiert.   O O O O O

2. Das Gelernte hat etwas mit meinem Leben zu tun.   O O O O O

3. Ich glaube, das später brauchen zu können, was wir gelernt haben.   O O O O O

4. Der Unterricht hat mich dazu angeregt, mich persönlich noch mehr
mit den besprochenen Themen zu beschäftigen.   O O O O O

2.) Der Lehrer

5. Wie lebendig war der Unterricht?   O O O O O

6. War der Lehrer gut vorbereitet?   O O O O O

7. Verteilung der Sympathie auf die Schüler - wie gerecht?   O O O O O

8. Verständnis für die Schüler?   O O O O O

9. Durchsetzungsvermögen der eigenen Vorstellungen?   O O O O O

10. Klarheit der Sprache beim Vortrag?   O O O O O

11. Verteilung von Informationen, Schüler-Erarbeitung und Gespräch.   O O O O O

3.) Beurteilung

12. Korrektur der Hausübungen.   O O O O O

13. Anzahl der Hausübungen.   O O O O O

14. Auswahl der Schularbeitenthemen.   O O O O O

15. Prüfungsregelung.   O O O O O

16. Wie weit konnte deiner Meinung nach das Ziel erreicht werden,
daß alle den Stoff am Ende auch können?   O O O O O

17. Notenverteilungsgerechtigkeit.   O O O O O

18. Verteilung von Strenge und Milde.   O O O O O

Eigene Gedanken:

Danke!
Elisabeth Kossmeier

Die "ganzheitlichste" Unterrichtsform ist der Projekt-Unterricht.
"Projekte" meinen ein selbstorganisiertes, bedürfnis-, ziel- und ergebnisorientiertes Lernen in der Klasse, an dem Schüler und Lehrer gleichermaßen beteiligt sind.

Soweit das Ideal. Momentan wird 'Projekt' für viele Unterrichtsformen verwendet, die etwas außerhalb der üblichen Norm liegen. Auch Unternehmungen und Veranstaltungen, die vor allem durch die Lehrer organisiert werden, heißen gerne 'Projekte'.

Wichtig ist, daß die ganzheitlichen Lernchancen, die in einer schüler-, erlebnis- und ergebnisorientierten, selbstgestalteten Lernform schlummern, durch Projekte aller Art geweckt und ermöglicht werden.

Wir stellen hier nur die wichtigsten Grundlagen des Projektunterrichts vor.

Wertvolle Materialien bekommen Sie in Österreich speziell bei folgenden Adressen:

Projekt-Zentrum am PI des Bundes in Wien, Grenzackerstr. 18, A-1100 Wien und

Projektzentrum am PI der Stadt Wien, Burggasse 14-16, A-1070 Wien: "Checkliste für die Organisation von Unterrichtsprojekten", "ProFan - Zeitung für Projektfans"

Bundesministerium für Unterricht und Kunst, Abteilung Schulentwicklung, Mag. Doris Kölbl, Minoritenplatz 5, A-1014 Wien: "Ideen - die Schule machen"

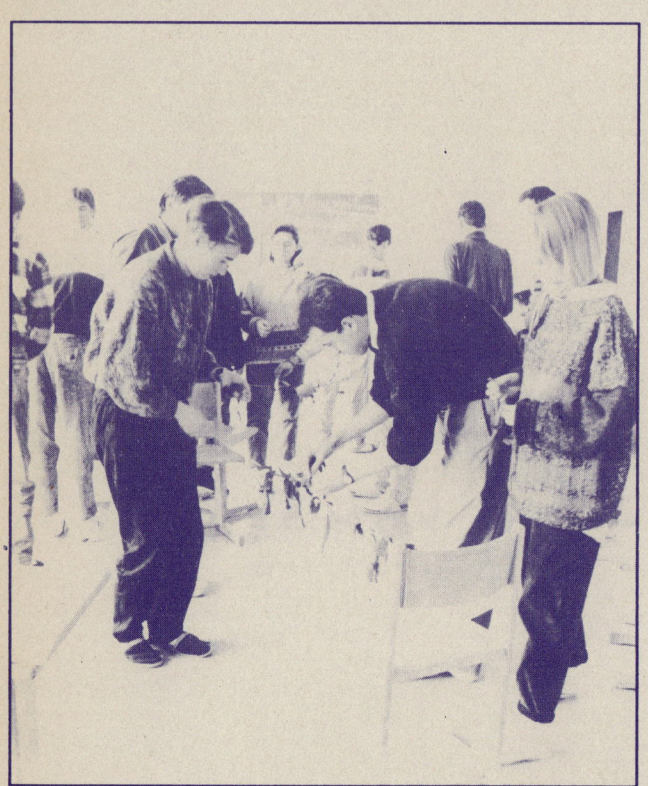

Es lebe die Vielfalt !
Projektformen:

a) Mini-Projekte

Für wenige Stunden arbeiten Schüler selbstgestaltend an einem Thema in Paaren, Teams und einzeln. Methoden dazu siehe "Mögliche Weiterarbeit nach thematischem Einstieg"

Zu den Aspekten des Unterrichtsthemas sich Interessens-, Arbeits- oder Erkundungsgruppen mit konkreten Aufgaben wie z. B:

- Zeitungsmeldungen sichten
- Befragungen eingegrenzter Personengruppen
- Erhebungen in der Schule
- Erhebungen in der Stadtverwaltung, Bürgermeisteramt, Parteien

Die Ergebnisse dieser Erhebungen stellen die Schülergruppen dann mittels Zeitungstheater, Videoclips, Tonbandreportagen, imaginären Talkshows, Fotoausstellungen, Dokumentationsmappen, Zeitungen, Briefwechseln, Plakatwänden u.a. dar.

Dies kann zu einer *Großveranstaltung* in der Schule führen.

b) Fächerübergreifender Unterricht

Sie sprechen sich mit Ihren anderen Kollegen ab und diese nehmen zu Aspekten der Umfrage Stellung und/oder arbeiten am Thema weiter und mit.

c) Projektunterricht

Kooperatives, selbstorganisiertes und gestaltendes Lernen. Das Projektthema und die Projektziele werden mit den Schülern aus ihren aktuellen Bedürfnissen und vorhandenen Fähigkeiten heraus entwickelt. Das Projekt dauert einige Zeit und zielt auf ein zeigbares Ergebnis. Die Lehrer sind die Projektmanager. Die Qualitäten dieses Unterrichts, die neuen Anforderungen an die Lehrer und die Vorraussetzungen dazu stellen wir im Folgenden dar.

d) Projektwoche

Momentan werden viele Projektideen in Projektwochen verwirklicht. Dazu laden sich Lehrer externe TrainerInnen ein und finanzieren dies wie eine Sportwoche. In dieser Projektwoche wird dann seminarähnlich mit der Schülergruppe gearbeitet.

Die ganzheitlichen Qualitäten des Projektunterrichts

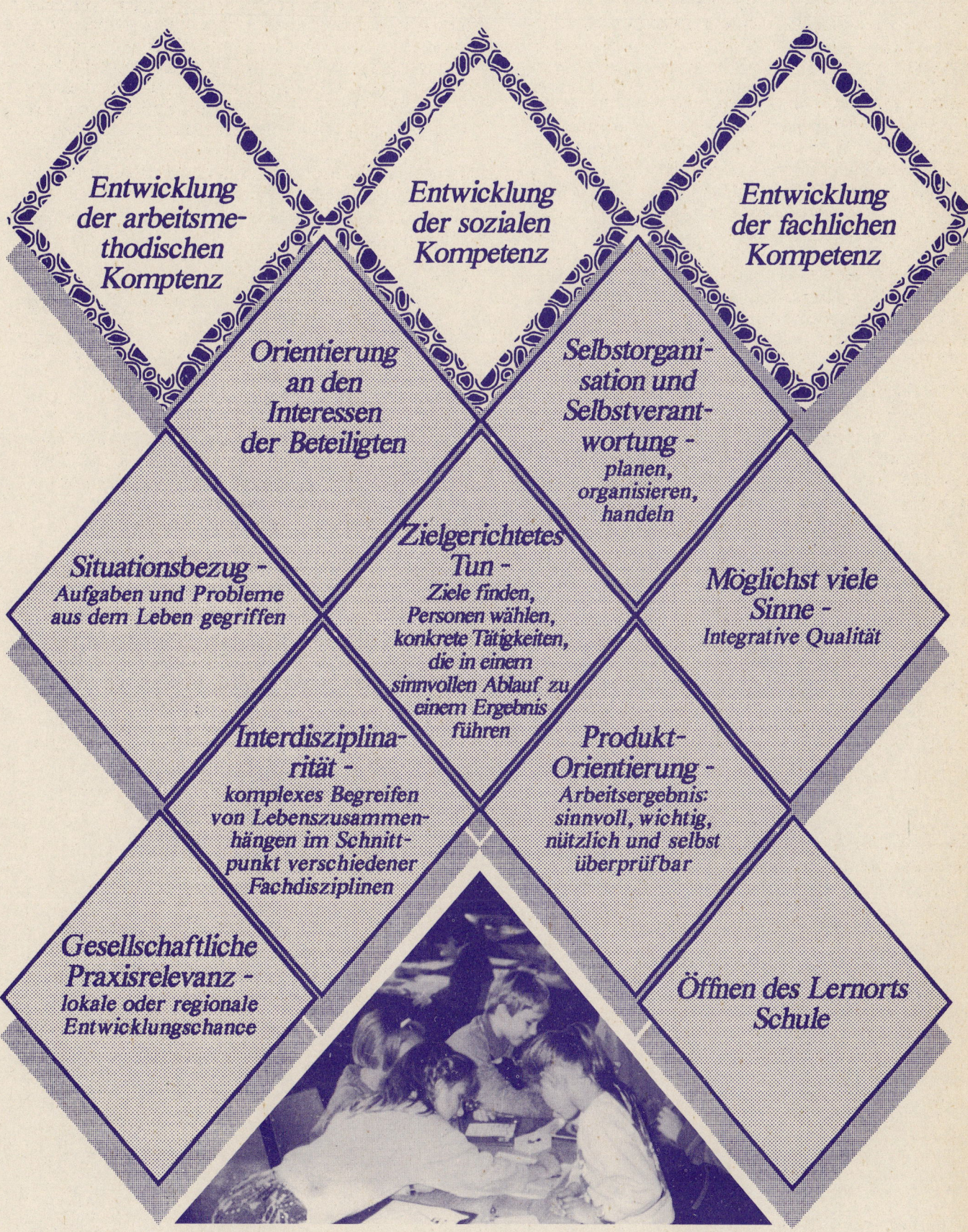

Entwicklung der arbeitsme-thodischen Komptenz

Entwicklung der sozialen Kompetenz

Entwicklung der fachlichen Kompetenz

Orientierung an den Interessen der Beteiligten

Selbstorgani-sation und Selbstverant-wortung - planen, organisieren, handeln

Situationsbezug - Aufgaben und Probleme aus dem Leben gegriffen

Zielgerichtetes Tun - Ziele finden, Personen wählen, konkrete Tätigkeiten, die in einem sinnvollen Ablauf zu einem Ergebnis führen

Möglichst viele Sinne - Integrative Qualität

Interdisziplina-rität - komplexes Begreifen von Lebenszusammen-hängen im Schnitt-punkt verschiedener Fachdisziplinen

Produkt-Orientierung - Arbeitsergebnis: sinnvoll, wichtig, nützlich und selbst überprüfbar

Gesellschaftliche Praxisrelevanz - lokale oder regionale Entwicklungschance

Öffnen des Lernorts Schule

Kompetenzen: Voraussetzung und Entwicklungschance

Der Projektunterricht ist eine weit komplexere Arbeits- und Lernform und ist daher auch abenteuerlicher und anspruchsvoller als der übliche Unterricht. Er fordert höhere Kompetenzen von Lehrern und Schülern und trägt gleichzeitig zu deren Entwicklung bei. Die bisherige Entwicklung der arbeitsmethodischen, sozialen und fachlichen Kompetenzen in einer Klasse sind wichtige Voraussetzungen für die konkreten Möglichkeiten eines Projekts. Das Gelingen des Projekts ist von der realistischen Wahrnehmung dieser Voraussetzungen und der aktuellen Zumutbarkeit für eine Klasse abhängig.

Beachten Sie den Entwicklungsstand der 3 Kompetenzen in Ihrer Klasse (als Voraussetzung für selbständiges Verhalten der Schüler) und stecken Sie Ihr Projektziel und -ausmaß dementsprechend:

Die arbeitsmethodische Kompetenz

Sie umfaßt die Fähigkeiten zur arbeitstechnischen Gestaltung des Projektlernprozesses: Auswahl, Verwendung und Variation von Arbeitsformen, Arbeitstechniken und Arbeitsmaterialien bedürfen meist der Anleitung durch den Lehrer.

Die soziale Kompetenz

Sie umfaßt die Fähigkeiten zur Gestaltung des kommunikativen Klimas in der Klasse. Die Veränderung der Konkurrenz zugunsten der Kooperation braucht Einladungen zur personalen, lustvollen Begegnung und selbstbehutsamer Abgrenzung. Wege zu dieser Veränderung sind den Schülern (und vielen Lehrern) zunächst nicht bekannt. Dazu führen personorientierte Arbeitsformen, Kommunikationsregeln und Begegnungsexperimente wie Spiele und Tänze. Anregungen dazu finden Sie im Kapitel "Die Klasse leiten".

Die fachliche Kompetenz

Diese Kompetenz entwickeln die Schüler im Lauf des Projektunterrichts - unterstützt durch die arbeitsmethodische und kommunikative Begleitung des Lehrers. Die Gewichtung, Anordnung und Auswahl der Inhalte und Fakten wird sich wahrscheinlich von der fachsytematischen Sicht des Lehrers unterscheiden, dafür den Erlebnisqualitäten der Schüler nahekommen.

Neue Aufgaben des Lehrers

Auch während des Projektunterrichts bleiben die komplementären Rollen Lehrer-Schüler aufrecht. Freilich ist die Sehnsucht nach der Beziehungs-Symmetrie zwischen Schülern und Lehrern ("Jetzt sind wir endlich gleich!") oft Motiv für die Wahl des Projektunterrichts. Die Verantwortung für die Leitung des Projekts hat der Lehrer. Die Schüler leiten ihre (Gruppen)Arbeit - und brauchen einige Zeit, das zu lernen.

Lehrer haben beim Projektunterricht neue Aufgaben:
- Initiative ergreifen
- die Zusammenarbeit mit den anderen Lehrer-Kollegen aufrechterhalten
- die Diskussion strukturieren
- die Schüler auf Freiräume hinweisen
- die Schüler ermutigen, sich auf ungewohnte Gefilde vorzuwagen
- den Schülern Verfahren/Methoden vorschlagen, die ihnen helfen,
- ihre Interessen/Themenwünsche zu sortieren und zu gewichten (Moderationsmethode),
- ihre Gruppenarbeit zu organisieren (Moderationsmethode, Plakate, Mind-Mapping, Blitzlichter, Zeitplan, Aufgabenverteilung, fixe Treffpunkte, Informations- und Ergebnisaustausch etc.)
- attraktive Darstellungsmedien zu wählen und
- die Präsentation zu gestalten
- die ganze Klasse am neuesten Stand der Projektentwicklung halten (Zeittafel, Gruppen-Ergebnisraster, Kurzberichte, Austauschgruppen)
- die Projektpräsentation koordinieren und
- die nötige Öffentlichkeitsarbeit fördern: speziell die schulinterne (zu den anderen Klassenlehrern, Gesamtkollegium, Direktion, Elternverein, Fach-Inspektoren) und die außerschulische (VIPs wie Bürgermeister, Redakteure der Lokalmedien, überregionale Medien).

Projektphasen

1. Entscheidung:
Mache ich ein Projekt ? ja/nein
Wer macht noch mit ?
Koordination mit den betroffenen Kollegen

2. Einstimmung und Annäherung
Ressourcen der Beteiligten entdecken und mobilisieren helfen:
Symbole suchen und identifizieren
Statuen erraten zum Thema usw.
Methode "Projekt" erklären und erfassen
Siehe Methoden im Abschnitt "Einsteigen"

3. Themen finden
Mit intuitiven (Symbole, Phantasiereisen, Imaginationen) oder wörtlichen (Moderationsmethode, Mindmapping) Methoden sammeln Sie mit den Schülern Themen, die Ihrem Unterricht und den Bedürfnissen der Schüler nahe kommen und Interesse finden.
In der Sammelphase alle Ideen/Themen sichtbar aufschreiben.

4. Themen auswählen
Die Schüler wählen mittels Interessepunkten, Statement, Pro-und-Contra-Positionen, 4-6 Ecken das Projektthema - oder die Projektthemen aus. Wichtig: Keine Abwertung abgelehnter Themen !
Vorgegebene Kriterien zur Auswahl:
1. Aktionen, Handeln, Gestalten muß möglich sein !
2. Thema ist für möglichst viele Schüler interessant
3. Hohe Beteiligung ist möglich: Differenzierung der Themen oder der Arbeit in Untergruppen

5. Arbeitsplanung und Arbeitsorganisation
* Themen- Zeit- und Gruppenraster: Welche Gruppe arbeitet woran, wielange ?
* Spielregeln für die Zusammenarbeit in de Gruppen und zwischen den Gruppen benennen
* Zugang zu Informationen klären
* Experten zum Thema benennen: wer, wo, wann ?
* Konkrete Arbeitsziele entwickeln
* Arbeiten und Handeln
* Atmosphäre in den Gruppen fördern
* Ergebnisse sichern und sichtbar machen

6. Präsentation gestalten und Würdigung der Erlebnisse und Ergebnisse
Die attraktive Präsentation der Ergebnisse und der Erlebnisqualitäten ist eine wichtige Phase. Auf jeden Fall ist die klasseninterne Würdigung der Gruppenergebnisse und -erlebnisse zu garantieren.

7. Veröffentlichung
Die Präsentation des Projekts in der Öffentlichkeit (ganze Schule, andere Klassen, andere Lehrer, Eltern, Bewohner rundum, Schulbehörde, Politiker und andere Betroffene) ist ein Höhepunkt, der entsprechende Anerkennung, Beachtung und entsprechendes Feedback für die Klasse bringt.

8. Abschluß und Fest
Zum emotionalen Abschließen gehören ein Klassenfeedback aneinander, das Zusammentragen der Reaktionen, der Austausch der Erfahrungen während der Projektzeit und ein festlicher Schlußpunkt.

Ausdrucks- und Darstellungsmittel
Die sinnliche Qualität und Aufmerksamkeit für die Präsentation der Ergebnisse wird wesentlich durch die Wahl anregender Ausdrucksmedien gesteigert. Einen Überblick über die Möglichkeiten des Verkörperns, Imaginierens und Gestaltens finden Sie im Absatz "Themen darstellen"

Grenzen des Projektunterrichts
1. Merk-Lernen: Inhalte und Fertigkeiten, die nur durch curriculares Trainieren und Üben erworben werden können, wie Sprachkönnen, mathematische und sportliche Fertigkeiten, die auf Perfektion zielen.

2. Energie-, Zeit- und Raum-Grenzen: "Man kann sich den ganzen Tag schinden, aber Sie sind nicht verpflichtet dazu !" Sie sind nicht verpflichtet, sich zu überfordern. In Schulen und Fächern, wo ein Projektunterricht energetisch, zeitlich und räumlich unmöglich ist, bzw. verunmöglicht wird, geht er eben nicht. Vorsichtshalber führen Sie mit je einem skeptischen und einem wohlwollenden Kollegen ein Gespräch über die Möglichkeiten des Projektunterrichts in ihrem Fach und an ihrer Schule - um ihre Wahrnehmung zu überprüfen und zu ergänzen.

3. Schülerwiderstand: "Gegen den Willen eines Menschen kann man nichts mit ihm tun !"
Projektunterricht ist eine kooperative und kommunikative Arbeitsform. Wenn Ihre Beziehung zu einer Klasse derart gestört ist, daß sich die Schüler Ihnen verweigern oder das Klima einer Klasse derart zerrüttet ist, daß die Schüler ja nichts miteinander tun wollen - ist Projektunterricht nicht möglich.
In diesem Fall ist der auftretende Widerstand eine gute Einladung für Sie und die Klasse, diese Themen anzugehen und zu besprechen. Siehe "Die Klasse leiten"

Literatur: "Das Projekt-Buch 1", J. Bastian, H. Gudjons, Verlag Bergmann und Helbig, Hamburg 1991 und "77 Fragen und Antworten zum Projektunterricht", Hamburg 1988, ISBN 3-89342-001-0

Motivationsprinzipien
Am Beispiel der Erarbeitung eines Gedichtebandes im Schüler-Hort

Barbara Lichtenegger

Animation durch Material

Im Tagesheim steht eine alte Schreibmaschine zur Verfügung, auf der die Kinder gerne immer wieder tippen. später kommt als zusätzlicher Anreiz eine elektrische Schreibmaschine dazu.

Aktuelles Interesse aufgreifen

Der beste Zeitpunkt für eine Antwort ist dann, wenn eine Frage gestellt wurde.
Die Horterzieherin Barbara machte sich immer wieder Gedanken über die Schreibschwierigkeiten der inder. Als eines Tages ein Kind, das besonders große Schwierigkeiten mit dem Schreiben hatte, ihr ein lustiges Gedicht auswendig aufsagte, regte sie das Kind an, das Gedicht zu tippen, um es dann aufhängen zu können

Persönlicher Kontakt: Als Person wichtig sein

Das Kind hatte Freude über diese gelungene Arbeit und tippte danach der Leiterin Brabara noch einen persönlichen kurzen Brief. Barbara beantwortete den Brief persönlcih, worauf sich ein Briefverkehr zwischen Barbara unddem Kind entwickelte. Das regte andere Kinder an, auch Briefe zu schreiben, die ebenso beantwortet wurden.

Schnelles Erfolgserlebnis - absehbares Ziel

Dazu kam immer wieder die Freude an Gedichten. Die Kinder tippten speziell kurze Gedichte, die dann sehr schnell aufgehängt werden konnten. Barbara schaffte viele Gedichtbände heran, besonders mit witzigen, kurzen Gedichten.

Begeistern aus einer Freude - überzeugen aus eigener Überzeugung

In dieser Zeit lernte Barbara selbst in einer Fortbildung, wie man Autoren richtig zitiert. Sie erzählte den Kindern, daß sie jetzt selbst gelernt habe und froh sei, zu wissen, wie man richtig zitiere. Ab sofort tippten die Kinder nach ihren kurzren Gedichten Autor, Buchtitel, Verlag und Erscheinungsjahr.

Zusätzliche Motive miteinbeziehen

Schon länger war es ein Thema unter den Kindern, wie sie denn gemeinsam Geld verdienen könnten. Aus der Freude über das Gedichte schreiben und zitieren kam schnell die Idee, ein Gedichtebuch mit eigenen Lieblingsgedichten herauszugeben und dieses zu verkaufen.

Das soziale Umfeld einbeziehen

Einer der ersten Schritte war, die Eltern (als mögliche Käufer) nach eigenen Lieblingsgedichten zu fragen. Weiters wurde ein Postkasten eingerichtet, in den Erwachsene den Titel ihrer Lieblingsgedichte einwerfen konnten. Die Suche der Eltern nach Lieblingsgedichten verstärkte noch die Freude der Kinder an ihrer Arbeit.

Freude über eigene Kreativität

Bald kam die Idee dazu, auch selbst Gedichte zu schreiben und diese eigenen Gedichte dem Gedichtband hinzuzufügen. Brbara war zunächst einttäuscht über die Schwierigkeiten der Kinder zu reimen.

Animationsprinzip: Vergrößern

Sie hatte von einer Reimmaschine gehört und bastelte mit den Kindern große Maschinen für diese schwierige Arbeit. Bald hingen überall im Klassenzimmer Plakate mit Wörtern, die sich reimen.

Konkretes Ergebnis - Abschluß finden

Barbara erkannte, daß es jetzt an der Zeit wäre, das Projekt zu beenden und bestimmte einen Zeitpunkt für den Abschluß der Arbeit. Der Gedichteband wurde nun schnell fertiggestellt. Eine Mutter besorgte das Kopieren. Die Bücher wurden gebunden und sollten nun bei einem Elternabend präsentiert und verkauft werden.

Ergebnisse präsentieren

Der Präsentationsabend für den Gedichteband wurde gemeinsam vorbereitet. Einige Gedichte wurden ausgewählt und in verschiedenen Darstellungsformen aufgearbeitet.

Medienwechsel

Unter anderem wurden folgende Medien gewählt:
-ein Lied als Gedicht vorsingen und mit Orff-Instrumenten begleiten
-Plakate: Ein Gedicht, was Worte alles können (verschiedenste Gefühle hervorrufen), wurde vorgetragen und zu jedem Textteil ein Plakat auf einer Wäscheleine quer durch den Raum aufgehängt
-Bewegungsspiel: Ein Nonsens-Gedicht wurde mit Bewegungen dargestellt
-Szenische Darstellung: Ein Gedicht über ein Geisterschloß
-Ratespiel: Miteinbeziehen der Gäste, Thema: Körpersprache. Begriffe wurden dargestellt und die Eltern konnten sie erraten. Brachte viel Spaß auf beiden Seiten
-Dias: Ein weiteres Gedicht über einen Schularbeitenapparat, der den Kindern Hausübungen abnehmen kann, wurde vorgetragen und entsprechende Dias dazu gezeigt.

Ein gelungener Abend und ein vorbildliches Projekt

Unterrichts-Sequenzen

"Komm, sagte der Esel"
Mitspielgeschichte zum Proieren von Veränderungen
Bilderbuch von Mira Lobe und Angelika Kaufmann. Verlag Jugend und Volk, Wien München.

Die Geschichte zeigt eine derbe Unterdrückungssituation, symbolisiert durch Herr und Esel. Der Herr lädt ihm immer mehr Lasten auf, um immer mehr verkaufen zu können. Da kommt ein zweiter Esel, der Eselfreund, der zunächst auch beladen wird, aber dann den Esel zum Ausreißen ermuntert. Und das tun sie auch.

Eine Unterrichtssequenz zum Thema "Verändern von Drucksituationen" für viele Altersstufen in vier Schritten:
1. Lockern
2. Mitspielgeschichte
3. Rollentransfer
4. Neue Szenen

1. Lockern
Zur Lockerungkönnen Sie 'Atome-Moleküle in Würfelform' nehmen oder einen Tanz, je nach szenischer Geübtheit der Schüler.

Atome-Moleküle in Würfelform
Die Schüler sind Atome, die bunt durcheinander gehen - durch Erhitzen oder Abkühlen schneller oder langsamer. Sie rufen die Hitzegrade. Nach je kurzem Umhergegen (kann auch zur Musik sein) rufen Sie eine Molekülzahl, zu der die Schüler rasch in Form der Würfelaugen zusammengehen. Jedes Molekühl hat ein entsprechendes Begegnungserlebnis, dann wieder umhergegehen:

Molekül 1: Atem anhalten bis es weitergeht. Oder einen Luftsprung oder einen "Juchaza" machen.
Molekül 2: Einander auf den Rücken zeichnen und der andere errät, was gezeichnet wurde. Rollenwechsel.
Molekül 3: Die Mittlere eine Runde durch die Klasse tragen.
Molekül 4: Die Partner in der Diagonale nehmen sich an Händen und erzählen einander was zur Zeit paßt (Urlaub, Geburtstagswunsch, Weihnachten) und die zwei anderen versuchen sie, mit allen Mitteln zu stören. Dann STOP und Rollenwechsel.
Molekül 5: Die Mittlere erzählt, wann sie als nächstes Gebutrstag hat und wünscht sich von den anderen 4 ein Geburtstagslied. Gratulation. Frage in die Klasse: "Wer hat als nächstes Geburtstag ?". Applaus für die Schülerin.
Molekül 6: Die 3er-Reihen drehen einander den Rücken zu, hängen sich mit den Armen ein und bewegen sich auf die andere Reihe rückwärts zu. Beim Aneinandertreffen den Druck erhöhen, soweit es ohne Keilerei geht - gut untergehängt bleiben ! Dann Druck reduzieren, entspannen, Hände hängen lassen und eine angenehme Gleichgewichtshaltung mit seinem Rückenpartner finden.

2. Die Mitspielgeschichte
können Sie als

Rollengeschichte
spielen: Alle Schüler ziehen ein Kärtchen auf dem jeweils eine Rolle der Geschichte steht. Beim Vorlesen tritt der betreffende Schüler in dieser Rolle auf und spielt spontan mit. Oder sie spielen sie als

Szenische Rundumgeschichte
Sie alle stehen im Kreis. Sie lesen die Geschichte vor und reihum übernimmt jeder Schüler die Rolle, die neu dazukommt, spielt spontan mit und tritt dann wieder ab, wenn sein Part vorbei ist.
Jetzt können Sie die Geschichte nochmals als

Stegreif-Szene
spielen. Jeder wählt sich nun die Rolle, die ihm gefallen hat und die Akteure spielen die Szene nach eigener Erinnerung und spontaner Improvisation.

3. Rollentransfer
Auf einem Plakat stellen Sie die "Hauptrollen" in einer Matrix vor:
Esel, Herr, Eselfreund, Waren/Lasten, Pflock/Fesseln, Käufer/Kunden

Esel	Herr	Esel Freund	Waren Lasten	Käufer Kunden
Schüler	Eltern	Tante	Aufgaben Schule Noten	Lehrer Eltern
Aids-Kranker	Gesell-schaft			
Bauer	LW Kammer	Bauern LW-Berater		
Haus-frau				

Sie laden nun die Schüler ein, sich an reale Lebenssituationen zu erinnern und Menschengruppen zu nennen, die ihnen auch wie ein Esel, der Herr oder der Eselfreund vorkommen. Diese Rollen tragen sie unter die richtige Kolonne ein, und versuchen dazu querhinüber die passenden Menschengruppen zu finden.

Oder sie fügen nur zu den Hauptrollen Esel oder Herr Menschengruppen ein und lassen die Schüler dazu jeweils Gruppen bilden, die mit dem abgebildeten Arbeitsblatt die restlichen Rollen trasferieren.

4. Szene der Veränderung

In diesen Gruppen entwickeln die Schüler nun eine Szene, die die Begegnung Esel- Eselfreund/in zeigt, also die Wende/Wandlung/Veränderung der Unterdrückung. Mit Ihrer Assistenz: Sie gehen von Gruppe zu Gruppe und Unterstützen sie bei ihrer Arbeit.

Diese Szenen schauen sie nun gemeinsam an und arbeiten die jeweiligen Lösungsqualitäten heraus (Plakat).

Mit diesen Szenen können sie sofort einen Elternabend oder ein Schulfest mitgestalten.

ESEL

HERR

ESELFREUND

WAREN / LASTEN

PFLOCK-FESSELN

KÄUFER / KUNDEN

"Überlebe, mein Schmetterling !"

Eine beispielhaft gestaltpädagogische Film-Sequenz zum Kurzfilm "00173"
(Erhältlich in den Medienreferaten der Diözesen)

Doppelstunde zu den möglichen Themen: Gefährdung und Befreiung, Behutsamkeit und eigene Stützqualitäten(Ressourcen) entdecken.

Elemente:

Film, Unterbrechung, Fortsetzung/Ende Phantasieren, Szenen darstellen und Filmgestalten verkörpern, Schmetterling reißen und mit eigenen Themen verknüpfen, in eine nährende Position gehen - beim Formulieren des Überlebenstips, Selbstaneignung durch das Wahrnehmen der Wirkung des eigenen Überlebenstips auf sich selbst.

Ihre Vorbereitung:

Schauen Sie sich den Film vorher an und suchen Sie die Stelle, wo der Arbeiter die Maschine stoppt, in die Presse greift, um den Schmetterling zu befreien - und der Oberroboter den Hebel für den Countdown drückt. Die Zahlen 10 - 9 leuchten auf - und hier unterbrechen Sie bei der Vorführung den Film.
Für jede Schülerin brauchen Sie ein Kärtchen und ein Blatt buntes Tonpapier, ca A4 Format (aus dem wird später ein Schmetterling gerissen). Die Schülerinnen brauchen einen Schreibstift.

Ablauf:

1. Sie reservieren sich einen Raum(oder räumen die Klasse um), in dem die Schülerinnen leicht die Sessel auf die Seite stellen können und Raum für Kleingruppen haben.

2. Jede Schülerin bekommt als "Eintrittskarte" ein leeres Kärtchen und benötigt einen eigenen Stift.

3. Nach einer kurzen Einleitung über den groben Verlauf -"ein Film mit Unterbrechung und einigen Erlebnisaufgaben" - zeigen Sie den Film bis zur genannten Stelle. Hier brechen Sie ab.

4. Sie laden die Schülerinnen ein, sich vorzustellen, wie der Film weitergeht, bzw. wie sie den Film enden lassen würden. Zu dieser ihrer Vorstellung macht sich jede Schülerin einige Notizen auf ihrem Kärtchen (Prägnanz !).
Nun gehen die Schülerinnen umher und stellen in Gesprächen einander kurz ihr Ende vor.
Ähnliche gruppieren sich zusammen - mindestens als 3er-Gruppe!
Sie gehen mit und moderieren und ermuntern zum Austausch und Vergleich, fördern die Gruppenbildung.

5. Jede Gruppe erarbeitet, probt eine Szene und stellt ihr Ende (zumindest die gemeinsame Tendenz des Endes) dar, indem jede Schülerin eine Rolle auswählt: Schmetterling, Arbeiter, Maschine, Oberroboter. Die Szene beginnt beim Countdown.

6. Die Zuschauerinnen nennen nach jeder Szene einige Beobachtungen. Sie achten aufs zügige Tempo, so daß die Gruppen genügend Interesse vorfinden.

7. Sie spielen das Ende des Films vor. Geben etwas Zeit, dieses Ende zu verdauen - Vergleich mit unseren...

8. Jetzt kann sich jede Schülerin das Buntpapierblatt ihrer Lieblingsfarbe nehmen, in der Hälfte falten und daraus symmetrisch "ihren" Schmetterling reißen.

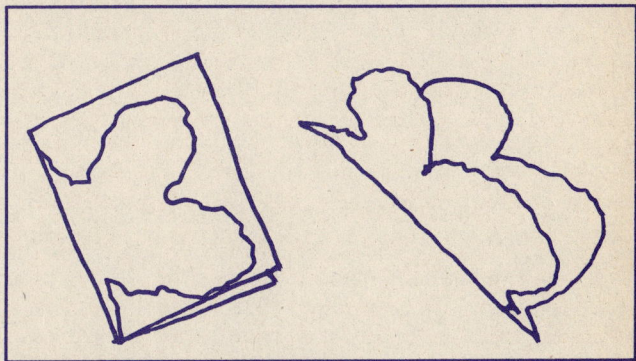

9. Auf den linken Flügel schreibt jede, woran sie dieser gefährdete Schmetterling erinnert: in der Umwelt, in mir ...
Dazu brauchen Sie eine gelöste Stimmung - etwas ruhige Musik.
Auf den rechten Flügel schreiben die Schülerinnen nun einen Überlebenstip für den "nächsten" Schmetterling, für den ja schon ein Kästchen mit der Nummer 00174 vorbereitet ist. "Stell Dir vor, der nächste Schmetterling setzt sich, bevor er in die Halle fliegt, auf Deine Schulter und Du flüsterst ihm zu, was er tun kann, um sicher zu überleben: ... Formuliere das handlungsaktiv, also: Fliege .. statt mit Negationen: Tue nicht .."

10. Die Schülerinnen bilden Paare und stellen einander den Schmetterling vor.

11. Das Stützerlebnis: Eine Schülerin stellt sich mit dem Überlebenstip der anderen an ihre Seite. Diese denkt sich eine gefährliche Situation in nächster Zeit aus, nickt, wenn sie sich diese gerade vorstellt. Jetzt raunt ihr ihr "Beistand" mit einer Hand auf ihrer Schulter 3 Mal den Überlebenstip ins Ohr. Die so Begleitete spürt nun, wie sehr ihr ihr eigener Überlebenstip gut tut, bzw. wie er für diese Situation lauten müßte, um zu wirken. Dies kann sie abändern. Sie selbst gehen dabei umher und helfen den Paaren bei den Formulierungen und bei der Stützarbeit.

12. Ausklang der Sequenz mit Würdigung der Schmetterlinge und deren kostbarer Aufbewahrung.

"Umwelt"
Sequenz mit Zwiebel und Umfragemethode

1) Zwiebel/Karussell zum Einstieg:

Beobachtungen, Erfahrungen, Einstellungen zum Thema, Begegnung in wechselnden Paaren

Die Schülerinnen stehen paarweise beisammen und bilden so einen Innen- und Außenkreis und handeln während des "Kugellagers" nach folgendem Ritual: Die Partner begrüßen einander - erfüllen die vom Lehrer gestellte Erlebnis-Aufgabe und verabschieden sich danach voneinander: die Innenkreispartnerin wechselt nach links zur nächsten.

Die Paaraufgaben/Erlebnisse/Experimente:
+ *Einander blind beschreiben:* Die Partnerinnen schauen sich gut an, von oben bis unten (Gelächter wahrscheinlich), die Partnerin im Innenkreis schließt nun die Augen und beschreibt ihre gegenüberstehende Partnerin blind. Danach Rollentausch. Dann Partnerwechsel:

+ *3 konkrete Beobachtungen* über Umweltbeeinträchtigungen in meinem Lebensraum: Kurz nachdenken, dann einander erzählen. Partnerwechsel:
+ *Minidrama/Rollengespräch: Arzt-Erde.* Die Partnerinnen wählen sich die Rolle Erde oder Arzt. Nun kommt die Erde auf Arztbesuch - kurz 2 m auseinander - aufeinanderzugehen.Die Erde klagt ihr Leid, der Arzt gibt ihr darauf ein Rezept. Danach stellen alle oder einige Erden laut das erhaltene Rezept vor. Partnerwechsel:
+ *Wie passiert die Mülltrennung* bei uns daheim: Einander erzählen. Partnerwechsel:
+ *Minidrama plus Dialogblatt: Baum-Saurer Regen.:* Die Paare bekommen je ein Dialogblatt. Jede wählt sich ihre Rolle: Baum oder Saurer Regen. Jede füllt ihre Sprechblase mit einem typischen Satz beim Aufeinandertreffen. Nun stellen sich die beiden zu einer passenden Statue (kann auch beweglich sein) und sprechen ihren Kurzdialog. Applaus für die Szenen. Bei großen Klassen gehen je zwei Paare zusammen.

Paare bilden 4er- und 6er-Gruppen:
Fortsetzung mit der Umfrage-Methode

Dialogblatt:

A) Die Umweltprobleme werden uns noch über den Kopf wachsen

B) Einweg-Packungen sind unbedingt zu verbieten

C) Das Argument der Arbeitsplatzsicherung darf keinen Vorrang gegenüber Umweltschutzmaßnahmen haben

D) Beim Umweltschutz ist das Bewußtsein des Einzelnen wichtiger als die Umweltpolitik der Parteien

E) Die meisten Menschen sind für Umweltprobleme ansprechbar

F) Die Finanzierung der Müllbeseitigung soll nach dem Verursacherprinzip geschehen

G) Unsere Umwelt kann nur durch eine strengere Gesetzgebung gerettet werden

H) Nur der Druck von Bürgerinitiativen führt zu einem Fortschritt in der Umweltpolitik

2) Umfrage-Methode
Zu Thesen Stellung nehmen, das Meinungsbild der Klasse wird sichtbar, Einstellungen begründen

Kleingruppen-Arbeit:
Sobald die Paare 4er- oder 6er-Gruppen gebildet haben, bekommt jede Schülerin ein Thesenblatt (Siehe nebenan). Dieses reißt sie in Thesen-Streifen und sortiert sie nach Zustimmung und Ablehnung der These: Die Streifen/Kärtchen der Zustimmung behält sie in Händen, die abgelehnten steckt sie weg. Nun beginnt eine (die als nächste Geburtstag hat) und legt ihre erste These in die Gruppenmitte - alle, die ebenso gewählt haben, legen ihr Kärtchen dazu, nun kann jede ihre Zustimmung und Ablehnung kurz begründen. Dann wird gleicherart die nächste These "ausgespielt".
Je nach Zeit geht dies sehr straff oder gesprächsbetont.
Wenn alle zugestimmten Thesen-Kärtchen am Boden/Tisch liegen, dann:
Zum Schluß der Kleingruppenarbeit die wichtigste These mit persönlicher Unterschrift signieren - zur Identifikation und Prägnanz, bevor die Kärtchen aller zusammengelegt werden.

Als Übergang zur Gesamtklasse ist interessant:
Ergebnis-Toto
Jede tippt auf einem Plakatraster, welche der Aussagen insgesamt am meisten und welche am wenigsten Zustimmung bekommen haben wird.

Auflegen aller Kärtchen aus den Kleingruppen zu
Zustimmungssäulen (oder wenn der
Raum zu klein ist: Aufkleben auf einem großen Plakat oder nur die Gruppen-Zahlen zu jeder Aussage addieren., Würdigung des Ergebnisses, Vergleich mit dem Toto und Begründungen und Vermutungen darüber, warum die Schülerinnen gerade so zugestimmt/abgelehnt haben und welche Konsequenzen das haben könnte.

Ende der Sequenz

Fortsetzung siehe "Mögliche Weiterarbeit" und "Themen darstellen"

"Flüchtlinge bei uns"
Projekteinstimmung und - Vorbereitung
Paul Lahninger

Doppelstunde, AHS, 6.Klasse

Flüchtlinge - ein brennendes Thema. Amnesty International organisierte die Veranstaltung "Keine Mauern gegen Flüchtlinge". Im Rahmen dieser Veranstaltung war ich als Referent für eine Doppelstunde mit zwei 6. Klassen, AHS eingeladen. Die Schüler waren dabei, ein Projeket zu planen: Eine Informationsveranstaltung in der Schule, zu der ausländische Referenten eingeladen werden sollten.

Namen-Kreuzwort mit Assoziation um Thema

Jeder schreibt den eigenen Namen in Blockbuchstaben in die Mitte eines Kärtchens. Danach geht jede/r auf die Suche nach einer PartnerIn, die einen Buchstaben im Namen hat, der im eigenen Namen vorkommt. Diese Person schreibt ihren Namen gleich einem Kreuzwort ins Kästchen ein. Mit dem Kreuzungsbuchstaben assoziieren die PartnerInnen Wörter zum Thema. A wie asozial, Außenseiter, Austria. Eines dieser Wörter wird jeweils kurz besprochen und auf die Rückseite der Kästchen geschrieben. Danach neue/n PartnerIn suchen.

Vorstellungsrunde zum Thema

Sesselkreis. Reihum wählt jede/r eines seiner Stichwörter aus, und erzählt kurz, was sie/ihn davon betrifft.

Statuen erraten

5er Gruppen einigen sich auf je ein Stichwort, das als Statue dargestellt wird. Die Statuen werden nacheinander jeweils unter einem großen Tuch aufgebaut, enthüllt und von den anderen erraten

System Rollenspiel:
"Wie sag' ich's meinem..."

In diesem Rollenspiel geht es darum, mögliche Widerstände bei der Duchführung eines Projekts durchzuarbeiten. Das Projekt lautete:
Informations-Veranstaltung in der Schule, Einladen ausländischer Referenten.

1. Rollen sammeln:
Wer aller ist von dieser Veranstaltung betroffen: Organisationskommitee, Mitschüler, Schulwart, Eltern, Lehrer, Direktion...
Die Rollen werden auf Kärtchen geschrieben. Kleingruppen oder Paare übernehmen je eine Rolle gemeinsam.

2. Redaktion:
Jede Kleingruppe (KG) sammelt schriftlich Äußerungen, die die betreffenden Personen zur Veranstaltung machen könnten.
z.B.: "Schon wieder eine Stundenplanänderung" - "Hoffentlich fällt Deutsch aus" - "Na, ob da nachher ordentlich zusammengeräumt wird?"

Austausch: jede KG spielt eine ausgewählte Aussage zum Thema theatralisch vor.

3. Plenumsdiskussion:
Alle Betroffenen sind zu einer Diskussion geladen. Thema ist die geplante Veranstaltung. Der Diskussionsleiter achtet darauf, daß jede Personengruppe zu Wort kommt.

4. Strategien erarbeiten:
Kleingruppenarbeit: Aus der bisher gespielten Rolle wieder aussteigen und als SchülerInnen-Kommitee planen:
Wie treten wir am besten an die Personengruppe heran, die wir gerade dargestellt haben?
Auf welche Vorbehalte und Widerstände bereiten wir uns vor?
"Wie sag' ich's meinem ...?"

5. Austausch:
Austausch und Besprechung der Ergebnisse im Plenum.

Material:
2 Kärtchen je Schülerin (z.b. 1/3 A4)
1 großes Tuch
Tafel oder Flipchart
Schreibmaterial

Weitere Unterrichts-Sequenzen:

Außenseiter. Siehe Kapitel 6
Gedichte. Siehe Absatz "Projektunterricht"
Faires Kämpfen. Siehe Kapitel 6

Veranstaltungen und Feste

Animation
Gedanken zur Einleitung

Im Jahresablauf sind es die Feste wie Weihnachten, der Geburtstag, aber auch die Sonntage, die Abwechslung in den wöchentlichen Alltag bringen. Als solche sind sie Tradition, was darauf hinweist, daß sie nicht nur angenehm, sondern auch wichtig sind für die Menschen. Tradition schützt, was man schützen will.

In der Schule fehlen solche Zeitstrukturen großteils noch immer. Es gibt nur wenige Brennpunkte im Schulalltag, auf die Schüler traditionell warten können. Sollen es nur die Schularbeiten sein?

Zu wenig angenehm!

Wie die ganze Familie braucht auch die ganze Schule fröhliche, spielerische, aufregende Tage und Veranstaltungen: Zufriedenheit, Freude, und "Neugier auf irgendetwas" sind gefragt.

Mehr Spannung, Spielraum und Freiheit sollten strikte Planung und eintöniges Dahinplätschern verdrängen. Mehr Erlebnis, weniger Ergebnis. Mehr Anregung, weniger Regelung. Die Schüler wie die Lehrer wollen und sollen als Personen beteiligt sein. Alle haben Sehnsucht nach einem Zustand, in dem sie sich fühlen, als wäre eben ein besonderer Moment. Alle wollen beteiligt sein an einer kleinen Einmaligkeit. Wie wird sich diese Situation weiterentwickeln? Wie wird sie aufhören und wie werden dann alle darüber fühlen und denken?

Ein Rest ist also offen, nicht fix, nicht vorzubereiten, etwas Spannung bleibt.

Nicht alles ist ausrechenbar. Animation ist nicht ein fertig geschriebenes Buch sondern es ist das Lesen eines Buches. Oder eines zu schreiben.
Spielen als Lernen mit allen Sinnen. Spielen als Freude, das Miteinander lustvoll zu erleben. Animation als Ihr persönlicher Beitrag zur Lebensqualität und zum Sozialen Lernen in der Schule.

Manchmal steht ein bestimmtes Thema deutlich im Vordergrund, Sie machen eine "Thematische Animation".

Spielen heißt Lernen als Person, also auch Gefühle beim Lernen und über das Gelernte zu haben, Regeln für den späteren Gebrauch zu entwicklen und damit sein Bild von der Welt, mit sich selbst und den anderen Menschen darin, weiterzuentwicklen. Lernen mit weniger Angst vor Versagen und schlechter Beurteilung. Wer sich sicher fühlt, wagt Neues zu probieren und sich vielleicht zu ändern. Lernen, das das Handeln beeinflußt.

Man weiß nicht sicher, wo man landen wird, noch den genauen Weg dorthin. Er ist nur in seinen großen Zügen festgelegt. Es gibt Spielraum.
Der ist essentiell in der Animation!

Das bedeutet für Sie als Lehrer: Nicht alles ist machbar!

Und noch etwas: Animation ist ein Stück ähnlich der Kunst. Sie ist manchmal wie eine Leinwand, auf die die mitspielenden Personen ihre eigenen Antworten projizieren können (und sollen). Als Lehrer dürfen Sie nicht alle Antworten geben. Sie können nicht alle Schritte und Ergenisse vorhersagen, weil der Prozeß sehr bestimmend ist. Es ist anders als bei einer Prüfung, die gelernten Stoff wiederholt.

Man muß noch Chaos in sich haben, um einen tanzenden Stern zu gebären !

Friedrich Nietzsche

Thematische Großgruppen-Animationen

"Spielen hilft verstehen" sagt Frederic Vester und schreibt über psychologische, physiologische und biologische Hintergründe und Abläufe bei Lernvorgängen im Menschen. "Nur wer spielt, lernt!" steht etwas provokant auf einer selbstbemalten Tragetasche aus Jute. Sie war als persönliches Produkt Endergebnis eines Seminars über die Zusammenhänge von Spielen, Lernen und Handeln.
"Wir sind hier eine Schule und kein Kindergarten mehr!" sorgen sich bekümmerte Eltern und Lehrer, die wenig Erfahrung und noch weniger nachgedacht haben über die Modi des Lernens bei Schülern.

Befruchten Sie zwei Ideen miteinander und vollziehen Sie in Ihren Gedanken gemeinsam mit mir einen Phantasieprozeß. Nach dieser szenischen Vision haben Susanne Kubat und Michael Thanhoffer thematische Großanimationen für Volksschulen entwickelt.
Nehmen Sie sich jetzt einige Minuten Zeit für die folgende "Bilderreise":
"Stellen Sie sich ein Theater vor mit einer großen, leeren, unbeleuchteten Bühne. Sie sitzen im Parkett in der ersten Reihe. Alleine. Die Bühne ist schwarz und leer. Wie bei einer Probe.

...

Auf einer Stelle der Bühne sehen Sie jetzt einen guten alten Lehrfilm in Schwarz-Weiß-Technik. Schauen Sie ein wenig zu.

...

Dann sehen Sie an einer anderen Stelle der Bühne Kinder spielen. Sie spielen auf einer Wiese neben einem großen Haus. Vielleicht fließt ein Gewässer in der Nähe. Schauen Sie den Kindern eine Zeit lang zu. Nach einiger Zeit gehen die Kinder ins Haus in die Werkstatt. Eine Menge Kisten stehen umher, einige Maschinen, altes Spielzeug, Werkzeuge. Die Kinder haben heute den ersten Ferientag und bereits tolle Dinge entdeckt. Sie probieren aus, was offen herumsteht und öffnen, was ihnen interessant erscheint. Sie sind vorsichtig und neugierig.

...

Eine andere Stelle der Bühne wird sichtbar. Ein Jugendlicher sitzt in einer Bibliothek am Fußboden. Um ihn herum liegen Bücher, teilweise aufgeschlagen. Skizzen und Bilder werden sichtbar. Er sucht, schmökert, liest, blättert. Der Raum ist ruhig. Der Jugendliche liest konzentriert.

...

Lichtwechsel. Auf einer anderen Stelle wird es hell. TV-Farbmonitor. Videocasetten. Bunte Bilder, rasche Szenenfolge. Auch Humor und Paradoxien. Gebannt blicken Kinder auf den Schirm. Kommentare. Stop-

taste. Retourlauf. Noch einmal. Standbild. Zeitlupe. Ernstes wird komisch, aber es wird auch verstanden. Sie sehen und wiederholen, von Lust und Wissensdurst gebannt.

...

Eine andere Stelle der Bühne wird beleuchtet. Vier Kinder liegen in ihren Betten. Ferienaktion. Heute war "Expedition". Sie schreiben Briefe, erzählen einander Erlebnisse und Erklärungen. Eines zeichnet Comics. Viele Fragen tauchen auf. Das Neue vom Tag, das Aufgenommene wird verdaut.

...

Und jetzt merken Sie, daß Sie die vorangegangenen Bilder, Szenen, Plätze auf der Bühne noch immer sehen können, alle gleichzeitig. Sie stellen fest, daß die Menschen auf der Bühne von einem Platz zum anderen gehen können. Sie gehen, wie es ihnen gefällt. Die meisten scheinen öfters recht intensiv bei der Sache zu sein. Einige sitzen deinteressiert herum. Hin und wieder versucht jemand, andere zu stören.

...

Sie schauen auf Ihre Uhr. Sie haben kaum mehr Zeit, hier im Theater zu bleiben. Sie stehen auf und machen sich auf den Weg zu ihrem nächsten Ziel. Beim Gehen und Fahren denken Sie darüber nach, wie Sie dieses vielschichtige Bild für Ihre Lehrertätigkeit nützen könnten.

Im Folgenden stellen wir Ihnen einige Modelle Thematischer Großgruppenanimation für Volksschulen vor:

"Das Mittelmeer, das mag ich sehr!"
Das Lifestyle-Spiel

Zwei Spiel- und Lernaktionen, für die sich die Lehrer das gesamte dafür notwendige Equipment kostenlos an ihre Schule schicken lassen können.

"Das Mobile Gärtchen"

Eine Holzvitrine auf Rädern, steckt ebenfalls voller animativer Utensilien und ist auch zum Ausleihen.

Thematische Großgruppenanimationen mit anderen Strukturen finden Sie in Kapitel 5.3:

Öko-Rallye
Öko-Spieldorf
und im Kapitel 5.4:
Einstandsfest

Spiel- und Lernaktionen zum Ausleihen

Auskünfte:
Michael Thanhoffer, A - 1140 Wien, Hüttelbergstr. 61

"Das Mittelmeer, das mag ich sehr!"

Ausstattung:
- Fischernetz ("Rahmen")
- Spielplanfolder
- Wasserbaustelle
- Ferien-Bierdeckel bemalen
- "Unter dem Meeresspiegel"-Zeichenaktion
- Mülltrennspiel
- Nahrungskettenpyramide - Wurfspiel
- Sandfilter
- Brettspielestandl
- Informationstafeln
- u.a.m.

*Bezugsquelle: Greenpeace Österreich,
A-1030 Wien*

Life-Style
Gesundheitserziehung
Krebsprävention

Ausstattung:
- Menschenfiguren (Rahmen)
- Spielplanfolder
- Fähnchen mit Gesundheitsprogramm gestalten
- Kleiderhaken für Sportdreß - mein Profil
- Mülltrennspiel
- Alkoholfreie Getränkemixrezepte
- So oder So Puzzle
- Verdauungskriechschlauch mit Organen
- Sonnenbrillentexte
- Videos mit dramatisierten Physiologievorgängen
- Bücherregal
- Informationstafeln
- u.a.m.

*Bezugsquelle: Österreichische Krebshilfe,
A-1090 Wien*

Das Mobile Gärtchen

Im Rahmen der Mobilen Jugendinformation des Bundesministeriums für Umwelt, Jugend und Familie wurde das Mobile Gärtchen von Rudolf Eichinger, Michael Thanhoffer und Brigitte Grüner-Achsnit entwickelt: Ein kleine Kastenvitrine auf vier Rädern, ausgestattet mit Wasserkläranlage, Pflanzen, Pflanzenlicht und allerlei Gegenständen.

Es ist als Modell eine Antwort auf die Tatsache, daß viele Volksschulen, Kindergärten und Tagesheime im Stadtgebiet keine Möglichkeiten haben, Pflanzen leben zu sehen oder gar gärtnerisch tätig werden zu können.

Das Mobile Gärtchen steht einer Schulkasse mehrere Wochen zur Verfügung und gibt dadurch den Kindern die Möglichkeit, mehr Gefühl für die Zeit zu entwickeln, die Pflanzen, Keime und Samen zum Wachsen brauchen. Es steht nicht ständig im Mittelpunkt ihrer Aufmerksamkeit, es ist nicht notwendig, daß alle Kinder "ganz rasch aufpassen, weil alles sonst schon wieder vorbei ist", aber es ist doch unübersehbar da und will gepflegt werden.

Da es mit kleinen Rädern versehen ist, ist es mobil, und kann ohne Vorbereitung von einem Kind weggeschoben werden. Es ist kein fixes Möbelstück, das den schon geringen Platz weiter einschränkt. Es muß nicht am Fenster stehen, eine Steckdose in der Nähe genügt.

Ausstattung:
- Holzwagen auf Rädern, mit Laden und Ausziehbrettern
- Wasserkläranlage mit Zyperngras und Plexiglaswand zum Zuschauen
- Saatschalen, Tonschalen, Minigewächshäuser
- verschiedene Samen und Körner
  Gießkanne, Beschriftungskärtchen, verschiedenes Gärtnerwerkzeug
- Sachbücher, Umweltspielkartei und methodische Behelfe
- thematische Brettspiele
- Tagebuch des Mobilen Gärtchens
- Pflanzenleuchte mit Zeitschaltuhr und Verlängerungskabel
- Ein spezieller Praxisbehelf mit einfachen Versuchsanleitungen

*Bezugsquelle:
Bundesministerium für Umwelt, Jugend und Familie, Rudolf Eichinger,
A-1010 Wien, Franz-Josefs-Kai 51*

Charakteristika und Vorteile dieser Aktionen:

- Verbindung von bildhaftem und begrifflichem Denkmodus.
- Fertig vorbereitete Aktionen mit klarem Lernfreiraum für die Kinder.
- Methodische Entlastung des einzelnen Lehrers.
- Als Gesamtmethode Vorstufe zum Projektunterricht.
- Gratis.
- Spezifisches Material und viele "schulfremde Gegenstände".
- Multimediale Stationen mit relativ viel körperlicher Bewegung beim Lernen.
- Ein Thema ist vielfältig aufbereitet.
- Klare Ansatzpunkte und Methoden zur Weiterarbeit.
- Der Lehrer kann sich methodische Anregungen für seine eigenen Lehrtätigkeit mitnehmen.

Und so arbeiten Lehrer damit:

1. Bestellung.
Mit der Verleihorganisation wird ein Termin vereinbart.

2. Lehrerpaket.
Der Lehrer erhält per Post das Lehrerpaket. Schriftliche Unterlagen zur Aktion, methodische Vorschläge zur Vorbereitung der Schüler, organisatorische Hinweise für den Aufbau.

3. Platz & Partner.
Für den vorgesehenen Zeitraum wird der Schulhof, Turnsaal oder ein entsprechender Raum reserviert. Zur Unterstützung in Aufbau und Ablauf werden Kollegen und Eltern als Partner engagiert. Der Zeitplan mit anderen Klassen, die sich an der Aktion beteiligen wollen, wird festgelegt.

4. Einstimmung.

In der Klasse wird die "herannahende Aktion" angekündigt. Einige Methoden zur Einstimmung, Informationen, Gespräche über Erwartungen, Möglichkeiten, Ziele.

5. Das Material kommt.

Zum vereinbarten Termin wird das Material für die Aktion ins Schulhaus zugestellt. Es ist in Transportbehältern verpackt und genau beschriftet.

6. Aufbau.

Die einzelnen Stationen und der "Rahmen", der das Thema groß und deutlich bildhaft zeigt und den Zusammenhalt zwischen der einzelnen Stationen gewährleistet, werden aufgebaut. Lehrer und Eltern, nach Möglichkeit auch Kinder arbeiten zusammen.

7. Aktives Erlebnis.

Die Kinder einer Klasse erhalten ihre persönlichen Spielpläne (Folder) und arbeiten - heißt erleben, spielen lernen, tun, - zwei bis drei Stunden mit den einzelnen Angeboten bzw. Stationen. Die Reihenfolge bestimmen sie selbst. Sie beantworten eine kleine Frage auf ihrem Spielplanfolder zu jeder besuchten Station.

8. Nächste Klasse oder Abbau.

Und Rücksendung der Behälter an den Verleiher.

9. Nachbereitung.

Mit Gesprächen und verschiedenen Methoden, - das Lehrerpaket erhält eine kleine Sammlung davon, - werden die Lernerfahrungen bewußtgemacht, festgehalten und gefestigt. Offene Fragen werden beantwortet. Damit kann die Arbeit mit diesem Thema abgeschlossen werden.

Allerdings geben die einzelnen Stationen etliche Ansatzpunkte für vertiefende oder weiterführende Beschäftigung mit einzelnen Themenbereichen.

"Schultouristische Veranstaltungen"

"Heute haben wir keine Schule! Wir haben Wandertag. Wir fahren fort."

Emotional scheint dieser Satz auch für Lehrer zu gelten. Viele Kolleginnen und Kollegen können sich diesem Satz, den sie als Schüler selbst gesagt und erlebt haben, auch in der Rolle als Lehrer nicht entziehen.

Aus ungewohnter Warte gesehen:

Schullandwoche, Schulstadtwoche, Schikurs, Sportwoche, Wandertag, Exkursion, Schulausgang, Maturareise etc.

Aus dem Blickwinkel der Kinder und Jugendlichen sind alle oben genannten Veranstaltungen zuerst einmal irgendeine Art von "Reisen" und bestenfalls in zweiter Linie "Schule". Die Pädagogik scheint "nur zusätzlich" zu sein, eine - meist ungeliebte - "Bedingung" des Zustandekommens dieser Art von Reisen. "Muß denn alles so geordnet sein?" fragen die Schüler und wollen schulische Normen abschütteln, denn auf Reisen ist doch "fast alles erlaubt". Die Einhaltung vieler Regeln und Vereinbarungen ist weitaus mühsamer als im Schulgebäude. Manche Schüler scheint man nicht wiederzuerkennen, derartig anders verhalten sie sich. Manche Lehrer sind irritiert oder ratlos, weil ihre Lehrer(Schul)rolle nicht mehr die gewohnten Wirkungen auslöst und nicht mehr richtig zu passen scheint.

Reisen ist etwas anderes als Schule. Reisen, Tourismus, ist für die Schule prinzipiell ein sehr fremdes, oft befremdendes Thema. Die Schüler wehren sich gegen eine Verpädagogisierung des Reisens, da wollen sie lieber gleich gar nicht mitfahren. Ich verstehe ihre Wünsche und ihre Haltung.

Tourismus ist das eigentliche Thema, wenn in der Schule Schikurse etc.veranstaltet werden. Die Kinder erleben = lernen, wie sich die Lehrer im Tourismus verhalten, und sie vergleichen diese Erfahrungen mit ihren privaten Reiseerfahrungen. Dieser Vergleich macht viele Lehrer unsicher.

Die Chancen, pädagogisch zu wirken, sind zahlreich und groß, meistens aber unbemerkt. Ein Beispiel: Es macht große Unterschiede, ob eine Klasse per Bus im überwiegend individualen Straßenverkehr ins Schigebiet fährt oder per Bahn im öffentlichen Verkehrsnetz anreist. Tatsächlich kann die Klassenfahrt für manche Kinder die erste Bahnfahrt ihres Lebens sein. Aber der Lehrer steht mehr in der Öffentlichkeit, als säße seine Klasse im eigenen, "abgeschlossenen" Autobus. Lehrer und Schüler erleben auch hautnah viele Vor- und Nachteile öffentlicher Ver-

kehrsmittel, die sich vielleicht anders präsentieren, als man es im theoretischen, verbalen Unterricht behandelt hatte. Man könnte auch gefordert haben "Weniger Autos!" und plant doch eine Klassenfahrt per Autobus.

Der Tourismusstandpunkt der Schüler bringt also einige interessante Denk- und Handlungsimpulse für Sie als Lehrperson. Zwei weitere wichtige Beeinflußungen der Veranstaltungen entstehen durch das Wetter und die aktuellen Strömungen des gesellschaftlichen Bereiches Tourismus üerhaupt.

Das Wetter ist so gut wie wir es benennen!

Die Bezeichnung "Schlechtwetter" stellt unbewußt, gewohnheitsmäßig oder absichtlich, eine negative Bewertung von Wetterlagen dar. Da es eine ganz unspezifische Aussage ist, ist sie sehr oft einfach falsch. "Schlechtwetter" ist aber genau besehen ein bestimmtes Wetter, das schlecht ist für bestimmte Unternehmungen und Erlebnisse von Kindern. Da es schlecht ist für bestimmte Interessen von bestimmten Menschen, ist es also

- gut für bestimmte andere Interessen derselben Kinder,
- gut für bestimmte Interessen anderer Menschen (z.B. der Bauern) und
- für wieder andere Interessen der Kinder wie der Bauern bedeutungslos, weil nebensächlich.

Diese "Wortspielereien" sind wichtiger, als wir vielleicht meinen. Wir und die Kinder haben gelernt, uns mehr nach den Bewertungen anderer Menschen zu richten als selber Bewertungen zu treffen. Das wurde z.B. dadurch gelernt, daß viele Kinder gerne im Regen spielen, aber immer wieder von den Erwachsenen hören, "Du wirst schmutzig! Dir wird kalt werden! Du kannst nicht hinaus gehen, weil es regnet!" usw.

Belastungen, Kälte, Regen, Wind etc. ausgehalten zu haben, sind immer auch ein Erlebnisse des eigenen Körpers, eigener Stärke, eigenen Könnens und Muts. Wenn die Möglichkeiten dazu im schulischen Rahmen auch beschränkt sind, sollen sie dennoch geschätzt und genützt werden.

Beides wirkt also auf die Menschen: Die Gewohnheit (bei schlechtem Wetter Bestimmtes nicht zu tun) und die Bewertung durch das Wörtchen "schlecht".

Und noch etwas wirkt ganz aktuell auf die Kinder: die Suggestionen, die in Gesprächen und Werbemitteln ständig präsent sind. Die "heile", sonnige, strahlende Welt ohne Wolken (und Sorgen) und ganz warm. In gewissen Grenzen sind die Einstellungen zu verschiedenen Wetterformen veränderbar und Sie als Lehrer sind beispielgebend!

Allzuoft freilich heißt Schlechtwetter "schlecht für das vom Lehrer vorbereitete Programm", weil er lieber auf das passende Wetter warten möchte, statt zum Wetter passende Angebote vorzubereiten. Für die Kinder freilich hängt der Begriff Wetter ganz eng mit dem Begriff Natur zusammen. Die Haltung des Lehrers zum Wetter ist für die Kinder gleichbedeutend mit seiner Haltung zur Natur und zur Umwelt.

Angestaute Bewegungsenergie

Nicht nur bei Regenwetter, aber dann vermehrt, tauchen Aggressionen auf. Angestaute Bewegungsenergie findet keinen Ausgang. Vielleicht gibt es im Haus einen kleinen Raum oder ein Eck, aus dem Sie gefährdete Gegenstände entfernen können. Dafür legen Sie mindestens zwei Schaumgummipolster oder Nackenrollen bereit: In diesem Raum oder Eck dürfen Polsterschlachten stattfinden, aber auch nur dort. In manchen Jugendzentren gibt es bereits solche Plätzchen und viele Jugendliche sind erst für andere Ideen aufnahmebereit, wenn sie sich vorher ausgetobt haben.

Neue Schwerpunkte im Europäischen Tourismus

Schullandwochen, Schikurse, Wandertage sind einerseits Schulveranstaltungen andererseits aber auch Tourismus. Im Europäischen Tourismus vollzieht sich zur Zeit wieder ein Wechsel der Schwerpunkte: Gäste aller Altersstufen setzen neue Schwerpunkte bei der Auswahl ihrer Reiseziele und sie verhalten sich anders als vor wenigen Jahrzehnten.

Eine Entwicklung möchte ich besonders hervorstreichen:

Der sanfte Tourismus wächst.

Der Sanfte Tourismus läßt sich mit zwei Begriffen kurz und markant charakterisieren: Er ist umweltschonend und sozialverträglich.

Breite, in der Region verbleibende Wertschöpfung, Entdeckung und Verwendung der Infrastruktur der heimischen Bevölkerung, Nutzung der kulturellen und physischen Möglichkeiten ohne sie zu zerstören. Die Art der touristischen Angebote berücksichtigt gleichermaßen die Bedürfnisse der Gäste wie die der Gastgeber: Der "monarchistische Tourismus" wird zurückgedrängt: Der Gast ist nicht mehr der König, der seine Untertanen je nach eigener Laune behandelt. Das ermöglicht neue Qualitäten der Interaktion, schließt aber auch einiges aus: Muß sich jeder kleine Betrieb über den Besuch der 10.Schulklasse in 3 Wochen freuen, einen Besuch, der eben auch Arbeitszeit kostet und Störungen verursacht? Partnerschaftliche Verhandlungen sind notwendig.

Die touristischen Freizeitangebote werden stärker an den lokalen Gegebenheiten orientiert: Im besten Sinn des Wortes eigenartig statt überall gleich. Touristische Freizeitangebote werden integrativer, beziehen verschiedene Lebens- und Kulturbereiche gleichzeitig ein. Ein Bergwerksgebiet stellt nicht nur die "Arbeit im Bergwerk" aus sondern auch die Kunst, die durch den Berg geprägt wurde, menschlich-soziale Themen (Welche Bedeutung hat das Bergwerksleben für Kinder?), Fragen zur Ökologie und vieles andere mehr.

Touristische Angebote erhalten einen etwas größeren Anteil an "Bildung": Einerseits wollen Gäste auch etwas dazulernen, andererseits sollen sie auch lernen, wie sie Urlaub machen (=leben) können, ohne die sozialen und Naturbedingungen ihres gewählten Ortes zu zerstören oder massiv zu beeinflussen. Mit Ihrer Schulklasse sind sie eine spezifische Art von Gästen.

Daraus lassen sich wichtige Konsequenzen ableiten:

Lebendige Orte als Ziel wählen

Viele Kinder wollen die Bewohner und ihre Fähigkeiten, Leistungen, Bräuche, Lebenswandel und Alltagskultur hautnah kennenlernen und miterleben. Das setzt aber voraus, daß z.B. eine Alm auch tatsächlich betrieben wird, da sie ja sonst nicht in Betrieb gezeigt werden kann. So "entstehen" auch viele Angebote für Regenwetter, wenn der Hinweg durch eine Hinfahrt ersetzt werden kann.

Kleinigkeiten sind eine Menge Einmaligkeiten.

Nur wenige Orte oder Plätze verfügen über eine "riesige" Attraktion, etwas Großes, Herausragendes, Seltenes. Viel mehr "Ausdauer im Anbieten" von interessanten Details zeigen Orte, die sich auf sogenannte Kleinigkeiten konzentrieren. Die Erhaltung von vielen oft unscheinbar scheinenden "Kleinigkeiten" hat große Bedeutung. Sie tragen in der Summe wesentlich zu einem harmonischen, authentischen Bild des Ortes und der Region bei: Originale Werkzeuge, in den Gärten und im Park gepflanzte Bäume und Sträucher, die aus der Gegend stammen und nicht aus Süd- oder Nordeuropa, Pflanzen, die also auch in der natürlichen Umwelt vorkommen, spezielle Bezeichnungen für Lebensmittel, Spiele, Berufe, Pflanzen, Landschaftspunkte, Traditionen usw. Legen Sie mit Ihrer Klasse ein kleines, gemeinsames Lexikon dieser Kleinigkeiten an.

Hallo Dolmetsch.

In vielen Fällen wird eine "Übersetzung" für das städtische Kind notwendig sein. Der Schüler kann damit eine kleine Lernerfahrung machen, er hat Begriffe eines neuen Dialekts bzw. einer neuen Region gelernt. Es entsteht ein Gefühl der persönlichen Leistung und - ganz wichtig - der Gemeinsamkeit mit den Bewohnern ("wir sprechen dieselbe Sprache"). Werden Begriffe nicht "übersetzt" sondern "ersetzt", dann wird mittelfristig der angenehm fremde Ort zum unangenehm gleichen Ort, die positiven Unterschiede zum Wohnort werden zu gering: Alles wird gleich, verwechselbar und austauschbar und damit schon im vorhinein uninteressant.

Klein ist schön

Legen Sie auch Wert auf kleine Angebote. Wenn ein Programmangebot für 5-10 Kinder konzipiert ist, kommt es mit höherer Wahrscheinlichkeit zustande, als bei einer größeren Mindestteilnehmerzahl. Demokratie heißt nicht nur, die Mehrheit bestimmt, sondern differenzierte Angebote für unterschiedliche Interessen. Andernfalls könnten einzelne Kinder tatsächlich immer bei der unterlegenen Minderheit sein.

Noch etwas ermöglichen Sie in der kleineren Gruppe: das Gefühl von Überschaubarkeit, mehr Nähe zu Ihnen, Heimeligkeit und letztlich auch eine intensivere Beteiligung jedes Einzelnen. In der kleinen Gruppe können Sie auf individuelle Wünsche rascher, konkreter und häufiger reagieren.

Suchen Sie N-C-R's!

No-Consumation-Rooms, also Räume, in denen die Kinder nicht konsumieren müssen, die aber trotzdem Attraktivität, Aktivität, Muße und Kontraste bieten. Es schmälert den Wert ganz beträchtlich, wenn die Kinder das Gefühl nicht loswerden, daß ihr Geld schneller verrinnt als die Zeit...
Wenn der Ort und das Heim ein einziges Kaufhaus sind, wird der Schüler verführt bzw.gezwungen, sich ständig wie ein Käufer zu verhalten. Zum Kaufhaus- bzw. Käuferverhalten zählen jedoch auch sehr viele Verhaltensweisen, die an den Schülern überhaupt nicht geschätzt werden und den Bewohnern, Heimleitern und Lehrern viel Ärger und Kopfzerbrechen machen.

Ich mag keine Spiele!

Viele Jugendliche mögen den Begriff "Spiel" nicht ,würden aber dennoch gerne bei dem mitmachen, was Sie anbieten.
Lassen Sie das Etikett Spiel weg und verwenden Sie andere Begriffe wie Aktion, Brauch, Experiment, Unternehmen, Etwas, Angebot, Programm, Erlebnis.

Allerdings haben auch diese Begriffe "Nebenwirkungen", und ein genaues Hinhören auf Ihre speziellen Jugendlichen bleibt unersetzlich.

Ich lerne, also bin ich

Suchen und nützen Sie verschiedene Weiterbildungsmöglichkeiten für die Bereiche der Freizeitanimation. Es gibt sehr vieles, das Sie lernen können, nur weniges ist "angeboren". Ihre Tätigkeit ist durchaus mit der eines Schilehrers vergleichbar. Um heute ein geprüfter, kompetenter Schilehrer zu werden, brauchen Sie etliche Kurse, sehr viel eigene Übung und ein ständig gepflegtes und auf den neuesten Stand gebrachtes Material.

Investieren Sie in die Freizeitgestaltung und Animation genauso viel Zeit und Energie. Sie werden Ihren Erfolg spüren. Wenn Sie in diesem Zusammenhang Fragen haben, wenden Sie sich an Einrichtungen, die sich mit beruflichen und persönlichen Weiterbildungen beschäftigen oder nehmen Sie mit den Autoren schriftlich Kontakt auf.

Ernten und genießen Sie gemeinsam Ihre Erfolge.

Jede gelungene Reise ist ein Erlebnis, das alle Beteiligten miteinander verbindet. Man hat Schwierigkeiten zusammen gemeistert und spüren können, wenn jemand Angst hatte. Lehrer und Schüler haben in den Erfolg investiert. Alle schönen Erlebnisse waren auch Erfahrungen von Gemeinsamkeit und sicher gab es viele Gespräche miteinander. Das verbindet.

Versuchen Sie diese Erfahrungen als Beitrag zu einer positiveren und effizienteren Lehrer-Schüler-Beziehung zu sehen. Wenn diese Überlegung für Ihre Klasse gilt, so wäre es sinnvoll, diese Beiträge zu Beginn eines Schuljahres zu setzen und nicht als Abschluß. Denn dann fielen mögliche positive Wirkungen in die Schulferien.

"Auf geheimnisvolle
Weise bindet die Natur
das Schicksal der Sterblichen
an das Schicksal der Wälder"

Alexandre Morreau, 1825

16 Erlebnis-Abenteuer

Nr. 1: Nach dem Schauen kommt das Ausprobieren.

Anschauen und passives Kennenlernen ist der Anfang des Kontaktes im Ort. Die zweite Stufe heißt "aktives Ausprobieren" der beobachteten Tätigkeiten, Verhaltensweisen, Rollen. Das kann in einer spielerischen Situation stattfinden, in einem Nachmittagsangebot mit Wurzelschnitzen für Anfänger, in realen Alltagssituationen, oder indem eine Gruppe bei einer richtigen Ernte mithilft.

Nr. 2: Die Geschichte lebt!

Selber Mitspielen ist mehr als nur zuschauen zu können. Lassen sie die Führung durch das kleine Ortsmuseum oder einen Betrieb einmal anders beginnen. Die Kinder setzen sich alte Kappen oder Kopfbedeckungen auf, ziehen vielleicht ein altes Kleidungsstück oder einen Gürtel an. So "verkleidet" nehmen sie an der Führung teil und hören den Erzählungen zu. Wenn alte Handwerkstechniken erklärt werden, können sie einige Handgriffe selber ausprobieren, grüßen sich mit dem alten Zunftgruß usw.

Nr. 3: Wild von A bis Z

Eine Aktion, die sogar die Größe eines Projekts erreichen kann, bei der von der Biologie, den Lebensgewohnheiten, der Jagd über das "Ausziehen" des Wildes, das Tranchieren und Zubereiten, Sammmeln und Zubereiten der Beilagen, Erklärung alter Jagdwaffen, Präparierung der Trophäen, bis zu Jagdliedern usw. ein breites Spektrum dieses Kulturbereiches miterlebbar gemacht wird. Ähnlich den thematischen Animationen im vorherigen Kapitel wird ein Thema in mehreren methodischen Schritten und über die Einbeziehung möglichst aller Sinne behandelt. Jedes Kind kann dort ins Thema einsteigen, wo ihm das am leichtesten fällt, wo es am stäksten angesprochen wird.

Nr. 4: Von Fischen, Hühnern und Gänsen

Ähnlich dem Thema Wild können andere Tiere und ihre Bedeutung für das Leben der Menschen in dieser Gegend thematisiert werden. Auch hier gibt es die unterschiedlichsten Möglichkeiten und Ansatzpunkte für kleine Aktionen und Methoden: Wo und wie leben die Tiere, welche ökologische Funktion haben sie, frühere und heutige Verwendung von Knochen, Eiern, Federn, Därmen, symbolische Bedeutung bestimmter Arten, wirtschaftlicher Stellenwert, Darstellung in verschiedenen Künsten, etc.

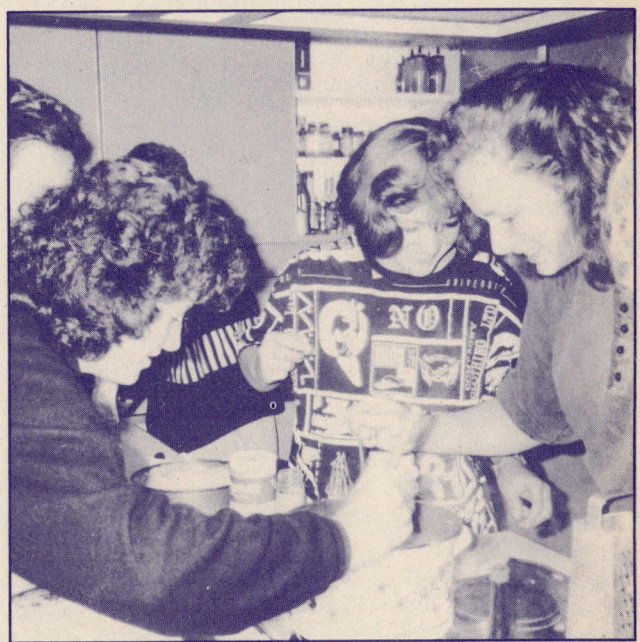

Nr. 5: Äpfel, Nüsse, Beeren, Kerne

In vielen Lokalen gibt es Schwerpunkttage oder -wochen mit verschiedenen Nahrungsmitteln.

Regen Sie Ihren Küchenleiter zu einer derartigen Aktion an. Vereinbaren Sie das "Thema" schon bei der Bestellung des Hause, damit Sie sich gemeinsam mit den Schülern auch darauf einstellen können. Dazu können Sie Hobby-, Spiel- und Kulturangebote suchen oder mitbringen. Die Bedeutung des Nahrungsmittels kann dargestellt und für animative Impulse genützt werden.

Für viele konkrete Fragen, die sich aus diesen Impulsen ergeben, gibt es sehr kompetente, ortsansässige Beraterinnen: Die Kindergärtnerinnen und Lehrerinnen in Ihrem Aufenthaltsort! Sie kennen einige Spiel- und Bastelideen und passende Fachliteratur.

Nr. 6: Nichts als Theater!

Möglicherweise sind auch für Ihre Klassen szenische Darstellungen und Spiele "out" und die Kinder und Jugendichen scheuen sich vor dem "Vorspielen". Bieten Sie vier spezielle Bühnenformen bzw. Darstellungsarten an, die für die Schüler attraktiv und leicht zugänglich sind:

Schwarzes Theater mit UV-Licht,
Schattentheater,
Guckkastentheater und
Statuentheater (Wachsfigurenkabinett).
Zu den einzelnen Formen bilden sich Gruppen. Jede Gruppe bereitet eine oder mehrere kurze Präsentationen vor. Bei der gemeinsamen Aufführung sind alle (Mini-)Bühnen im größten Raum des Hauses (in den 4 Ecken) aufgebaut. So entsteht bereits von der Struktur her Dichte und viel Abwechslung.

Nr. 7: Schwarzes Theater

Eine relativ kleine Fläche (2x3m) wird mit UV-Licht bestrahlt. Im ultravioletten Licht leuchten nur phosphoriszierende Farben, z.B. mit Phosphaten gewaschene Baumwolle, UV-Schminke etc. Die Spieler tragen schwarze Trikots und sind fast unsichtbar. Nur einzelne Körperstellen, weiße Baumwollhandschuhe oder einzelne Gegenstände sind leuchtend sichtbar - oft scheinbar schwebend, weil die Person im Dunkeln unsichtbar bleibt. Sichtbar wird nur, was mit UV-Schminke bemalt oder einem phosphathältigen Wasser gewaschen ist. Die (recht einfache) Ausrüstung dafür ist auch ausleihbar (Siehe Hinweise).

Nr. 8: Schattenspielereien

Ein Spieltuch oder ein großes Leintuch wird so in einem Eck des Raumes aufgehängt, daß einige Meter dahinter eine 100-Watt-Lampe montiert werden kann. Vor dem Tuch sitzen die Zuschauer. Zwischen Tuch und Lichtquelle agieren die Spieler, die nur als Schattenbilder für die Zuschauer sichtbar werden.

Nr. 9: Theater im Loch (Guckkastentheater)

Aus Packpapier wird "eine Mauer gemacht" (aufgehängt wie ein Schattentuch), in der sich eine Öffnung befindet, die so groß wie ein Fernsehgerät ist. In diesem "Mauerloch" steht aber kein TV-Gerät, sonder agieren die Spieler - genauer: einige Teile ihrer Körper und eventuelle Requisiten sind für die Zuschauer sichtbar. So werden z.B. in einer Liebesszene nur die Beine bis zu den Knien sichtbar: die Füße stellen die Liebesszene dar. Der restliche Körper der Darsteller ist durch die "Mauer" verborgen.

Bei geübten oder neugierig gewordenen Spielern könnte die Mauer weitere noch kleinere Löcher bekommen, die nur dann geöffnet werden, wenn sich in ihnen etwas abspielt

Nr. 10: Wachsfigurenkabinett

Mit einem Spieltuch, das Sie als Vorhang verwenden, bilden Sie eine kleine Bühne. Hinter dem Vorhang bilden ein oder mehrere Schüler gemeinsam eine Statue, ein Standbild, ein "Foto aus Menschen". Ein Moderator kündigt das Standbild an. Der Vorhang wird geöffnet und alle bestaunen die Statue. Der Vorhang wird geschlossen und hinter ihm das nächste Bild zusammengestellt.

Nr. 11: Steckerlbrot im Scheunentor

Es regnet. Die Lehrer wollen im Trockenen bleiben. Die Kinder werden unruhig. Im Scheunentor versammeln sich die Kinder um Sie. Was Sie mitgebracht haben, ist billig, einfach und aufregend: Zünder, das Glutbecken eines alten Gartengrills, eine große Plastikschüssel, Mehl, Salz, Trockengerm, trockenes Holz, ein Taschenmesser, eine alte Zeitung.

In der Schüssel kneten Sie mit den Kindern aus Mehl, Salz, Trockengerm und Wasser einen Teig. Trotz des Regens laufen die Kinder hinaus und suchen sich einen dünnen Holzast, vielleicht 1m lang. Dann bauen sie im Scheunentor den alten Grill auf, machen ein "fast richtiges Lagerfeuer" und jeder hält sein Steckerl drüber. Vorne drauf am Steckerl hat jeder sein Stück Teig geklebt, also einfach wie eine Wurst festgedrückt. Gegessen wird, wenn's knusprig ist - oder auch schon früher.

Wenn es nicht regnet, wird die Aktion natürlich genauso aufregend!

Nr. 12: Kinder gestalten Ruhe.

Viele Kinder suchen Ruhe, wollen aber nicht unbedingt einsam sein. Vor Einsamkeit haben sie manchmal sogar etwas Angst.
Bieten Sie ruhige, gestaltete Abende an. Zum Beispiel in einer Kirche, Kapelle, einem alten, schönen Raum. Sie spielen Klassische Musik (Casettenrecorder, CD-Player, Plattenspieler) und es brennen einige Kerzen.
Ein Angebot für eine kleine Anzahl von Kindern, nicht für eine größere Menge.

Nr. 13: Singen mit dem Zettel in der Hand.

Erleichtern Sie Ihren Schülern das Mitsingen. Menschen singen gerne, wenn sie ihre Unsicherheit ablegen können. Mehr Sicherheit vermitteln Sie durch das Singen in der Gruppe ("die anderen singen genauso gut/schlecht wie ich") und durch verteilte Text-Notenblätter. Jeder kann den Text mitlesen und mitsingen und hat dabei "etwas zum Anhalten in der Hand". Die Blätter könnten auch ein spezielles Souvenir werden.

Nr. 14: Spielothek

Eine Spielothek ist eine Bibliothek, die zwar keine Bücher aber dafür Spiele verleiht. Brettspiele, Kartenspiele, Spielmaterial für Draußen. Jedem Spiel ist eine schriftliche Spielanleitung beigepackt. Spielotheken gibt es immer mehr und damit auch für Schulklassen eine kostengünstige Möglichkeit, moderne und teure Spiel zu entlehnen. Für Abende oder unstrukturierte Phasen im Tagesablauf, auch Bahnfahrten, haben Sie damit kleine Angebote, bei denen mehrere Kinder miteinander ins Spiel kommen können.

Nr. 15: Ein würdiger Rahmen

Stellen Sich vor, sie gehen in eine kleine Ausstellung oder in ein Geschäft, in dem viele Bilder ausgestellt sind: Jedes Bild steckt in einem passenden schönen Rahmen. Keines hängt nur mit Klebestreifen befestigt an der Wand. Die Wirkung der ausgestellten Bilder hängt auch sehr von ihren Rahmen ab.

Diese Erfahrungen aus Ausstellungen können Sie in zweierlei Weise nützen. Erstens können Sie alle graphischen Produkte ihrer Klasse aufwerten, indem Sie eine gemeinsame Schlußausstellung organisieren, in der die Bilder in Rahmen aufgehängt sind.

Zweitens können Sie mit einem leeren Rahmen auch diejenigen Kinder zum Gestalten anregen und ermutigen, die eine gewisse Scheu vor dem unbeschriebenen, weißen Blatt Papier haben. Solche Kinder gibt es recht häufig. Lassen Sie die Kinder einen der mitgebrachten Rahmen auswählen und vom Rahmen her zu einem Bild, einer Collage oder einer kleinen Materialgestaltung animieren. Es können Bilder entstehen, die teilweise gezeichnet, teilweise mit ausgeschnittenen Fotos, Bildern, Worten und Textzeilen ergänzt werden. Manche Stücke von einzelnen Wanderungen lassen sich einarbeiten (getrocknete Blätter, ...).

Nr. 16: 3-D-Museum

Erlebnisse, Eindrücke, Gedanken wollen zuerst einmal verarbeitet und dann anderen Menschen mitgeteilt werden. Das "3-D-Museum" ist eine verblüffend einfache und kreative Methode. Auf die Idee haben uns die aufklappbaren Glückwunschbilletts gebracht: Werden sie geöffnet, hebt sich ein Bild "dreidimmensional" hervor.

Das Klappbild hängt mit Klebestreifen an der Wand und wer es sehen will, öffnet es per Zug am Faden. Viele Bilder zusammen ergeben ein echtes 3-D-Museum!

Öko-Rallye - auf zwei Beinen

Der "Projekttag" einer Wiener Volksschule einmal anders

Monika Lieschke

Die Idee mit der Ökorallye kam uns, als der Elternverein einer Volksschule mit der Bitte an uns herantrat, einen Projekttag zum Thema Umwelt einmal anders zu gestalten als anhand von Diavorträgen.
Auch strömender Regen schadet den Erlebnisqualitäten dieses Modells nicht. Versuchen Sie die Öko-Rallye für Projekttage, Wandertage, Schullandheim-Aufenthalte, aber auch außerschulische Anlässe, wie Stadtteilfeste etc.

Mit dem Wort "Rallye" verbindet man normalerweise Motorenlärm, Gestank, Tempo, alles nicht gerade sehr ökologische Dinge. Unsere Öko-Rallye braucht im Gegensatz dazu nur zwei Beine, Neugier, etwas Kreativität.

Ziel ist es nicht, den Sieg davonzutragen, sondern mit Spannung und Spaß Neues dazuzulernen.
Grundidee ist, einen spielerischen Einstieg in die sonst oft so ernst dargebotenen Themen zu finden, durch die ungewöhnliche Situation kleine "Anker" ins Gedächtnis abzuwerfen, wo sich Umweltthemen einmal auch mit angenehmen Elebnissen und Erinnerungen verbinden können. Sie können vielleicht die Motivation und das Interesse schaffen, sich später in der normalen Unterrichtssituation oder zu Hause genauer und durchaus ernsthaft nochmals mit dem einen oder anderen Thema auseinanderzusetzten.

Das Schöne ist, die Öko-Rallye läßt sich mit etwas Phantasie immer neu konzipieren, für verschiedene Zielgruppen, Altersstufen, Anlässe, vorausgesetzt allerdings, man scheut nicht den organisatorischen Aufwand.

Der folgende Bericht bezieht sich auf eine Öko-Rallye, die wir gemeinsam mit einer Wiener Volksschule - mit ca. 130 Kindern der 2., 3. und 4. Klassen unter Mitwirkung von ca. 20 Eltern und 10 Lehrern im Wiener Prater durchgeführt haben.

Für die Auswahl des Geländes war es (speziell bei Volksschülern) wichtig, daß sie im Spieleifer möglichst wenig Straßen kreuzen mußten, daß das Gelände zwar überschaubar war, trotzdem aber noch genügend abenteuerlichen Charakter hatte. Zwischen den einzelnen Stationen sollten nicht zu große Strecken liegen und trotzdem "Staus" zwischen den Gruppen (die gestaffelt starten) vermieden werden.

Seitens der Eltern bestand von vornherein der Wunsch, auf eine Wettbewerbssituation zu verzichten (obwohl eine Rallye dies ja nahelegt). Nach dem Motto "Dabeisein ist alles" - wurde aber von einer Punktewertung Abstand genommen. Der Besuch jeder Station wurde pseudobürokratisch "abgestempelt", jedes Kind sollte am Ende symbolisch eine Urkunde bekommen, die Rallye ohne Sieger, dafür aber als kleines Fest ausklingen.

Bei der Auswahl der Aufgaben ist es günstig, Aufgaben, die geländeunabhängig sind, mit solchen zu kombinieren, die stark von den Möglichkeiten und dem Charakter des Geländes beeinflußt werden. (Deswegen macht es uns auch mehr Spaß, "vor Ort" zu planen). Wir entschieden uns für Aufgaben und Fragestellungen aus verschiedenen Umweltbereichen. Es kann jedoch genauso reizvoll sein, sich auf einen Themenbereich zu konzentrieren und beispielsweise einen "Wasserparcours" zu organisieren. Es ist wichtig, bei der Auswahl zu berücksichtigen, daß möglichst alle Sinne beim Spiel angesprochen werden, also Auge, Ohr, Geschmackssinn, Geruchssinn, Tastsinn, genauso wie das Bedürfnis der Kinder nach Bewegung, da sie nun schon einmal die Klasse verlassen dürfen), Geschicklichkeit und Phantasie im gemeinsamen Problemlösen.

Das Verbinden verschiedener Sinne kann reizvoll sein, um den Charakter eines Phänomens vielschichtiger zu erfahren. Z.B.: wie fühlt sich ein Baum an, den ich mir vorher mit offenen Augen

ausgesucht hatte? Kann ich ihn mit verbundenen Augen wiedererkennen? oder: kann ich mir Pflanzen und Pflanzennamen leichter merken, wenn ich ein Blatt dieser Pflanze zwischen den Fingern zerreibe, daran schnuppere und mir der Duft eine "Eselsbrücke" baut?

Wir hatten Aufgaben zu folgenden Themenbereichen ausgewählt:

* Lärm
* Wald; Waldsterben nur am Rande
* Pflanzen, Namen und Eigenschaften
* Tiere, ihrem Lebensraum und ihre Lebensgewohnheiten
* Wasser, Wasserverschmutzung
* Müll
* Ernährung
* Beobachten lernen, gemeinsame Problemlösungen finden
* Sammeln nach ungewöhnlichen Kriterien

Hier nun die Aufgaben:

1. Die "Duftorgel"

Auf einer großen Decke ausgebreitet liegen verschiedene Pflanzen und Gewürze, eine ganze "Orgel" von Düften und Gerüchen. Den Kindern werden ca. 5 verschiedene Duftträger zunächst einmal nur "vor die Nase gehalten". Als Erkennungshilfe, dürfen später die Hände zu Hilfe genommen werden. Es ist besser, die Augen dabei zu verbinden.

- Kennst du den Duft/Geruch?
- Ist es eher ein Duft oder ein Geruch?
- Woran erinnert er dich?
- Was ist, wenn du den Geschmackssinn zu Hilfe nimmst?

Beispiele: Nußblätter, Maggikraut, Lavendel, Wermut, Pilze, Blüten, Gurke, Zimt (es können auch synthetische Düfte als Vergleich daruntergemischt werden).

Genügend Blätter bereithalten. Die Kinder wollen sie auch zerreiben. Es kamen interessante Gespräche über Gerüche zustande. Der Hit unter den Düften war zu unserer Überraschung das Walnußblatt!

2. Die Phonothek

Die Kinder verbinden sich selbst die Augen mit einem Tuch oder halten sich die Augen zu und lauschen.

- Welche Geräusche kann man ausmachen?
- Sind sie angenehm oder unangenehm?
- Am Anfang hört man nur ein "Geräuschgemisch",

erst später "schält" man gewisse Geräusche heraus; wie kommt das?
- Hört man besser mit geschlossenen Augen? Warum?
- Hört man un/natürliche Geräuschquellen? Würdest du das als Lärm bezeichnen?
- Gewöhnt man sich an Lärm? Was glaubst Du?
- Warum ist Lärm ein Umweltproblem?

Man kann auch ein mitgebrachtes Tonband mit typischem Großstadtlärm einspielen, die z.B.vor der Schule aufgenommen wurden.

3. Abfälle, Müllvermeidung, Recycling

Auf einem abgegrenzten, relativ stark verschmutzten Stück Wiese werden mit Gummihandschuhen Abfälle eingesammelt und durch den Inhalt eines Papierkorbes ergänzt. Zunächst einmal wird nach den Kriterien "verrottbar" und "unverrottbar" getrennt. Was könnte kompostiert werden?

Dann wird der nicht kompostierbare Haufen nochmals in weitere Stoffgruppen getrennt nach den Kriterien: Wo gehören die einzelnen Stoffgruppen hin? Können sie wiederverwertet werden? Welche Dinge (z.B. Einwegverpackungen, Aludosen, Dreh-und-Trink-Plastikflaschen) sollten besser von vorneherein gar nicht gekauft werden und warum? Was gibt es für Alternativen?

4. "Die Natur hinterläßt eine Spur" (Blattdruck und Strukturen)

Blätter, die schöne Formen und/oder Oberflächenstrukturen haben, werden zuvor gesammelt (z.B. Kastanie, Eiche, Linde, Ahorn, Blumenblätter, Spitzwegerich...). Tische, Zeichenpapier, Pinsel, Erdfarben und Zeitungspapier als Unterlage stehen bereit.
Die Technik des Blattdrucks war bereits vielen Kindern bekannt, die meisten fanden es aber im Freien viel lustiger. Bevor mit dem Druck begonnen wurde, wurde versucht, die Blätter den richtigen Pflanzen zuzuordnen. Dann suchte sich jedes Kind 4 verschiedene Blätter aus und ging an die Arbeit. Einige wollten sich Hefteinbände für das neue Schuljahr machen. Der Regen hat jedoch alle Kunstwerke zerstört.

Einige Kinder kamen von sich aus auf die Idee, ihre Blattdrucke durch Frottagen ("Abrubbeltechnik") der dazugehörigen Baumrinden zu ergänzen.

5. Ein Baum erzählt

Vom Stadtgartenamt hatten wir uns Baumscheiben von verschiedenen unterschiedlich geschädigten Bäumen besorgt. Mit Lupen ausgerüstet sollten die Kinder herausfinden, wie alt der betreffende Baum geworden war, warum er vielleicht gefällt worden war, was er wohl alles erlebt hatte (z.B. trockene Jahre, Schädlingsbefall, Blitzschlag). In welcher Zeit war der Baum gepflanzt worden?

Auf die Frage, wo die Kinder schon solche Querschnitte von Baumstämmen gesehen hatten, kamen selten die erwarteten Antworten wie Holzstoß oder Baumstümpfe, sondern "Sachbuch, Fernsehen, Museum". Die Existenz und das Phänomen der Jahresringe war den meisten bekannt, auch daß ein Baum mit morschen Holz nicht mehr gesund sein kann. Weniger bekannt war aber, daß von Ungeziefer, Tieren und Pilzen befallene Bäume meist schon vorher krank waren und nicht erst durch diese geschädigt worden waren.

6. Wasserstation

Da das "Tümpeln" am Heustadelwasser zu viel Zeit beansprucht hätte, haben wir schon am Tag zuvor etwas "belebtes Wasser" entnommen. Es gab zum Vergleich je zwei Gläser mit Tümpelwasser und zwei Gläser mit Bachwasser. Im Wasser waren noch alle dazugehörigen Lebewesen. Um nicht mit Mikroskopen arbeiten zu müssen, sollten die Tiere mit bloßem Auge sichtbar sein. So gab es aus einem Tümpel eine Spitzschlammschnecke, einen Braunfrosch, Wasserflöhe und Gelsenlarven zu bestaunen, aus dem Bach Eintags- und Köcherfliegenlarven, Bachflohkrebse etc. Schon die Tiere selbst übten eine große Faszination auf die Kinder aus. Ein Biologiestudent erzählte ihnen zusätzlich viele Details und beantwortete Fragen über Besonderheiten, welche Ansprüche sie auf ihren Lebensraum haben, wodurch sie bedroht sind usw.

7. Puzzle-Wettlauf

Als Auflockerung und auch um etwas dem Bewegungsdrang der Kinder entgegenzukommen, hatten wir uns ein "Kooperrationsspiel" überlegt. Die Kinder sollten in zwei Gruppen jeweils einzeln zu einem Baum laufen, dort war ein Riesen-Puzzle vorbereitet. Die bunte, abstrakte Darstellung eines Baumes war auf Pappe aufkaschiert und in große Teile zerschnitten. Jedes Kind sollte einen Teil hinzufügen und dann zurücklaufen, worauf das nächste Kind starten mußte - bis zur Fertigstellung des Puzzles.

8. Such-Parcours

Dieses Spiel war eindeutig eine Lieblingsstation der Kinder: Auf einer mit pinkfarbenem Krepp-Papier abgegrenzten Waldlichtung sollten 10 Pflanzen und Dinge gesucht werden, die eigentlich nicht in das Augebiet gehören. Von uns versteckt worden waren verschiedene auffällige "Blindgänger", z.B. Kornblume, Kresse, Salatgurke, 2 Zimmerpflanzen, grüne Feigen im Baum, ein Fichtenzweig im Laubbaum, Erdbeerblätter, Bummerlsalat, Glühlampe etc.

9. Bäume wiedererkennen - Rinden ertasten

Zuerst konnten die Kinder die Rinde von fünf zuvor festgelegten Bäumen betrachten (Kastanie, Esche, Eiche, Ahorn, Kirsche). Dann wurden die Augen verbunden und durch Abtasten der Rinden versucht, die Bäume wiederzuerkennen. Dies erwies sich für einige als zu schwierig. Es kann helfen, beim Betrachten schon die Rinde zu berühren, damit sich auch die Hände "wiedererinnern" können.

10. Sammeln

Das Sammeln von Gegenständen nach sehr ungewöhnlichen, subjektiven Kriterien macht Kindern enormen Spaß, sind sie doch aus dem Unterricht gewohnt, "eindeutig" zuordnen zu lernen. Die Kriterien für eine Suchliste lassen sich beliebig zusammenstellen. Auch wenn jedes Kind eine eigene Liste bekommt, schickt man sie am besten in Kleingruppen los.

Beispiel für einen Suchzettel:

- etwas Weiches
- etwas Lebendiges
- etwas Stacheliges
- etwas, das Du hier nicht vermutet hättest
- etwas Seltsames
- etwas, das Dich an Dich selbst erinnert

Hier kamen sehr überraschende Fundsachen zum Vorschein, sogar Schnecken, die auf der Haut entlangkrochen. Wichtig ist auch hier, sowohl das Suchgelände, als auch die zur Verfügung stehende Zeit zu begrenzen.

Anschließend werden alle Gegenstände, die die Kinder zu einem Kriterium gesammelt haben, zu einem Gesamtkunstwerk arrangiert, und darüber gesprochen. Die Kinder waren sehr überrascht, welch unterschiedliche Dinge unter den verschiedenen Begriffen verstanden werden können.

11. "Tiere interviewen"

Auf einer Lichtung im Prater lag ein Spieltuch ausgebreitet. Die Kinder saßen am Rand des Tuches. Nacheinanfer dählte sich jedes der Kinder eines von drei Tieren aus, die dort auch tatsächlich vorkommen: Eichhörnchen, Buntspecht, Igel. Die anderen Kinder stellen dem Tier Fragen nach seinen Lebensgewohnheiten, Freuden, Nöten. Was frißt Du? Welche Feinde hast Du? Wie verträgst Du Dich mit den Menschen hier im Prater? Wo wohnst Du? Was machst Du eigentlich in der Nacht?) Nach einigen Fragen kam das nächste Kind dran.

Die einzelnen Tierdarsteller hatten sich nach einer Weile ganz "eingefühlt" und auch eingespielt auf ihr Tier, sodaß sie auf die vielen Fragen sehr persönliche Antworten gaben.

12. Ernährung (Buffet)

Diese Station war als Abschluß für alle Gruppen auf dem Schulhof vorgesehen. Einige Mütter hatten Vollkornbrote mit verschiedenen Aufstrichen vorbereitet, deren Zutaten erraten werden sollten. Gleichzeitig waren die Brote natürlich als Stärkung gedacht. Zum Trinken wurde Holundersaft ausgeschenkt. Das Buffet war dem Ansturm aller hungrigen Kinder kaum gewachsen, sodaß die Diskussion über gesunde Ernährung und gesundes Schulbuffet in der allgemeinen Begeisterung und Aufregung letztlich unterging.

Zeitbedarf:

Je nach Alter der Schüler 3-6 Std. für die Durchführung und mindestens ebensoviel Zeit zur Vorbereitung und 2-3maliges Abgehen des Parcours.

Material:

Decken, Farben, Pinsel, Plastikplanen, Regenhäute, evtl. Teststäbchen für Gewässer, Bestimmungsbücher, Jause für das Picknick, Schnur, Wäscheklammern bei Wind, Nummerntafeln und Plan der Station.

Viel Spaß!

Öko-Spiel-Dorf Hörndlwald

Am Stadtrand von Wien initiierte Udo Pajank 1988 das "Öko-Spiel-Dorf Hörndlwald".

Auf einem Randgelände zwischen Häusern und Wald, mit Wiese, Gartenmöglichkeit, einem alten, ehemaligen Festsaal mit davorliegender Steinterrasse entstand ein Lern- und Spielbereich für die außerschulische Kinderarbeit und als Zielpunkt für sogenannte Lehrausgänge und Wandertage.

Dort gibt es mannigfaltige Aktionsbereiche:

* Experimentieren mit Naturkräften
Naturkräfte sichtbar machen: Das träge Ei, der fliehende Pfeffer, die Spannung im Wassertropfen usw.

* Naturkraftmaschinen erfinden
Solarkocher, Solarspielzeugmotor, Windmaschine, Malautomat, ...

* Pflanzen und Tierbeobachtung
Gemüse anbauen, seltene Getreidearten ziehen, Ringelnatternest, Minitreibhäuser, Baumrinden-Kim, ...

* Bauen und Werken mit Naturmaterial
Holzhütten bauen, Backofen aus Stein und Lehm bauen, Töpfern, Holzschnitzen, Flechten, Weben, Swimming Pool bauen, Musikinstrumente basteln, ...

* Gesunde Ernährung
Keime züchten, Gemüse aus dem Minigarten, Müsli mischen, Vollkornwaffeln backen, verschiedene Vollkornbrotsorten backen, Lagerfeuergrill, ...

* Informationsabteilung & Werbegrafikbüro
Fotografieren, Schilder schreiben, Plakate gestalten, Tageszeitung schreiben, Stempeldrucken, ...

* Erfinderwerkstatt
mit "Demontageabteilung"

* Rund ums Papier im Saal
Leseteppich, Brettspiele erfinden, Malwände, thematische Brettspielecke, ...

* Ökorallye
Stationspiel durchs Gelände, bei Schlechtwetter im Saal.

* Jobvermittlung

* Aktionsspiele und Bewegungserlebnisse
Heuschlacht, Kimspiele, Drachensteigen, ...

* Alltagskultur
Geschirr abwaschen, Müll trennen, Nachdenken, in der Hängematte baumeln, ...

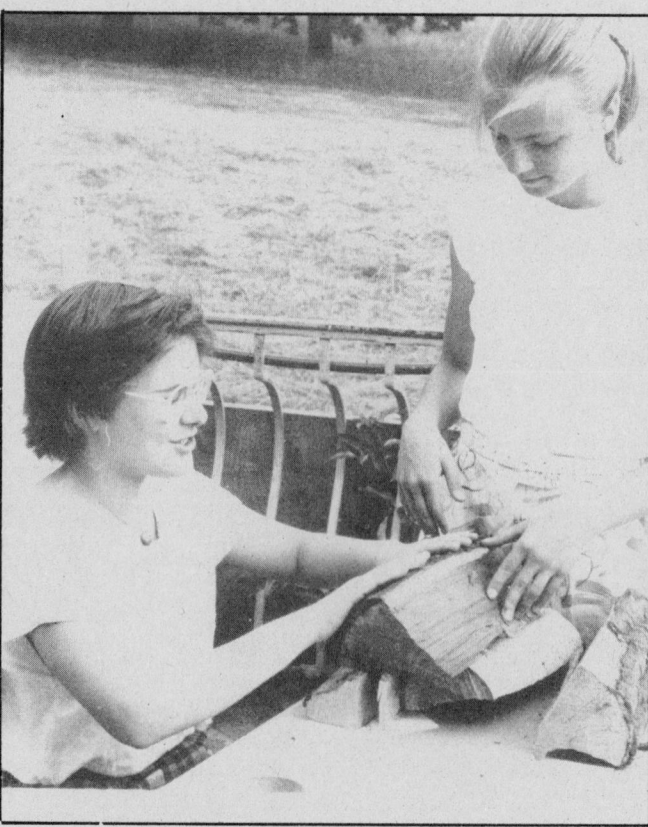

5.3
Feste und größere Aktionen

Mit den folgenden Modellen von festlichen Gestaltungen möchte ich zeigen, wie vielfältig animative Programmangebote sein können. Diese Modelle sollen auch Mut machen, daß jeder sein Programmangebot nach seinen eigenen Möglichkeiten gestaltet und nicht zu stark auf fremde Kompetenzen schaut.
Ebenso werden die Kinder und Jugendlichen nicht überfordert, sondern sie können soweit mitmachen, wie es ihnen Spaß macht und die Ansprüche des Programms bleiben ebenfalls leicht erfüllbar. Jeder hat zahlreiche Erfolgserlebnisse!

Stecken Sie sich ein für Sie leicht erreichbares Ziel, das Sie Freude am Erfolg spüren läßt. Messen Sie sich an Ihren eigenen Fähigkeiten und den Möglichkeiten, die Ihnen die Klasse, Raum , Zeit und Material bieten.

Die Arbeit in Kooperation mit einer Kollegin oder einem Kollegen wird Ihnen vielleicht angenehm und hilfreich sein: Zu zweit geht's besser und macht schon in der Vorbereitung mehr Spaß. Das spüren die Kinder sehr genau. Außerdem sind Sie als Animateur "nicht ganz so einsam" und können angenehme und unangenehme Momente mit dem anderen teilen und besprechen.

In den meisten Schulen sind Festveranstaltungen oder größere öffentliche Aktionen etwas, was nicht in den Unterricht integriert wird. Für Lehrer und Schüler demnach oft eine zusätzliche Belastung, die meist nicht freiwillig gewählt sondern "aufgetragen wurde". Professionelle Unterstützung oder Beratung von außen kann erhebliche Entlastung bringen und die Erwartungen alle Betroffenen realistischer machen und erfüllen helfen. Aufwand, Ergebnis und Emotionen stehen dann wieder in einem ausgeglicheneren Verhältnis zueinander. Vielleicht konnte man sich auch für das nächste Mal einige wichtige Tricks und Methoden abschauen.

Weitere Modelle für Spiel- und Festaktionen mit klingenden Namen wie
Trockenschikurs, Chaosien und Normenien
und andere finden Sie in unseren AGB-Publikationen.

Das Viertellandsfest

Charlotte Knees und Michael Thanhoffer entnahmen den Originaltext der gleichnamigen Geschichte von Gina Ruck - Pauquet aus einem Kinderbuch und entwickelten dazu eine animative Spielgeschichte mit ansprechenden Aktionen und bunten Erlebnissen.

Übersicht
0. Jeder zieht seine Farbe.
1. Sich in seiner Farbe anziehen.
2. Sein Land gestalten.
3. Schminken
4. Umzug aller Bewohner.
5. Geschichte vorlesen.
6. Die Landeshymne.
7. Berufspantomimen.
8. Speiseplan zusammenstellen.
9. Zwei Farben vereinen! Geht das?
10. Doudlebska Polka
11. Disco

0. Jeder zieht seine Farbe.
(1-2 Tage vor der Aktion)
Sie bereiten gleich viele rote, grüne, gelbe und blaue Zettel vor. Jeder Schüler zieht eine Farbe und wird damit zum Bewohner eines bestimmten Landes: Rotland, Gelbland, Grünland, Blauland. Sie informieren über den Charakter des "Viertellandes" und über die Vorbereitungen bis zum eigentlichen Spielbeginn:

* Jeder darf nur Kleidungsstücke tragen (mitbringen), die die Farbe seines Landes oder weiß, grau und schwarz haben.

* Jeder bringt möglichst viele Gegenstände mit, die ebenfalls diese Farbe haben. Mit ihnen wird "das Land gestaltet".

Sie selbst bringen mit:
* 4 Rollen einfärbiges Krepppapier
* 4 Rollen Klebeband
* 4 Bogen Plakatpapier
* 4 Ölkreiden

* 2 kleine Kartons mit doppeltem Boden, unter dem Sie Süßigkeiten verborgen haben. Die Kartons sollten mit Glitzerfolie zauberhaft verkleidet sein.
* Cutter
* Cassettendeck mit Doudlebska-Polka (siehe Materialhinweise) und Discomusik
* 4 Wasserschminkfarben

1. Sich in seiner Farbe anziehen.

Alle Kinder ziehen sich die Kleidungsstücke mit "ihren" Farben an. Andere Farben außer Weiß, Grau und Schwarz sollen möglichst vermieden werden.

2. Sein Land gestalten.

Mit den schon vorhandenen und mitgebrachten Gegenständen sowie dem farbigen Krepppapier gestalten die vier Gruppen jeweils ihr Land - ein Eck der Klasse. In der Mitte bleibt soviel Platz frei, daß alle in einem engen Kreis stehen könnten.

3. Schminken

Die Bewohner eines Viertels dürfen sich mit ihrer Farbe bemalen (schminken), soweit sie darauf Lust haben.

4. Umzug aller Bewohner.

Als gemeinsamer Auftakt schreiten alle Bewohner zu festlicher Musik einmal feierlich wie bei einem Umzug durch den Raum.

5. Geschichte vorlesen.

Die Bewohner sitzen in ihrem Land, Sie selbst sitzen auf "neutralem Boden". Sie lesen den Kindern die folgende Geschichte vor:

"Das Land ist rund wie ein Pfannkuchen. Und weil es aus vier verschiedenen Vierteln besteht, heißt es das Viertelland. In einem Viertel ist alles grün: die Häuser, die Straßen, die Autos, die Telefone, die Erwachsenen und auch die Kinder. Im zweiten Viertel ist alles rot: die Bäume, die Badewanne, die Zigaretten, die Erwachsenen und auch die Kinder. Im dritten Viertel ist alles gelb: die Besen, die Krankenhäuser, die Blumen, die Baugerüste, die Erwachsenen und auch die Kinder. Im vierten Viertel ist alles blau: die Verkehrsampeln, die Möbel, die Brücken, die zahnbürsten, die Fahrräder, die Erwachsenen und auch die Kinder.

Wenn die Kinder geboren werden, sind sie bunt. Im ganzen Land ist das so. Aber die Erwachsenen schauen sie aus ihren grünen, roten, gelben oder blauen Augen an und streicheln sie mit ihren grünen, roten, gelben oder blauen Händen, bis sie endlich auch nur noch eine Farbe haben. Die richtige Farbe. Und das geht meistens sehr schnell.
Einmal kam in Grün ein kleiner Junge zur Welt, den sie Erbs nannten. Erbs war mit einem Jahr immer noch ein bißchen bunt. Es war beunruhigend. Aber schließlich wurde er doch noch richtig grün. Im Viertelland brauchten die Kinder nicht zur Schule zu gehen. Sie lernten nur das Wesentlichste. In Grün lernten sie, daß grün richtig ist, in Rot lernten sie, daß rot richtig ist, in Gelb, daß gelb, und in Blau, daß blau richtig ist.

So laufen in Rot Tag und Nacht Spruchbänder. "Grün, gelb und blau ist gelogen!" kann man da lesen. "Nur rot ist wahr!" und dann erklingt das Erdbeermarmeladelied. Das ist die Nationalhymne.

In Blau hängen überall Plakate. "Blau" steht darauf, "blau, blau, blau!" Und immer, wenn die Kinder mit ihren blauen Augen die Plakate ansehen, zuckt es ihnen in den blauen Füßen, und sie müssen den Pflaumentango tanzen.

In Gelb schreit der Lautsprecher: "Rot, blau und grün ist doof! Und gelb bleibt gelb!" Dann ziehen die Kinder die gelben Mützen vom Kopf und singen den Zitronenblues.

In Grün steht ein Roboterredner im Park. "Seid grün!" ruft er. "Und wenn ihr rot, gelb oder blau hört, dann glaubt es nicht." Einmal hat Erbs ein Stückchen grünen Käse in den Mund gestopft. Da konnte der Roboter drei Tage nur noch "piperlapop" sagen. Das fanden alle Kinder prima.

"Gelben Tag" begrüßten einander die Kinder in Gelb. Denn gelb heißt ja gut. Dann spielen sie Melonenrollen und lassen Kanarienvögel fliegen. Manchmal sitzen sie auch und träumen. Natürlich träumen sie gelb, denn etwas anderes wissen sie ja nicht. Löwenzahn träumen sie, Strohhut, Aprikosengelee, Postauto und Glühwürmchen. Und wenn sie ihre gelben Augen wieder öffnen, sind sie immer ein bißchen unzufrieden. Aber sie können nicht herausfinden, warum.

In Rot spielen die Kinder das große Rot-Spiel: Sie werfen Tomaten in den Sonnenuntergang. Und der Sonnenuntergang schluckt sie alle. Wenn es dann dunkel wird und die roten Lampen in den Häusern brennen, sitzen die Kinder, schauen in sich hinein und fühlen sich. Und alles, was sie fühlen, ist rot. Manchmal ist ihnen, als fehle ihnen etwas. Aber sie sprechen nicht darüber.

In Blau machen sie es so: "Himmel" sagt ein Kind, und die anderen rufen dann: "Blau, Rauch, Blau, Tinte, Blau, Wellensittich, Blau, Vergißmeinnicht, Blau!" Und immer so weiter. Bis sie müde werden. Dann halten sie sich an den Händen und denken sich was. Blaue Apfelsinen denken sie sich, blauen Schnee, blaue Musik und blaue Pferde. Manchmal hat eines von den Kindern Zahnschmerzen. Die sind dann auch blau. Aber das ist klar.

In Grün freuen sich die Kinder am meisten über das Kaktusspringen. Denn wenn eines nicht hoch genug springen kann, hat es die Stacheln im Po. Froschhüpfen ist auch ganz nett. Aber Graszählen ist langweilig. Da gähnen sie bald. Sie setzen sich auf die grünen Gartenzäune und wünschen grüne Wünsche. Pfefferminzlikör beispielsweise, Salat mit Schnittlauch, fünf Meter Gartenschlauch oder so. Nur Erbs bringt es eines Tages fertig, sich einen roten Punkt zu wünschen. Es ist ein winzig kleiner roter Punkt. Aber trotzdem ist es ein Glück, daß die Polizei es nicht weiß. Die Polizisten haben die Aufgabe, jeden Morgen um sechs die Kreidestrichgrenzen neu nachzuziehen. Sie kämmen sich ihre grünen, roten, blauen und gelben Haare mit grünen, roten, blauen und gelben Kämmen und machen sich ans Tagwerk.
Dann gehen sie nach Hause wie die anderen Leute auch und beten ihr Tischgebet... "Lieber gelber Gott", beten sie in Gelb, "wir danken dir, daß wir gelb sind. Beschütze uns." Und in Blau, Rot und Grün beten sie zum blauen, roten und grünen Gott. Und alle beten nur für sich selbst.

Nun ist es aber nicht so, daß es im Viertelland keine Verbindung untereinander gibt. Man kann telefonieren. So kann man in Rot zum Beispiel Blau wählen. Man kann auch in Blau Grün wählen. Weil aber die Telefonleitungen durchgeschnitten sind, bekommt man keinen Kontakt. Und weil die Kinder das wissen, versuchen sie es gar nicht erst. Eines Tages geschieht etwas Überraschendes: Mitten in Grün wächst eine gelbe Rose. Es ist eine schöne Rose, aber die Leute verziehen so angeekelt das Gesicht, als sei sie ein Mistkäfer. Und es dauert nicht lange, da haben fünfunddreißig Polizisten die Rose mit fünfunddreißig Spaten niedergeschlagen. Das ist der Tag, an dem Erbs seinen Löffel in den Spinat fallen läßt. Der Spinat spritzt meterweit in der Gegend herum. Aber das macht nichts, denn das Zimmer ist ja sowieso grün. Und die Eltern auch. Nur der Teller zerspringt. Dann geschieht weiter gar nichts mehr. Jedenfalls sieht und hört man nichts Besonderes. Aber in den Kindern von Viertelland entsteht eine Unruhe. In allen Kindern - seit der Teller zersprungen ist.

Da laufen die Kinder aus Rot zum Mittelpunkt des Landes, wo sich die Grenzen treffen, die Kinder aus Blau gehen da hin, die aus Gelb und die aus Grün. Sie blicken einander an und sind stumm. Bis Erbs etwas tut. Einfach so. Er spuckt nämlich auf die Kreidestrichgrenze. Dann scharrt er ein bißchen mit dem Fuß in der Spucke herum, und die Kreide ist weg. Sofort machen alle anderen Kinder mit. Sie spucken und scharren, bis es keine Grenzen mehr gibt. Und dann lachen sie und fassen einander vorsichtig an.

Die grünen die gelben, die gelben die blauen, die blauen die roten, die grünen die blauen, ja und immer so weiter, bis jedes jeden angefaßt hat.
Zuerst merken sie weiter nichts. Sie fangen an, miteinander zu spielen, und sie vergessen, was der Lautsprecher, die Plakate, der Roboter und die Schriftbänder sagten. Ganz langsam aber geschieht es, daß sie aufhören, nur eine Farbe zu haben.
Die grünen kriegen zu grün noch rot, blau und gelb hinzu, die gelben grün, rot und blau, die blauen rot, gelb und grün und die roten gelb, grün und blau. Und nachdem nun jedes Kind jede Farbe hat, kann es auch in jeder Farbe denken, fühlen, träumen und wünschen. Jedes versteht das andere, und allen gehört das ganze Land. Nie zuvor waren sie so fröhlich. Sie singen gemeinsam den Zitronenblues, spielen Kaktusspringen, denken sich blauen Schnee und werfen Tomaten in den Sonnenuntergang. Die Erwachsenen machen große Augen. Aber weil bunte Kinder richtiger sind als einfarbige, können sie nichts dagegen tun.

Ja, manche Eltern wünschen sich plötzlich selbst, bunt zu werden. Einige bemühen sich so sehr, daß sie tatsächlich ein paar andersfarbige Tupfen kriegen. Zum Beispiel die Eltern von Erbs.

Aber wirklich bunt sind nur die Kinder!"

Und wie die Geschichte weitergehen könnte, werden wir jetzt gemeinsam ausprobieren und erleben.

6. Die Landeshymne.

Als nächste Aktion wird in jedem Land ein Lied - passend zur Landesfarbe - ausgewählt, eventuell auch umgetextet, und einstudiert. Nach entsprechender Vorbereitungszeit werden die vier Hymnen vorgesungen. Applaus der anderen Länder.

7. Berufspantomimen.

In jedem Land gibt es ganz typische Berufe, in denen die Landesfarbe eine wichtige Rolle spielt. Es können auch Phantasieberufe sein. Jedes Land bereitet zwei pantomimische Kurzszenen vor, in denen diese Berufe gezeigt werden.

* Vorbereitung
* Reihum die erste Szene vorspielen. Erst nach dem Ende (!) einer Szene versuchen die anderen Bewohner die vorgespielte Berufsbezeichnung zu erraten.
* Reihum die zweite Szene vorspielen, dann erraten lassen.

8. Speiseplan zusammenstellen.

"Bei einer ganz tollen Hochzeit werden immer die besten Speisen und Getränke aufgetischt. Schreibt alle leckeren Köstlichkeiten, die zu eurem Land passen, auf diesen riesigen Speiseplan (Plakat) drauf!" Anschließend vorlesen.

9. Zwei Farben vereinen! Geht das?

Hier sind Sie als Magier gefordert! Versuchen Sie die Kinder mitzureißen, ganz dramatisch zu reden, und ihnen zu helfen, "das unmöglich Scheinende zu versuchen - zwei Farben zu vereinen!"

Konkret: Gelb und Grün bzw.Rot und Blau füllen die vorbereiteten Kartons mit farbigem Abfall ihrer Länder, dem, was sie entbehren können. (Dramatik! Dramatik! Ob das gut gehen wird???) Die Kartons kleben Sie mit durchsichtigen Tesastreifen zu. Dann werden sie einige Male zwischen Gelb und Grün bzw.Rot und Blau herumgeworfen, bis Sie beide Kartons nehmen und auf den Boden stellen: Mit der zuckerlgefüllten Unterseite nach oben! "Schauen wir, ob etwas passiert ist!": Sie schneiden die Kartons mit dem Cutter auf und - heraus fallen Süßigkeiten ...!

Genießen Sie mit. Kleine Entspannungspause.

10. Doudlebska Polka

(Bzw.ein einfach strukturierter Tanz mit Paaren und häufigem Partnerwechsel).
"Wenn schon zwei Farben gemischt werden konnten, dann wagen wir es auch noch mit allen 4 Farben! Die Musik wird uns helfen." Sie lernen mit allen Kindern einen einfachen Tanz.

11. Disco

"Es ist gelungen! Zuerst war jeder in seinem Land fast wie eingesperrt. Die anderen waren Fremde, eine Bedrohung der eigenen Farbe oder eine Kokurrenz. Jetzt hat jeder noch immer seine eigene Farbe, aber das Miteinander macht alles bunter und lebendiger. Die Angst ist kleiner geworden und die Neugier größer. Es würde wirklich etwas fehlen, wenn eine Farbe nicht dabei wäre!

Es ist Zeit für ein Fest. Zeit für die Disco!

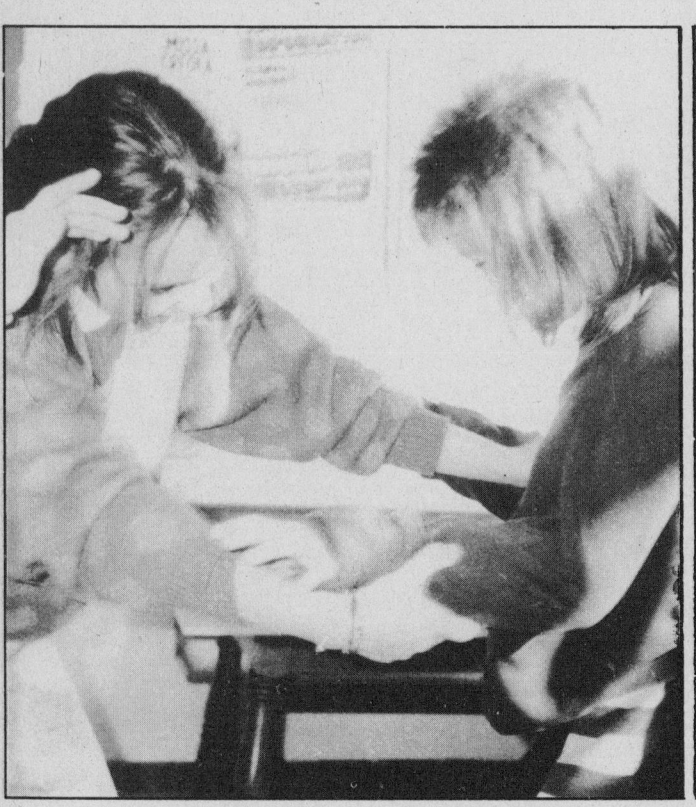

Welcome to Hollywood !

Spielaktion für Klassen und ganze Schulen

Diese belebende Spielaktion haben wir für kleine Klassen und ganze Schulen entwickelt und häufig gespielt. Grundidee: Ulrich Baer.
Die Spielidee ist einfach und so auf unterschiedlichste Klassengrößen und -räume leicht anzupassen. Sie können damit eine Stunde, einen Vormittag oder Tage gestalten. Als Projekt "Filmstadt" (siehe Päd. Aktion München) kann sie eine ganze Woche dauern.

Die Spielidee:

Wir spielen eine imaginäre Führung durch die Studios von Hollywood (für Italien-Fans auch `Cine-Citta`) und das in 3 Spiel-Phasen:

A)
Begrüßung (und ev. Reise)
Führung durch die ersten Studios

B)
Im Trailer-Studio:
Kleingruppen ziehen je einen Filmtitel und entwickeln Schlüsselszenen (Trailer) des Films

C)
Vorführung der Filmausschnitte
Abschluß und Abschied

Dieses Spielsystem läßt sich mit allen Spielen, die irgendwie zum Thema oder möglichen Studios passen, verändern, ausdehnen oder straffen.
Im Folgenden stelle ich Ihnen 4 Modelle vor, in einer Steigerung von Zeit und Aufwand:

Modell 1: Für 1 Stunde/1 Klasse oder Doppelstunde - 1 Raum/Wiese

Vorbereitung: Sie reservieren einen Klassenraum mit Bewegungsfreiheit.
Sie sammeln Filmtitel (ev. Stunden vorher mit den Schülern), die zum Alter und dem Schultyp passen. Und schreiben diese auf je ein Kärtchen zum späteren Ziehen. Bewährt haben sich:

> Winnetou/Spiel mir das Lied vom Tod
> Batman
> Love Story
> Tarzan
> Die 3 Musketiere
> Heidi
> Casablanca (bei älteren)
> Frankenstein/Dracula
> Sissy, Kaiserin von Österreich (für ältere)
> Cäsar und Cleopatra
> Der Glöckner von Notre Dame (für ältere)
> Robin Hood
> Schwarzwaldklinik
> Bergdrama
> Tatort/ Der Kommisar
> Invasion aus dem All/ Star Wars/ Raumschiff Enterprise

Sie organisieren sich einen Westerntanz: Musik-Kassette, Tanzbeschreibung (z.B. "Tänze und Spiele für die Gruppe" - AGB) und Recorder.
Sie hängen im Klassen-/Bewegungsraum 4 Studio-Plakate auf:

> "Studio 1 - Western-Dance"

> "Studio 2 - Krimi"

> "Studio 3 - High Tech"

> "Studio 4 - Trailer"

(in einer Doppelstunde kann es um 1 Studio mehr sein: Studio 4 - Stunts: "Autogramm von King Kong" oder "Raumgleiter"
Studio 4 - Dekoration: "Statuen versetzen" oder "Statuen blind nachformen". Das Trailerstudio würde so zum Studio 5.)

A) Begrüßung und Führung durch die Studios

Sie begrüßen die Schüler als Gäste/Gewinner einer Reise nach Hollywood und führen sie zum Plakat des

Studio 1 - Western Dance:

Hier tanzen und lernen sie einen zünftigen Westerntanz wie "Swing durch die Gasse", "Break-Mixer", "Yankee Doodle" oder "Patty Cake Polka". Dann gehts weiter zum

Studio 2 - Crime:

"Verfolgen" Alle sind Detektive in Ausbildung und üben unauffällig verfolgen und verhaften. Zur Musik("Pink Panther") gehen alle derart unauffällig umher und wählen sich insgeheim ein "Opfer"/einen Klienten aus und behalten es im Auge. Sobald die Musik abbricht, stürzen alle Detektive auf ihr Opfer und halten es fest mit dem Ruf "Verhaftet!" Tumult. Dies wiederholen Sie (jeder wählt sich ein neues Opfer). Dann als berühmtes Detektivpaar genauso paarweise. Wiederholen. Bei größeren Klassen 3. Durchgang mit Kleingruppen als 'Gangs', die andere Banden verfolgen - eben unauffällig. Nach dieser Action geht's weiter zum

Studio 3 - High Tech:

"Roboter einfangen". Sie bilden lauter 3er-Gruppen, einer ist der Ingenieur, die andern zwei sind Prototypen des 'Twin-Roboters' und stehen Rücken an Rücken beisammen. Der Ingenieur trennt mit seiner Hand die beiden, die darauf stereotyp in ihre Richtung rattern. Der Ing. kann die beiden nur durch Drehung ihres Kopfes in andere Richtungen lenken - und saust so zwischen den beiden hin und her, um sie Stirn an Stirn wieder zusammenzuführen, wobei sie mit einem BOING erstarren/Kurzschluß! Dies zeigen sie kurz und ansatzweise vor und dann machen alle mit. Je nach Zeit können sie hier 3 Durchgänge machen, sodaß jeder der 3 einmal Ingenieur war. Das sture Robotertapsen und ein skurriles Geräusch dazu macht Kindern und Erwachsenen Vergnügen. Weiter zu

B) Im Trailer-Studio Filmszenen entwickeln

Studio 4 - Trailer: Hier

bilden die 3er-Gruppen 6er-Gruppen und sind ein Filmteam. Einer jedes Teams zieht aus Ihrer Hand einen Filmtitel. Falls der gezogene Film dem jeweiligen Team unbekannt ist kann ein neuer gezogen werden. Die Titel bleiben den anderen Teams gegenüber geheim. Jedes Filmteam hat nun die Aufgabe, zu seinem Film die Schlüsselszene/n zu entwickeln und darzustellen. Die andern erraten den Film. Die Darstellung kann mit allen Mitteln

oder nur pantomimisch
oder in der 'Dia-Technik' (3 Standfotos werden von der Gruppe gestellt und den anderen mit Augen auf/KLICK - Augen zu/KLACK vorgeführt)
oder in Zeitlupe durchgeführt werden. Sie geben die Darstellungsart an oder lassen jedes Team selbst wählen.
Vorbereitungszeit 10 - 20 Min - je nach Ihrem Spielraum.

C) Vorführung und Abschluß

Die Teams bestimmen ihren Spielort, die Zuschauer nehmen ihre Plätze ein, erleben die Vorführung, erraten den Film (mit nötigen Hilfen wie "kalt" "warm" zu jeder Vermutung) und bekommen Applaus für ihre Szene/n.
Wenn möglich, nehmen Sie all das mit Video auf und dann beginnt jede Szene mit dem bekannten Satz des Kameramanns: "Achtung - Kamera läuft!"
Zum Abschluß/Abschied tanzen Sie nochmals den ersten Tanz mit den Schülern oder gar einen neuen Westerntanz oder einen Schunkellied-Tanz wie "Tschieieio" oder "Bingo" - oder bei Zeitknappheit verabschieden Sie die Reisegäste mit dem Hinweis, wo und wann die Videoaufnahmen zu sehen sein werden. Auf Wiedersehen - Good by!

Modell 2: Für eine Doppelstunde/ einen Vormittag - bis 80 Schüler - 1 Raum/Wiese

Vorbereitung wie Modell 1, zusätzlich:
Transparent vor der Klassentür oder im Klassenraum: Welcome to Hollywood !
Plakat mit Liste von bekannten Filmtiteln, Ölkreiden zum Anpunkten
Falls Sie das Festbuffet zur Oscarverleihung vorhaben: Jeder Schüler bringt ein Lieblingsessen -snak mit und baut dies auf einer langen vorbereiteten Tafel auf. "Oscars" - passende Gegenstände oder verpackte Überraschungen.

A) Begrüßen und Führung

Die Schüler bilden Paare und wählen sich so eine Nationalität als Identität und versuchen, so miteinander zu gestikulieren und zu sprechen. Vor dem Eingang oder direkt an der Tür wird jedes Paar von Ihnen begrüßt und eingeladen, den Wunschfilm des Tages auf der Liste auszuwählen und anzupunkten (Einstimmung/Identifikation) und danach die anderen ankommenden Paare in ihrer Art zu begrüßen).
Fortsetzung wie Modell 1:

Studio 1 - Western-Dance: Tanz
Studio 2 - Crime: "Verfolgen"
Studio 3 - Decoration: "Statuen versetzen"
Studio 4 - High Tech: "Roboter einfangen"
Studio 5 - Stunts: "Autogramm von King Kong"

4er bis 5er- Gruppen. Der leichteste Schüler setzt sich auf die Schultern der stärksten 2 -3 und ist `King Kong` am Empire-State- Building, der gerade gelernt hat, einen Stift (am besten Filzstift) in seiner starren Hand zu halten. Der 4./5. Schüler nimmt nun ein Blatt festes Papier und fährt damit den starr gehaltenen Stift von King Kong so entlang, daß der Namenszug "King Kong" aufs Papier kommt. Diese Autogramme werden sichtbar angepinnt/aufgeklebt. (Siehe unser Titelblatt !)

B) Trailerstudio

Studio 6 - Trailerstudio:
Siehe Modell 1. Bei größeren Gruppen bilden Sie auch größere Filmteams, damit nie mehr als 12 Filme zu sehen sind. Sonst sinkt das Interesse rapid.
Auf freiem Gelände oder im Turnsaal können sich die Teams bei genügend Zeit ihr Szenario aufbauen (siehe Modell 3, das speziell die Turngeräte einbaut).

C) Vorführung und Abschied
Vorführung siehe oben.
Abschlußmöglichkeiten:
* Festbuffet - oder Bankett zur Verleihung von "Oscars" an die Filmteams ist hier reizvoll.
* Abschiedstänze siehe oben.
* "Kniesitzkreis" (mit Abschiedslied) ist günstig.
* Abschluß-Interviews mit Paaren: "Sie beide kommen ja vom Nordpol - wie haben sie das Klima hier vertragen ?" usw.
* Die Paare verabschieden sich voneinander
* `Erinnerungsfotos` von Grüppchen/der Filmteams mit Polaroidkamera
* Videoaufnahmen anschauen

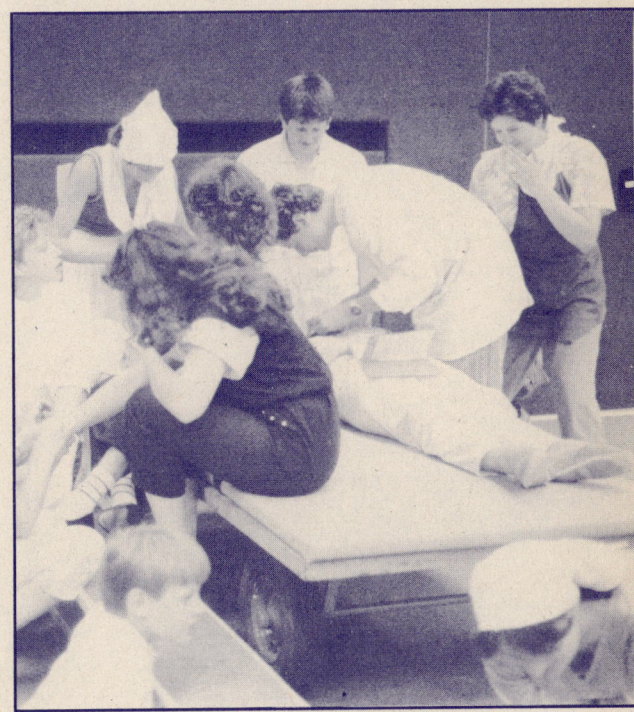

Modell 3: Vormittag mit einer ganzen Schule - mehrere Räume und Turnsaal

Bei diesem Modell beginnt die Reise nach Hollywood im Turnsaal, wo jede Klasse mit ihren 2 Klassenbegleitern als Subsystem erhalten bleibt und mit `Spots in Movement` die Reise erlebt. Dann gehen 2-4 Klassen zusammen und gehen in einem Rundkurs (Karussell) durch 3 Studios. Trailerstudio ist wieder der Turnsaal, wo klassenweise ein Filmtitel gezogen und vorbereitet wird (Spielregel: Jeder Schüler spielt eine Rolle !). Dazu gehen die Klassen entweder in ihre Klassenräume oder bleiben hier (falls der Turnsaal sehr groß ist).
Nach ca. 3/4 Stunde (inklusive Jause) beginnt die Vorführung, wobei die zuschauenden Schüler von Filmkoje zu Filmkoje mitwandern.
Nach den Vorführungen (45 - 60 Min) gibts noch einen Abschieds-Kniesitzkreis mit allen.

Vorbereitung:
* Bei der Spielaktion mit einer ganzen Schule (5 - 12 Klassen) ist ein Vorbereitungsnachmittag mit je 2 Lehrerinnen pro Klasse und je 2 Leiterinnen der 3 Studios wichtig. Dabei werden die Struktur vorgestellt, die Aktion exemplarisch durchgespielt, Räume festgelegt, die Verantwortlichen für Studios und Klassenbegleitung gefunden und deren Aufgaben geklärt. Die den Schülern und der Klassenanzahl entsprechenden Filmtitel werden ausgewählt.

* Raumbedarf: 1 Turnsaal,in dem alle Schüler Platz haben für den Beginn der Phase A), der in der Phase B) und C) als Trailerstudio dient.
3 große Räume für je 2 - 4 Klassen für die Führung in Phase A) als Karussell.

* Filmtitel-Kärtchen zum Ziehen bereitlegen

* Transparent: "Welcome to Hollywood" überm Schultor, im Schulfoyer oder als Begrüßung im Turnsaal.

* Filmtitel auf Papierbögen zur späteren Bezeichnung der zutreffenden Filmkojen im Turnsaal.Womöglich: Zu den Filmtiteln (der Klassenzahl entsprechend) ein Panoramaplakat mit Filmtitel - im BE-Unterricht entworfen und hergestellt.

* Die Schüler sind auf das Großereignis vorbereitet und können unterschiedlichste Requisiten mitbringen.

A) Begrüßung, Reise und Führung

Die Klassen kommen in den Turnsaal und bekommen ihr Terrain zugewiesen. Begrüßung. Mittels

Spots in Movement

beginnt die Reise nach Hollywood:
Zur Musik gehen/tanzen alle (in ihrem Klassenterrain) herum, sobald die Musik abbricht kommt je ein Erlebnisimpuls, dann gehts mit Musik wieder weiter:
- soviele Hände wie möglich schütteln
- einander die Knöchel schütteln
- Atem bis zum Beginn der Musik anhalten
- 3 Mitschülern das heurige Ferien/Urlaubsziel ins Ohr flüstern (falls Schulschluß)
- laut den Namen eines Mitschülers rufen
- paarweise zusammenstellen: Paris/Montmatre " Auf den Rücken Zeichnen" Einer ist Maler, der andere das sprechende Zeichenblatt. Der Maler zeichnet eine einfache Figur auf den Rücken seines Partners, der Partner errät die Zeichnung - Rollenwechsel
- Paar: London/Nebel "Schattengehen" Zur Musik (Charleston oder anderer Ohrwurm) geht einer vor, der andere folgt im dichten Nebel mit gleichen Bewegungen. Bei "Wechsel !" drehn beide schnell die

Rollen um, der hintere führt nun die Bewegung an. Einige kurze Wechsel. Dann wieder gemütlich gehen bis
- zu Dritt: "Hongkong/Rikscha". Der Mittlere wird eine Runde getragen.
- Miami/Miami Vice: "Verfolgen" siehe obige Beschreibungen
- New York(Los Angelos)/Smoke

Rette mich wer kann

Die Klasse teilt sich in 4 Gruppen, numeriert von 1-4, jeder merkt sich seine Gruppenzugehörigkeitszahl. Musik - herumgehen. Bricht die Musik ab, rufen Sie eine Nummer (1-4). Die Betroffenen lassen sich laut stöhnend/hilferufend und langsam in Ohmacht fallen, die je anderen versuchen alle zu retten, bevor sie den Boden berühren. So alle Nummerngruppen durch, einmal auch zwei Gruppen gleichzeitig. Abschließend alle Nummern gleichzeitig möglich - alle sinken zu Boden.

"Alle, die .. zu mir in die Mitte !"

Eine herzliche und `beachtliche` Vorstellungsaktion für eine derart große Gruppe:
Sie bereiten sich einige Kriterien vor
- alle, die heute mit dem Rad/Bus zur Schule gekommen sind
- alle, die ein Müesli zum Frühstück essen
- alle, die viel um ihre Noten bangen mußten
- alle, die heuer die Schule verlassen/beenden
- alle, die gern zur Schule gehen
- alle, die sich auf die Ferien freuen (kommen fast alle - Schlußpunkt)
Alle stehen nach den `Spots' in einem großen Kreis, Sie gehen mit dem Mikro in die Mitte, erklären kurz die Spielregel und nennen das erste Kriterium. Die in die Mitte gekommen sind, bekommen einen Applaus - 2-3 kurze Interviews durch Sie zum Thema. Dann das nächste Kriterium.

Führung durch die Studios:

Die Klassen gruppieren sich, wie vorher vereinbart, zu Klassenverbänden(je 2-4 Klassen gleicher oder gemischter Schulstufen) und ziehen je ins Startstudio und wechseln nach 10 Min ins nächste - durch alle 3 Studios:
Studio 1 - Western-Dances: "Swing durch die Gasse/Oh Susannah" und "Break Mixer"
Studio 2 - Stunts: "Autogramm von King Kong" und "Raumgleiter"
Studio 3 - High Tech: "Roboter einfangen" und "Maschinen abstellen"
Dann kommen wieder alle in den Turnsaal.

B) Im Trailerstudio, Filmtitel ziehen, Filmszenen entwickeln

Filmtitel-Ziehung: Der Jüngste aus jeder Klasse zieht aus einem Hut/Korb den Filmtitel und bringt ihn der Klasse. Freude oder Enttäuschung. Die Klassen ziehen sich 30-45 Min zurück und entwickeln die Filmszene. Jausenzeit in der Klasse.

C) Vorführung und Abschluß

Während der Vorbereitungszeit baut ein Lehrer/ Schülerteam den Turnsaal zu Filmkojen um, die den Filmtiteln entsprechen: Die Leitern mit Hochsprungmatte zu Füßen fürs "Heimatdrama", die Seile für "Tarzan", Böcke und Pferde für "Spiel mir das Lied vom Tod" usw. Dazu, wenn vorhanden, die Filmplakate. Ev. passende Filmmusik zu den einzelnen Genres.
Jetzt kommen die Klassen, adaptieren sich in den Kojen, kleine Generalprobe und all setzen sich rund um die erste Koje. Videokamera in Bereitschaft: "Achtung, Kamera läuft !". Applaus. Wandern zur nächsten Filmkoje.

Abschluß:

Sie bilden einen Kreis (mehrere konzentrische Kreise) und leiten den "Kniesitzkreis" an. Nach 2 Versuchen gelingt er meistens (gleichgroße Schüler hintereinander !). Dann Dankesworte an alle Beteiligten und Initiatoren mit Applaus.
Aufräumen des Turnsaals durch jede Klasse.

Viel Vergnügen !
Die Fotos (auch das Titelfoto) sind von Fritz Lindenberger, Hauptschule Perg, OÖ

Mitspielzirkus und Informationskarussell
Ein anderer Elternabend an einem Gymnasium

Manfred Perko

Die Idee
Ein Elternabend steht ins Haus. Kennenlernen, bessere Kontakte, gemeinsam feiern, etwas vom Charakter der Schule präsentieren, usw.

Wie bringen wir diese Menge Wünsche unter einen Hut?
Dann - eigentlich - nebenbei die kreative Idee: Wir veranstalten einen Mitspielzirkus für Eltern, Lehrer und Schüler!

Vorbereitungen
Zwei Wochen vor dem Elternabend stellt Manfred Perko, ein Lehrer des Lehrerteams der Klasse und im Nebenberuf Spielpädagoge, das Modell "Mitspielzirkus" vor. Rollen und Aufgaben werden abgesprochen und verteilt. Zwei Wochen bleiben Zeit, damit jeder seine Ideen ausbrütet und Material besorgt.

Am Tag des Elternabends geht es ab 16 Uhr hoch her. Ein Teil der Aula wird mit vereinten Kräften in eine Zirkusarena verwandelt. Bunte Riesenseidentücher sorgen für Farbe und Abgrenzung. Färbige Scheinwerfer aus dem Lichtkoffer (Siehe Seite ...:Materialbudget), einzeln schaltbar, machen Licht und Stimmung. Aus der Stereoanlage tönt zur Einstimmung bereits Original-Zirkusmusik. Dazu noch Sessel und Langbänke für die Zuschauer, Tische, Turnsaalmatten und viele Kleinigkeiten für die Zirkusartisten.
Natürlich wird die Zeit knapp und die Verantwortlichen werden hektisch. Aber wir schaffen es!

Zirkuszeit
Die Zirkuszeit beginnt mit einer Panne: Eltern und Schüler setzen sich sofort rund um die Zirkusarena, um sich die besten Plätze zu sichern. Sitzende Menschen sind aber nur schwer zum Mitmachen zu "bewegen".

Trotzdem gelingt unser erster Impuls. Alle kommen mit auf die Spielfläche (in die Zirkusarena) und wir beginnen mit einem gemeinsamen, ganz einfachen

Tanz: "Le Bastringlo"
Kurze, paarweise Tanzstückchen, dann blitzschneller Partnerwechsel. Schon sind alle in Schwung und haben "begriffen", daß es heute um's Mitmachen geht.

Dann die große Tierschau
Alle Menschen spielen Tiere in Käfigen - jeder kauert sich am Boden ganz klein zusammen. Dann gehen die Käfige auf und heraus kommen - lauter brüllende Löwen! Nach 30 allgemeinen "Löwensekunden" gehen die Käfige wieder zu. Stille. Dann gehen die Käfige - auf Ansage des Spielleiters hin - wieder auf und heraus kommen Elefanten, dann Schlangen, Affen und und und.

Solcherart vorbereitet und eingestimmt steht der eigentlichen Zirkusvorstellung nichts mehr im Wege.
Halt: Vorher lernen und singen wir noch gemeinsam

Unser Zirkuslied:

"Die 1.b ("erste Be"), die 1.b, die feiert heut' ein Fest. Die meisten Eltern sind schon da und bald kommt auch der Rest!"

Refrain: "Mitspielzirkus, den feiern wir heut' hier, und das was mir dran gut gefällt, das merk' ich mir!"

"Weil jeder heut das Beste macht - so gut wir eben sind- drum wird auch niemand ausgelacht, ob Eltern, Lehrer, Kind."

Refrain: "Mitspielzirkus, ..."

Nach der Melodie von "Oh Susanna ..." singt ein Lehrer mit Gitarrenbegleitung die Strophen, den Refrain singen alle mit.

Jetzt geht's richtig los: Musik "Einzug der Gladiatoren",

Auftritt des Zirkusdirektors:

"Hochverehrtes Publikum, sehr geehrte Damen und Herren, liebe Kinder, heute sehen Sie, was..." - plötzlich Unterbrechung, ein Artist (Lehrer) kommt aus der Kulisse, flüstert dem Direktor etwas ins Ohr. Direktor zum Publikum: "Es tut mir leid - eben erfahre ich - Einsparungsmaßnahmen - kein Zirkus - nur ein paar Artisten noch da - wir müssen absagen - außer, ihr helft und macht alle mit. Ja?" "Jaaa!"

Nochmals Zirkusmusik, die "restlichen Artisten" (kostümierte und teilweise geschminkte Lehrer) ziehen in die Manege ein. Jeder hat eine Plakat mit als Einladung, bei seiner Nummer mitzuwirken: Seiltänzer, Bodenturner, Clowns, Seehunde, Raubtiernummer, Bändertanz, Zirkusorchester.

Mit etwas Hilfe durch den Ziruksdirektor suchen und finden die Artisten 8 - 15 Mitwirkende für ihre Nummer. Nur vier oder fünf Eltern beteiligen sich nicht, sondern machen Pause - auch gut! (Wer sich die "Erfolgslatte auf 100% legt, ist selber schuld.)

Nun folgt eine dreiviertel Stunde Probezeit. In verschiedenen Ecken der Aula und in angrenzenden Klassenzimmern entstehen etwa fünfminütige Zirkusnummern. Die zuständigen Lehrer haben Material, Kostüme, Schminke und Requisiten vorbereitet. Außerdem helfen sie Eltern und Schülern, gemeinsam Ideen zu entwickeln, auzuprobieren, eine Nummer zu gestalten. Wichtig ist, daß die Lehrer als Animateure wirken, also nicht ein fertiges Konzept vorgeben und die Mitspieler nur mehr "einschulen", sondern daß sie als "Ideen-Geburtshelfer" fungieren. "Wie bewegen sich Seehunde?" "Was kommt in einer Raubtiernummer vor?" "Probieren wir deine Idee gleich aus!" - das sind die hilfreichen Leitsätze. Und: viel versuchen und tun, wenig diskutieren und überlegen.

Der Ziruksdirektor schaut, wer Hilfe, unvorhergesehenes Material usw. braucht, und versucht zu erwirken, daß alle die vorgegebene Probezeit in etwa einhalten.

Und dann fängt die "wirkliche" Aufführung an.

Hochdramatische Ankündigungen, verbindende Worte und zahlreiche Aufforderungen des Zirkusdirektors zu stürmischem Appaudieren, bunte Scheinwerfer und passende Zirkusmusik bilden den Rahmen für die Auftritte.

Alle Beteiligten führen eine Nummer auf. Und schauen bei sechs Nummern der anderen zu.

Das Geheimnis der Mitspielzirkus-Nummern: Im Detail stimmt alles: Bewegungen, Schminke, Musik, entsetztes Atemholen, wenn der Seiltänzer taumelt,...

Aber im Großen wird eine Illusion verkauft: Das "Hochseil" liegt am Boden, die "Löwen" sind Menschen, das "Orchester" spielt Playback.

Zum großen Finale nochmals "Einzug der Gladiatoren". Der Direktor bittet alle Beteiligten nacheinander in die Manege: "Unsere Clowns - Applaus! Das Orchester - Applaus! Die Zuschauer - Applaus! (Jetzt haben wir sie doch noch dazu verführt, eine Minirolle zu spielen: "Zuschauer"!) Der Zirkusdirektor - Applaus!" Das ergibt einen gemeinsamen, dynamischen Abschluß und ein gemeinsames Dankeschön an alle Beteiligten.

Gespräche und Informationen

Nach der Zirkuszeit haben wir eine strukturierte Gesprächsphase geplant. In drei nebeneinanderlieg genden Klassenräumen ist je ein Thema "zu Haus se":

A) Klassenfragen

B) Schulversuchsfragen, insbesondere Öff fentlichkeitsarbeit

C) Schullandwoche (mit Dias vom Ferien-heim "Burg Finstergrün")

Nach jeweils 20 Minuten sollten die Eltern im Rotat tionsprinzip zum nächsten Thema wechseln.

Die Schüler konnten, soweit sie nicht die Eltern beg gleiten wollten, währenddessen einen Film sehen. Einige Schüler halfen zwei Lehrern beim umfangr reichen Abbau der Zirkusdekoration. Auch schon beim Aufbau hatten sich Schüler aus dem Tagess schulheim beteiligt.

Danach

treffen sich alle, die gerne möchten, noch beim Heur rigen. Traditionen sind nicht schlecht!

Das hat's gebracht - das hat nicht geklappt

+ Eine überraschende Erfahrung für Schüler, Lehrer und Eltern.
+ Kontakt und Kennenlernen in Aktion und Spiel, nicht nur im Gespräch,
+ Gemeinsamkeit über Alters- und Berufsgrenzen hinaus, z.B. Eltern, Lehrer und Schüler gemeinsam als Clown oder Seehunde.
+ Freude an gemeinsamer Leistung.
+ Erlebnis, was "Integrativ Unterrichten" beinhalten kann.
+ Erlebnis, was "Soziales Lernen" beinhalten kann.
+ Bunte, bewegte, erfolgreiche Zusammenarbeit der Lehrer auf einem ungewöhnlichen Gebiet.
+ "Schule kann anders sein - und ist anders."

- Das "Informationskarusell" hat nicht ganz gek klappt. Die Struktur konnte im "Nachzirkustrubel" nicht gut vermittelt werden. Manche Eltern wollten bei einem Thema bleiben und nicht zur nächsten Station weiterwechseln. Der ganze Abend war in Summe zu voll. Zirkus oder Informationskarussell wäre vielleicht genug gewesen. Andererseits war es unübersehbar, daß durch das Zirkusspiel die positive und neugierige Einstellung so groß geworden ist.

Trotzdem und insgesamt: Schön und wichtig war's!

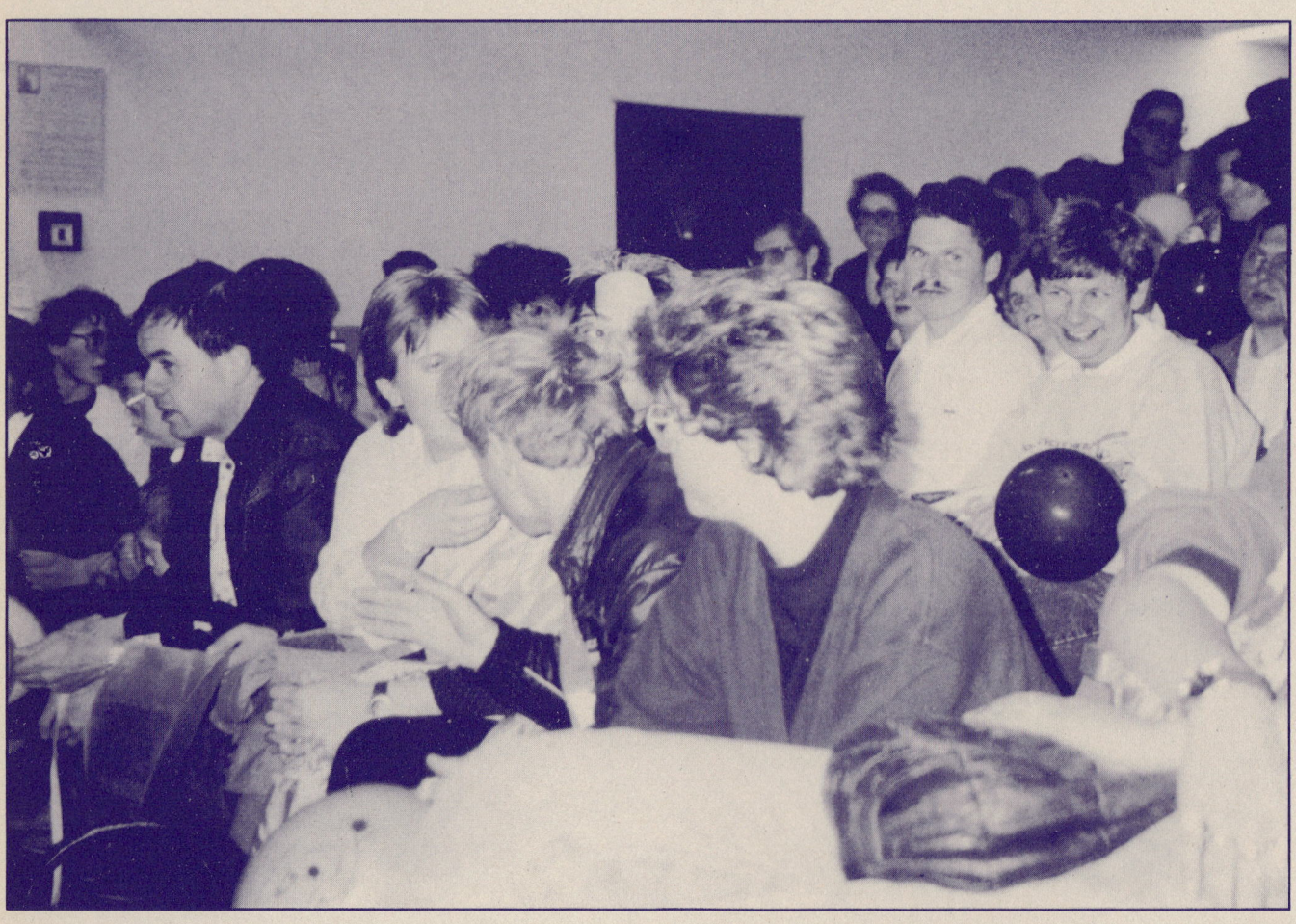

Einstandsfest in neuer Umgebung
Beratung, Planung und Resümee eines Schulfestes

Das Salzburger Gymnasium Zaunergasse übersiedelt zu Beginn eines neuen Schuljahres in ein neu erbautes Schulgebäude. Ein Teil des Lehrkörpers möchte eine Art Fest machen, fühlt sich aber zu unerfahren mit einer derartigen Veranstaltung und hat vor allem ein mulmiges Gefühl vor der drohenden, zusätzlichen Arbeit und dem Erfolgsrisiko.

Sie holen sich einen Fachmann für Großgruppenanimation als Berater zu zwei nachmittäglichen Besprechungen.

Die folgenden Berichte sind

1. Meine Vorausgedanken.
2. Eine sehr ansprechend gemachte schriftliche Information über das Beratungsgespräch, die an alle Kolleginnen und Kollegen verteilt wurde.
3. Das Resumee der Lehrer und ein Aufsatz einer Schülerin.

1. Einige Vorausgedanken zum ersten Beratungsgespräch:

1. Welche bisherigen Traditionen von schulischen Großveranstaltungen gibt es?
2. Soll das Fest mehr Erlebnisse für "innen" (Lehrer, Eltern, Schüler) oder für "außen" (Presse, Schulbehörde, Öffentlichkeit) sein?
3. Wie groß sind die verschiedenen notwendigen Energieformen (finanzielle, materielle, zeitliche, emotionale)?
4. In welchem Grad können sich die betroffenen Gruppen (Lehrerschaft, Direktion, Schulpersonal, Schüler, Eltern, andere) beteiligen?
5. Wie wird die Energiebilanz gemessen: Einsatz - Ernte?
6. Wer hat methodische Kompetenzen für die Arbeit mit einigen Hundert Menschen?
7. Wenn wenigstens ein bisheriger Fehler nicht mehr gemacht werden sollte, welcher sollte das sein?

2. Das erste Beratungsgespräch - Fragen und Antworten

Wozu das Fest?
- Kein Repräsentationsfest. Die offizielle Schuleröffnung für die Öffentlichkeit folgt erst im Frühjahr. Ein Fest für uns, die Schülerinnen und Schüler, Eltern, Lehrerinnen und Lehrer.

Haben wir als Lehrer spezielle Interessen?
- Ein Zeichen setzen für gute Nachbarschaft! Die umliegenden Bewohner befürchten mehr Lärm, mehr Betrieb, Störungen, vor allem Beeinträchtigungen des angrenzenden Kinderspielplatzes.

Welche Art von Fest?
- "House-Warming-Party" oder "Nachbarschaftspflege-Fest"? Achtung: Zu viele Ziele bei einer Veranstaltung überfordern uns!

Was möchten wir von den bisherigen Festen beibehalten?
- Die Klassen gestalten mit und machen Spiel- und Marktstände.

Schon wieder das gleiche?
- Etwas Gelungenes aus bisherigen Festen und Veranstaltungen wiederholen ist gut. Man weiß, worauf man sich freuen kann.

Was wollen wir ändern?
- Die Eltern (Elternverein) sollen mitgestalten: sie organisieren das Buffett. Mehr Zeit zum Vorbereiten. Die Vorbereitungsarbeiten werden nicht neben dem Unterricht, also nicht zusätzlich, organisiert. Bessere, gerechte Arbeitsteilung.

Was soll die Bilanz sein?
- Nach dem Fest ist es für uns alle besser als vorher. Kein Kraftakt bis zur abschließenden Erschöpfung.

Deshalb:
Ein paar Tage Zeit dafür.
Alle haben Zeit dafür.

Die Struktur wird ein "Projekt" mit dem Titel "Einstandsfest in neuer Umgebung". Projekt und Fest laufen unter dem Slogan "Wir erkunden die neue Umgebung - Wir haben und wir sind neue Nachbarn."

Zeitrahmen:
In der zweiten Schulwoche
3 Tage Erkundung und Festvorbereitung
1 Tag Fest
1 Tag Nachbereitung

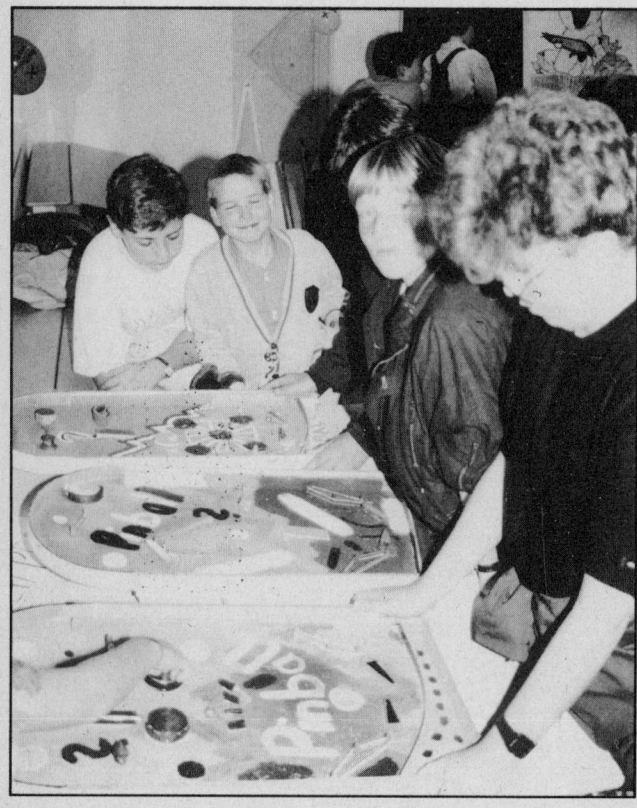

Organisation:

Jeder Klassenvorstand ist in den 5 Tagen für seine Klasse zuständig und sucht sich 1-2 Kolleginnen zur Mitarbeit.

Drei Lehrerinnen dürfen nicht in den Klassen-Projekten beschäftigtsein, sondern sollen frei verfügbar sein. Sie bilden ein "zusätzliches" Kleinteam, das zur Koordination alle vorher- und nicht vorhersehbaren Wünsche, Ideen, Probleme der Festvorbereitung freigestellt ist.

Jeder Klasse sind 3 Aufgaben gestellt:

1. Eine Erkundungsaufgabe in der neuen Umgebung, z.B. Wieviel Verkehr ist an der Kreuzung? Welche Verkehrsverbindungen gibt es? Wer wohnt hier? Kontakt mit Nachbarn aufnehmen, sie begrüßen, sich vorstellen, Blumen verteilen... Welche Geschäfte gibt es? Wo sind die Äpfel am billigsten? Welche öffentlichen Einrichtungen gibt es? Wie schaute es vor 100 Jahren hier aus? Wir haben Haustiere gerne - welche gibt es hier? ...
2. Den eigenen Klassenraum gestalten und nach Möglichkeit Ergebnisse der Erkundungen in einer Mini-Ausstellung präsentieren.
3. Im Klassenraum ein Unterhaltungsangebot für das Fest vorbereiten. Z.B. Spielstände, einfache Arbeitstechniken vorführen, Schminken, ...

Struktur des Festes:

* Eingeladen sind alle Eltern, Schüler, Lehrer und Nachbarn.
* Die einzige Aktion für alle: Jeder ins Schulgebäude Hereinkommende wird begrüßt (z.B.durch Flugblatt oder ...) und leistet einen symbolischen Beitrag für die Schule ("gute Wünsche!").
* Unterhaltungsangebote: Haus besichtigen. Spiel- und sonstige Aktionsstände in den Klassenzimmern.
* Informationen über die Umgebung (Plakate, Fotos usw.in den Klassen (Ergebnisse der Erkundungsarbeiten). Buffet und Getränke: Organisation und Durchführung übernehmen diesmal die Eltern und Elternvertreter.
* Wetter: Das ganze Fest wird für den Innenraum, der ja jetzt vorhanden ist, geplant. Bei Schönwetter kann u.U. ein Teil des Buffets ins Freie verlegt werden.
* Nachbereitung: am "Tag danach" mit Berichten für die Schulchronik, Zeitungsartikeln, Gesprächen in den Klassen und im Konferenzzimmer: Wie war's? Hat es sich gelohnt?
* Nach-Nachbereitung für uns als Lehrerteam. Kleines Freudenfest: "Den Erfolg feiern wir gemeinsam!"

Die wichtigsten Neuerungen:

1. Kein aufwendiges Material, keine Referenten, keine Autobusse, kein warmes Wetter nötig, keine Betriebsbesichtigungen usw. müssen organisiert werden. Alle zu befragenden Leute und das gesamte Anschauungsmaterial befinden sich unmittelbar vor der Schule.

2. Wir müssen nicht schon wieder im Vorhinein Expertinnen in einem bestimmten Fachbereich sein, müssen uns nicht irgendwo neu einarbeiten.

3. Die Vorbereitung ist diesmal nicht Arbeit neben dem Unterricht sondern Haupttätigkeit in der Unterrichtszeit.

4. Da der Unterricht des Schuljahres noch gar nicht angefangen hat, muß die Arbeit nicht eingeschoben werden.

5. Je früher das Projekt-Fest stattfindet, desto einfacher darf es sein: Klein aber fein! Es muß nicht perfekt organisiert sein.

3. Das Resümee und ein Aufsatz

Christine Czuma

FEST zum Schulanfang in der Zaunergasse Donnerstag, 19. September

Dritter Vormittag in der Projekt-Woche "Wir erkunden die neue Umgebung - Wir haben und wir sind neue Nachbarn" - Erstklaßler zählen Räume, Treppen, fragen den Schulwart nach Kosten und Bauzeit. Andere interviewen Erwachsene, die jetzt ihre Lehrer sind: Was unterrichten Sie, wie lange schon, welche Schuhgröße haben Sie? Die Statistik mit Informationen und Durchschnittswerten wächst. Mehrere Dreiergruppen Zwölfjähriger sind unterwegs in die Wohnblöcke der Nachbarschaft, Merkzettel für Fragen in der Hand. Eine Wolke Pizzaduft zieht durch den Gang - Viertklaßler haben mit dem Imbißstand nebenan einen günstigen Mengenrabatt für die Schule ausgehandelt.

Ein großer Plan des Straßenverkehrsnetzes mit Bus- und Zugsverbindungen hängt neben einer Klasse: Wie kommt man in die neue Schule und wieder nach Hause? Prospektmaterial des Sportgeschäfts um die Ecke. Hundert Meter vor der Schule liegt eine vielbefahrene Straßenkreuzung. Dort stehen Schülerinnen und zählen Autos, Fahrräder, Fußgänger. Haarlocken vom Fußboden eines Frisörladens auf Packpapier geklebt: Welches der drei nahen Geschäfte bietet den billigsten Schnitt? Im unteren Gang des Schulgebäudes arbeiten Handwerker in den Fachsälen, vieles ist noch unfertig, wird in dieser Woche nicht gebraucht. Eine Pflanzenfirma liefert Grünpflanzenarrangements, auf Initiative einer 5.Klasse: "Gesponsert von ...". Ihr Projektthema heißt "Wintergarten". Die ersten Fotos aus Büchern - Thema: Unsere neue Umgebung vor 50 und vor 100 Jahren werden auf Plakate geklebt.

Rückblende. Anfang Juni.

Wir, eine Gruppe von 8 Lehrerinnen und Lehrern, überlegen mit Michael Thanhoffer, wie wir das Schulfest im Herbst, den Einzug ins neue Schulgebäude, gestalten könnten. Zwar schon etwas "festgeübt" fühlten wir uns von der zu erwartenden Teilnehmermenge (ca. 600 bis 800), zudem gleich nach Schulbeginn, doch etwas überfordert, suchen Planungshilfe.

Erst im Gespräch mit dem Berater klären wir für uns, welche Funktion das Fest haben soll; was alles besprochen wurde, erfuhren die anderen Kollegen in der Schule dann mittels des Informationsblattes, welches auch die Aufgabe hatte, diejenigen, die nicht bei dem Gespräch waren, ebenso von der entstandenen Idee zu überzeugen, wie wir es nach dreistündigem Überlegen und Reden waren.

Unerwartetes Ergebnis dieses ersten Fest-Vorgespräches: Aus dem Festnachmittag soll eine fünftägiges Projekt werden: "Erkundung der neuen Umgebung und zum Abschluß eine House-Warming-Party für alle Schüler, Eltern, Nachbarn, Lehrer und Lehrerinnen.

Welche Elemente der Planung, welche Vorüberlegungen und Ratschläge haben wir vor dem Fest gut gebrauchen können?

- Die Entlastung, daß Eltern sich um Essen und Trinken kümmern (Organisation inbegriffen).

- Mehrere Schüler, die schon mit ihrer Projektarbeit fertig waren, machten gerne praktische Vorbereitungsarbeiten und wir waren froh, an Herumstehende Arbeit verteilen zu können, z.B. Begrüßungs-Anhänger ausschneiden, Blumentöpfchen mit Erde füllen...

- Wir widmen dem Einzug und dem Fest den gebührenden Zeitraum, arbeiten nicht neben sogenanntem Normalunterricht, sondern machen Projekt und Fest zum Hauptthema des Arbeitens, des Lernens und des Uns-Freuens über das neue Haus.

- Viele organisatorische und praktische Tips: Ein für alle sichtbares Plakat "Wer ist für welche Arbeit zuständig?". Nicht alle Lehrerinnen sind für bestimmte Arbeiten verantwortlich, sondern es muß auch einige "freischwebende Energien" geben, die bei Bedarf einspringen können. Zum Aufhängen von Plakaten in Klassen eignen sich dünne Drahtseile der Wand entlag von Ecke zu Ecke gespannt, an Haken befestigt: so vermeidet man erste Klebespuren auf frischen Wänden.

- Wir brauchen kein Gesamtprogramm für alle - das neue Gebäude steht für sich.

- Das Bewußtsein: einerseits - das Fest soll keine perfekte Vorführung werden, andererseites - wir haben uns rechtzeitig und in Ruhe Gedanken darüber gemacht, also: wir haben im Rahmen unseres Möglichen und unseres Mögens gut vorgearbeitet.

Was hat sich beim Fest selbst ganz besonders bewährt?

- Die Begrüßung: Statt einer lautsprecherverstärkten Stimme für alle Ankommenden in einer bestimmten Minute wird jeder Gast persönlich am Eingang von wechselnden Begrüßungsteams (Schüler und Lehrer) begrüßt und mittels Zettel ("Herzlich willkommen...") mit ein paar Informationen versehen.

- Die selbstverantwortliche und am Erfolg mitinteressierte Arbeit der Eltern.

- Das Ausmaß, in dem Gäste aktiviert, aber nicht überfordert wurden: niemand wurde zu einer Geldspende gedrängt (Wäre möglich gewesen durch den Kauf eines Ziegelsteins als Spende für bestimmte Bereiche der Schulgestaltung). Ein persönlicher Beitrag kann auch durch einen Wunsch für die Schule geleistet werden (Blumentopf mit Wunschfähnchen). Wer will, kann auch beides machen. Ein erfolgreicher Tip: ein paar Insider müssen anfangen, die ersten Wünsche aufzuschreiben, damit andere ermutigt werden.

- Nicht nur das Buffet, sondern ebenso stark das "Ziegelbauwerk mit den Wunsch-Töpfchen", unser animativer Begrüßungsplatz in der Aula, bildet einen Aufmerksamkeits-Blickpunkt: immer wieder wird es gespannt angeschaut. Eine unerwartete Symbolik: Während das Buffet sich verringert, wächst das Bauwerk bis zum Ende des Nachmittags.

- Durch die in den einzelnen Klassen selber organisierten Unterhaltungsangebote sind Arbeit und Verantwortung für das Gelingen des Festes auf viele Schüler aufgeteilt.

- Genügend Beschäftigung für Jugendliche, Erwachsene und Kleinkinder. Die Unterhaltungsangebote in allen Klassenräumen (Flohmarkt, Tanzszenen, Disco, Kleinkinderbetreuung, Quiz...) lassen genügend Spielraum für das Hauptprogramm: Anschauen des neuen Gebäudes, Bekannte nach den Ferien wiedertreffen, usw.

- Die Ergebnisse der Projektarbeiten, soweit sie auf Plakaten oder durch ähnlichen Medien darstellbar sind, werden auf diese Weise auch veröffentlicht.

Nicht mehr so ganz gelungen ist uns die Nach-Arbeit in den Klassen:

Was den Samstag-Vormittag attraktiv machte, waren die ausreichend übrig gebliebenen Kuchen, gut verteilt zwischen Lehrern und Schülern. Auch das handgreifliche Aufräumen gelang noch ganz gut. Aber es fiel ziemlich schwer, die Schüler noch zu einer sorgfältigen "Nachbereitung" anzuregen. Geplant war: Zusammenfassen, Eindrücke aufschreiben, Dokumentation für Schulchronik herstellen, schon vorhandene Fotos beschriften usw. Mögliche Gründe: für die Schüler schienen 4 Tage genug und das Fest der krönende Abschluß. Danach noch mehr selbständiges, einfallsreiches Gestalten war nicht drin. Auch wir Lehrer hatten nicht mehr viel Energie und Einfallsreichtum, die Arbeit anzuregen. Für uns war die Anspannung mit dem Gelingen des Festes zuende.

Freudige Erschöpfung...

Bericht von Eva M., Schülerin:
Die Vorbereitung zum Fest

Als Abschluß der Projektwoche sollte nun ein großes Fest steigen. Die Eltern sollten Gelegenheit haben, das Schulgebäude und die Arbeiten des Projekts kennenzulernen. Ganz nebenbei hatte sich jede Klasse etwas überlegt, um die Eltern in die Klasse zu locken und womöglich etwas Geld für den Wintergarten zu bekommen. Die Vorbereitungen verliefen schnell und laut. Die Schule glich mehr einem Ameisenhaufen als einer Schule. Meine Freundin und ich malten Plakate für unseren Flohmarkt. Die Plakate wurden wahre Meisterwerke, nur leider konnte man den Text fast nicht lesen. Die Arbeit für das Fest und auch beim Projekt gefiel mir sehr gut, nicht zuletzt, weil wir völlig alleine und selbständig arbeiten konnten. Natürlich wurde es zuerst besprochen, aber die Ausführung lag allein in unseren Händen. Von mir aus könnten bald wieder Projekttage sein.

Kapitel 6

Die Klasse leiten

Räderwerk, Mobile, Nest, Dschungel ?
Das organische System Klasse verstehen und mitgestalten

Die Klasse in ihrer Vielfalt eröffnet Ihnen vielfältige Möglichkeiten und gibt Ihnen manchmal ebenso vielfältige Rätsel auf.
"Man kann sich den ganzen Tag ärgern, aber man ist nicht verpflichtet dazu!"
Nach diesem Motto (von der Problemsicht zur Zielsicht) stellen wir Ihnen hier problemklärende und selbstwertspendende, ressourcenorientierte Impulse und Methoden vor: Vom "Bild der Klasse" bis zu "Bewegen und Begegnen"

6.1
Mein Bild von Klasse

6.2
Die Klasse, ein organisches System

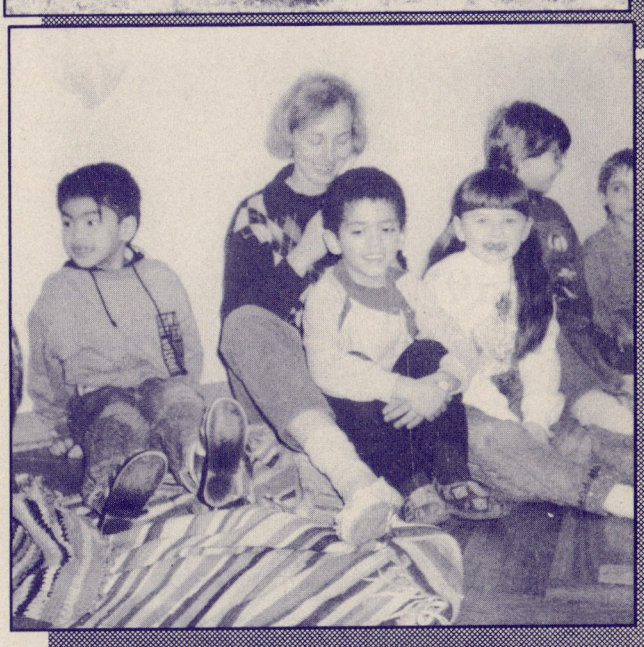

6.3
Die Klasse leiten

6.4
Bewegen und Begegnen

Viele Wirklichkeiten

Wir können die Kommunikation und das Sein in der Klasse annähernd begreifen indem wir verstehen, daß jeder Mensch seine ihm eigene Wirklichkeit durch seine Wahrnehmung schafft (Konstruktivismus). So ist die Klasse reich an unterschiedlichen, manchmal gegensätzlichen Wirklichkeiten, über die man leicht ins Streiten kommt. Die Kunst aller Betroffenen besteht nun darin, diese Unterschiedlichkeiten zur Kommunikation zu nützen und daraus eine sinnliche Anregung für alle in der Klasse zu schöpfen.

Ein einfacher und erster Weg dazu ist, die verschiedenen Bilder (Qualitäten, Bedürfnisse, Möglichkeiten) von Klasse aufzuzeigen und damit zu arbeiten.

Imaginieren

Entspannen Sie sich, wählen Sie sich eine Klasse und lassen Sie Ihr Bild von ihr aufsteigen, malen Sie es und entdecken Sie in einem Gespräch mit einer Kollegin, welche Qualitäten Sie in dieser Klasse vorfinden - und welche Ihnen (schmerzlich) abgehen - bzw. welche Sie bisher gar nicht wahrgenommen haben, obwohl sie da sind.

Sie können diese Imagination auch zu den Qualitäten der"5 Säulen der Identität" machen. Siehe Kapitel 1.

Bilder auswählen

Gemeinsam mit Ihrer Klasse können Sie nach der Methode "Bilder auswählen" aus einer Menge Bilder, die am Boden liegen die Bilder zur Klasse finden: jede Schülerin kann sich zwei Bilder wählen (oder ein rotes und ein grünes Kärtchen zu den Bildern legen). "Das eine bedeutet mein Wunschbild, das andere mein Realbild". Austausch (in Kleingruppen), Qualitäten sammeln, Wünsche herausarbeiten, Adressaten dieser Wünsche klären, reale Konsequenzen ziehen - dies kann die Weiterarbeit umfassen.

6 Bilder zur Auswahl

Gemäß der Methode '6 Ecken' hängen/legen Sie diese 6 Metaphern auf und geben das Thema "Mein Bild von Klasse" vor: 1. Durchgang 'Mein Realbild'. 2. Durchgang 'Mein Wunschbild'.

Jede Schülerin stellt sich zum Bild ihrer Wahl, es bilden sich Gruppen gleichgesinnter. Diese tauschen die Motive ihrer Wahl aus. Bei gut motivierten Schülerinnen stellt jede Gruppe Ihr Bild als kleine Szene oder Statue den anderen vor. Diese geben Feedback dazu: Was sehe ich ? Nach diesen Feedbacks zu den Darstellungen (ohne Szenen: die Schülerinnen aus den anderen Bildecken sagen kurz, warum sie dieses Bild gerade nicht gewählt haben) erarbeiten die Bildgruppen ein '+ - Bilanz-Plakat', auf dem sie die Vor- und Nachteile dieses Klassenbildes für Schüler und Lehrer sammeln. Die Plakate werden aufgehängt, Promenade dazu, Weiterarbeit wie beim 'Bilder auswählen'.

Weitere persönliche Möglichkeiten mit 'Bildern zur Klasse' zu arbeiten: Siehe Kapitel 4.2, "Kreativ vorbereiten" und Kapitel 8 "Lehrer-Eltern-Abend"

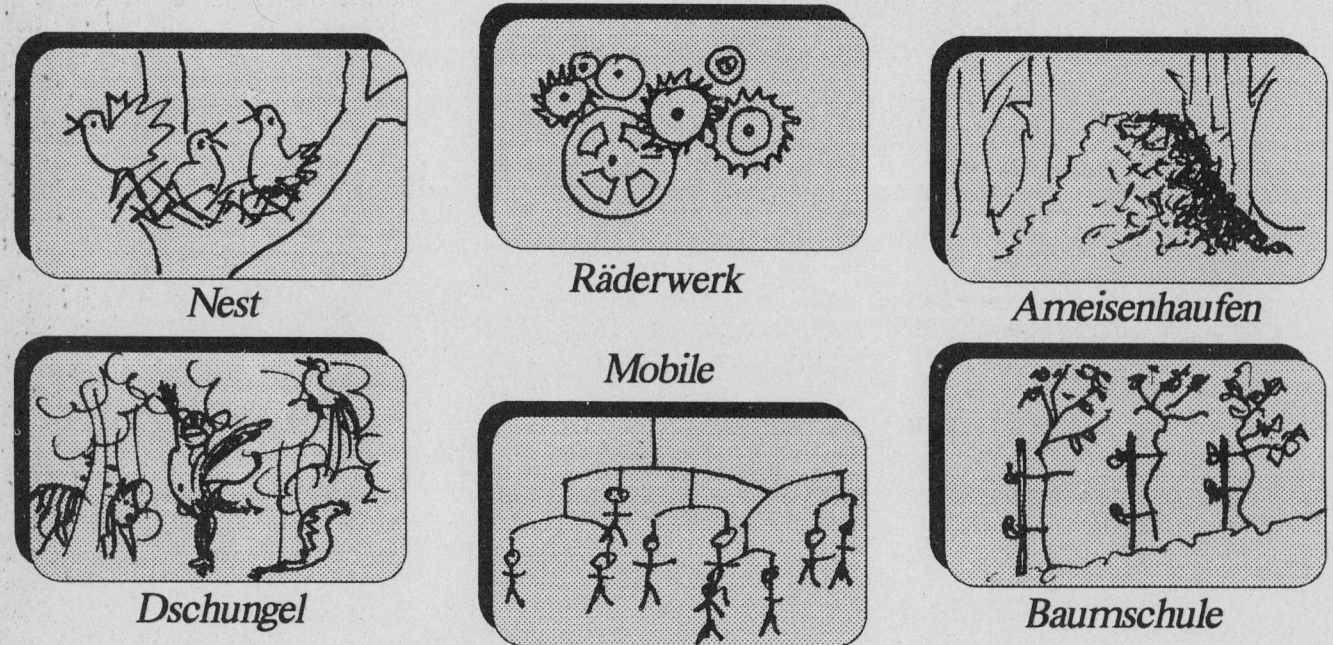

Nest

Räderwerk

Ameisenhaufen

Mobile

Dschungel

Baumschule

Klassen–Diagnose

Christine Gänger hat eine Diagnosemethode entwickelt, zu der wir Sie nun einladen, sich Zeit zu nehmen und einer Klasse Ihrer Wahl Ihre Aufmerksamkeit zu schenken.

Setzen Sie sich entspannt an einen guten Ort.

Ich bin auf dem Weg zu Klasse ...
- welches Gefühl habe ich im Hingehen
- ich mache die Tür auf, was kommt mir entgegen - welcher Geruch - welche Musik der Stimmen - welche Atmosphäre ?

Kommt mir eine Allegorie, ein Bild aus Film, Theater, Alltag für die Szene in der Klasse ?

- nehmen Sie sich Zeit, Ihr Bild zu finden !
- diese Klasse ist für mich wie: ...

Wer sind die Chefs in der Klasse ?
- gibt es deren Anhänger, sind es Solo-Chefs

Gibt es Cliquen ?
- wie gruppieren sich die Schüler - welche gruppieren sich kaum oder nicht - welche Normen werden aufgestellt - was muß ein Mitschüler bringen, damit er dabei sein kann

Wer ist sonst noch in der Klasse ?
- was ist mit jenen, die diese Standards nicht erfüllen - sind es Außenseiter - Sündenböcke
- welche Rollen gibt es noch : Einzelgänger, Unterhalter, ...

Mein Blick auf die ganze Schule:
- welche Position hat diese Klasse in der ganzen Schule - anerkannt, böse, mißverstanden, ...

Welche Geschichte hat diese Klasse ?

Welches Gefühlsthema ist momentan im Vordergrund ?
- Orientierung, Anbandeln, Behaupten, Tolles Leisten, Ablöse, Abschied, ...
- was weiß darüber, was dem voraus ging
- was spüre ich davon, was kommen wird

Was braucht die Klasse und was hat sie bereits (Ressourcen) für diese Entwicklung ?

Meine Haltung zu dieser Klasse:
- einnehmen - spüren - verändern - was brauche ich, was habe ich bereits ?

Das Bild der Klasse malen.

Klassen–Diagnose

Die Klasse - ein organisches System**

Im System Klasse geht es um das Aushandeln und Einhalten von Kommunikationsregeln, um Rollenverteilung und Macht, um Beziehungen und Gefühle. Menschliches Beisammensein in all seiner reichen Vielfalt und spannenden Dynamik.

Sie als LehrerIn möchten hier mitmischen, bewegen, verändern: In diesem Kapitel finden sie Gedanken und Methoden. Darüber hinaus arbeiten Sie effektiv mit dem System Klasse in Unterrichtsprojekten (siehe Kapitel 4: "Projektunterricht").

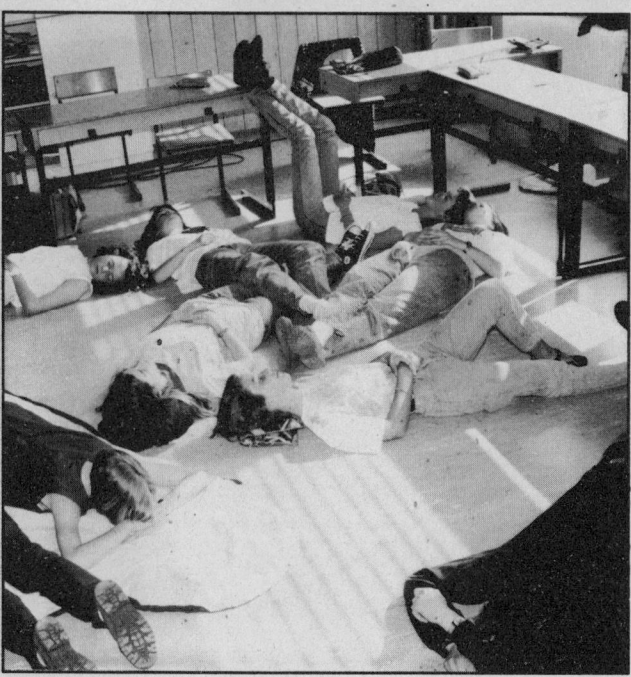

System-Merkmale

Im System Klasse sind ähnlich dem Mobile einige Elemente wirksam, die die Klasse zu dem machen, was sie gerade ist. 'Gerade' - wohlgemerkt - ein System hat Wandlungschancen. Und die erste Wandlung ist die in der Wahrnehmung der Betrioffenen: Wir sind momentan so - morgen können wir anders sein.

Dieses Anderssein oder gerade Sosein ist das Zusammenwirken der aktuellen Qualitäten der System-Elemente, System-Bausteine:

Selbstwertzustand
der Betroffenen und deren,

Kommunikationsformen:
stimmige-Streßformen, Wertschätzung-Abwertung, Sicherheit-Bedrohung, komplementär-symmetrisch. Siehe Kapitel 1.

Regeln und Normen, Metaregeln:
Ausgesprochene und unausgesprochene(!) Regeln, Sanktionen bei Überschreitungen, welche, von wem aufgestellt, wie kontrolliert, wie wirksam ?

Subsysteme
Untergruppen in der Klasse: Einzelne, Schülergruppen, Mädchen-Burschen, Lehrer-Schüler - und deren

Austauschqualität und Zusammenwirken:
Kontakt-Begegnung-Beziehung, energtische Bewegung, Interaktionsvielfalt, Offenheit-Verschlossenheit, deren Abgrenzung oder Isolation:

Grenzen
sichtbare-unsichtbare, flexibel-starr gestaltet und gezogen, Abgrenzung oder Isolation (die Abgrenzung ist der kommunizierte Rückzug, Isolation kommt durch den unkommunizierten Abbruch !)

Beziehungsqualität:
relevant-irrelevant

Hierarchien in der Klasse:
Offiziell leiten die Lehrerinnen den Unterricht und die Klasse, inoffiziell ... (der Schulwart, der Direktor, der Klassensprecher, manche Eltern ?)

Ressourcen der Beteiligten:
Wer hat welche, wie werden sie im Zusammenleben entwickelt, was geschieht mit Defiziten

Dies sind einige Systemelemente, die zu Merkmalen des aktuellen Klassenzustandes werden. Sie können diese Kriterien durchmeditieren und sich ein Bild der Klasse und von Ihrem Mitwirken in diesem System machen. Das gespräch mit Klassenkollegen erweitert Ihre Sicht, denn jeder hat seine Wirklichkeit und es gibt deren viele!
In der Folge können Sie derart Ihr Kollegium betrachten.

Ihre Interventions-
möglichkeiten

Nützen Sie die Möglichkeiten, einzelnen Schülerinnen und Ihrer ganzen Klasse Wertschätzung auszudrücken und Feedback zu geben.

Gespräche über die Klasse (Metakommunikation)
heben die Bedeutung aller.

Stärken Sie vorhandene Subsysteme und welchseln
Sie die Interaktionsformen, damit sich immerwieder
kurzfristig neue Subsysteme (Paare, Gruppen) bilden.

Ermutigen Sie sich und die Klasse, ihre unterschiedlichen Wirklichkeiten wahrzunehmen und ernstzunehmen in Konfrontation und Annahme.

Pflegen Sie den Kontakt zu anderen Klassenlehre-
rinnen, um gemeinsam die Verantwortung (Elterne-
bene) wahrzunehmen und kollegialens Verständnis
(Partnerebene) zu entwickeln.

Machen Sie von Zeit zu Zeit mit der Klasse eine
Bilanz oder einen Report. Anregungen dazu finden
Sie auf den nächsten Seiten.

”Die Rechten und die Linken”
Gegensätze in der Klasse - systemisch gesehen und begriffen

Das Analysieren und das Arbeiten mit dem ”System
Klasse” basiert auf der gestaltpsychologischen Erkenntnis ”Das Ganze ist mehr (und etwas anderes)
als die Summe seiner Teile”. Unabhängig vom Charakter und den Anlagen einzelner Schüler und deren
Beziehungen gibt es auch die Klasse als ”eigene Persönlichkeit” oder ”Gestalt”, mit der man auch als
Ganzes umgehen kann und muß. Was eine solche
sichtweise bringen kann, zeigt folgendes Beispiel:

Im Rahmen eines Seminares kommen alle Lehrer
einer AHS ... jede/r Lehrer/in sucht sich in Gedanken eine Klasse aus ... einstimmen ... dann ein Bild
der Klasse malen ... 3 LehrerInnen hatten die 4. gewählt ... nach einer ersten Besprechung zu dritt bleiben so viele Spannungselemente, daß die Klassensituation im Plenum als Skulptur nachgestellt wird,
um mehr Klarheit zu bekommen.

Es zeigen sich zwei Gruppen unter den SchülerInnen
dieser 4. Klasse: die ”Schlampigen”, ”Depressi-
ven”, ”Verwahrlosten”, Drogengefährdeten, die immer mehr zu den ”Schwachen” werden ... und die
”Ordentlichen”, ”Anständigen”, etwas ”Besseren”,
die immer aggressiver gegen die ”Schwächlinge”
werden ... Es kommen auch Meldungen, die rechts-
radikal klingen z.B. ”Wehret den Anfängen!” ... diese natürlich auch ziemlich Kurzhaarigen werden
von den Lehrern mit Empörung wahrgenommen ...

Die Analyse zeigt: Diese ”Braven” sind ”normalerweise” unbeachtet. Die ”Verwahrlosten” werden von
den (fortschrittlichen) Lehrern sozialarbeiterisch und
therapeutisch beachtet und umsorgt ... die ”Braven”
sind eifersüchtig und reagieren aggressiv. Wie
schwer ist es für ”progressive” LehrerInnen, auch
”angepaßte”, reaktionäre Sprüche klopfende Schüler, ja womöglich sogar Mini-Skinheads in ihren Bedürfnissen und ihrer Bedürftigkeit wahrzunehmen,
zu achten und mit ihnen in Kontakt zu bleiben.

Wenn LehrerInnen sich in polarisierenden Schülergruppen auf eine Seite begeben, dann drängen sie
die andere Seite ins Extrem, bis mit manchen von
diesen eines Tages kein Kontakt mehr möglich ist.
Und dann wird es gefährlich für alle.

Die Klasse - eine Gruppe**

In vielen Situationen ist die Gemeinschaftsleistung einer Gruppe größer als die Summe der Einzelleistungen:
Wenn Wissen zusammengetragen wird, Teilwissen sich ergänzt und korrigiert. Wenn Kreativität einzelner Gruppenmitglieder sich gegenseitig befruchtet und wächst. Wenn es um Bedürfnisse nach Zugehörigkeit, Anerkennung und um soziale Herausforderung geht: Die Klasse ist eine Lernchance, sich durchzusetzen, abzugrenzen, mitzubestimmen, politisch und sozial zu handeln.

Großgruppe !!

Die meisten Klassen bilden eine Großgruppe, in der persönliche Orientierung und Begegnung schwerer fallen, als in kleineren Gruppen. Andrerseits bietet die Großgruppe auch genügend Unverbindlichkeit, um mit seinen Ängsten vor Beziehung und deren Folgen unterzutauchen. In dieser Ambivalenz ist die Großgruppe Klasse - und so ist sie von jedem Lehrer anders zu leiten - der systemischen Ressonanz entsprechend. Großgruppen brauchen mehr Struktur, um persönliche Sicherheit zu geben, Störungen sind schwieriger personorientiert zu bearbeiten. Deshalb stellen wir in diesem Buch vielfältige Methoden vor, die es einzelnen Schülern und dem Lehrer ermöglichen, zusammenzuarbeiten.

Die ICH-WIR-THEMA-Balance in der Klasse*

Das TZI-Gruppen-Ideal

Damit beim Lernen alles "gut läuft", soll nach der themenzentrierten Interaktion von Ruth Cohn eine

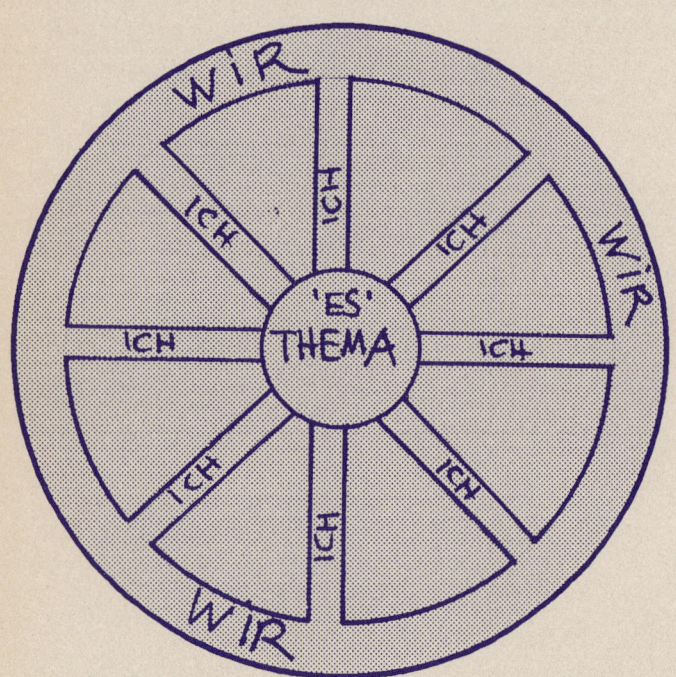

Balance von "ICH" - "WIR" - "ES" gegeben sein. Das "ICH", also jede einzelne Person, bekommt auf diese Weise einen lebendigen Bezug zum "ES", dem Thema. Gleichzeitig wird auch das "WIR", das Potential der Lerngruppe, mitberücksichtigt. Dies läßt sich mit dem Gleichnis der interaktionellen Gruppe als "Rad" gut darstellen:

Das Rad

Die Nabe ist das 'Es' des Rades, in das sich die Speichen des 'Ichs' einfügen. Die Ichs binden sich auch im Reifen des Wir. Wenn alle Speichen sich in der Nabe und im Reifen befestigen, ist die Gruppe intakt.
Die Energie zum Rollen kann vom inneren Ich-Energiefeld lebendiger Spannungen kommen (wie im Rhönrad) oder von der Wir-Rundung des Reifens oder der Außenverbindung mit Wind oder Wagen. Wenn Speichen brechen oder sich verbiegen, 'eiert' das Rad. Wenn die Nabe verbeult ist, werden die Speichen schwach. Wenn die Nabe zu groß ist, verdeckt sie die Ichs als Scheibe (wie im akademischen Raum). Wenn der Reifen im Spinnen der Fäden von Ich zu Ich haltbar geworden ist, kann er auch einige schwache Speichen (schwer gestörte Mitglieder) für eine Weile mittragen. Jedoch: Reparaturen haben Vorrang! Gestörte Teile gefährden sich selbst und das Ganze:

Störungen

Die Person, die 'nicht an sich selbst denkt', macht sich zum Opfer und wird 'Ich-arm'; sie bietet auch dem anderen keinen Wir-Partner an (eine Gruppe ohne sich-selbst-vertretende Ichs zerfällt in eine kopf- und fußlose Masse).

Eine Person, die sich nicht als Wir-Anteil erlebt, und entsprechend handelt, ist autistisch oder asozial, d.h. ihr Dasein ist eingeengt bis zum Verkümmern; eine Gruppe ohne starkes Wir zersplittert, und die Ichs kreisen im Monolog um sich selbst.

Eine Person ohne Aufgabenbezug erlebt sich als sinnlos und leer (eine Gruppe ohne Es wird zum Haufen unzusammenhängender Individuen)..."

Quelle: Ruth Cohn, Von der Psychoanalyse zur themenzentrierten Interaktion. Stuttgart:Klett 19815, 209)

Siehe auch "Selbstwert und Kommunikation", Kapitel 1

Literaturhinweis:
Standford, G.: Gruppenentwicklung im Klassenzimmer und anderswo. Braunschweig:Westermann 1980.
Vopel, K.: Interaktionsspiele für Kinder 1-4.Hamburg:Isko-Press 1977.
Arbeitsmappe "Miteinander lernen", herausgegeben vom Bundesministerium für Unterricht und Kunst, Wien 1982 (an jeder HS und AHS).

Die Klasse leiten

Kommunizieren und Kooperieren fördern*

Miteinander reden und arbeiten ist ein wesentliches Ziel von Schule wie auch eine Methode des Unterrichts. Ganzheitliches Lernen bedeutet auch, den Aspekt der "Lerngruppe" zu berücksichtigen und dazu konkrete Hilfen zu geben. Die Frage lautet: Wie kann ich als Lehrer einer Ansammlung von Schülern helfen, sich zu einer "guten Gruppe" zu entwickeln, die Gene Standford so beschreibt:

- Die Gruppenmitglieder verstehen und akzeptieren sich gegenseitig.
-Die Kommunikation ist offen.
-Die Mitglieder fühlen sich für ihr Lernen und Verhalten verantwortlich.
-Müssen Entscheidungen getroffen werden, gibt es festgelegte Verfahrensregeln.
-Die Mitglieder sind fähig, sich offen mit Problemen auseinanderzusetzen und ihre Konflikte auf konstruktive Weise zu lösen.

Man kann als LehrerIn allerdings nicht erwarten, daß eine Klasse gleichsam von selbst eine produktive Lern- und Arbeitsgemeinschaft wird, in der optimal kommuniziert wird. Hier muß der Lehrer zunächst selbst prosoziales Verhalten vorleben (z.B. Schüler selbst ausreden lassen!). Darüber hinaus wird es aber notwendig sein, soziale Erfahrungen in der·Klasse zu besprechen, Regeln gemeinsam zu erarbeiten und Verhaltensweisen einzuüben. Dies geschieht am besten durch kooperative Arbeit an gemeinsamen Aufgaben (z.B. bei Projekten), aber auch durch gemeinsame Feste, Feiern oder außerschulische Aktivitäten. Um Sozialverhalten gezielter aufzubauen, können auch strukturierte Übungen verwendet werden.

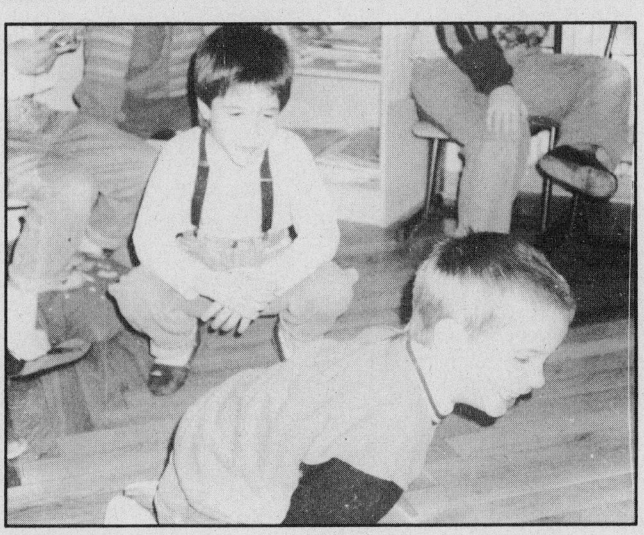

Gemeinsam leiten**

In der Mehrzahl unserer Schularten wird eine Klasse von mehr als einem/r LehrerIn unterrrichtet. Oft ist die Absprache unter den KollegInnen gering und beschränkt sich auf "Härtefälle".

Um die gemeinsame "Eltern-Funktion" als LehrerInnen-Kollegium besser wahrnehmen zu können, braucht es regelmäßige Kommunikation. Dazu folgende Anregungen:

- Regelmäßige Klassen-Konferenzen
- Informelle Klassen-LehrerInnen-Zusammenkünfte
- Gemeinsame schulinterne kollegiae Fortbildung
- Klassen-Eltern-Abende mit allen betroffenen KollegInnen
- Gemeinsame Klassenveranstaltungen mit möglichst vielen LehrerInnen dieser Klasse
- Teamteaching: Unterrichtseinheiten gemeinsam leiten
- Projektunterricht
- Fächerübergreifende Themenabsprache
- Malen Sie ein symbolisches oder schematisches Bild Ihrer Klasse und zeichnen / tragen Sie ein, wieviele verschiedene Lehrpersonen auf diese Klasse einwirken...

Eigenverantwortung anregen

Die Kommunikationsregeln nach Ruth Cohn können wertvolle Orientierung zum Leiten von Klassengesprächen sein. Orientierung - nicht Maßregelung:
- Gehe davon aus, daß Du für Dich verantwortlich bist; beachte aber, daß "für sich verantwortlich sein" nicht mit Egoismus gleichzusetzen ist.

- Übernimm also die Verantwortung für Deine Gefühle. Sprich sie direkt aus, statt sie in die Form einer Frage oder Verallgemeinerung zu kleiden. Sprich von "ich", wenn Du Dich meinst, und nicht von "einige" oder von "man/frau".

- Wenn Du die Wendung "ich kann nicht" als Begründung gebrauchst, um in eine Aufgabe nicht einzusteigen, bedenke bitte, daß "ich will nicht" häufig die ehrlichere Aussage ist.

- Wenn Du etwas zu einem anderen Menschen sagen willst, sprich ihn direkt an.

- Wenn Du Dich unwohl fühlst, z.B. Dich langweilst, ärgerlich bist oder Angst hast, teile diese Gefühle der Klasse mit, und übernimm die Verantwortung,

Die Klassen-Konferenz

Wie schon bei "Gemeinsam leiten" dargestellt, ist das System Klasse komplett, indem alle Lehrer, die eine Klasse leiten, miteinander im Austausch sind. Dies wird ab der Volksschule durch die irrelevante, beziehungslose, individualistische bis isolierte Leitungs- Kultur der Schule erschwert. Dementsprechend verwahrlost können (ungeliebte oder verwöhnt) Klassen sein.

Folgende Grundannahmen sind für eine wirksame, konstruktive Klassenkonferenz günstig:
1. Der Klassenvorstand leitet die Klasse mit den Klassenlehrern und ist für die Gelegenheit zur Kommunikation der Klassenlehrer untereinander mitverantwortlich.
2. "Gegen den Willen eines Menschen kann man nichts mit ihm tun !" Der Austausch untereinander ist nur mit Lehrern möglich, die dazu bereit sind.
3. Jeder hat seine Sicht der Wirklichkeit - wir können einander damit an- und aufregen - müssen aber nicht zu einer einheitlichen Sicht kommen ! Unsere Einheit kann die Einsicht über unsere Unterschiedlichkeit sein.
4. Wir leiten gemeinsam diese Klasse in dem wir uns für sie gemeinsam und einzeln verantwortlich fühlen.
5. Keiner ist gezwungen, für den anderen zu handeln. Es ist gut, voneinander die Absichten und Handlungswünsche zu kennen.

Bei einer Klassenkonferenz kann das erste Thema die Verständigung über diese oder andere Grundannahmen sein: Wie können wir gemeinsam und einzeln verantwortlich sein und handeln ?

Zu Konfliktanlässen empfehle ich - zur Verwirklichung obiger Grundannahmen - folgendes Vorgehen: Sie als Klassenvorstand begrüßen die Lehrer und übernehmen die Leitung des Gesprächs in dem sie die Gesprächsschritte ankündigen.
1. Was sehe ich ?
Jeder schildert seine Beobachtungen. Nur Verständnisrückfragen ! Ev. auf Plakat mitschreiben.
2. Wie berührt mich die Situation/der Schüler ? Was fühle ich ?
3. Was tue ich bis jetzt, üblicher Weise !?
4. Was w i l l ich tun - lassen. "Was möchte ich - alle anderen wichtigen Fragen ergeben sich daraus !"
5. Was können w i r tun - lassen.
6. Unsere momentane Gemeinsamkeit - zusammenfassen des Klassenvorstands - überprüfen in Blitzlichtform. Nächster Termin ?

Kollegiales Beratungs-Modell

Sie möchten eine Situation gründlich beleuchten und der kreativitätslähmenden "JA-ABER"-Falle üblicher Ratschläge entgehen. Dann setzen Sie sich mit einigen (Klassen)Kollegen, die dazu bereit sind zusammen und gehen nach folgendem Ritual vor. Jeder Schritt dauert 5 Minuten - einer schaut genau auf die Uhr:
0. Rollenklärung: Wer ist jetzt der Problemdarsteller, wer sind die Berater, wer schaut auf die Uhr und leitet das Ritual ?
1. Problemdarsteller erzählt sein Problem.
2. Berater stellen Rückfragen - nur zum tieferen Vertsändnis !
3. Berater erzählen einander (nicht zum Problemdarsteller !), wie sie sich in durch dieses Problem in dieser Situation fühlen.
4. Feedback des Problembringers: Welche Gefühle kennt er auch ... welche fremd ... anregend.
5. Berater erzählen einander ihre Hypothesen über das Problem.
6. Problemdarsteller gibt Feedback.
7. Berater sammeln Lösungsvorschläge - zueinander !
8. Problemdarsteller gibt Feedback und wählt aus.
- Schluß der Debatte, Dank an die Mitwirkenden. Kein weiteres Zerpflücken, kein "Ja-aber". Nur: Wann erfahren wir, wie's weitergegangen ist ?

Die MoMo-Runde

Manfred Prucha

Das Klassengespräch - strukturiert nach dem Blitz-
lichtritual (siehe "Kommunikationsregeln" S. 173) -
kann das kommunikative Klima in der Klasse und
die prägnante Wahrnehmung der Schüler und Lehrer als Personen wesentlich fördern und zu einem
wirksamen Instrument des Leitens werden.

Am Montag Morgen lade ich meine Klasse zu einem
Blitzlicht ein, das kürzer oder länger dauern kann.
Hier beschreibt ich die Elemente dieser `MoMo-
Runde`:
Kreisförmige Gesprächsrunde mit allen Klassenmit-
gliedern einer 1. Klasse AHS (Elfjährige) und dem
Klassenlehrer zum Einüben in das Miteinander (So-
ziales Lernen). Zeitpunkt/spanne:
Montag morgens (MoMo) nach Begrüßung und ad-
ministrativer Tätigkeit. Dauer zwischen 20 min und
45 min.
Motto der MoMo-Runde:
Jedes Kind hat das Recht auf sein "Da-Sein" und das
Recht auf Schutz vor Kränkungen u. Verletzungen.
Jedes Kind hat die Pflicht, sich um seine Rechte zu
kümmern.
Zielrichtung:
Selbsterfahrung (Hilfe für den einzelnen)
Gruppenerfahrung (Hilfe für die Gruppe)
Einzel- und Gruppenarbeit (Anleitung zur Bewälti-
gung bestimmter Situationen),
allgemein: Soziales Lernen.
Themen:
Was den einzelnen/die Gruppe betrifft und/oder be-
troffen macht.

Methodischer Einstieg:
Frage: Was liegt an? Zusatzfrage, wenn es den ein-
zelnen betrifft: Hast Du es bereits mit deinem Pro-
blempartner zu klären versucht? (als Voraussetzung
für die Annahme in der MoMo-Redaktion).
Ausdrucksmittel:
Sprache, Schrift (Briefform o.ä.), Szen. Darstellung,
Geräusche, Bewegung.
Sicherung des Ertrags:
Notiz ins Heft (MoMo-Runde - Soziales Lernen:
Problem, Konflikt, Arbeit/Lösung ohne Namesnen-
nung)

Beobachtungskriterien:
Authentisches Sprechen: "ich" statt "man/wir". Di-
rektes Ansprechen von "sag's ihm selber!"
Beobachten und nicht werten: "Was siehst Du /nicht:
glaubst Du?" Rückmeldungen ordnen und leiten
(Gefahr des Abgleitens in ein Tribunal). Konkretes
Interesse feststellen (durch Schlapfenmethode).

Wichtig: Abschluß in "wärmenden" Gemeinsam-
keitsgefühl.

Klassen-Report und Bilanz

Die Chance, sich als Klasse zu sehen, zu begreifen
und zu verstehen - und daraus ein wertschätzendes
Verständnis zu entwickeln - bieten alle Impulse zur
dokumentierenden und reflektierenden Beobachtung
und der anschließenden Metakommunikation mit
den Schülern. Dieses Wahrnehmen und Beobachten
ist eine `Form der Zuwendung und der
Bedeutung: Wir sind so wichtig, daß wir uns beachten, beobachten, verändern. Beobachtungen dürfen
allerdings nicht zu Abwertungen führen, bzw. müssen Sie diese Abwertungen aufgreifen. Dies ist ein
wichtiges Thema in der Klasseninteraktion: Aggression ja - Abwertung stop. Offenheit ja - Bloßstellun-
gen stop. Konfrontation ja - Vernichtung stop. Hier
ist das kommunikative Selbstwertkonzept des Lehrers wichtig.

1. Mein Bild von Klasse

Wie am Beginn dieses Kapitels dargestellt, laden Sie
die Schüler ein, mit `6 Ecken` ihr Bild von Klasse
sichtbar zu machen. Konsequenzen aus den +-Bilan-
zen ziehen Sie gemeinsam.
Oder:
Alternativ dazu können Sie die Schüler einladen,
sich die Klasse als Baum vorzustellen, auf dem
Schimpansen leben. Dies einander erzählen ... malen
... dokumentieren ... Wünsche sammeln ... einfache
Konsequenzen ziehen.
Oder:
Metaphern sammeln. "Unsere Klasse ist wie ..." auswählen ... malen ... Qualitäten herausfinden ... Wünsche ... Beschwerden ... Konsequenzen.

2. Beobachter/Reporter

Am Beginn einer Stunde können sich 3 Schüler melden, die die Klasse beobachten wollen. Sie sammeln
Beobachtungskriterien mit den Schülern oder der
ganzen Klasse und verteilen diese auf die 3 beob-
achtenden Schüler. z.B: Beteiligung, Atmosphäre,
Störungen, Interesse, Wertschätzung, Regeln, Kontakt usw.
10 Minuten vor Ende der Stunde können die Beobachter ihre Wahrnehmungen mitteilen. Bei Abwertung aufpassen, eingreifen und nach dem Impuls,
Ärger, der Enttäuschung rückfragen. "Wer möchte
das nächste Mal beobachten?"

3. Video-Report

Sie stellen eine Videokamera auf - den günstigsten Standort können Sie mit der Klasse diskutieren und finden - und lassen sie ca. 15 Minuten während des Unterrichts laufen. Danach kurze Runde: Worauf bin ich jetzt neugierig, worauf werde ich schauen ? (ev. aufschreiben, wer auf was schaut) und dann den Film anschauen. Kurze Selbst-Notizzeit für die Schüler: Was ist mir aufgefallen ? (Dazu können auch Beobachtergruppen) gebildet worden sein. Dann Klassengespräch: Was sehen wir - wie unterschiedlich - welche Wünsche sind da - welche einfachen Konsequenzen können wir ziehen.

4. Reportage-Gruppen

Sie stellen 4-6 Themen zur Klassensituation vor/ sammeln Sie mit den Schülern. Dazu bilden sich Arbeitsgruppen, die ihre Thema gestalten und danach allen vorstellen. Feedback. Beachten der unterschiedlichen Wirklichkeiten !!

Anregungen zu multimedialen Darstellungen können Sie im Kapitel 4 mittels der "Aufgabenkärtchen" finden.

Mögliche Themen für Reportergruppen:
- Leitung
- Cliquen, Guppierungen - Austausch/Grenzen zueinander
- Selbstwertzustand (siehe Kapitel 1)
- Streßreaktionen (siehe Kapitel 1), Konflikte
- Funktionen in der Klasse: wer macht was fürs Ganze, wer übernimmt welche Gruppenfunktionen
- Energiezustand, Beteiligung
- Atmosphäre

Sie können die Reportergruppen ebenso zu den Kriterien von Weisbord, "Organisationsdiagnose", bilden:

6 Aspekte einer Organisation
1. Ziele und Werte
2. Organisationsstruktur: Wann, wie oft, Grenzen innerhalb und nach außen ?
3. Arbeitshilfen und Methoden: Welcher Mittel und Ressourcen kann sich die Klasse bedienen ?
4. Anerkennung, Belohnung, Kritik: Wie, wie oft, von wem zu wem ?
5. Beziehungen: Muster, Konfliktmanagement
6. Leitung: Wer koordiniert 1.-5., wann, wie ?

Klassen-Bilanz: Zuneigung - Respekt, Anregung - Widerstand

Klaus Vopel beschreibt 4 Qualitätspole, Güter einer Gruppe, die sich gut für eine Klassenreflexion eignen - und auch die Wünsche sichtbar machen:
"Anregung" - "Widerstand". Das ist die Achse der Dynamik.
"Zuneigung" - "Respekt". Das ist die Achse der Beziehung.

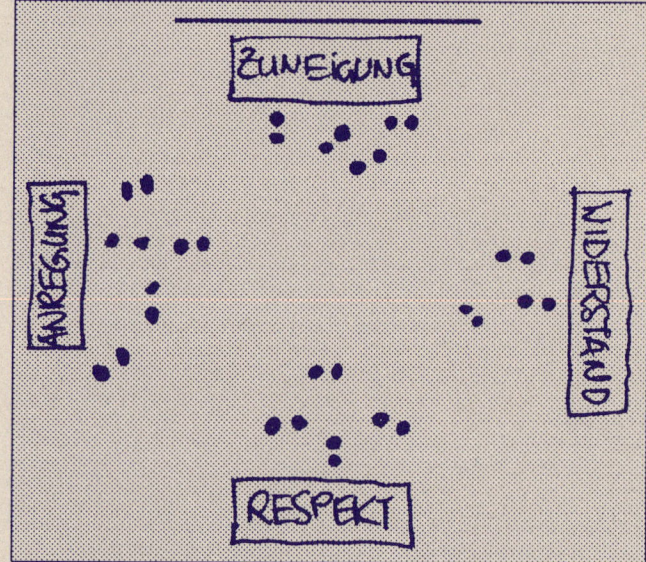

Sie legen/hängen diese Worte als Polaritätenkreuz auf. (Falls Sie Unverständnis vermuten, können Sie nun Assoziationen der Schüler zu diesen 4 Gütern einer Gruppe sammeln - wie diese sichtbar und unsichtbar in der Klasse sind). Nun geht jeder Schüler diese Worte ab und spürt, wieviel er davon in dieser Klasse genießt, bekommt, hat und wieviel er davon gibt. Dann bilden sich Paare (möglichst gegensätzlicher Partner), die einander erzählen, wie es ihnen mit diesen Qualitäten, Gütern in der Klasse geht. Nun können sich die Schüler zu jeder Achse ihrer Erlebnisbilanz entsprechend aufstellen."Wie ist meine Bilanz zu Zuneigung und Respekt ? ... Wie ist meine Bilanz zu Anregung und Widerstand ?" Schauen und verbale Stellungnahmen: "So gehts mir jetzt - und so hätt ichs gern !"

Andere Möglichkeit: Nach dem Paargespräch bilden sich Gruppen zu den 4 Gütern, malen dazu je ein großes Bild - die 4 Bilder werden in die Mitte gelegt und jeder nimmt Stellung, wieviel er von den Gütern derzeit bekommt und gibt und wieviel er in Zukunft gern hätte. Dieses Stück reißt er sich von den zutreffenden Bildern ab.

Mein Brief an die Klasse

Briefe schreiben und erhalten ist eine Qualität persönlicher Zuwendung und zugleich ein Mittel, sich selbst prägnant auszudrücken und sich mit seinen Sichtweisen und Wünschen der Klasse deutlich zu machen. Dies ist eine sehr verbindliche Chance, sein Leiten der Klasse zu unterstützen.

<u>Margit Spiller, Wels,</u> hat dies angeregt durch die guten Erfahrungen von Irmgard Meissner probiert und berichtet:

Verlauf: Gegen Ende einer Stunde (in den letzten 10 Minuten) erklärte ich kurz, warum die 1A von mir einen Brief erhält, teilte die Briefe an die Schüler aus und ermunterte jeden zu einer Antwort.

Ausgangssituation: Lehrplan Deutsch.
Verfasse einen persönlichen Brief. Ich habe die Idee einer Kollegin (Irmgard Meissner, Ranshofen) aufgegriffen und sie auf meine Unterrichtssituation zugeschnitten.

Ziel: Kontakt mit Schülern stärken. Probleme in unserer Zusammenarbeit ansprechen. Üben der Gattung "Brief".

Reaktion: Von Staunen bis zu Begeisterungsrufen und sofortiges neugieriges Lesen habe ich alles erlebt.

Liebe 1A! Wels, am 19. April

Aus aktuellem Anlaß, weil wir im Deutschunterricht gerade das Briefeschreiben üben, dachte ich, es wäre gut, gleich selbst damit zu beginnen. Zufällig habe ich noch dazu gestern in einer Buchhandlung diese lustigen Bilder entdeckt und mir fiel auf, daß sie genau die Stimmungen und Gefühle beschreiben, die ich manchmal während des Unterrichts mit Euch empfinde.

In unserer ersten gemeinsamen Zeit habe ich Euch oft "gestreichelt" und gelobt. Ihr ward alle sehr brav, eher zurückhaltend, aber immer besonders neugierig, was denn in dieser neuen Schule so alles passiert. Sehr schnell mußte ich feststellen, daß Ihr auch ganz schön übermütig sein könnt und zeitweise ging mir einfach "die Luft aus". In welchen Situationen ich dann die Haltung von Garfield (2) einnehme, könnt Ihr leicht erraten...

Da Schüler ihre Lehrer immer schnell durchschauen, wißt Ihr sicherlich - mein Ärger hält nie lange an. Ob es sich um Kunststoffbälle handelt, die ich davor bewahren muß, daß sie ins Fenster fallen, ob ich zwecks tagtäglichem Wechsel des Sitzplans die Stirn runzle oder mich wochenlang mit Milchgeldproblemen beschäftigen muß, denke ich, diese Dinge werden wir gemeinsam lösen. Und vieles ist ja tatsächlich schon passiert!

Natürlich wißt Ihr und weiß ich - etwas mehr Ruhe würde gelegentlich die Arbeit erleichtern, mit etwas mehr Geduld und Disziplin könnten mehrere Schüler drankommen, aber das Schuljahr ist ja noch lang...

Nach kurzen, heftigen Ermahnungen freue ich mich immer wieder über Eure spontane, aktive und interessierte Mitarbeit, über Eure Begeisterung und Offenheit. Das Unterrichten macht bei Euch großen Spaß!

Mit lieben Grüßen und dem Wunsch auf gute Zusammenarbeit in den nächsten Wochen

Euer Klassenvorstand
        Margit Spiller

Einige der Antworten:

Liebe Frau Professor! Wels, 20. April

Herzlichen Dank für Ihren netten Brief. Hoffentlich gehöre ich nicht auch zu jenen Schülern, die sich so furchtbar verhalten, wie Sie es beschrieben. Falls dies aber doch auch für mich zutrifft, verspreche ich, mich wirklich zu bessern, weil ich glaube, Ihnen dadurch die schwere Arbeit als Professorin etwas zu erleichtern.

Besonders gefreut habe ich mich, als ich las, daß Ihnen das Unterrichten auch manchmal Spaß macht.
Danke, daß Sie sich so viel Zeit für uns nehmen. Die Ausflüge zur Buchvorlesung und zum Kindertheater haben mir sehr viel Spaß gemacht. Besonders super finde ich an Ihnen, daß Sie sich auch an manchen lustigen Aktionen, wie Schneeballschlacht beim Schlachthof, mitmachen.

Ich gehe sehr gerne ins Gymnasium und habe in meiner Klasse viele nette Freunde gefunden. Das Lernen macht mir Spaß und die Professoren sind sehr nett.
Manuel

Liebe Frau Professor Spiller! Wels, am 20.4.88

Ich danke Ihnen für Ihren Brief. Ich werde ihn gut aufbewahren, als Erinnerung an meine Schulzeit. Wenn wir vielleicht auch manchmal schlimm sind, dann meinen wir es nicht so. Ich werde mir Mühe geben, während der Stunde nicht viel zu schwätzen, aber manchmal habe ich eben etwas Wichtiges mit Denise zu besprechen. Ich bin ein Garfield-Fan, und das mittlere Beispiel schaut gar nicht so schlimm aus, finde ich. Aber das erste Bild mit dem Kuschelbären gefällt mir besser.

Susi

Liebe Frau Professor! Wels, am 21.4.88

Ich danke Ihnen sehr für den netten Brief! Ich verstehe auch, daß Sie manchmal (oft), wenn wir, die 1A-Klasse, schlimm oder laut sind, die Luft verlieren. Da auch ich zu den "etwas übermütigen" Schülern gehöre, will ich versuchen, nicht mehr mit Barbara oder Anna zu "tratschen". Von Zeit zu Zeit kenne ich mich auch nicht mehr aus! Ich weiß, daß Ihnen das Thema "Umsetzen" auch schon auf den Nerv geht.

Aber jetzt muß ich Ihnen etwas erzählen: Barbara will ja unbedingt bei mir sitzen. Ich war gerade in der Garderobe und da kam Babsi und sagte: "Du kannst heute bei mir sitzen. Anna ist einverstanden!" Diese Entscheidung ist sehr schwer. Wenn ich jetzt sage, ich setze mich zu Anna, ist Barbara traurig. Außerdem sind wir mit Anna zerstritten. Bitte sagen Sie mir, zu wem ich mich setzen soll, damit das lästige Thema "umsetzen" vorbei ist. Ich und Barbara möchten uns gerne zusammensetzen, aber das müssen Sie entscheiden. Da ich ja sehr faul bin, paßt dieses Bild von Garfield gut zu mir.

Viele Grüße
Heike.

"Wir können uns sehen lassen!"
Ideen für Public-Relations-Arbeit

Die Identität einer Klasse kann durch die Arbeit an Ihrem "Image" wachsen. Die Schüler sind angeregt, ihr Selbstbild nach außen zu tragen undbekommen, falls richtig gemacht, genügend Echo darauf, wie andere Schüler und Lehrer ihre Klasse sehen.

Wir alle sind innen- und außengerichtet.
Wir brauchen
a) Sicherheit, Nahrung, Unterstützung für uns, aber auch
b) Ausstrahlung, Außenwirkung und Rückmeldung.
Damit ist's in der Schule schlecht bestellt.
Weder Eltern noch die sogenannte Öffentlichkeit erfahren, was alles im Schulalltag mühevoll oder lustvoll geleistet wird. Außer durch Noten, diesem eher kläglichen Abbild. Auch eine weiße Fahne ist da viel zu einmalig.

Das liegt
a) daran, daß in unserer Gesellschaft nur Einzigartiges, und da vor allem Negatives, einer Veröffentlichung wert zu sein scheint.
b) daran, daß die Schule eine beamtete Einrichtung ist, und das steht bei uns in einer unöffentlichen, d.h. auch undemokratischen Tradition.
c) daran, daß Lehrer und Schüler nicht viel für diese Außenwirkung tun.
Schülerzeitungen sind hier eine gute Ausnahme, aber sie sind oft die Initiative einzelner engagierter Schüler und bringen daher weniger für die ganze Klasse.

Möglichkeiten der P.R. Arbeit:
Jahresbericht

Wie wäre es, wenn Sie mit Ihrer Klasse einen Jahresbericht erarbeiten?
- einen Bericht über gemeinsame Aktivitäten (Schikurs, Wandertag)
- ein kurzer Abriß über interessante Lehrstoffabschnitte
- Ergebnisse eines Unterrichtsprojektes
- Kreatives von Schülern: Kurztexte, Zeichnungen
- eigene Fotos

Wer lesen und schreiben kann, kann auch publizieren (lernen)! Das ist zugleich Medienerziehung!
Einige Anregungen:
* Legen Sie Wert auf saubere und ansprechende Gestaltung, Druck, Papierqualität. Das erhöht die positive Wirkung beträchtlich.

* Weniger ist mehr! 6-8 Seiten sind genug! Auf diese Weise bleibt das Verhältnis von Energieaufwand zu Erfolg gesünder.
* Wenn Sie mündlich und schriftlich die beschönigende Verlogenheit von den meisten "offiziellen" Berichten anprangern, dann geben Sie gleichzeitig dadurch Rückendeckung für Kritisches, Ungereimtes, Halbfertiges in Ihrem ehrlichen Produkt und schützen Ihre Arbeit vor Angriffen ängstlicher Direktoren, Kollegen, Eltern.

Plakat

Auf der einen Seite vielleicht eine (Foto)Collage - als Poster verwendbar, - auf der anderen Seite Kurzberichte.
* Finanzen? Reden Sie mal unverbindlich mit einer Druckerei, aber mit dem Chef; der ist vielleicht sehr großzügig, spätestens, wenn Sie Ihm ein kleines Inserat anbieten.
* Nichts umsonst hergeben, das wertet die Sache ab! Die Schüler sind oft recht gut im Verkaufen, vor allem, wenn sie sich identifizieren.
(Vielleicht schreiben Sie die effektiven Kosten irgendwo dazu, die Leute wissen oft zu wenig darüber.)

Ausstellung

Vorteile:
+ Sie können Vielfältiges herzeigen
+ es gibt direkten Kontakt (Diskussionen können direkter ausgetragen werden)
+ Sie können die Besucher aktivieren (vgl. dazu das Suchspiel in unserem Buch "Großgruppen-Animation", S 54)
+ Es kann ein Erlebnis werden!
Notwendigkeiten:
+ Sie brauchen einen geeigneten Raum.
+ Sie müssen die Besucher erst herkriegen, das ist nicht so einfach.
Anregung: Dokumentieren!

Probieren Sie heuer mal das und in einem anderen Jahr das ...
... und berichten Sie uns über Ihre Erfahrungen. Danke!

Aggression und Konflikte: Faires Kämpfen

Christine Hiller

Ausgangssituation:

Ich habe diese Klasse letztes Jahr in der 2. Schulstufe(AHS) übernommen. In der 1.Klasse hatte sie durch besonders ungünstige Ereignisse acht verschiedene Lehrer. Von den 21 Kindern sind 10 Ausländer, wovon 2 ohne Deutschkenntnisse in die 2.Klasse kamen. Außerdem besuchen 14 von den 21 Kindern ein und dieselbe Hortgruppe, d.h. sie sehen einander fast den ganzen Tag und haben kaum Kontakt zu anderen Kindern.

Sie waren (und sind es zum Teil immer noch) so aggressiv, daß sie nicht nahe aneinander vorbeigehen konnten, ohne auf den anderen hinzuschlagen. Auch Fangenspiele in der Turnstunde waren nicht durchzuführen, weil es für viele das Ziel des Spiels war, als Fänger einen möglichst dunklen Handabdruck auf dem nackten Oberkörper eines Mitschülers zu hinterlassen.

Anlaß:

In einer Pause entstand ein Streit zwischen einer Gruppe von 7 Kindern und einem neuen Schüler. Dieser wollte sich gerade mit einer dünnen Kette verteidigen, als es läutete.

Diese Situation nahm ich sofort zum Anlaß für ein Gespräch über eine so ungleiche Aufteilung. (siehe auch: "Bewegung für die Gruppe", S 125)

Ablauf der folgenden Unterrichtsstunde:

Überschrift an der Tafel:

> # 7 gegen 1
> ## (Sascha)

Die Kinder schrien, daß Sascha so gemein sei. Sascha brüllte dazwischen: "Ich muß die Kette ja nehmen, wenn alle auf mich losgehen!"

Das folgende Gespräch habe ich so in Erinnerung:

L(ehrerin): Beide Gruppen glauben im Recht zu sein. Ihr werdet aber einsehen, daß ich da nicht zuschauen kann. Wir wollen versuchen, eine Lösung für dieses Problem zu finden.

Mädchen: Sie sollen überhaupt nicht raufen!

Kind: Wenn nur zwei raufen, ist es gerechter.

L: Gut! Dann wollen wir aber schauen, daß sich dabei niemand weh tut.

K: Ohne Haareziehen!

K: Ohne Beißen!

K: Ohne Zwicken!

L: Bei einem fairen Kampf muß es Regeln geben.

K: Eine Regel soll heißen: Ich darf dem anderen nicht wehtun!

K: Wir brauchen einen Schiedsrichter, der aufpaßt, daß die Regeln eingehalten werden.

L: Wann ist der Kampf beendet?

K: Wenn einer am Boden gehalten werden kann.

L: Der Unterlegene ist dann wieder böse auf den Sieger.

K: Dann nach Zeit, wie beim Fußball.

L: Der Schiedsrichter schaut also auf die Uhr. Die Kämpfenden machen sich vorher aus, ob sie 20, 30 oder 40 Sekunden kämpfen wollen.

Diese Zeiten habe ich vorgegeben, weil die Kinder das schwer abschätzen konnten. Sie wollten 5 oder 10 Minuten.

Der erste Kampf fand gleich noch in dieser Stunde statt. Ich hatte dabei ein sehr ungutes Gefühl. Aber sie schafften es: Ein Kind hatte eine Armbanduhr, die auch stoppen konnte. Dieses Kind wurde Schiedsrichter. Einmal mußte ich eingreifen, weil ein Kämpfender dem anderen den Arm so verdrehte, daß dieser aufschrie.

Darauf führten wir eine neue Regel ein: "Wenn einer 'aus!' schreit, wird der Kampf unterbrochen oder ist beendet." Eine weitere Regel kam noch hinzu: "Der Beginn des Kampfes findet immer im Knien statt, um die Verletzungsgefahr beim Werfen auszuschalten."

Die nächsten Tage:

In den ersten Tagen nach diesem Vorfall wurde sehr viel gekämpft. Die Häufigkeit hat seither etwas nachgelassen. Sie fragen mich vorher, sodaß ich in der Nähe bin. Aber es ist nur selten nötig, einzugreifen.

Nach einiger Zeit wagten sich auch die Mädchen daran, die zuerst nur anfeuernde Zuschauer waren.

Wenn zwei Kinder jetzt wieder einmal so richtig wütend, aber unfair raufen, schlage ich ihnen einen fairen Kampf vor.

Immer wieder fragte ich sie nach einem Kampf, wie es ihnen jetzt ginge. Die beeindruckendste Antwort gab einmal Michi: "Das war super! Jetzt ist meine Wut weg. Ich muß jetzt noch Wasser trinken... Dann kann ich wieder etwas arbeiten!"

Es sind zwar sicherlich nicht alle Probleme aus der Welt (aus der Klasse!) geschafft. Aber ich bin sehr stolz auf die Kinder, daß sie es zusammenbrachten, diese Art der Problemlösung für sich zu entwicklen und auch mit Erfolg durchzuführen.

Siehe auch: "Faires Kämpfen" in Bewegung für die Gruppe, S. 123 ff (Reichel, Rabenstein, Thanhoffer)

"Außenseiter"
Spieleinheit zu einem heiklen Thema

Christa Sünder

Entstehungsgeschichte

Bundesrealgymnasium Wien, Klasse 2e (26 Schüler; 15 Mädchen und 9 Knaben zwischen 12 und 13 Jahren)

Es gab unter den Schülern starke Feindseligkeiten zwischen einzelnen Gruppen, dazu kam noch die beginnende Pubertät, die Spannungen zwischen Mädchen und Buben hervorrief. Ein Bub, ich hatte ihn gleichzeitig auch in Bühnenspiel, wurde praktisch von allen abgelehnt. Er war in der 1. Klasse wegen disziplinärer Schwierigkeiten aus der Parallelklasse in diese versetzt worden. Dies galt den anderen zum Teil als Begründung für ihre ablehnende Haltung ihm gegnüber - und auch als Entschuldigung, daß an der ganzen Sache nur er schuld wäre. Er verhielt sich den anderen gegenüber aggressiv, beschimpfte sie, schlug und raufte und war dabei sehr schwer einzubremsen.

Allerdings war das Verhältnis nicht immer gleich. Am Anfang des Jahres schien es sehr schlecht zu sein, dann besserte es sich wieder um, kurz vor Ostern, einen neuerlichen Tiefstand zu erreichen.

In der letzten Stunde vor den Osterferien (März), habe ich einmal mit der Klasse über ihr Verhältnis zu Georg gesprochen. Das war auch für mich sehr informativ.

Es gab eine Gruppe, die ihn völlig ablehnte (einerseits sehr brave Mädchen, die sehr unter ihm zu leiden hatten, andererseits Buben, die sich am sogenannten typisch "männlichen" Verhalten orientierten);

Aber es gab damals noch einige, die ihn verteidigten, Verständnis für ihn aufbrachten oder ihn sogar zum Freund hatten.

Leider hat sich das in den letzten Monaten des Schuljahres so verändert, daß kaum einer bereit gewesen wäre, für ihn einzutreten. Daher meinte meine Kollegin, die Physik unterrichtete, wir müßten einmal etwas dagegen tun, das Problem spielerisch aufgreifen und nicht nur mit ihnen reden. Da wir schon Anfang Juni hatten, mußte es sehr rasch gehen.

Eigentlich gab es nur ein Ziel für diese Spieleinheit: den Kindern auf spielerische Art zu zeigen, daß man auch anders als aggressiv miteinander umgehen kann.

1. Konkrete Planung

Ort:
Eine große Klasse; nicht die eigene, da die 2e Wanderklasse war und die Räume, die sie sonst am Freitag um diese Zeit benützten, zu klein waren.

Zeit:
Freitag, im Juni, zwischen 11h und 12.50h (Pause zwischen 11.50h und 12h), anstelle der Physik- und Geschichtsstunden

LeiterInnen:
Die Physiklehrerin der 2e und ich; ich unterrichtete in diesem Schuljahr die 2e in Geschichte. Beide hatten wir die Klasse seit September. 6 Schüler dieser Klasse hatte ich im vorigen Schuljahr im Freigegenstand "Bühnenspiel". Ich glaube, daß das für mein Verhältnis zu den Kindern wichtig ist.

Mittwoch, den 10. Juni habe ich mir Spiele herausgesucht (aus "Bewegung für die Gruppe", "Lernen kann auch Spaß machen", sowie der Spielkartei der KJSÖ), aber noch sehr ungeordnet, und mir meine Gefühle vor dieser Spieleinheit klargemacht. Sie waren sehr, sehr gemischt.. einerseits rechnete ich auf positive Bereitschaft der Kinder den Spielen gegenüber (allerdings nicht bei allen Schülern), da die meisten Spiele den "Bühnenspielern" bekannt waren, ich hatte nur solche ausgewählt, die ich gut in Erinnerung hatte.

Andererseits störte mich die Struktur: ich mußte in der 4. Stunde unterrichten und übernahm dann die Klasse für die zweite Hälfte, während nun meine Kollegin Unterricht hatte.

Vor allem hatte ich Angst vor der heiklen Sache, Angst, daß beim Spielen Georgs Situation noch deutlicher herauskommt und daß wir im Endeffekt nichts bessern, sondern nur verschlimmern.

Am Tag vorher besprachen wir unsere Ideen für die beiden Stunden und legten das Programm für die erste Stunde fest. Schließlich teilten wir uns noch die praktischen Vorbereitungen. Am Abend desselben Tages überlegte ich mir die endgültige Auswahl der Spiele für die 2. Stunde und zeichnete die Blätter für "Mein Bild von einer Klasse"

2. Planung der Spieleinheit

1.Stunde: 11h-11.50h

1. Spots im Movement (Musik AGB-Kassette)
2. Wer von uns fehlt? (mit einer Decke)
3. Rette mich wer kann? Gruppenbildung durch Ziehen von Nummernkärtchen
4. Ich zeig' Dir meine Welt! (Blindenführen) Paarbildung wieder durch Ziehen von Nummernkärtchen
5. Tierspiel: Was wäre ich als Tier? Eigen- und Fremdeinschätzung in 3er-Gruppen, die sich aus einem 2. Durchgang "Blindenführen" ergeben sollten.
Punkt 5. war als Ersatz geplant, wenn noch Zeit übrig wäre.

Pause 11.50h-12h

2. Stunde 12h-12.50h

1. ev. kurze Reflexion über Tierspiel
2. zum "Wieder-in-Schwung-kommen":
- Die schwächste Maus! oder
- Bruder/Schwester hilf (beides mit mehreren Fängern!) oder
- Stop-Los! (mit Varianten)
3. Zwiebel (Partner wählen)
Impulse:
- Ich zeig' Dir meine Welt!
- Spiegeln
- Schatten gehen
- einander blind beschreiben
Eventuell statt 2. und 3.: Atomzerfall-Impulse zu den verschiedenen Gruppengrößen:
Zweiergruppe: Zwiebel
Dreiergruppe: Maschinenteile zusammenbauen
Fünfer- oder Sechsergruppe: Tier reißen aus Packpapier oder Gruppenmaschine
4. Mein Bild von einer Klasse: Eine Schulklasse für mich...
Die Kinder sollten sich zu einer der 5 aufgehängten Zeichnungen stellen, und zwar zu der, die am ehesten der eigenen Vorstellung entspricht!
 1. Durchgang: Realität
 2. Durchgang: Wunsch
5. Die Gruppen, die sich durch 4 bilden, bauen eine Gruppenmaschine (ev. 2 Maschinen) und zeigen sie, wenn sie wollen, vor.
6. Reflexionsphase, falls noch Zeit dazu ist. Dazu hatte ich mir zwei mögliche Formen überlegt:
* zu zweit(Wahlpartner): Gespräch- wie hat mir diese Stunde gefallen?
* Plenum: Jeder, der will, äußert sich zur Stunde ("Meckerrunde"). Es bleibt einem aber freigestellt, ob man etwas sagen möchte.
7. Die Klasse wieder herrichten! (mind. 5-10 Min.)

Material:

- AGB-Kassette (Animationskassette)
- Kassettenrekorder (Schule)
- Decke (1. Stunde)
- Nummernkärtchen
- Zeichnungen (A4-Format) zu "Mein Bild von einer Klasse" für die 2. Stunde

3.Durchführung:

Am Tag der Spieleinheit selbst trafen wir uns erst kurz vor Beginn und klärten dabei nur die praktischen Fragen (Raum, Material...). Zwischen den beiden Stunden, in der Pause, konnten wir uns kurz besprechen.

1. Stunde:

Das Programm war für die 1. Stunde zu lang gewesen und zwei Spiele ("Rette mich wer kann!" und "Was wäre ich als Tier?") sind sich nicht mehr ausgegangen. Außerdem waren die Kinder sehr chaotisch und die Feindseligkeiten sehr deutlich zutage gekommen.
Meine Kollegin hatte auch starke Unsicherheit und wenig Vertrauen zueinander bei "Ich zeig' Dir meine Welt!" bemerkt.

2. Stunde:

Ich hatte 2 wichtige Hilfsmittel (Kassettenrekorder und Kassette) im Lehrerzimmer vergessen. Das Packpapier hatte ich zu Hause gelassen, was aber nicht so schlimm war, da es zum "Eventuell-Programm" gehörte. Die Musik hätte mir aber bei "Stop-Los!" und "Rette mich wer kann!" sehr geholfen.
Die Kinder waren sehr lebhaft und erwarteten sich eine angenehme Stunde. Zuerst mußten wir den Raum adaptieren, das heißt Tische und Sessel so stellen, daß wir genügend Platz hatten und - was nicht vorhersehbar war - den Schulwart holen, damit er den verstopften Abfluß des Waschbeckens reparierte. Dies kostete Zeit und lenkte die Schüler auch stark ab.
Obwohl ich den Eindruck hatte, daß sich fast alle auf die Stunde freuten, war es doch sehr schwer für mich, sie so zu beruhigen, daß wir anfangen konnten. Ich fühlte mich auch etwas unsicher und glaubte sehr viel und gleichzeitig nichts Konkretes vorbereitet zu haben.

Ich begann mit "Stop-Los!", es lief auch ohne Musik ganz gut solange ich ansagte. Als ich diese Rolle dann an die Kinder abgab, wurde es rasch chaotisch. Der Konkurrenzkampf war offensichtlich, vielleicht vergaß ich deshalb die Variante mit den verschiedenen Gangarten!
Da ich merkte, daß das Spiel einem schon langweilig wurde, machte ich nur noch die stumme Variante - und siehe da: es funktionierte auf einmal. Sie begannen aufeinander zu achten und schienen mir erst jetzt spielerisch aufgelegt, aber mit der notwendigen Konzentration! Ich war dann etwas unsicher, was ich als nächstes machen sollte, da ich mir ja sehr viele Varianten offen gelassen hatte und entschied mich schließlich für "Rette mich wer kann!" (Überhang aus der 1.Stunde).

Das Ziehen der Nummernkärtchen zerstörte die Konzentration des vorigen Spiels wieder zum Teil, und es dauerte wieder eine Weile bis sie bereit waren, die Spielregeln anzuhören. Das Spiel selbst klappte dann aber recht gut: sie hatten Spaß am Umsinken und an der raschen "Genesung" und paßten trotz der Feindseligkeiten auf, daß niemand umfiel. Nur als Georg an der Reihe war, kam niemand rechtzeitig, um ihn am Umsinken zu hindern. Immerhin gab es aber jemanden, der ihm aufhalf. Bei diesem Spiel, glaube ich, ist niemanden langweilig geworden, ich hätte es sogar noch ein wenig länger laufen lassen können, denn einige bedauerten, daß sie nur einmal umsinken hatten dürfen.

Da schon viel Zeit vergangen war, ging ich nun an das für mich interessanteste, gleichzeitig aber auch heikelste Spiel: "Mein Bild von einer Klasse".
Ich hatte ähnlich wie in "Mein Bild von einer Gruppe", das wir auf dem 2.Seminar des Lehrganges-Spielpädagogik gemacht hatten, auf A4- Blättern symbolisch die Beziehungen, die in einer Klasse herrschen können, gezeichnet, und zwar 5 verschiedene Möglichkeiten (siehe Beilage).
Ich hängte sie mit Hilfe einiger Kinder an 5 Punkten im Raum auf und erklärte die Spielregeln. Diesmal war es leichter, die Kinder zu konzentrieren.

Allerdings dürfte ich den 1. Duchgang (Realität) nicht eindeutig genug erklärt haben. Schließlich nach einigem Hin und Her stellten sich alle zu Bild Nr. 3, wobei ich glaube, daß dafür auch der Gruppendruck, und nicht nur das persönliche Gefühl, eine Rolle spielten (wahrscheinlich stärker als bei Erwachsenen)
Beim 2. Durchgang (=Wunsch) taten sie sich leichter, vielleicht weil es leichter ist, seine Wünsche zu erkennen/zu äußern als die Realität.

Zum Abschluß wollte ich dann noch die Gruppenmaschine machen. Meine Art, den Auftrag zu geben, war allerdings nicht ideal: Ich sagte: "Einer beginnt, und die anderen schließen sich an", hatte aber nicht bedacht, daß es sich nicht um eine Bühnenspielgruppe, sondern um eine normale Klasse handelte. Die Scheu sich voreinander zu präsentieren, war zu groß.
Aber die Kinder fanden sich selbst einen Weg. Sie fingen an, alle gemeinsam in einer Gruppe zu experimentieren. In der kleineren Gruppe, der sich auch der Außenseiter angeschlossen hatte, ging es leichter und rascher. Sie fanden bald einen Rhythmus und ein Geräusch, wobei sie die Zeichnung auf ihrem Bild in gewisser Weise nachbildeten, im Kreis stehend und einander zugewandt. Die andere Gruppe hatte größere Schwierigkeiten. Nach ganz interessanten Anfängen in 2 kleineren Gruppen, bildeten sie eine Art Kreis, in dem sie sich aber gegenseitig störten.

Zur Reflexionsphase hatte ich keine Zeit mehr, wir richteten gemeinsam die Klasse wieder her, wobei ich mir einbildete - oder wollte ich es nur sehen - daß es rascher und friedlicher als am Beginn der Stunde funktionierte.

Überblick über die in den beiden Stunden tatsächlich verwendeten Spiele:

1. Stunde:
1. Spots in Movement
2. Wer von uns fehlt?
3. Ich zeig` Dir meine Welt!

2. Stunde:
1. Stop-Los!
2. Rette mich wer kann!
3. Mein Bild von einer Klasse (2 Durchgänge)
4. Daraus entstehend: Gruppenmaschine

4. Resumée:

Heute - ein paar Monate später - kann ich sagen, daß wir unser Ziel, spielerisch anders miteinander umzugehen, zum Teil erreicht haben, zumindest bei einigen Spielen (siehe oben). Vielleicht war es ein erster Schritt, um ein Gefühl füreinander zu entwikkeln.
Ich habe aber noch immer ein zwiespältiges Gefühl der Spieleinheit gegenüber; vor allem glaubte ich zu spüren, daß Georg mehr unter seiner Situation litt als sonst. Außerdem hätten wir mit dieser Methode früher anfangen müssen und nicht erst im Juni, da die Schüler der 2e in diesem Schuljahr auf drei verschiedene Klassen aufgeteilt wurden.
Georg besucht heuer eine andere Schule.

Paul Lahninger

Kennenlernen

Namen-Kreuzwort

Zu jedem Buchstaben meines Namens einen anderen Schüler suchen und dessen Name kreuzwortartig einfügen. Nähere Beschreibung Kapitel 4.3.1

Paargespräch: "Ich hier in der Schule"

Die Schülerinnen bilden rasch Paare und erzählen einander, wie es ihnen hier und heute in der Schule/Unterricht/Klasse geht. Oder auch zu Themen der folgenden Methode:

"Fremden" Partner wählen

Die Klassee steht im Kreis, jeder Schüler ist aufgefordert, seine Blicke schweifen zu lassen und sich mit Augenkontakt den Schüler zu wählen, mit dem er bisher oder in letzter Zeit wenig Kontakt hatte.
Dann Paargespräch zu möglichen Themen: "Mein erster und mein jetziger Eindruck von Dir", "Was glaube ich, was Dir gerade hier Spaß macht und was Dich belastet: ... stimmt ?", "3 typische Eigenschaften von mir in der Klasse - 3 typische Eigenschaften von Dir in der Klasse", "Wie sind wir im Kontakt, wie gehen wir uns aus dem Weg ?". Für Fortgeschrittene: "3 mir angenehme und 3 mir unangenehme Seiten von Dir"

Fotografieren - paarweise

"Was ist mir hier wichtig ?" Jeder Schüler wählt sich einen Partner - Paare bilden sich. Jeder führt seinen Partner blind durch den Raum als "Kamera". Die Kamera wird durch Drücken der Hand-Knöchel bedient: solange der führende Partner drückt, hält die 'Kamera' die Augen offen. Dann wieder Augen zu. Der führende Partner führt auf diese Weise seine Kamera zu 3 beeindruckenden Motiven in der Klasse, fotografiert, und läßt nach den 3 Belichtungen den Kamera-Partner die Fotos nennen und sagt selbst deren Bedeutung dazu.
Jetzt Rollentausch.
Möglich:

Thema erraten

Der führende Partner denkt sich ein Thema aus, macht dazu 3-5 "Fotos" und die "Kamera" versucht das Thema der Bilder herauszukriegen. Erklärung des fotografierenden Partners. Dann Rollentausch.

Zwiebel/Kugellager-Paare

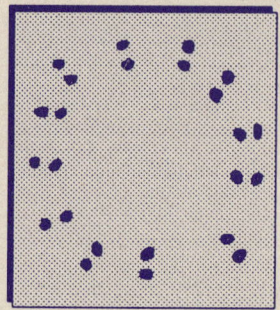

Je zwei Partner stehen einander so gegenüber, daß dadurch ein Innen- und ein Außenkreis entsteht. Mit dem Ritual: Begrüßen - Aufgabe erfüllen - Verabschieden - Wechsel zum neuen Partner - leiten Sie nun die Zwiebel und haben sich für jede Paar-Station einen Erlebnisimpuls vorbereitet.

Je nach Begegnungs- oder Arbeitsabsicht:
- Einander erzählen: wie bin ich heute hier ?
- Bei einander fremden Mitschülern: einander erzählen, wie ich in diese Klasse gekommen bin.
- Einander blind beschreiben. Zunächst einander gut betrachten, dann schließt einer die Augen und beschreibt den anderen. Dann Rollentausch.
- 3 Dinge verändern: die Schüler schauen einander gut an, wenden einander den Rücken zu und verändern 3 Dinge an sich, drehen sich wieder zueinander und entdecken die Veränderungen.
- Einander erzählen: Wie gefällt mir mein Name - wie bekam ich ihn ?
- Auf den Rücken zeichnen: Einander ein Wort oder ein einfaches Bild auf den Rücken zeichnen und erraten.
- Bildhauer: Einer formt aus dem anderen eine Statue zum Thema "Selbstbewußtsein", der Geformte findet in seiner Haltung einen passenden Satz zu sich. Rollentausch. Diese Statuen plus Sätze zeigen nun alle reihum vor: "Wachsfiguren- Kabinett"
- Einander die Schultern und den Rücken klopfen

Fachliche Zwiebel: Siehe `Sequenz Umwelt`.

Visitkarten mit Themen

Jede Schülerin schreibt auf 4-6 Kärtchen jeweils ihren Vornamen plus ein kleines Symbol (z.B. eine Blume in meinem Zustand). Die Lehrererin wählt die Anzahl der Kärtchen entsprechend der Zeit, die sie für diese Begegnungen verwenden will.
Die Lehrerin gibt nun auf der Tafel/Plakat/OH entsprechend viele Gesprächsthemen vor: kommunikative oder fachliche.
Dazu notieren die Schülerinnen eine kurze Antwort auf je eine Rückseite ihres Kärtchens, stehen auf, beginnen mit der ersten Partnerin über ein Thema zu sprechen und tauschen dabei das passende Kärtchen aus.
Auf diese Art kommen die Schülerinnen mit 3 - 6 anderen zusammen und behalten zur Erinnerung an jedes Gespräch ein Kärtchen mit Namen, Symbol und thematischer Stellungnahme der Partnerinnen.

Bewegen im Unterricht

Montag, 10h20:

Andrea spielt Völkerball. Herr Graben trägt die präparierte Eule in die Klasse.

Fräulein Weiß geht zwischen den Tischen hin und her und diktiert.

Hans zeigt mit viel Energie auf.

Kerstin und Hubert spielen pantomimisch etwas von Goethe. Oder Brecht.

Herr Rasten fährt mit 12 Schülern der 4a in Kitzbühel die Familienabfahrt - bei Sonne und Neuschnee.

Meistens sollten alle sitzen.

Es gibt Zeiten, in denen Lehrer die Schüler gerne herumtollen, tanzen, lärmen, theaterspielen und aufgeregt sein lassen.

Und es gibt Zeiten und Situationen, in denen sie an ihnen keine Bewegung wahrnehmen wollen, weil sie oder andere Schüler gestört wären.

Es scheint zum heutigen Schulalltag zu gehören, daß zwischen dem Wunsch der Schüler und den Vorstellungen der Lehrer fast immer eine beachtliche Differenz bezüglich Bewegungsausmaß liegt.

In beide Richtungen:

Der Deutschlehrer klagt über zuviel Bewegung der Schüler.

Die Pausenaufsicht ebenfalls.

Der Turnlehrer (dieselbe Person?) klagt über zuwenig Bewegungsbereitschaft - bzw. hat er sich die wieder anders vorgestellt - derselben Klasse.

Übergeordnete Stellen sind wirklich besorgt, daß Schüler heute im wahrsten Sinn des Wortes "zu nichts mehr zu bewegen sind" oder "nur ganz schwer jedenfalls ..."

Anregung:

Zeichnen Sie eine Graphik (comichaft, abstrakt, konkret, ev. mit Worten,...), in der Sie Ihre Vorstellungen über Menge und Arten von Bewegungen Ihrer Schüler ausdrücken. Zeichnen Sie einfach drauf los und lassen Sie sich vom Ergebnis überraschen. Schauen Sie sich dann Ihr Bild an und notieren Sie Ihre Gedanken.

Fordern sie die Schüler und Kollgegen auf, auch ein solches Bild zu gestalten. Vergleichen und reflektieren Sie.

Bewegen in der Schule

1. Wo und wie bewegen sich Ihre Schüler in der Schule ?

2. Welche Bewegungen der Schüler in der Schule sind für Sie akzeptabel? Wann und wo?

3. Wie beeinflußt Ihr eigenes Wohlbefinden diese Toleranzgrenze?

4. Welche Bedeutung messen Sie in dieser Frage dem Direktor, dem Inspektor, den Kollegen, den Eltern zu?

5. Wodurch können die Schüler Ihre Toleranzgrenze beeinflussen?

6. Welche Konsequenzen ziehen Sie aus Ihrem Wissen über Haltungsschäden und motorische Störungen bei Schülern?

7. Was könnten Sie als Lehrer tun, damit sich Schüler mehr und vielfältiger bewegen können, ... und dann ruhig sein können, wenn Sie es für nötig halten?

8. Mit welchen KollegInnen werden sie diese Fragen (wieder einmal) beraten?

9. Wie bewegt fühlen Sie sich selbst als Lehrer?

Turnen - Spots in Movement
Anni Blauensteiner

Zielgruppe: 26 Schülerinnen des 2. Jahrganges der Fachschule

Vorbereitung: aus Heft: Bewegungsspiele und Gruppentänze (NeuerTitel: Tänze und Spiele für die Grupe)
Musik: Crazy Piano

Schüler bewegen sich locker zur gespielten Musik - sie bekommen Bewegungsimpulse wenn die Musik unterbrochen wird:

1. "Der Boden ist so kalt" - nur ganz kurze Zeit draufsteigen
2. jede soll versuchen, sich in den Mittelpunkt des Raumes zu stellen
3. jede berührt schnell alle vier Wände
4. jede begrüßt möglichst viele Mitschülerinnen mit der Fußsohle
5. jede macht zwei Rollen vorwärts
6. im Hockstand weiterbewegen bis wieder Musik ertönt
7. zwei sollen sich gegenseitig vom Platz wegdrängen
8. Hampelmänner machen.

Schlußgedanken - Reflexion:
- Lockere frei Bewegung fällt manchen Schülern schwer
- Der erste Bewegungsimpuls wurde wegen des nicht beheizten Turnsaals gegeben
- Bewegungsimpulse wurden positiv aufgefaßt - mit Freude
- gut einzusetzen zum Stundenbeginn einer Turnstunde

Weiter Ideen für Bewegungsimpulse:
- Nach selbem Geburtsmonat zusammenstellen
- Soviele Hände wie möglich schütteln
- Jemanden die Zähne zeigen
- Soviele Gegenstände wie möglich sammeln
- Jemanden auf Händen tragen
- Gemeinsam Jodeln
- Zusammenstellen nach
  kg-Eigengewicht
  Traktormarke am eigenen Hof
  Schuhgröße

Musikerziehung - Molekülspiel
Elisabeth Ertl

Zu beschwingter Musik bewegen sich die Schüler frei durch den Raum. Wenn die Musik abbricht, wird eine Zahl zwischen 1 und 6 gerufen und die Schüler finden sich in entsprechend großen Gruppen (1=einzeln, 6=6er-Gruppe) zusammen. In der Kleingruppe Aufstellung entsprechend den Augen eines Würfels.

Molekül 2: Kinder stellen am Boden liegend Notenzeichen dar
Molekül 3: Gruppe einigt sich auf einen Dur- oder Moll-Dreiklang, jedes Kind singt einen Dreiklangston.
Molekül 4: Zum Lied "L'inverno l'e passato" ("Komm sing mit" S 149) mit dem Formschema A-B-C-B-C-B werden 3 verschiedene Tanzbewegungen (A,B,C) erfunden und in der der Liedform entsprechenden Reihenfolge wiedergegeben.
Molekül 5: Das mittlere Kind sucht im Liederbuch ein bekanntes Lied aus, die Gruppe singt es den übrigen Kindern vor; anschließend wird die Tonart bestimmt.
Molekül 6: Jedes Kind holt sich einen Zettel und Farbstifte. Es erklingt ein Programmmusik - Werk (z.B. C. Debussy: "La mer"). Jedes Kind versucht, den Höreindruck zeichnerisch umzusetzen. Nach je 2 bis 3 Minuten wird in der Gruppe reihum weitergegeben, das nächste Kind setzt die Zeichnung fort.

Bewegen und austoben

Daumenfechten

2 Min. Je 2 Schülerinnen haken die Finger einer Hand ineinander. Auf "los" wird mit dem Daumen gegen den Daumen des Partners losgegangen, pariert, abgewehrt. Mit entsprechenden Tönen begleiten! - Hand wechseln
Abschluß: Die Daumen schließen Frieden.

Lautkette

2-5 Min. Günstig ist die Kreisform - auch reihenweise möglich.
Material: Tennisbälle oder andere Gegenstände.
Einer im Kreis hält einen Ball und gibt an einen seiner Nachbarn ein Wort oder einen Laut weiter. z.B. "Krokodil" oder "Rakatam!". diese Wort wird von einem zum anderen im Kreis weitergegeben, bis es zum "Sender" zurückkehrt. Daraufhin gibt dieser den Ball beliebig weiter und der neue Inhaber des Balles wird zum nächsten Sender. Tempo steigern. Etwas später wird durch weitere Ballvergabe ein zweiter, dritter ... Sender bestimmt, die jeweils in beliebiger Richtung ein Wort/einen Laut kreisum schicken.

Ein- und Ausbrechen

10 Min. Die Gruppe bildet einen dichten Kreis. Eine Schülerin, die Lust auf Durchsetzung hat, geht in die Mitte und versucht durch Schnelligkeit, Kraft oder Taktik aus dem Kreis auszubrechen, sowie dann von außen wieder einzubrechen.
Spielregeln: Die Gruppe macht's der Ein-Ausbrecherin nicht zu leicht, gibt jedoch denen, die's nicht gleich schaffen, beim 3. Versuch allmählich nach und läßt sie letzten Endes durch. Noch besser: Die Schülerin wünscht sich den Widerstandgrad der anderen selbst!
Es geht ums Kräftespüren - nicht ums Kräftemessen.
(Das Spiel hat eine interessante Gruppendynamische Symbolik: sich frei zu machen und dann wieder hineinzukommen.)

Platz da!

2-3 Min. Musik (z.B. afrikanische Trommeln).
1.) Alle gehen mit festen Schritten durcheinander und schreien einander an: Platz da!
Für Fortgeschrittene: Gleichzeitig mit den Ellenbogen um sich boxen - Vorsicht: niemanden berühren! Schneller und lauter werden - Stop!
2.) Jeder findet einen Platz im Raum, an dem sie/er sich wohl fühlt - so weit vom nächsten, daß mit ausgestreckten Händen rundum niemand berührt wird. Augen schließen, rundum bewegen und greifen -

spüren: ruhige Musik "Hier ist Platz für mich"
3.) Danach läßt sich gut ein Gespräch anschließen: "Wo fühl ich mich hier eingeschränkt?" oder einfach: "Meine Wünsche an unsere Zusammenarbeit." (Paul Lahninger)

Mist! Mist! Mist!

5-10 Min. Zeitungspapier. Jede/r steckt sich eine zusammengerollte Zeitung als "Schwänzchen" hinten in den Bund. Im Raum verteilen. Auf "los" versucht jede/r, den anderen das Schwänzchen zu rauben, gibt dieses jedoch der betreffenden Person in die Hand. Diese wirft die Papierschleife 3mal zu Boden und ruft dabei jedesmal lautstark "Mist!". Danach wieder mitspielen. Abschluß: alle Mitspieler werfen zugleich ihre Schleifen zu Boden und rufen im Chor: "Mist! Mist! Mist!"   (nach: Gusti Reichel, Lebendig statt brav, S 54)

Hereinzerren "Ich will nicht"

Zieh - und Schiebekämpfe. 2-5 Min.
Paarweise einander gegenüberstehen, am einfachsten in 2 Reihen. Es wird vereinbart, wer beginnt (A & B) A zieht B quer durch den Raum. B leistet Widerstand läßt sich jedoch mitziehen. Mit der Kraft spielen: möglichst viel Kraft einsetzen. Jedoch so, daß eine allmähliche Fortbewegung in Richtung A möglich ist. Rollentausch. Genauso sind Schiebekämpfe möglich. Verstärkt wird die Übung durch Auswahl passender Situationen und entsprechender Zurufe. z.B. "Hau ab!" - "Nein" oder "Du mußt was leisten!" - "Nein, ich will Spaß haben!"

Rücken an Rücken

5 Min. Paarweise oder in 4er bis 8er Gruppen. Die Partner stehen Rücken an Rücken und erhöhen stetig den Druck aufeinander - dazu atmen und stimmlich mittauchen. Den Druck soweit erhöhen, bis ein Partner weggeschoben wird - dies aber nur wenige Zentimeter! Im Kräftegleichgewicht bleiben. Dann Kraft langsam reduzieren - entspannen und darin eine Gleichgewichtshaltung finden. Atmen, Entspannung zulassen - ev. Augen schließen.

Balance-Kampf

5 Min. Paarweise. Die Schüler stehen einander mit leichter Krätsche gegenüber. Sie legen die Handflächen aneinander und beginnen dann durch taktisches Rücken und Tatschen, den andern aus der Balance zu bringen - ohne selbst daraus zu fallen. Stimme! Ausfallschritte sind nicht erlaubt.

Gruppentänze

erleichtern ein gutes Bewegungserlebnis, vermitteln ein dichteres Gruppengefühl, heben den energetischen Zustand in der Klasse und schaffen Atmosphäre. (Falls Sie der Widerstand, der anfänglich herrschen kann, nicht zu sehr irritiert).

Entspannen und waches Empfinden

Symmetrisch malen

Ein Papierbogen (mind. A3) liegt im Querformat vor jedem Schüler, in der Mittelachse gefaltet. Jeder Schüler hat in beiden Händen eine Ölkreide (Farbstifte im Notfall) und heftet seinen Blick auf die Mittelachse, ohne mit den Augen davon abzuweichen. Zu angenehmer Musik beginnt er nun mit beiden Händen von der Mittelachse ausgehend zu malen. Dies gute 5 Minuten. Dabei den Atem fließen lassen. Danach Ausklingen, kurzes Gespräch mit der Nachbarin und Aufhängen der Bilder.
Möglich: Würdigen jedes einzelnen Bildes durch den Autor, die Klasse, die Lehrerin. (Aus EDU-Kinestetik)

Schultern klopfen - paarweise

Die Schülerinnen wählen etwa gleichgroße Partner und stellen sich als Paare so auf: Hintereinander aufstellen, beide stehen etwa schulterbreit, die Knie leicht abgewinkelt. Der hintere Partner legt dem vorderen die Handflächen auf die Schultern, dieser kann nun die Augen schließen und sich auf seinen fließenden Atem konzentrieren.
Nun beginnen die hinteren Partner mit beiden Händen symmetrisch Schultern, Nacken, Rücken und Arme abzuklopfen. In unterschiedlicher Stärke, auf die Ressonanz des Partners achtend. Nach einigen Minuten (je nach Intimitätsgrad der Situation und der Empfänglichkeit der Schüler) beenden die klopfenden ihren Rhythmus und lassen die Handflächen wieder auf den Schultern ihrer vorderen Partner ruhen. Beide spüren die Wärme und das Kribbeln zwischen Schultern und Händen.
Danach streift der hintere Partner seinen vorderen einige Male vom Scheitel über die Arme und Handrücken kräftig ab (dabei fest ausatmen) und beendet so die Entspannung. Kleiner Erfahrungsaustausch - dann Rollenwechsel.

Atempumpe

1-2 Min. Paare (A&B) in Handhaltung, einander gegenüber. Einer von beiden (A) in Hockstand (Kniebeuge) - ausgeatmet!
B geht ausatmend in die Hocke, A einatmend hoch. Rhythmischer Wechsel - langsam beginnen - schnell werden - ganz langsam aufhören. (Paul Lahninger)

Wo stehe ich?

2-3 Min., eventuell sanfte Musik z.B. George Winston. Alle verteilen sich im Raum. Mit geschlossenen Augen ein paar Schritte gehen. Vorsichtig - ganz bei Dir bleiben! Dann überlegen: wo steh ich jetzt, wie sieht der Raum von hier betrachtet aus. - Augen auf, umsehen. Mehrmals probieren. * Bringt Konzetration!

Energetisieren

1-3 Min. Einzeln, sitzend, eventuell mit geschlossenen Augen. Jede/r sitzt mit aufrechter Wirbelsäule und sammelt sich kurz - am einfachsten: Aufmerksamkeit auf den Atem richten. Danach ca. 10 sec jeweils Hände reiben und nacheinander folgende Körperteile abreiben:
1. ganzes Gesicht
2. Augenbrauen
3. Nasenrücken
4. Ober- und Unterlippe
5. Ohren
6. Arme, Hände und Finger
7. Brustkorb
8. unterer Rückenbereich
9. Beine nacheinander abklopfen
10. Fußsohlen abklopfen.
Am intensivsten wird die Übung, wenn nach jedem Abreiben 10-20 sec. Sammlung und neuerliches Händereiben erfolgt. (Aus dem Tai-Chi)

Uhrzeit nachbilden:

3-5 Min. Paarweise stehend. A schließt die Augen. B nimmt mit den Armen eine Stellung ein, die eine bestimmte Uhrzeit darstellt. Eine Hand weggestreckt=großer Zeiger, die andere Hand bildet als kleiner Zeiger eine Faust.
A ertastet mit geschlossenen Augen die Armhaltung von B und nimmt dieselbe Haltung ein. Augen auf - vergleichen. Rollentausch.
Variante: Mit dem Körper Buchstaben oder Statuen formen und nachbilden. (Paul Lahninger)

Ressourcen-Wort/Bild auf den Rücken malen

5 Min. Jede Schülerin wählt sich entspannt (zur Musik) ein Wort aus, das ihr gerade gut tut. Geht dann zu einer Schülerin, sagt ihr dieses Wort und läßt es sich von der Partnerin auf den eigenen Rücken malen: mit der ganzen Handfläche auf den ganzen Rücken. Möglich: Zu insgesamt 3 Schülerinnen gehen und derart tun. Variarion: Das gleiche mit einem Ressourcen-Bild.

Phantasiereise

Siehe Kapitel 4.

Selbstwertmeditation

Siehe Kapitel 1."Identität entwickeln"

Zusammenarbeiten

Gemeinsam niedersetzen

1 Min. Paare. Rücken an Rücken setzen sich langsam, behutsam unter hörbarem Ausatmen auf den Boden.

Mal-Dialog

10 Min. Paare sitzen einander gegenüber, dazwischen ein großes Zeichenblatt, eine rote und schwarze Ölkreide liegt in der Mitte. Ohne miteinander zu sprechen, wählt sich jeder seine Ölkreide - schwarz beginnt. Abwechselnd malen sie nun auf ihrem Papier. Nach 8 Min. brechen Sie das malen ab und die Partner erzählen einander, was sie erlebt haben. Die Bilder können nun in der Klasse aufgehängt werden. Pausengespräche werden angeregt.

Jurtenkreis

2-3 Min. Zur Achtsamkeit. Kreis bilden, an den Händen halten - nur bei gerader Anzahl möglich. Auf Anweisung lehnt sich jeder 2. langsam nach vorn, die dazwischen halten deren Gewicht und lehnen sich langsam nach hinten. Sehr beeindruckend!

Stop-los, blind

3-5 Min. Eventuell Augenbinden. Alle im Raum verteilt. Augen zu, Jeder in der Gruppe kann jederzeit "Los!" oder "Stop!" sagen. Alle reagieren entsprechend: gehen los oder bleiben stehen.
Sobald die Gruppe eingespielt ist, folgendes Experiment: dasselbe Spiel ohne Worte! Hören ob jemand losgeht, bzw. ob eine/r stehengeblieben ist.
*Bewirkt viel Aufmerksamkeit aufeinander und fordert Kooperation!

Durchschnittsalter

Diese Übung dient der Bewußtmachung und Förderung von Selbstverantwortlichkeit und Selbstorganisation in der Klasse.
"Ich gebe euch eine Aufgabe, die ihr als Klasse (oder auch Teilgruppe der Klasse) lösen sollt, um zu sehen, wie gut und schnell ihr zusammenarbeiten könnt. Ihr sollt von den Mitgliedern dieser Klasse das Durchschnittsalter in Jahren, Monaten und Tagen ausrechnen (für jüngere Schüler nur Tage). Ihr müßt als Gruppe zusammenarbeiten, und die Gruppe muß sich auf eine Antwort einigen. Wenn ihr die Antwort habt. Wählt eine Person aus, die sie mir vorlegt."
Beobachten sie dann die Gruppe ohne einzugreifen. (Sie können auch vorher ausgewählte Beobachter aus der Schülergruppe einsetzen). Besprechen Sie dann das Spiel etwa nach folgenden Gesichtspunkten:
-Wie seid ihr zur Lösung gekommen?
-Was hat die Arbeit erleichtert, was behindert oder gestört?
-Wie könnte die Gruppe effektiver zusammenarbeiten (formulieren und notieren lassen).

Diese Übung läßt sich auch mit fachspezifischen Lernzielen verbinden, etwa in Mathematik (Durchschnittsberechnungen mit Körpergrößen und Gewichten), in Deutsch (ABC-Übung durch Reihung der Vornamen), in Englisch (Zahlen-Sprechübung), in Geographie (Statistiken der Reiseziele und durchschnittlichen Entfernungen erstellen).

"Lutts per Wor"

Beilage siehe nächste Seite
Bei diesem Kooperationsspiel geht es darum, Informationen zusammenzufügen. Jedes Gruppenmitglied hat - wie in der Realität - Teilinformationen, die erst als Teil des Ganzen Sinn ergeben. Wenn eine Teilinformation fehlt, kann die Lösung nicht gefunden werden. Ab ca. 14 J.

Spielregel

Gruppengröße 7-13 SchülerInnen im Kreis.
Die Streifen mit den Informationen werden gemischt und reihum verteilt. 1-2 Streifen je SchülerIn.
Die Informationen dürfen nur mündlich ausgetauscht werden, die Informationsstreifen dürfen nicht hergezeigt oder aus der Hand gegeben werden.

Anleitung

Nehmen wir an, daß neue Maßeinheiten für Zeit und Länge eingeführt werden. Ein Auto fährt von A nch B und über C nach D. Wie lange ist es unterwegs? Ihr habt 20 min Zeit, gemeinsam und per Kopfrechnen die Lösung zu finden.

Reflexion

Nachdem die Gruppen die Aufgabe gelöst haben, geben sie noch Zeit für eine gruppeninterne Reflexion: Wie sind wir zur Lösung gekommen? Was hat uns die Arbeit erleichtert? Wie geht's uns mit Kooperation?

Lösung

Der Wagen fährt 6/5 Wors=3 Stunden von A nach D.

Kooperationsspiel "Lutts per Wor"
Information für die Gruppenmitglieder

Möglichst auf Karton kopieren und in Streifen schneiden

Es ist 4 Lutts von A nach B

Es ist 20 Lutts von B nach C

Es ist 10 Lutts von C nach D

Ein Lutt hat 10 Mipps

Ein Mipp ist ein Längenmaß

Ein Kilometer hat 2 Mipps

Ein Dar sind 10 Wors

Ein Wor hat 5 Mirs

Ein Mir ist eine Zeiteinheit

Eine Stunde hat 2 Mirs

Der Mann fährt von A nach B mit einer Geschwindigkeit von 20 Lutts per Wor.

Der Mann fährt von B nach C mit einer Geschwindigkeit von 30 Lutts per Wor.

Der Mann fährt von C nach D mit einer Geschwindigkeit von 30 Lutts per Wor.

Kapitel 7

Kollegialität

Im Konkurrenzzimmer

Konferenzen

Selbsthilfe, Supervision, Schulentwicklung

Lehrergruppe
So komme ich zu einer Lehrergruppe
Meine Lehrergruppe
Autorität als Arbeitsaufgabe in Lehrergruppen

Liebe Frau Direktor !
Lieber Herr Direktor !

Schulleitung anders ?

Im Konkurrenzzimmer

Elisabeth Kossmeier

Spieglein, Spieglein an der Wand: Wer ist der beste Lehrer im ganzen Land?

Du bist der Beste hier. Du bist stets korrekt und gerecht. Strenge tut not in dieser Zeit der Orientierungslosigkeit.
Schließlich sollen die Kinder etwas lernen - und das tun sie bei Dir! Schließlich brauchen die jungen Menschen eine Führung - und die haben sie bei Dir! Du setzt dich zur Wehr gegen die Unterminierung von Disziplin und Ordnung .
Genau diese Werte fehlen der Jugend von heute...

Spieglein, Spieglein an der Wand: Wer ist der beste Lehrer im ganzen Land?

Du bist der Beste hier. Du achtest deine Schüler, magst Dich und Deine Arbeit - und das ist das Wichtigste!
Du gibst den jungen Menschen Mut, eigene Entscheidungen zu treffen und scheust nicht die ehrliche Auseinandersetzung mit ihnen, weil Du sie für voll nimmst! Und das ist es, was unsere Zeit heute braucht - mündige Staatsbürger...

Spieglein, Spieglein an der Wand: Wer ist der beste Lehrer im ganzen Land?

Du bist der beste hier! Du kannst Privatleben und Beruf perfekt voneinander trennen, läßt nichts zu nahe ran und wirst nicht zu den vielen psychisch angeschlagenen Lehrern gehören.
Du läßt auch das Persönliche aus der Schule draußen - und das brauchen wir heute: klare Sachlichkeit gegen problematisierenden Psycho-Kram...

Spieglein, Spieglein an der Wand: Wer ist der beste Lehrer im ganzen Land?

Du bist der beste hier, du liebst Deine Schüler, nimmst Rücksicht auf ihre Bedürfnisse und verlangst nicht so viel wie die anderen. Du erzählst ihnen viele Geschichten - das ist es, was wir heute brauchen, in einer Zeit, die von Leistungsdruck und Leistungsstreß geprägt ist - glückliche Kinder...

Spieglein, Spieglein an der Wand: Wer ist der beste Lehrer im ganzen Land?

Du bist der beste hier! Du bist eine Korifee in Deinem Fach und betätigst Dich auch wissenschaftlich. Schließlich braucht unser Volk eine gesunde Elite. Die Schüler, die Dein Fach einmal studieren wollen, brauchen ja eine fundierte Ausbildung - die gibst Du ihnen.
Und das brauchen wir heute: kompetente Leute in Wirtschaft und Gesellschaft ...

Ja, so sitzen wir da im Konferenzzimmer, jeder mit seinem Spieglein, und jeder will der Beste sein!
Jeder hat sein Spieglein als Beweis, der eine hat's von den Schülern, der andere vom Direktor, der dritte von Mutti oder Vati, der vierte vom gescheiten Autor eines gescheiten Buches, der fünfte hat's vom Pfarrer persönlich mit einer Widmung bekommen, der sechste hat's vom Seminar mit heimgebracht...
Ist es ein Wunder, wenn sich Angst und Unsicherheit, Überdruß und Resignation, Neid und Mißgunst hinter 1000 moralischen Sätzen verstecken?: "Also, man sollte doch ...", "Da muß man einfach nur...", "Ich sage da immer...", "Man kann eben nicht...". Und doch spürt jeder auch einen verborgenen Nagewurm so ganz im Innern: "Was, wenn nun doch nicht ...? Und was, dann ...?"

Darum ist es so schwer, miteinander über uns selber zu reden. Jedes Gespräch ist hochgradig bedrohlich, birgt es doch die potentielle Gefahr eines Sprunges im eigenen Spieglein mit sich - und was dann?
Wer sagt mir dann, ob ich gut bin? Wer bestätigt mir, daß ich besser bin als die andern ??

Oder bringen Scherben am Ende Glück?

Ich träume davon, daß sich jeder Lehrer als wichtiger Teil des ganzen pluralistischen Systems sehen könnte; daß wir den versteckten Anspruch, der/die Beste sein zu wollen, loslassen können. Dann können wir vielleicht etwas besser werden.

Konferenzen

Konferenzen ... ein Thema zum Jammern oder zum Blödeln ... ein Ort für fast alle neurotischen Muster, die man so als LehrerIn mitbringt oder erwirbt ... ein Ort, auf den niemand gut vorbereitet wurde ... ein Ort, an dem jungen Idealisten "die Wadln viere gricht' wern (für deutsche Leser: die Flausen ausgetrieben werden)" ... ein Ort, an dem "Altgediente" einander gern ihre Wichtigkeit bescheinigen ... aber es ist auch in der Regel der Zeitpunkt, an dem (fast) alle LehrerInnen zusammen sind ... also auch eine wichtige Gelegenheit.

Ein paar kritische Thesen:

A. Bei zwei bis vier halbtägigen Konferenzen pro Jahr kann eine sinnvolle Besprechung höchstens zufällig gelingen.

B. Konferenzen werden meist von DirektorInnen geleitet, die von lebendiger und aktivierender Gruppenleitung oder Teamarbeit nur in den seltensten Fällen etwas verstehen. Woher auch? Niemand hat es ihnen je vermittelt.

C. Das Konferenzzimmer hat eine bestimmte Atmosphäre, die von den alltäglichen Kurzaufenthalten der LehrerInnen geprägt ist; in vielen Schulen liegt diese Atmosphäre zwischen oberflächlich und schlecht; das wirkt sich auf das Konferenzklima aus.

D. In der Regel ist der Direktor den Lehrern "vorgesetzt" worden; Autoritätsfragen sind dementsprechend ungelöst und wirken unterschwellig. Das macht auch das kollegiale Klima unoffener.

E. In keiner Lehrerausbildung wird Kollegialität gelernt oder gar geübt; wenn Kollegialität gelingt, dann ist das daher bemerkenswert und bewundernswert.

F. Wenn Sie Ihre Konferenzen besser erleben als hier skizziert, dann gratulieren wir herzlich!

Ein paar anregende Ideen:

A. Raumgestaltung gemeinsam mit zwei, drei KollegInnen überlegen und sofort umsetzen: z.B. einmal monatlich abwechselnd frische Blumen; ein originelles, evtl. auch provokantes Plakat aufhängen; einen Rekorder aufstellen für leise entspannende Musik in den Pausen; ein ironisches Gedicht oder eine Karikatur über KollegInnen aufhängen oder kopiert in die Fächer legen; ...

B. Dasselbe allein machen, ev. anonym und subversiv, einfach um ein bißchen konstruktive Unruhe zu stiften.

C. Immer wieder einmal Obst, Kekse oder Schokolade etc. für alle mitbringen ... und dabei die Sekretärin und den/die DirektorIn nicht vergessen.

D. Einen Direktorstag für eine gemeinsame Fortbildung nützen. Informationen dazu beim Pädagogischen Institut oder bei der AGB.

E. Für die Konferenz eine Tagesordnung vorher anfordern und auf einem Plakat im Konferenzzimmer aufhängen, damit die LehrerInnen schon vorher darüber ins Gespräch kommen. Ev. diese plakative Tagesordnung ergänzen (lassen).

F. Moderieren (d.h. methodisch leiten) kann man lernen, und es muß nicht der Direktor tun (siehe dazu auch die zahlreichen und vielfältigen Hinweise in unserem AGB-Heft 5: "Teamarbeit").

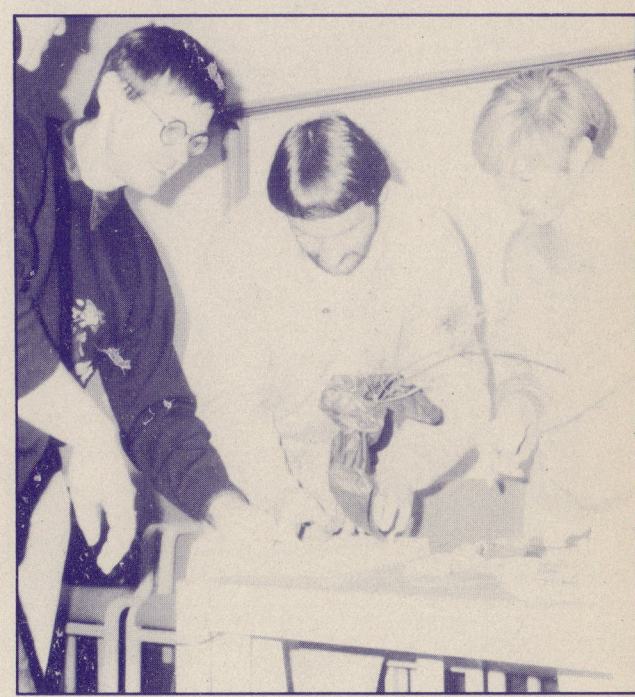

Selbsthilfe - Supervision - Schulentwicklung

Kollegialer Austausch, kollegiale Beratung und Unterstützung, das sind in unserem Schulwesen noch ziemliche Fremdworte ... Aber da kommt spürbar einiges in Gang!

Prinzipiell gibt es hier 3 geregelte Möglichkeiten:
a) LehererInnen treffen sich in einer Lehrergruppe - vorwiegend selbst organisiert - vergleichbar einer Selbsthilfegruppe.
b) Supervision für LehrerInnen - angeboten über das Pädagogische Institut oder direkt von einem Supervisor.
c) Schulentwicklung als systematischer Prozeß.

Zu a)
Dazu finden Sie ausführliche Erfahrungen und Anregungen im anschließenden Beitrag.

Zu b)
"Supervision - in unserem Verständnis - ist eine geregelte, berufsbegleitende Beratungsform zur Verbesserung von Arbeit und von Menschlichkeit unter Leitung eines ausgebildeten Supervisors."

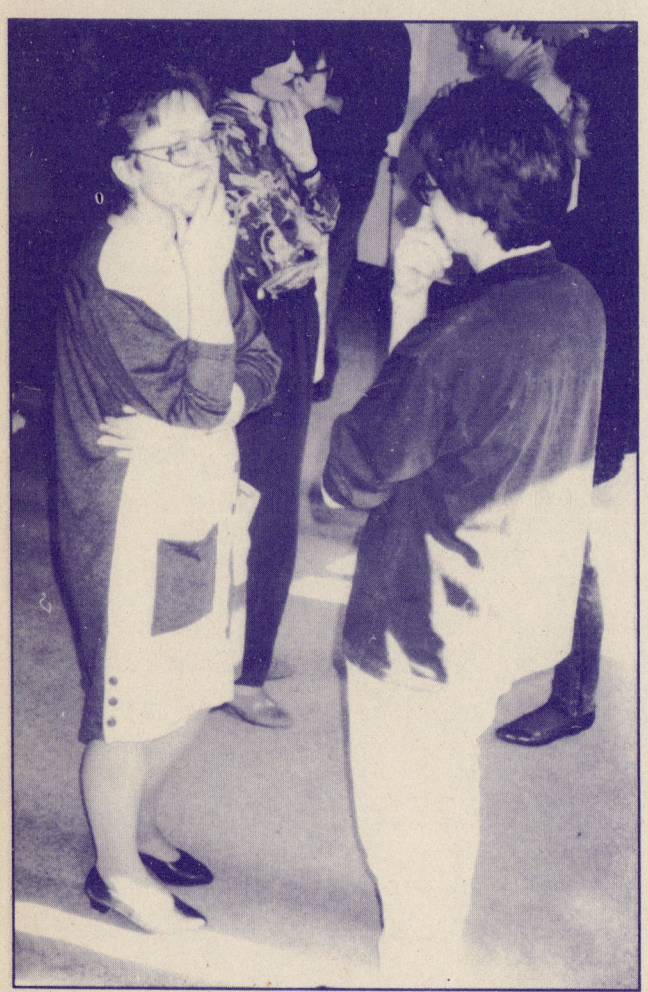

Supervision findet einzeln, in Gruppen (z.B. LehrerInnen aus verschiedenen Schulen) oder mit Teams (ein ganzes Kollegium) statt, in 2-, 3- oder 4-wöchigem Abstand für 2 bis 4 Stunden.
Nach einer Sammlung aktueller Themen und Erfahrungen, die von den LehrerInnen eingebracht werden, wird die Reihenfolge der Themen festgelegt und die Ebene ihrer Bearbeitung:
- individuelle E.: Was bedeutet das Problem für den Lehrer persönlich?
    Welche Verhaltensmuster bestimmen ihn dabei?
    Welche Berufsidentität, welche Lebenshaltung hat er gerade?
    Welche alternativen Möglichkeiten kann er/sie entwickeln?
- interaktionale E.: Wie geht hier ein Lehrer mit einem oder mehreren Schülern um.
    Wie gehen hier Lehrer miteinander um?
    Was wird hier ausgelöst?
    Welches "Spiel" wird gespielt?
    Alternativen ausprobieren! Hier eignen sich besonders Rollenspiele.
- strukturelle/systemische E.: Welche Organisationsform bedingt das Problem mit?
    Welche Normen, Regeln gelten hier?
    Sind Kompetenzen, Rechte und Pflichten eindeutig?

Effektive Supervision braucht die Entwicklung einer vertrauensvollen Beziehung und soll daher mindestens ein Semester konsequent stattfinden.

Zu c)
Schulentwicklung entspricht den Grundsätzen der Organisationsentwicklung und -beratung und ist noch völlig neu bei uns. die aktuelle Idee von "Schulautonomie" ist aber ohne Schulentwicklung kaum durchführbar. In diesem Konzept wird mit Hilfe eines erfahrenen Begleiters das ganze System einer Schule in einen gemeinsamen Beratungsprozeß einbezogen: DirektorIn, LehrerInnen, SekretärInnen, Schulwart, SchülerInnen, und Eltern sind daran beteiligt. Es geht darum, alle Aspekte des Schullebens zu beleuchten und ev. neu zu gestalten. Dabei sind Impulse durch einen respektierten Berater notwendig, damit kreative Ideen und das Ausprobieren von Neuerungen gut möglich werden.

SupervisorInnen oder BeraterInnen für Schulentwicklung werden Ihnen gerne bei der AGB genannt.

Lehrergruppe

So komme ich zu einer Lehrergruppe

1. Ich bin mir klar: Ich will es, weil ich's für mich brauche!

2. Ich spreche mit einem oder zwei Kollegen, bei dem/denen ich am meisten Bereitschaft und Unterstützung erwarte.

a) Wenn es sich um eine energische Kollegin handelt, dann komme ich zunächst nur mit der Idee allein zu ihr, um ihr Raum zu lassen.

b) Wenn es sich um einen zurückhaltenden Kollegen handelt, dann komme ich mit genauen Vorschlägen, um ihm Sicherheit zu geben.

Ich (wir) entscheide(n):

3. Ort:

Schule ist eher ungeeignet (eingefahrene Verhaltensweisen);

Wirtshaus ist eher ungeeignet (eingefahrene Verhaltenweisen, Stammtischklima bringt nichts!);

Privatwohnung ist ganz gut, wenn der Raum groß genug ist (Platz ist wichtig) und der Gastgeber nicht in Bewirtungsstreß kommt;

Neutraler Raum (Pfarre, Bildungshaus, ...) ist gut, wenn er gemütlich ist und nicht zu viel kostet.

4. Zeit

Als günstig erweisen sich Abende mit 2-3 Stunden konzentrierter Arbeitszeit im Abstand von 2-3 Wochen.

5. (Beg)Leiter:

Vorteile: a) für Kollegen, die unsicher sind, wirkt so eine Angebot mit Leiter seriöser. Es enspricht den üblichen Vorstellungen von einer arbeitsfähigen Gruppe.

b) Ein Außenstehender kann den Prozeß über Krisen hinwegführen, kannn oft besser Sachliches und Persönliches auseinanderhalten, kann oft besser helfen.

c) "Was Geld kostet, ist mehr wert. Da konzentrier ich mich mehr."

Nachteile: a) Wer weiß, wie der/die ist?

b) Es/sie kostet Geld.

c) Leiterabhängigkeit kann manchmal Selbsthilfe verhindern.

6. Kollegen

Welche Kollegen aus unserer Schule sprechen wir noch an?

Wie sprechen wir Lehrer aus der Schule an? Möglichst mit Einladungsblatt, auf dem einige Ideen und schon ein oder zwei fixe Termine und Ort stehen!

NICHT ENTMUTIGEN LASSEN! EINE LEHRERGRUPPE GRÜNDEN IST SCHWER!

Meine Lehrergruppe
Elfie Thanhoffer

Es ist eine Woche vor Schulbeginn, und dieser Artikel ist Anlaß für mich, mir den naheliegenden Schulbeginn etwas deutlicher vor Augen zu führen. Was wird mich heuer erwarten? Neue Schüler in den ersten Klassen, die ich zur Matura führen werde, zu meiner ersten Matura als Lehrerin.

Wie wird der Versuch verlaufen, mit einem Kollegen gemeinsam erstmals einen Freigegenstand Schulspiel zu starten? Haben sich die Schüler über die Ferien verändert, welches Arbeitsklima wird den Unterricht begleiten?

Gleichzeitig wenden sich meine Gedanken rückwärts, zu dem bitteren Gefühl am Jahresende, mehr Energie investiert zu haben, als dann im Ergebnis für mich merkbar war. Ärger während des Schuljahres mit Schülern, die ihr Desinteresse mit permanentem Stören des Unterrichts kundtaten, manchmal das Gefühl, nicht ernstgenommen zu werden und die Angst, nicht zu entsprechen.

Fast immer kam ich mir unter den zahlreichen Kollegen alleingelassen vor. Die Frage, ob es nur mir so gehe, beantworte ich unterschiedlich, je nach Selbstbewußtsein und Stimmung. Gespräche am Gang mit anderen Kollegen brachten zumeist dasselbe Ergebnis. Auch sie schimpften über Desinteresse, Undiszipliniertheit, ... der Schüler, von keinem habe ich jedoch gehört, wie es ihm selbst damit geht.

Daß ich trotzdem nicht allein dastehe, mit meine Erfahrungen, Enttäuschungen, Wünschen und letzten Endes auch Freuden, erlebe ich in einer Lehrergruppe.

Es war nicht einfach, die Mitglieder für eine Gruppe zu finden. Die Schwierigkeiten liegen meiner Meinung nach in dem Widerspruch zwischen dem Anspruch (von Seiten der Schüler, der Eltern, der Institution) der Unfehlbarkeit an den Lehrer und dem Signal der Hilfsbedürftigkeit, das sich in der Teilnahme an einer solchen Gruppe ausdrückt. Die Angst, die eigenen Selbstbeschwichtigungen in Frage zu stellen, läßt viele Lehrer davor zurückschrecken, ihre eigene Situation zum Thema zu machen. Unsere Gruppe hatte fünf Mitglieder, zur Unterstützung bei der Bewältigung unserer Probleme nehmen wir einen Trainer, der mit seinen gruppenpädagogischen Erfahrungen vorsichtige und umsichtige Unterstützung gab. Im Durchschnitt trafen wir uns 14-tägig für jeweils zwei bis zweieinhalb Stunden.

Die Teilnahme

war mehr oder weniger verpflichtend, ein Aussteigen sollte nur nach einem abschließenden Gespräch mit der Gruppe erfolgen.

Das Konzept

war weder auf reine Selbsterfahrung noch auf methodisch-pädagogische Schulung angelegt. Vielmehr war der gesamte Bereich, der den Lehrer in seiner Rolle und als Person betrifft, angesprochen.
Daraus ergibt sich die Möglichkeit, Themen auf verschiedenen Ebenen zu betrachten:
- auf einer eher sachlich orientierten Ebene, z.B.: Welche Methode habe ich in meiner spezielle Situation, um das Kennenlernen der Schüler untereinander zu fördern?
- auf einer Ebene der persönlichen Betroffenheit als Lehrer, z.B.: Wie verändert mich meine Arbeit als Lehrerin?
- bis hin zu Problemen, die das ganze Lebenskonzept betreffen, z.B.: Erlebnisse in der Kindheit, die mein heutiges Verhalten und Denken bestimmen.
Den Bereich, in welchem eine Frage behandelt wird, kann jeder für sich selbst bestimmen, keiner wird gezwungen, bis in die Untiefen seiner Psyche vorzustoßen.
In der Gruppenarbeit wechselten wir zwischen strukturierten, vorgegebenen Übungen und Gesprächen, in die jeder seine aktuellen Probleme einbringen konnte. Die Erfahrung zeigte, daß zumeist ein oder höchstens zwei Themen pro Abend intensiver bearbeitet werden konnten. Trotzdem ergaben sich für die anderen Gruppenmitglieder dabei immer Erfahrungen, Einsichten und Lösungen für die eigene Situation, das aktive Miterleben und Reflektieren unterstützte außerdem den/die Lösungssuchende/n.

Was hat diese Gruppe an meinem Lehrerdasein geändert?

Wichtig für mich war das Bewußtsein, für mich selbt etwas zu tun, im Gegensatz zu meiner Unterrichtsarbeit, aber auch zu meinem "Privat"leben.
Ohne die Gruppe als Fluchtmittel zu benutzen, war es für mich beruhigend zu wissen, daß ich meine Konflikte mit jemandem besprechen und vielleicht lösen kann. Jedenfalls ergab sich immer eine Anregung, Probleme differenzierter wahrzunehmen.
Zu dieser differenzierten Sichtweise gehört auch die Fähigkeit, Erfolge wahrzunehmen, auch die kleinsten.

13 Methoden für 13 Abende - ein Jahresprogramm

Auf den folgenden Seiten finden Sie ungefähr ein Jahresprogramm für eine Lehrergruppe.
Gruppe kann hier auch heißen: Reflexion zu 2 oder 3!
Einige Methoden sind ohne kompetenten Leiter (Berater, Gruppentherapeut, Supervisor) nur schwer erfolgreich durchführbar; es kann sogar enttäuschend sein, wenn eine Gruppe sie selbständig durchführt. Diese Methoden sind mit B gekennzeichnet.
Gruppen ohne Leiter empfehle ich dringend, sich auf einige Spiel- und Gesprächsregeln zu einigen. Solche Regeln finden Sie z.B. in unserem AGB-Heft 5: Teamarbeit, S.19.
Die Reihenfolge der Methoden ist keine besondere, außer:
Beginnen Sie eher mit einer grundsätzlich orientierten und zugleich positives betonenden Methode, das sind z.B. 1, 2 und 6.
Stellen Sie später grundsätzlich orientierte Methoden dann zurück, wenn eine(r) von Ihnen ein aktuelles Thema einbringen will.
Beim vorletzten Abend klären Sie prinzipiell, ob Sie so weitermachen wollen, ob wer aussteigen will, ob Sie neue ansprechen wollen, etc.
Auf dieser Grundlage widmen Sie den letzten Abend nur der Reflexion.
Kein neues Thema am letzten Abend behandeln!

Wenn Sie zusätzlich Empfehlungen oder einen Leiter wollen, dann wenden Sie sich an uns (AGB).

1. Abend: Mein Werbeplakat

Für jede(n) eine halber Bogen Packpapier und Ölkreiden.
Machen Sie eine Werbeplakat für sich als Lehrer/in.
Stellen Sie Ihre Vorzüge und Vorlieben so dar, als ob Eltern oder Schüler Sie auf dieses Plakat hin auswählen könnten. Stellen Sie anschließend Ihre Pla-

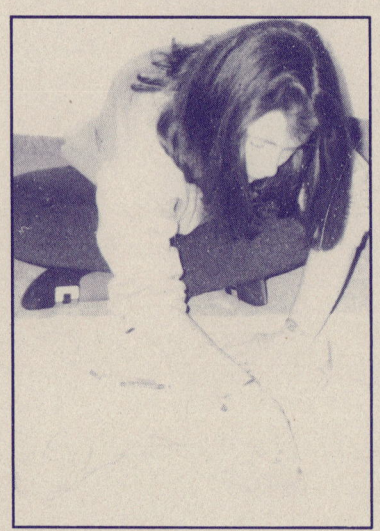

kate in der Runde vor.
Die anderen sollen ruhig rückfragen, aber eher nicht Kommentare geben. Auf keinen Fall in abstrakte Diskussionen verfallen.
Versuchen Sie, Ihre ehrliche "Selbstgefälligkeit" zu genießen und einander dabei zu unterstützen.

2. Abend: Mein Zufriedenheits-Thermometer

Sammeln Sie persönlich alle Elemente im Zusammenhang mit der Schule, die zu Ihrer persönlichen Zufriedenheit beitragen.
Seien Sie ganz konkret, schreiben Sie "Banales" und "Utopisches" auf.
Dann tragen Sie (jede/r auf einem A4-Blatt) jeden Punkt in Ihr Thermometer (0 bis 100 Grad) ein:
Was eher wenig zu Ihrer Zufriedenheit beiträgt - Sie noch ziemlich kalt läßt - weiter unten, was für Sie sehr wichtig ist - Sie heiß werden läßt - weiter oben.
Wenn Sie nicht mehr als 6 sind, dann stellen Sie Ihre Thermometer allen vor;

sind Sie mehr, dann bilden Sie Dreier- oder Vierergruppen, und machen anschließend in der ganzen Gruppe eine Runde zu Ihren Erfahrungen. Finden Sie eventuelle auffällige Gemeinsamkeiten und ev. auffällige Unterschiede heraus. Wie warm ist Ihnen zur Zeit?

3. Abend: Mein Autoritäts-Stand

Mit dieser Methode könnes Sie das leidige und befangen machende Thema Autorität genauer reflektieren.
Zeichnen Sie zuerst die Umrisse Ihrer Füße auf eine Plakat (halber Bogen Packpapier). In den drei Flächen sammeln Sie Gedanken zu folgenden Themen:
linker Fuß: Autorität, auf die ich steh.

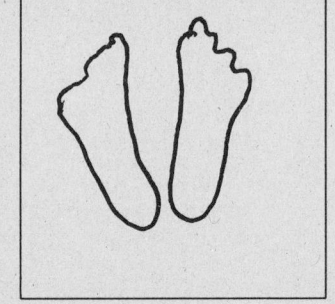

Verhaltensweisen und Einstellungen, die ich an erlebten Autoritäten schätze.
rechter Fuß: Autorität, auf der ich steh.
meine eigenen Verhaltensweisen, Regeln, Gefühle, Phaantasien, die mir zur Zeit Autorität geben.
rundherum: was meine Autorität gefährdet.
Verhalten, Gefühle, Phantasien, Kräfte, die meine Autorität ins Wanken bringen (könnten).

4. Abend: Ärger - Freude - Energie

Zeichnen Sie jede(r) auf eine Plakat drei Kreise und tragen Sie darin zu den drei Bereichen
mein Ärger, meine Freude, meine Energie in der Schule
Ihre Elemente ein (vorher auf einer Liste sammeln). Jedes Element bildet ein so großes Kuchenstück, als es seiner Bedeutung entspricht.
Anschließend einander vorstellen, max. zu 6.

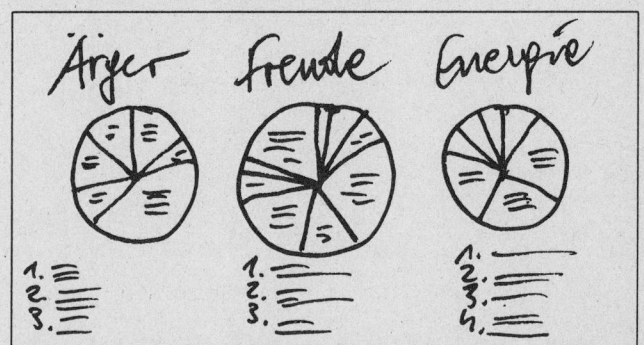

5. Abend: Versetz dich mal in meine Lage (B)

"Wie geht es Ihnen gerade in der Schule? Suchen Sie sich eine Körperhaltung, die Ihrer derzeitigen Stimmung genau entspricht. Lassen Sie sich Zeit dabei! Stehen Sie auf und probieren Sie verschiedene Haltungen aus, bevor Sie sich festlegen."
Wenn alle ihre Körperhaltung gefunden haben, beginnt eine(r):
Vorzeigen, alle machen die Haltung genau nach, leben sich hinein und lassen ihren Körper aus dieser Haltung sprechen. Wo fühlen Sie Schmerzen, was können Sie (nicht) sehen, ...? Der Urheber schweigt dabei, schreibt evtl. die Mitteilungen mit. Bei der Anschließenden Besprechung lohnt es sich, gerade auch den Mitteilungen nachzuspüren, die dem Urheber fremd und unpassend vorkommen. Aber keine Interpretationen aufdrängen! Dieser Vorgang reihum.

6. Abend: Meine Traumschule

Jede(r) zeichnet und beschreibt auf einem Plakat seine "Traumschule". Beim anschließenden Besprechen sucht jede/r sich eine Aspekt heraus, der sich ein Stückerl verwirklichen läßt. Das wird gemeinsam festgelegt.
Bei einem der nächsten Male kontrollieren!
Es gibt zwei Arten von Wünschen: die einen, deren Unerreichbarkeit wir brauchen (bei denen wehren wir uns gegen jeden Impuls der Verwirklichung) und die anderen, deren Verwirklichung uns lieb wäre, aber wir glauben nicht so recht an uns und unsere Energien. Dabei können wir uns gegenseitig unterstützen, z.B. bei dieser Methode.

7. Abend: Offener Brief

Schreiben Sie in einem Offenen Brief
an alle meine Lehrer!
was Sie ihnen jetzt, an diesem Punkt in Ihrem Leben, mitteilen möchten.
Vielleicht reizt es Sie, nch der Besprechung in der Gruppe diese Offenen Briefe zusammenzufassen, zu kopieren und mit anderen Kollegen oder Ihren Schülern zu besprechen. Vielleicht lassen sich Ausschnitte davon auch publizieren?

8. Abend: Mein Markenzeichen

Jede/r erhält ein Blatt oder Kärtchen A5 oder A6 und Stifte.
Zeichnen Sie Ihr Markenzeichen für heute (abend).
Markenzeichen heißt, daß es sich um eine einfache Zeichnung, vielleicht nur um ein Symbol, handelt.
Bei der Besprechung können die anderen einfühlsames Rückfragen und urteilsfreies Mitteilen von Beobachtungen üben.

9. Abend: Mein Wetterbericht

Schließen Sie alle die Augen, versuchen Sie Ihre heutige Stimmung in das Bild einer Witterung zu formen.
Beginnen sie dann mit einer Runde, bleiben Sie ruhig bei jemandem länger hängen, wenn es sich ergibt aufgrund der Rückfragen.
Denken Sie - wie bei allen Abenden - an die Selbstverantwortlichkeit Ihrer Kollegen: wenn jemand das Gefühl bekommt, zu kurz zu kommen, wird er/sie sich schon rühren.

10. Abend: Mein Platz in der Schule (B)

Jede/r zeichnet ein Bild (ganzer oder halber Bogen Packpapier) zu diesem Thema. Lassen Sie sich Zeit, auch dann beim Besprechen; es ist gut möglich, daß Sei einige Bilder erst beim nächsten Mal besprechen können. Das macht nichts.
Einigen Sie sich nicht vorher, was mit dem Titel genau gemeint sein könnte! Die Vieldeutigkeit ist hier wichtig. Wenn Sie nicht ein sehr wohlwollendes und konstruktives Klima haben, dann brauchen Sie hier einen Berater.

11. Abend: Mein Titel für Deine Geschichte

Diese und die nächste Methode können Ihnen bei der konstruktiven Bearbeitung aktueller Probleme helfen, die ein Kollege einbringt (Konflikte mit einem Kollegen oder in der Klasse):
Das Problem wird möglichst genau geschildert, ohne Unterbrechungen. Dann schreibt jeder in der Gruppe auf, welchen Titel er dieser Geschichte geben würde. Dann werden diese Titel mitgeteilt.
Es ist verblüffend, wie sich ein Problem verändert, wenn man die Perspektive der Betrachtung verändert. Genau das passiert bei dieser Methode.

12. Abend: Schriftlich geben

Der Beginn ist gleich wie bei der vorigen Methode.
Jetzt schreibt jeder in der Gruppe (leserlich) auf ein Blatt:
a) Was fällt mir dabei auf?
b) was fällt mir dazu ein?
Der Kollege erhält nun seine schriftlcihen Rückmeldungen, liest und ordnet sie, nimmt Stellung.
Der Wert dieser Methode liegt vor allem in der Vielfalt, der Kollege fühlt sich beschenkt.

13. Abend: Reflexion

Mögliche Impulse:
a) Metaphern: Die Lehrergruppe war für mich wie ...
b) Meine Entwicklungen im Lauf der Lehrergruppen-Abende (ev. zeichnen)
c) Was hat mich gefreut, was geärgert, was hat mir weitergeholfen?

Autorität als Arbeitsaufgabe in Lehrergruppen

Engelbert Stütz

Es geschieht häufig, daß sich Lehrergruppen um die Frage herumdrücken, wie Autorität in ihrer Gruppe verwaltet und gestaltet wird. Das hängt besonders mit der Berufssituation und mit unserem Erleben von Autorität zusammen. Autorität wird hauptsächlich in hierarchischen Strukturen erlebt. Wir erleben z.B., daß Beziehungen dann öffentlich problematisiert werden, wenn ein Ranghöherer am Verhalten Rangniederer etwas auszusetzen hat. Das Ausüben von Autorität ist daher oft emotional negativ besetzt. "Autorität haben" ist negativ besetzt, man möchte es loskriegen, man will keine destruktive Autorität sein, daher die Autorität ganz weggeben. Man will Gleicher unter Gleichen sein, daher der Wunsch, unter "Gleichrangigen" ohne Autorität auszukommen.

Dieses Bedürfnis verwischt aber das Verständnis von Autorität.

Die Autorität hat positive Funktionen: Schaffung von emotionaler Sicherheit in der Gruppe, Strukturierung der Arbeitsorganisation, Gewichtung der Interessen, ...

Autorität ist die Voraussetzung, um arbeitsfähig zu sein.

Es ist also für die Gruppe wichtig, zu überdenken: Wie wird emotionell und technisch Autorität organisiert? Entscheidet einer, was für die anderen gut ist? Können sich alle artikulieren? Wird Autorität zur Dominanz? ...

Es ist wichtig, diesen Fragen Zeit, emotionale Energie, Phantasie zu widmen. Unter der Hand entstehen sonst traditionelle Herrschaftsstrukturen. Es ist falsch verstandenes Demokratieverständnis, zu glauben, Autoritätsstrukturen könnten vermieden werden. Vermeiden des Autoritätsproblems führt zu unbefriedigenden Herrschaftsverhältnissen mit Machern, die daraus emotionelle Befriedigung ziehen, und anderen, deren Emotionen dabei ausgebeutet werden. Es ist daher für eine Gruppe eine wichtige Arbeitsaufgabe, zu klären, wie Autorität verwaltet werden soll.

Die Arbeit daran bringt Chancen: die positive Erfahrung, daß es auch anders geht (ohne Macher) und daß sich Widerstand entwickelt gegen destruktive Autorität.

Es ist notwendig, das Vor-Urteil aufzubrechen, daß Autorität nur hierachisch-destruktiv funktionieren kann.

Neue Autoritätsstrukturen sind sehr labil. Es muß daher besonders viel Energie aufgewendet werden, diesen neuen Versuchen Stabilität zu verleihen. Die Gruppenmitglieder müssen Ausschau halten: Wer kann welche Funktionen übernehmen? Dabei ist es vorteilhaft, wenn zuerst Erfahrene Aufgaben übernehmen. Die Gruppe muß aber für eine Organisation sorgen, daß diese nicht die Macher werden.

Unerfahrene können es lernen, für Gleichrangige Autorität zu übernehmen, wenn sie dabei in ein emotionell gesichertes Feld nachrücken. Es muß also sichergestellt sein, daß die übrigen dem gleichrangigen Kollegen die Autorität geben. Es muß sicher sein, daß er für seine Bereitschaft, Autorität wahrzunehmen, keine "Schläge" kriegt, ihm dafür niemand in den Rücken fällt. Die Wünsche an die Autorität müssen daher sehr gut geklärt sein.

Es darf kein Zwang bestehen: Alle müssen lernen, Autorität wahrzunehmen. Es soll die Möglichkeit da sein, zu sagen: "Ich will keine Autoritätsfunktion übernehmen, ich brauche Autorität." Das soll nicht denunziert und belächelt werden. Sonst werden diese Gruppenmitglieder gezwungen auszusteigen.

Bei der Organisation von Autorität in einer Gruppe gibt es noch einen weiteren bedeutsamen Aspekt:

Arbeit ist oft so organisiert, daß sie wenig emotionale Befriedigung bietet. Wir haben gelernt, emotionale Bedürfnisse von der Arbeit abzuspalten, sie in die Freizeit zu verlegen. Geborgenheit, Verstandenwerden, emotionale Bedürfnisse sind abgehoben von dem, was der einzelne arbeitet. Die Arbeit ist häufig von einer Beziehungsarmut gekennzeichnet, und Entscheidungen über Beziehungen fallen nach oberflächlichen Kategorien (z.B. Attraktivität). Auf die Dauer werden tragfähige Beziehungen politisch und emotionell nur entstehen, wenn sie auch einbeziehen, was der andere macht.

Neue Versuche, Autorität und damit Arbeit anders zu organisieren, werden Erfolg haben, wenn die Arbeit emotional befriedigend erlebt wird.

Liebe Frau Direktor ! Lieber Herr Direktor !

Ich gratuliere Ihnen zu Ihrer neuen Rolle --- wenn Sie erst seit kurzem im Amt sind!
Ich gratuliere Ihnen, daß Sie schon so langen durchhalten --- wenn Sie schon länger im Amt sind!
Das ist wahrlich keine Kleinigkeit, dieses Amt; das weiß ich von einigen Seminaren mit Ihren KollegInnen.

Sie sind oft einsam in Ihrer Kanzlei. Vermutlich waren Sie gerne LehrerIn, und jetzt geht Ihnen der tägliche direkte Kontakt mit den SchülerInnen ab, oder Sie können sich nicht so richtig darauf konzentrieren, weil auf dem Schreibtisch so vieles nach Ihnen ruft. Ich hoffe, Sie haben eine gute Sekretärin - das macht viel aus, wie ich von vielen Schulen weiß. Übrigens, wann haben Sie ihr zuletzt Blumen auf den Schreibtisch gestellt? ... und sich selbst?

Für manche Lehrer sind Sie eine Art Sündenbock für viele Unzulänglichkeiten ... das ist eben so in solchen Systemen. In der Konferenz können Sie sich zwar einigermaßen mitteilen, aber da wollen die Lehrer bald nach Hause, und so richtig verstehen wollen Sie da nur wenige; meist die, die etwas von Ihnen wollen. Naja, oft ist das besser als garnichts. Ich kann es Ihnen jedenfalls nicht verdenken, wenn Sie viele LehrerInnen als Gegner erleben.
Ich wünsche Ihnen vor allem, daß Sie manchmal Gelegenheit haben, in Ruhe sich mit einigen Direktoren-KollegInnen auszutauschen. Vielleicht könnten Sie beim PI einmal eine spezielle Supervisionsgruppe für Direktoren beantragen. Das würde viel bringen.
Was empfinden Sie so beim Durchblättern dieses Buches? Halten Sie das alles für Träumerei? Kaum, dann hätten Sie wohl nicht bis hierher gelesen.

Bekommen Sie noch mal Lust zu mehr kreativem Unterrichten?

Was ich Ihnen vorschlage: Machen Sie sich vor allem die LehrerInnen zu Vertrauten und Verbündeten, die einen lebendigen und kreativen Unterricht probieren, die immer wieder mal auf der Suche nach neuen Ideen sind, die Lehren und Lernen immer wieder mal als etwas Besonderes sehen. Diese LehrerInnen brauchen Ihren Rückhalt ... aber sie sind auch gute Verbündete für Sie. Wer sich für Schüler engagiert, der kann auch einen Direktor verstehen, wenn der Draht einmal da ist. Bauen Sie nicht auf diejenigen, die in selbstgefälliger Routine erstarrt sind.
In diesem Sinne wünsche ich Ihnen einen guten Kontakt zu kreativen LehrerInnen.

Stecken Sie sich gegenseitig an!

Mit freundlichen Grüßen, Ihr

René Reichel

Schulleitung - anders ?

Im folgenden Gespräch (Auszüge aus einem Tonbandprotokoll) diskutieren zwei ehemalige Teilzeit-Direktoren eines alternativen Gymnasiums, ein Mann und eine Frau, ihre Erfahrungen mit einem neuen Leitungsmodell. Wir haben die Namen geändert und zitieren die wichtigsten Passagen.

Deutlich werden besonders das Spannungsfeld zwischen Leitung nach innen und Vertretung nach außen sowie die Veränderungen, die sich für die alltägliche Kommunikation ergeben, wenn normal erzogene Menschen in einem traditionellen System bestimmte Abläufe etc. ganz anders machen wollen.
Wenn man das Gespräch als Ganzes liest, mutet einen manches als verwirrend und verkrampft an, aber es sind wohl genau solche mühsamen und umwegigen Versuche, die letztlich etwas weiterbringen.

Franz: ... Ich stelle mir die Frage, in einer Struktur, einer kollektiven Leitung, so wie wir sie jetzt schon seit Jahren und von Beginn an haben: was sind die notwendigen Voraussetzungen und Bedingungen, für jede einzelne Person in ihren verschiedenen Rollen und Funktionen,(als Mensch in der LehrerInnenrolle, als Mitglied eines pädagogischen Umfeldes etc.), um im Sinne der kollektiven Entscheidungsebene das auch alles möglich werden zu lassen? Und da sage ich, Betroffenheit des Einzelnen über die Notwendigkeit, daß ich von dir abhängig bin, wenn ich etwas verantworte. Wenn wir etwas gemeinsam im Kollektiv leiten, sind wir voneinander immer vernetzt abhängig. Ich brauche etwas von dir und du brauchst etwas von mir. Und wenn ich mich hinaussetze, frage ich mich, inwieweit dieses tragfähig ist für alle anderen? Das ist die Grundfrage. Da geht es dann um supplieren, um wegbleiben, um pädagogische Richtungen, um Regeln einhalten, wie man zu Beschlüssen kommt,...

...
Elfi: Na, du bist verantwortlich!
Franz: Ja, das ist der Punkt. Das ist das Dilemma. Nach außen hin gibt es nur eine Person, die dann zur Verantwortung gezogen wird, und nach innen hin ist dann der Bruch!
Elfi: Ja, das ist genau das, was der Inspektor mir klar gesagt hat:
"Wenn Sie andere Methoden haben, ist das Ihre Sache. Sie können alle Methoden der Welt ausprobieren, aber funktionieren muß es. Meine Aufgabe ist es nur zu schauen, ob es funktioniert."
Und da hat er ja recht, wenn die Methoden nicht funktionieren, die ich anwende, ist das mein Pro-

blem. Das ist es,ja. - Hast du dem Vierer-Gremium einmal gesagt, das es zahnlos ist?

F: Du, das ist genau der Punkt, wo ich aussteige aus dieser Struktur der kollektiven Leitung, nämlich da gibt es ein Vierer-Gremium, einen Leiter, der intern einer von allen ist, - ich würde mir wünschen, das einer von den anderen 28 im Vierer-Gremium sagt:"Ihr seid zahnlos" und nicht ich.

Elfi: Nein, wieso? Da brauchst du dann nur einem von uns sagen "Du bist zahnlos!" und brauchst nicht jeden von uns 34 Lehrern beißen.
Franz: Ich bin aber nicht innerhalb der Lehrergruppe der Direktor!
Elfi: Natürlich bist du der Direktor innerhalb der Lehrergruppe!
Franz: Nein, eben das ist genau das Problem! Nein, ich verstehe mich so, das ich nach außen hin die Schule leite-
Elfi: - Ja, aber-
Franz: - aber siehst du, da merke ich, daß ich einen anderen Anspruch habe oder vielleicht ein ganz stark überzeichnetes, anderes Verständnis zur kollektiven Leitung. Ich habe gemerkt, ich muß irrsinnig aufpassen, daß ich nicht in die Richtung gehe, die in meinem Verständnis genau kontraproduktiv zur kollektiven Leitung. wäre. Ich habe das Gefühl, daß sich viele diese Person wünschen würden, die dann sagt "So, jetzt hauen wir auf den Tisch!".
Elfi: Na, was heißt "Jetzt hauen wir auf den Tisch"? Muß man ja nicht auf den Tisch hauen dabei.

...
Franz: Hm, für mich ist das paradox, wenn der Leiter wieder die Rolle übernimmt, die ganz klar aus bestimmten Gründen auf andere aufgeteilt ist. Weil es ist mit der Aufteilung ja eine bestimmte Absicht damit verbunden, nämlich dem Leiter klar definierte Bereiche innen zu verantworten und die Schule nach außen hin zu vertreten. Und diese Aufgabe des Wauwaus ist von ihm ganz klar getrennt, weg.
Elfi: Ja, eh.
Franz: Ja und die Falle, die ich erlebe ist, daß vieles passiert. Es ist ja nicht nur das mit dem Vierer-Gremium, sondern es kommen viele zu mir und sagen "Du, die Kinder haben das ... gemacht!" oder Eltern kommen zu mir und sagen "Die Lehrer haben das ... gemacht." Das ist eine Falle, wo sie mich hineinziehen -
Elfi: - Ja, das ist was anderes. Da kannst du es ja wirklich ableiten, wenn es abzuleiten ist. Aber auf wen willst du nach außen hin die Verantwortung ableiten, auf wen?
Franz: Na die Verantwortung nach außen habe und

nehme ich eh, für alles was gut und schlecht ist.

Elfi: Ja, aber was sagst du, wenn der Inspektor kommt und sagt "Das funktioniert nicht!". Sagst du "Ja, das Vierer-Gremium hat ...", dann wird er sagen "Das Vierer-Gremium ist mir völlig wurscht!"

Franz: - Dem Inspektor kann ich das jetzt sagen. -

Elfi: - Ja, wie lang?

Franz: Tja ... ?

Elfi: Wie lange, wenn es wirklich nicht funktioniert. Ich meine, irgendwo sind wir ja eh einsichtig, und irgendwie funktioniert es ja auch. Aber rein logisch: Was machst du als Inspektor, wenn es da einen Leiter gibt, der sich dauernd auf irgendwelche anderen Leute ausredet, die nicht funktionieren? Also da würde ich als Inspektor auch sagen "Also mein lieber Herr, so geht das nicht in einem hierarchischen System" und das ist es nun mal. Da kann nicht eine Stufe dazwischen plötzlich nicht hierachisch sein. -

Franz: - Hast du das Gefühl, das wir in einem hierachischen System sind in der Schule?

Elfi: Ja, natürlich sind wir in einem hierarchischen System, klar. Der Inspektor hat einen Verantwortlichen, den Direktor, den er anspricht und der ist verantwortlich für das was in der Schule passiert.

Franz: Tja, dann ist da ein komplettes Mißverständnis da, merke ich. -

Elfi: - Ja, das merke ich auch.

...

Elfi: Gut, aber da möchte ich jetzt etwas aus der Geschichte erzählen.

Franz: Ja.

Elfi: Unsere Geschichte ist eine antiautoritäre, wir kommen aus einer Antibewegung her, die also gegen etwas ist, aus einer Counterbewegung. Die ist auch noch in die Modellschule hineingeflossen. Es war am Anfang sehr viel "Also sooo machen wir es sicher nicht!" als Abwertung von all dem, was vorher war. Ja und einen Direktor wollten wir erst recht keinen. Dann haben wir uns ein Kasperl genommen, der für uns ein Kasperl war. Ich mag ihn zwar sehr gern, aber er war auch nicht in unserer Gruppe eine Autorität, sondern er war einer, der die Negation all dessen war, was wir letztlich eigentlich auch gedacht und vertreten haben. Den Paul hat kein Mensch je wirklich verstanden. Höchstens daß er das ganz Andere war! Wir haben nie gesagt "So wollen wir sein. Das finden wir klasse". Es war die Negation.

Franz: Und was war dann im zweiten Jahr?

Elfi: Na ja, das hat überhaupt nicht funktioniert -

Franz: - Nach außen hin!? -

Elfi: - Nach außen hin. Nach innen hin auch nicht, weil er nach innen hin eh keinen besonderen Einfluß gehabt hat.

Franz: Ja aber, das war doch die Absicht!

Elfi: - Neiiin, er soll anders sein, aber nicht er soll keinen Einfluß haben, weil das wäre ja schon eine positive Formulierung. Wer dann den Einfluß gehabt hat, das waren die Lotte und ich. Wir haben

dann dort geherrscht und haben uns irgendjemanden gehalten, der halt so klass' und ganz anders war.

Franz: Was würdest du sagen, ist gewichtiger gewesen, daß es nicht zu einer Wiederwahl vom Paul gekommen ist: Daß es nach innen hin oder nach außen hin nicht funktioniert hat?

Elfi: Das es nach außen hin nicht funktioniert hat. Weil nach innen hat es eh funktioniert, irgendwo.

Franz: Es ist gelaufen so. Aber nach außen hin hat es Widerstand gegeben?

Elfi: Ja. Und es ist uns auch unsere Kontraposition plötzlich blöd vorgekommen. Sie war irgendwie nimmer notwendig.

Franz: Der Wechsel von Paul zu dir, so erscheint mir in der historischen Betrachtung, verändert das Blatt. Das ist nicht von der Buntheit her, du bist viel mehr bunt. Aber vom Einfluß nehmen her.

Elfi: Ja. Der Einfluß war vorher genauso da.

Franz: Ja, ja. Die graue Eminenz oder so, nicht?

Elfi: Ach, gar nicht grau, ... überhaupt nicht grau. Was ich noch sagen wollte: Mein eigenes Verhälnis zu Autorität war ja auch äußerst schwierig. Ich habe alleweil geraucht, ich hatte ja überhaupt kein klares, ausgestandenes Verhältnis zu Autoritäten und die meisten anderen auch nicht, die an die Schule gekommen sind. Sonst wären sie nicht an eine Alternativschule gekommen. Die Ulla beispielsweise hatte laufend Schwierigkeiten gehabt in jeder anderen Schule, überall. Es sind ja nicht die zu uns gekommen, die sich an anderen Schulen glänzend bewährt hatten. So war's ja nicht! Sondern teilweise auch Leute, die einfach auch große Schwierigkeiten mit Autoritäten an anderen Schulen hatten. Und auf der anderen Seite glaube ich schon, daß ein Kristallisationspunkt, so wie sich ihn ein jeder erhofft und ersehnt in einer Schule, auch notwendig ist und ganz wichtig ist und da stehe ich auch ganz positiv dazu.

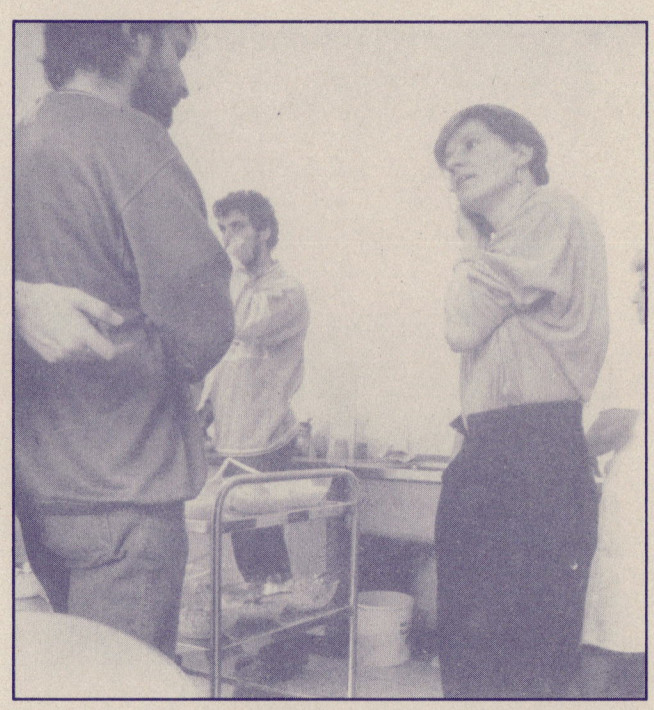

Kapitel 8

Lehrer und Eltern

*Schule und Elternhaus
- eine unheilige
Allianz ?*

Lehrer als Eltern

Eltern-Lehrer-Abend

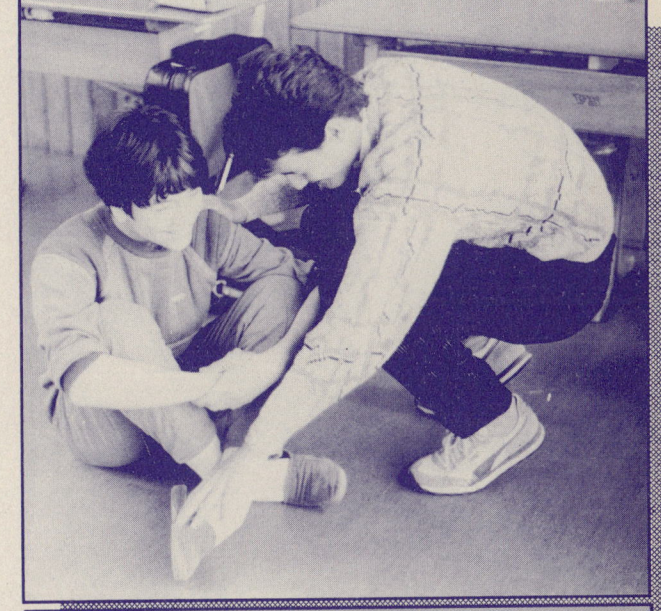

Schule und Elternhaus
- eine unheilige Allianz ?

Schulpflicht ... das war einst die Pflicht der Eltern, ihre Kinder in die Schule gehen zu lassen; das wurde ja gegen den Widerwillen der meisten Eltern durch"gesetz"t ... na, da hat sich ja viel verändert.

Heute sagt eine Mutter zum Sohn, der Musik hört: "Hast nix zum Lernen?" und zur anderen Mutter sagt sie: "Gestern haben wir wieder nur ein Genügend gekriegt!" Immer mehr Eltern identifizieren sich mit den Schulleistungen ihrer Kinder ... oft mehr als diese selbst. Und sie sehen es als ihre Pflicht an, die Hausübungen zu kontrollieren, zu verbessern, Verständnislücken selbst oder über Nachhilfe zu schließen; regelmäßiges Ermahnen und Mitzittern gehört auch dazu.

Der "Familienbericht 1989" der österreichischen Bundesregierung spricht unter Berufung auf verschiedene Studien in der BRD und in Österreich von der zunehmenden "Überanpassung" der Eltern an die Schule.

Einige Zitate:
"Die Erziehung der Kinder ist für die Eltern zum Großteil zu einer Schulfrage geworden. So richten sich die primären erzieherischen Interessen der Eltern auf die Erreichung möglichst hoher Schulabschlüsse ihrer Kinder.

Nicht nur, daß die Eltern die Leistungsanforderungen der Schule bejahen, neigen sie vielfach dazu, diese hausintern erheblich voranzutreiben.

Vor allem Mütter bleiben aus schulischen Gründen dem Erwerbsleben immer länger fern. Eltern besuchen Volkshochschulkurse, um ihren Kindern schulisch opti-

maler helfen zu können. Für Nachhilfeunterricht werden erhebliche finanzielle Kosten nicht gescheut.

Denn mittlerweile besteht kein Zweifel mehr, daß das elterliche Schulengagement familiendynamisch pathogen wirkt." (S. 425)

Besonders belastet werden dadurch Kinder, die es sowieso schon schwer genug haben: "In Teilfamilien ist die Zahl der Durchgefallenen rund doppelt so hoch (22%) wie in Vollfamilien (9%), was vermutlich die Folge von Scheidungs- und Verlustkrisen der Kinder ist." (S. 425)

Zusammenfassend heißt es dann:
"Mit dem Schuleintritt des Kindes greifen schulische Anforderungen sowie das Einfügen in schulische Zeitraster, Hausaufgabenbetreuung, Motivierung zu schulischem Erfolg und emotionale Unterstützung bei Schulunlust, Schulstreß bzw. Schulangst in die Eltern-Kind-Beziehung ein und führen in der Folge meist zu konflikthaften Veränderungen dieser Beziehung." (S. 425)

Die Liste solcher empirisch gestützter Aussagen könnte endlos verlängert werden, aber .... was hat all das in diesem Buch und mit diesem Buch zu tun?

Leider sehr viel: Kreativität wird vor allem durch Angst, durch Anpassung und durch einseitige Bewertung (Noten) verhindert, gebremst, gelähmt, schrittweise getötet.

Wenn nun alle wesentlichen Sozialisationsprobleme (Elternhaus und Schule) gemeinsam kreativitätshemmend unterwegs sind, dann hat das Folgen: Zum einen wird der Schüler einseitig, was zu verschiedenen bekannten Widerständen und Störungen führt. Zum anderen wird aber auch der Lehrer und die Lehrerin, die sich aus eigener Kreativität um einen kreativen Unterricht bemüht, zu einer

Randfigur, die sich als bunter Vogel um eine Spielwiese anstrengt, abseits des "eigentlich Wichtigen".

Kreativität steht in einem Beziehungsfeld mit "Staunen", mit "Neugierde", mit "Geduld" und andererseits mit "Spontaneität", mit "Herzenswärme", mit "Abenteuerlust". Wenn der andere Pol des Spannungsfelds, die "präzise Wahrnehmung", die "kühle Bewertung", die "konsequente Ausdauer" einseitig von Elternhaus und Schule überbewertet werden, dann stirbt zuerst die Kreativität ... und später wird auch die andere Leistung krampfhaft und das gesamte Leben krankhaft. Und das kriegt auch die Schule immer mehr zu spüren.

Das Problem verstärkt sich:
Während die Eltern (ebenso Horte und Heime) sich zunehmend den Kopf der Schule zerbrechen und sich zu Nachhilfe-Einrichtungen abwerten, gewöhnen sich immer mehr Lehrer daran, daß die Leistungen der Schüler nicht mehr die Summe aus Unterrichtsqualität und Eigenarbeit der Schüler spiegeln, sondern daß die Mitarbeit der Eltern das Klassenniveau entscheidend mitprägt. Lehrer sprechen bereits offen vom "irrealen Niveau", das bei Schularbeiten erreicht wird, weil die Schüler Leistungen bringen, die sie aufgrund des Unterrichtes allein nicht bringen könnten. Viele Lehrer haben sich so daran gewöhnt, daß sie das kaum mehr merken, sondern sich darauf verlassen; manche fordern die Mitarbeit der Eltern sogar ganz offen. SchülerInnen, deren Eltern das nicht mitmachen können oder wollen, geraten hier in Nachteil.

Das Thema hat noch eine Kehrseite:
Die Lehrer sehen sich immer mehr mit Problemen konfrontiert, die mit Unterrichten im gelernten Sinn nichts zu tun haben: besonders Probleme im Sozialverhalten, bei der Motivation, bei der Konzentrationsfähigkeit, mit der Ordnung, mit der Lebenseinstellung und dem Weltbild.

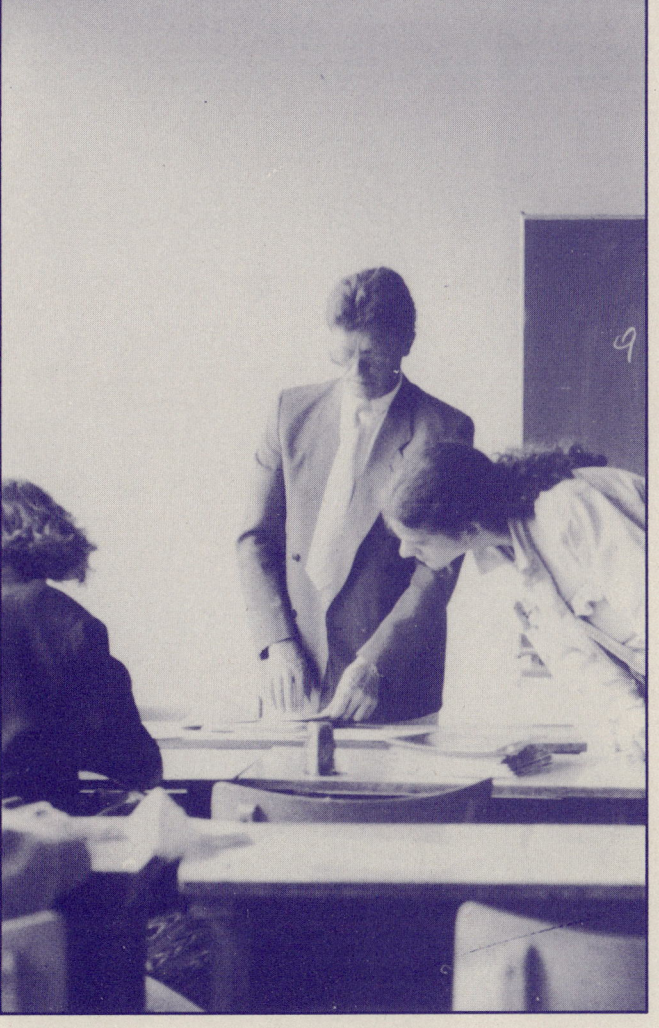

Probleme und Themen, die eigentlich nicht so sehr Sache der Schule sind, sondern zunächst die des Elternhauses (des Heimes). Immer mehr bleiben solche Aspekte der Persönlichkeitsentwicklung, der Erziehung im engeren Sinn, an den LehrerInnen "hängen". Eltern beschreiben ihre Kinder beim Sprechtag als Problemfälle wie bei einem Arzt oder Psychologen. LehrerInnen werden hier zunehmend überfordert! Auch wenn in Fortbildungen die erschreckenden Ausbildungsmängel in diesen Bereichen zum Teil ausgeglichen werden, die Schule ist mit solchen Problemen überfordert.

Man kann also von einem eigenartigen Rollentausch sprechen, bei dem sich die Eltern die Probleme der Schule umhängen (lassen), und die Lehrer die Aufgaben der Eltern umhängen (lassen). Was diesen - letztlich unsinnigen - Rollentausch bewirkt, wäre eine eigene Studie wert. Tatsache ist, daß jede der beiden Seiten durch diesen Rollentausch zunehmend Aufgaben übernimmt oder auferlegt bekommt, für die sie weniger kompetent ist. Daraus läßt sich logisch schließen, daß die gemeinsame Erziehungs- und Bildungsarbeit inkompetenter werden muß. Daraus ergibt sich weiter, daß Inkompetenz verunsichert, und daß Unsicherheit wiederum die Leistungen (von Eltern und Lehrern) verschlechtert.

Es wäre ein lohnendes und ergiebiges Thema für Elternvereine und Elternabende, wie hier wieder eine Entflechtung und Rückbesinnung auf die jeweiligen eigentlichen Aufgaben in Gang kommen könnte; wie Rechtschreiben wieder Sache der Schule und Streiten wieder Sache der Eltern werden könnte. Gegenseitige Unterstützung bei diesen schwierigen Aufgaben ist dann begrüßenswert.

(*) Gisela Felhofer: Familie und Schule. in: Lebenswelt Familie. Familienbericht 1989. Auftraggeber: BM für Umwelt, Jugend und Familie.

Lehrer als Eltern

Lehrer sind oft auch Eltern (Siehe Kapitel 1.1 "Ich bin Lehrerin und Mutter"). Wenn ihre Kinder SchülerInnen sind, dann gibt es ein interessantes Spannungsfeld, durch das diese Lehrer-Eltern neue Perspektiven fürs Unterrichten, fürs Hausübung geben, für die Beurteilung von KollegInnen etc. bekommen können ... wenn sie wollen. Fragen Sie einmal sich und/oder KollegInnen, was sich geändert hat, seit sie selbst Schulkinder haben.

Manchmal sind beide Elternteile LehrerInnen, dann wird's noch interessanter. Nachfolgend einige Zitate aus einem Interview mit einem Lehrer-Ehepaar mit eigenen Schulkindern. Wenige Sätze mit viel Diskussionsstoff.

Sie: Lehrerin in der Volksschule, ca. 20 Dienstjahre
Er: Lehrer an AHS und BHS, Kunst- und Werkerziehung, MAler, ca. 20 Dienstjahre

A. Wenn Lehrer Eltern werden
Sie: "Ich hab erst zum Denken und Hinterfragen angefangen, als meine Tochter in die 1. Klasse kam. Da haben wir eine gute Lehrerin gesucht und gefunden .. obwohl das eigentlich nicht sein darf !"

Er: "Ich hab mich etwas verändert, als unser 1. Kind ins Gymnasium kam. Jetzt schau ich genauer, was ein Kind leisten kann. Ich tendiere jetzt mehr zum Einzelunterricht."

B. (Was) Kinder fordern
Sie: "Kinder wollen genau bis zur Grenze gefordert werden."

Er: "Man muß sie etwas überfordern ... zeigen, wo die Grenze ist, dann wieder leiser treten. ... Es ist notwendig, die Kreativität dort zu fordern, wo man etwas nicht kann !"

C. Über Kollegen
Sie: "Lehrer sind oft privat ganz anders als vor der Klasse."

Er: "Daß Kollegen Fehler machen, wird natürlich für uns deutlicher, trotzdem bin ich verständnisvoll, weil ich das Kind ja kenne."

D. Was noch werden soll
Sie: "Noch mehr zu offenem Lernen, mehr ausprobieren."

Er: "Schule ist für mich nicht nur Unterricht, sondern auch selbst lernen - als Künstler. Da noch mehr zu erforschen, ist mir sehr wichtig."

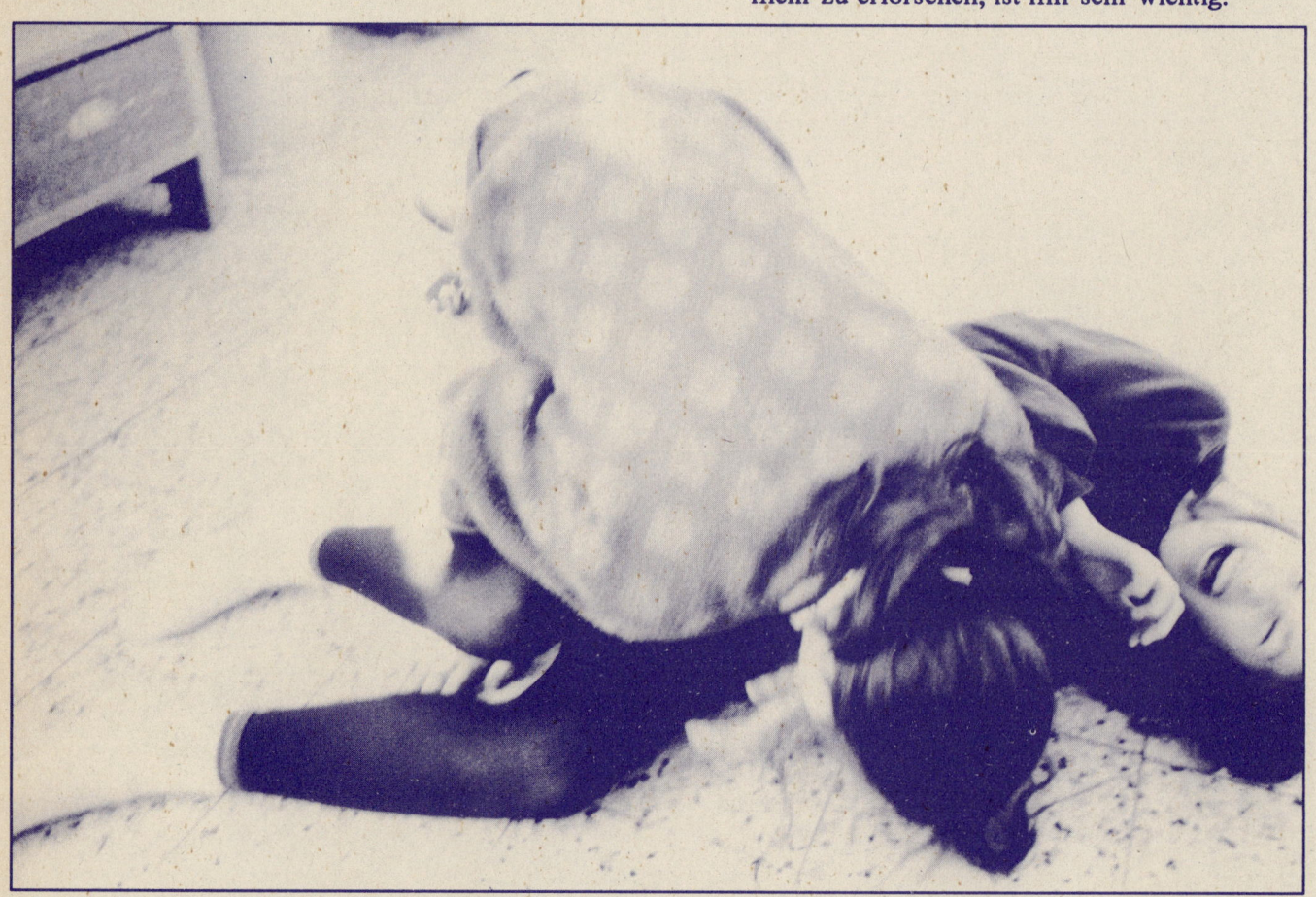

Lehrer-Eltern-Abend

Elfie Pircher

1. Zielgruppe:

Eltern und Lehrer einer 6. Schulstufe (2. Klasse AHS, 30 Schüler, koedukativ geführt) wünschen sich, wegen außergewöhnlichen Schwierigkeiten, die sich im Laufe der vergangenen Monaten im Unterricht ergeben haben, miteinander ins Gespräch zu kommen.

Ungefähr 20 Elternpaare und 6-8 Lehrer haben sich bereits zweimal in einem Gasthaus getroffen. Der "zwanglose" Rahmen führte nicht zu besserem Kennenlernen und zu gründlicherem Befassen mit den möglichen Ursachen der Probleme, dondern zu eher unverbindlichen Gesprächen. Eine der anwesenden Mütter, deren Tochter ich früher als Schülerin gehabt hatte, fragt mich, ob ich bei einem solchen Treffen ein kurzes Impulsreferat zum Thema "Disziplinäre Schwierigkeiten" halten würde.

Wir treffen uns in ihrer Wohnung, um die Einladung zu gestalten. Dabei wird mir immer klarer, daß ich kein Referat mit anschließender Diskussion halten möchte. Ich suche nach einem Impuls, der die Teilnehmer auf andere Weise miteinander ins Gespräch bringt. Meine Bekannte ist meinen Vorschlägen gegenüber mehr als skeptisch.

Inzwischen besuche ich ein AGB-Seminar. Einige der Teilnehmer, denen ich von der geplanten Veranstaltung berichte, ermutigen mich, etwas anderes zu probieren. Ich entscheide mich für die Kommunikationsstruktur "4-6 Ecken"

2. Ereignis:

Ort: Gymnasium in der Sillgasse; Klasse, die auch die Schüler besuchen
Zeit: 20-23 Uhr
Teilnehmer: ca. 30 Väter und Mütter, 10 Lehrer (darunter der Klassenvorstand, der ein Hauptinitiator des Treffens ist). Der ebenfalls eingeladene Direktor der Schule, der zur Klärung und Behebung der Schwierigkeiten einiges beitragen könnte, ist nicht anwesend.

Verlauf:

Bis alle Teilnehmer eingetroffen sind, regen die Plakate, Zeichnungen und Photos an den Wänden zur Betätigung oder zu Gesprächen an (Kommentare meiner eigenen Schüler zum Thema Disziplin, Auszüge aus Büchern über die historische Entwicklung der Schule, alte Klassenphotos und auch einige neue, Zeichnungen von Schülern, angefangene Sätze zum Thema, Zitate, die je nach Zustimmung oder Ablehnung kommentiert werden sollen).

Nach einer kurzen Begrüßung lade ich die Teilnehmer ein, sich ihrer Einstellung entsprechend in eine der 4 Ecken zu begeben:

Nach kurzem Zögern finden sich bald in jeder Ecke Gruppen zu angeregtem Gespräch zusammen. Bei den "Ameisen" sind nur 3 Personen, beim "Zirkus" nur 6.

Anschließend (nach ca. 15 Minuten) treffen wir uns wieder im Plenum. Ich ersuche einem aus jeder Ekke, das Wesentliche des Gesprächs den anderen mitzuteilen. Dabei denke ich an eine kurze Zusammenfassung von jeweils ca. 5 Minuten. Im Anschluß daran hatte ich ein kurzes Referat eingeplant, das sich vor allem mit möglichen Ursachen von disziplinären Schwierigkeiten und deren Vermeidung und Behebung auseinandersetzte.

Aber es kam anders: Die Gespräche, die sich aus ihrer Organisationsform "4 Ecken" entwickelten, waren so intensiv und tiefgehend, daß sich die Eltern wünschten, einfach weiterreden zu können. Auch die Lehrer waren damit einverstanden, wenn auch mit Vorbehalten; sie hatten sich konkrete Anregungen und Vorschläge zur Unterrichtsgestaltung gewünscht.

Von Eltern und Lehrern kamen einige ernstzunehmende und realisierbare Vorschläge (z.B. sich gegenseitig im Unterricht besuchen, regelmäßige Treffen in Kleingruppen mit Aufarbeiten konkreter Erziehungssituationen, von Eltern veranstaltete Feste oder kulturelle Aktionen, auch einmal zugunsten der Beziehungsebene auf die Inhaltsebene verzichten und eine "perfekte" Unterrichtsstunde sausen zu lassen, u.ä.).

Um 23 Uhr wirft uns der Hausmeister hinaus. Die Lehrer sind nicht ganz zufrieden, sie fühlen sich ein bißchen um Handfestes, wie konkrete Verbesserungsvorschläge bzw. einschlägige Literatur, also den Inhalt meines Vortrages, betrogen.

Ihre Wünsche konzentrieren sich auf: Literatur zum "neuen Lernen"; einfache Konzentrationsübungen für die Klasse bzw. aufwendigere Programme für sie selbst oder für interessierte Eltern; ohne langes Training anwendbare Erkentnisse der Kommunkationspsychologie; Lernprogramme für Schüler und Eltern.

Wir kommen überein, daß ich den jeweils an einem Bereich interessierten Lehrern in den folgenden Tagen Unterlagen zukommen lasse.

3. Echo der Teilnehmer:

Über meine Bekannte lasse ich die Unterlagen in die Schule schicken. Nach ca. 3 Wochen erfahre ich, daß Eltern, Schüler und Lehrer eine gemeinsame Aktion starten wollen. Schwierigkeiten gibt es in der Klasse nach wie vor genug, aber von zwei Lehrern weiß ich, daß sie auf Grund des zur Verfügung gestellten Materials tatsächlich winzige Erfolge verzeichnen konnten. Wie sich die Zusammenarbeit unter Schülern und Lehrern und Eltern weiter entwickelt, ist sehr schwer abzusehen, weil alle Beteiligten auch unter Faktoren leiden, die sie selbst kaum beeinflussen können.

4. Reflexion der eigenen Rolle:

Ich habe mich während des Abends sehr wohl und befriedigt gefühlt, weil ich den Eindruck hatte, auf einfache Weise etwas wirklich Wesentliches in Gang gebracht zu haben. Auch beim Zusammensuchen des gewünschten Materials erlebte ich mich als nützlich. Die Berichte über die sehr, sehr mühsamen Aktionen der Lehrer in der Klasse finde ich ziemlich entmutigend, obwohl ich weiß, daß eine schnelle Besserung nicht ralistisch wäre.

Elternabend: "Mitspielzirkus und Informationskarussel", siehe Kapitel 5.3

Kapitel 9

Innovative Konzepte und Schulmodelle

In diesem Kapitel werden von Hubert Teml und anderen Verfassern verschiedene pädagogische Konzepte und Modelle vorgestellt, die gegenwärtig die Tendenzen zu einer ganzheitlich-kreativen Erziehung unterstützen und mitgestalten. Dabei geht es um Ansätze aus der Reformpädagogik zu Beginn unseres Jahrhunderts, dann um neuere "Alternativschulen" in verschiedenen Ländern und schließlich um pädagogische Ansätze, die als gängige "Schlagworte" zur Zeit häufig in Gebrauch stehen.

9.1
Reformpädagogische Ansätze

9.2
Alternativschul-Konzepte

9.3
Pädagogisch-didaktische Ansätze

Reformpädagogische Ansätze

Hubert Teml

Als "Reformpädagogik" bezeichnet man in der Regel die Zeit zu Beginn unseres Jahrhunderts bis etwa 1933 (der Machtübernahme der Nationalsozialisten in Deutschland). Aus der radikalen Kritik an der "Drill- und Lernschule" des ausgehenden 19. Jahrhunderts bildete sich eine "Pädagogik vom Kinde aus". Diese schlug sich in zahlreichen Konzepten nieder, so etwa in der "Arbeitsschulbewegung" im "Projektunterricht", im "Gesamtunterricht", in den sogenannten "Landerziehungsheimen" oder in der "Jugendbewegung". Die folgenden drei Ansätze haben ihren Ursprung ebenfalls in dieser Zeit, erleben aber heute eine Renaissance. Als Alternativen zur weit verbreiteten "Papier- und Kopfschule" werden ganzheitliche, handlungsorientierte Konzepte wieder aufgegriffen.

Die Freinet-Pädagogik
"Den Kindern das Wort geben"

Der französische Landschullehrer Célestin Freinet baute in den 20iger-Jahren seine "ecole moderne" auf. Zentrale Idee ist dabei Lernen durch Erfahrung, besonders durch Einbeziehung lebenspraktischer Aufgaben. Die Schüler schreiben und drucken zum Beispiel eigene Gedichte und versenden sie an "Korrespondenzklassen". Die Produkte schulischen Lernens und Arbeitens ergeben für sie einen echten Sinn, haben mit ihnen selbst etwas zu tun.

Kreatives und spontanes Verhalten wird in hohem Maße durch freien Ausdruck ermöglicht. Es gibt keine vorgeschriebenen Aufsätze zu erledigen, sondern freie Texte, in denen die Kinder sich selbst "freischreiben". Die Schuldruckerei ist ein wesentliches Mittel, um ihnen "das Wort zu geben", damit sie Verfügung über ihre eigene Sprache bekommen. Geschriebenes wird in der Schülerzeitung veröffentlicht und bekommt so Gewicht und Bedeutung. Freies Malen, Musizieren und Theaterspielen gehören ebenfalls zu den "Unterrichtstechniken".

Für einen Beobachter ist der hohe Grad an Individualisierung in der Klasse auffällig. Arbeitsmaterialien mit Selbstkorrektur, Arbeitsbibliotheken und Dokumentensammlungen ermöglichen es, im individuellen Tempo voranzuschreiten und auch eigenen thematischen Interessen nachzugehen. Die Klasse wird in ihrer starren Ordnung aufgelöst. Es werden Arbeitsbereiche - sogenannte "Ateliers" - eingerichtet, in denen jeweils bestimmte Aktivitäten von Einzelnen oder kleineren Gruppen durchgeführt werden (z.B. Druckerei-Ecke).

Praktisches Arbeiten steht auch bei "abstrakten" Aufgaben - etwa in der Mathematik - im Vordergrund. Handelndes Lernen ist hier nicht "motivierender Aufputz", sondern leitendes Grundprinzip. Jede Abstraktion wird mit einer sinnlichen Erfahrung verbunden. Experimentieren im Sachunterricht, Lernen bei Exkursionen und Lehrausgängen, Erstellung von Informationsmaterialien für die Korrespondenzklassen (etwa eine "Dia-Reihe" zum Thema "Bauernhof") sind Ausdruck lebensnahen Lernens. Einem bloß verbalen und intellektualisierenden Lernen wird ganzheitliches Lernen entgegengestellt, das "Kopf, Herz und Hand" gleichermaßen beachtet.

Selbstbestimmtes Lernen gehört ebenso zu den Leitideen der Freinet-Pädagogik wie kooperatives Lernen. Im Rahmen der Selbstorganisation der Arbeit erstellen die Schüler ihre eigenen Tages- und Wochenpläne. Am Ende des Tages wird Bilanz gezogen. Die Schüler besprechen den Ablauf des Tages, sagen, was ihnen gefallen hat, kritisieren sich oder auch den Lehrer und ziehen Folgerungen für die Weiterarbeit. Es gibt auch einen Klassenrat für organisatorische und soziale Probleme. Leistungsbeurteilungen werden ebenfalls partnerschaftlich abgesprochen.

Wesentlich ist auch die Kooperation von Freinet-Lehrern, die in Frankreich gut organisiert sind. Erprobte Materialien sind dort leicht erhältlich und erleichtern damit den Aufbau einer selbständigen Arbeitsorganisation in den Klassen. In Österreich finden alljährlich Tagungen engagierter Freinet-Lehrer statt.

Literaturhinweis:

Freinet, C.: Pädagogische Texte. Reinbeck: Rowohlt 1980.
Vasquez, A./Oury, F. u.a.: Vorschläge für die Arbeit im Klassenzimmer. Die Freinet-Pädagogik. Reinbek b.H.:Rowohlt 1976.

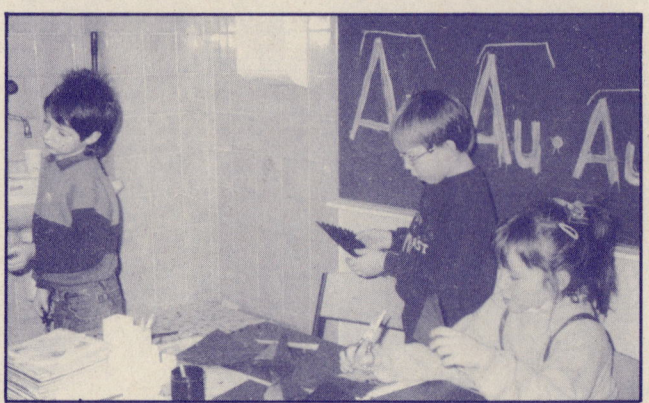

Die Montessori-Pädagogik
"Hilf mir, es selbst zu tun"

Die Montessori-Pädagogik geht auf die italienische Kinderärztin und Pädagogin Maria Montessori (1870-1952) zurück. Sie gründete zu Beginn dieses Jahrhunderts Häuser für Waisenkinder. Durch speziell entwickelte "sinnliche" Übungsmaterialien (z.B. Perlenketten zum Rechnen) versuchte sie, die geistige, emotionale und körperliche Entwicklung der Kinder auf vielfältige Weise anzuregen.

Die zentrale Idee ist der Respekt vor dem "Geheimnis" des Kindes und seiner immanent angelegten Entfaltung. Die LehrerInnen treten daher zurück, sind nicht "Belehrer", sondern "dienende Helfer". "Hilf mir es selbst zu tun", ist das zentrale Motto.

In einer "vorbereiteten Umgebung" finden die Kinder ein reiches Angebot an Materialien, das die gesamte Entwicklung stimuliert. Individualität und Freiheit des Kindes werden in hohem Maß respektiert. Es kann sich nach seinen Interessen und in seinem Tempo den verschiedensten Dingen im Klassenraum zuwenden. Nicht ein vorgeschriebener Lehrplan, sondern die Beachtung natürlicher Entwicklungsphasen (sensible Perioden) des Kindes stehen im Mittelpunkt. Die Freiheit wird nicht durch den Lehrer, sondern durch die Ordnung der Dinge eingeschränkt. Die Materialien sind so gestaltet, daß sie Selbstkontrolle ermöglichen. Überdies sind die Kinder angehalten, sich an gemeinsam vereinbarte Ordnungsregeln zu halten (z.B. Materialien wieder sauber einzuräumen).

Neben der Aktivität wird auch Kontemplation gepflegt, etwa in der "Übung der Stille", bei der die Kinder gleichsam nach innen horchen und dadurch ihre meditativen Anlagen pflegen.

Hier ein kurzer Bericht aus einer Montessori-Klasse: "Nichts erinnert an eine Schule. Keine Bankreihen, kein Katheder, auf den ersten Blick keine Lehrerin! Bei Gelegenheit entdecken wir sie am anderen Ende des Raumes, wo sie mitten in einer Gruppe von Kindern auf einem Teppich am Boden kniet und ihnen das auf dem Teppich ausgebreitete Zahlenmaterial erklärt. Die anderen Kinder, bis auf zwei oder drei, die sie offenbar etwas fragen wollen, nehmen nicht die mindeste Notiz von ihr. In dieser Schule scheinen die Erwachsenen keine Rolle zu spielen, während die Kinder aktiv geworden sind und gewissermaßen die Initiative ergriffen haben. Selbst an die Wandtafel, ehedem Reservat des Lehrers, schreiben hier die Kinder... Viele sind tief in ihre Arbeit versunken, ihre Bewegungen haben etwas Ruhig-Zweckmäßiges und zeugen von erstaunlicher Selbstzucht. Wie kleine Männer und Frauen benimmt sich das Völkchen, und doch strahlt der Zauber der Kindheit von ihm aus.

Was sie tun? ... Beinahe jedes tut etwas anderes. Selbst die Lehrerin weiß nicht, womit jedes gerade beschäftigt ist, aber das bereitet ihr keine Sorgen. Sie ist zufrieden, daß sie arbeiten, denn sie weiß, daß die Kinder sich durch die selbsttätige Auseinandersetzung mit dem Arbeitsmaterial besser unterrichten, als sie selbst es könnte.

Ein pausbäckiger kleiner Bursche geht gerade zielbewußt zum anderen Endes des Raumes, wo auf einem Regal eine Anzahl sauber zusammengerollter farbiger Teppiche liegt. Mit einem davon kommt er zurück, und nachdem er zwischen drei Tischen einen freien Raum ausfindig gemacht hat, breitet er seinen Teppich aus. Dann geht er zu einem anderen Regal und kommt mit einer flachen Schachtel mit vielen Fächern zurück. In jedem Fach sind hölzerne Schreibschrift-Buchstaben - rot die Konsonanten, blau die Vokale. Der Junge setzt die Schachtel neben seinen Teppich und macht sich mit Feuereifer daran, Wörter zusammenzusetzen..." (E.M.Standing).

Zur Zeit erlebt die Montessori-Pädagogik eine "Renaissance" in vielen Grundschulen. Wie weit dabei aber die Grundgedanken Maria Montessoris - etwa der Respekt vor der Innenwelt des Kindes - nicht durch vordergründigen "Materialeinsatz" überdeckt wird, sei als Frage hingestellt. Montessori-Pädagogik steht nicht im Dienst traditionellen Lehr-Lernverständnisses, sondern ist in einem anderen "Paradigma von Erziehung" einzuordnen, in dem das "Leben" und nicht der "Lehrplan" den Vorrang hat.

Literaturhinweis:

Montessori, M.: Kinder sind anders. München:dtv 1987.

Die Waldorf-Pädagogik
"Erziehung zur Freiheit"

Die Waldorf-Pädagogik geht auf den Österreicher Rudolf Steiner (1861-1925) zurück, der 1919 in Stuttgart die erste "Freie Waldorfschule" (gestiftet von der Waldorf-Astoria-Zigarettenfabrik) errichtet hat. Den Hintergrund der Pädagogik bildet die von Steiner begründete "Antroposophie", eine ganzheitliche Erkenntnisweise, der es um das Geistige im Menschenwesen hin zum Geistigen im Weltall geht.

Die Schule wird als "Stätte der Menschenbildung" gesehen. Eine ganzheitlich-kreative Bildung steht im Vordergrund, die 12 Jahre umfaßt, wobei damit nicht automatisch "Matura" als Zielpunkt steht. Unterricht dient hier nicht - wie in der Regelschule - der einseitigen Vorbereitung auf den späteren Konkurrenzkampf in der Erwerbswelt, sondern der Förderung der Individualität. Nur aus dieser Geisteshaltung heraus ist etwa zu verstehen, daß es in den Waldorfschulen keine Noten und auch kein "Sitzenbleiben" gibt. Vielmehr bedarf jedes Alter ganz bestimmter Bildungsgüter, die eher als Stärkung für seelische Kräfte dienen, nicht aber vordergründig einer Qualifizierung für bestimmte gesellschaftlich erwünschte Fähigkeiten.

Daraus ist bereits ersichtlich, daß sich die Waldorfschulen bewußt von der staatlichen Schule distanzieren und sich als "freie Schule" bezeichnen, die auch in privater Selbstverwaltung stehen. Ein Schulverein, bestehend aus Lehrern und Eltern, ist jeweils Träger. Es gibt keinen "Direktor", sondern eine kollegiale Schulführung mit wöchentlichen pädagogischen und Verwaltungskonferenzen.

Die Pädagogik orientiert sich an einem relativ starren Konzept eines 7-Jahre-Rhythmus. Im Vorschulbereich bis etwa 7 Jahre wird im Waldorf-Kindergarten speziell sinnlich-nachahmendes Lernen gepflegt (etwa Kochen, Backen, Stricken, Putzen...). Vom 7. bis zum 14. Lebensjahr (1.-8.Schuljahr) ist ein Klassenlehrersystem eingeführt. Die Pflege des inneren Vorstellungslebens steht im Vordergrund. Im 9.-12. Schuljahr wird hingegen eine mehr fachlich-realistische Bildung gefördert.

Die Person des Lehrers steht in der Waldorf-Pädagogik im Vordergrund; dies ist sicher ein wesentlicher Unterschied zu den reformpädagogischen Konzepten der Freinet- oder Montessori-Pädagogik. Seine Gestaltungskraft und auch seine persönliche Autorität stehen auch im (Frontal-) Unterricht im Vordergrund. Die "Autorität" Rudolf Steiners ist ebenfalls in hohem Maß präsent und läßt manches an den Waldorfschulen auch "versteinert" wirken.

Dennoch sind in der Waldorf-Pädagogik viele Elemente enthalten, die für die Erziehung in der Gegenwart bedenkenswert erscheinen. Vor allem die ganzheitlich-kreative Bildung muß in diesem Zusammenhang genannt werden. Neben dem wissenschaftlichen Unterricht wird handwerklich-künstlerische Tätigkeit in hohem Maß gepflegt (und nicht in die "Nebenfächer" abgeschoben). Jedes Kind lernt ab dem ersten Schuljahr Flöte, später weitere Instrumente. Malen, Zeichnen, Plastizieren, Rezitieren, dramatische Übungen sind wesentliche Elemente in der Bildung. Eurythmie, eine ganzheitliche Bewegungskunst in Verbindung mit Musik und Sprache, wird laufend gepflegt. Aber auch handwerklich-praktische Arbeiten sind vorgesehen, etwa Holz- und Metallbearbeitung, Töpfern, Spinnen oder Praktika auf dem Bauernhof, in der Industrie oder in Sozialprojekten.

Heute gibt es auf der ganzen Welt zahlreiche Waldorfschulen. Für viele Eltern stellen sie eine Alternative zur einseitig kognitiv orientierten Regelschule dar, in denen Kinder eine "geistige Heimat" finden können, jenseits eines zerstörerischen Leistungsdrucks.

Literaturhinweis:

Carlgen, F: Erziehung zur Freiheit. Die Pädagogik Rudolf Steiners. Frankfurt:Fischer 1981.
Lindenberg, Ch: Waldorfschulen: angstfrei lernen, Selbstbwußt handeln. Reinbech b.H. Rowohlt 1981

Gestaltpädagogik
"Entdecke, was Dir möglich ist!"

René Reichel

"Blicken Sie nach diesem Absatz einmal vom Buch auf und spüren Sie, wie Sie sich gerade befinden: Wie sitzen, stehen oder liegen Sie gerade? Fühlen Sie sich körperlich wohl?

Wieviel Zeit haben Sie jetzt für das Buch?

In welchem Raum befinden Sie sich gerade? Welche Atmosphäre hat er für Sie? Mit welcher Absicht sind Sie hier? Und mit welcher Absicht haben Sie dieses Buch aufgeschlagen?

Erst die Verbindung des Textes mit der Antwort auf solche u.ä. Fragen macht die Wirkung und den Sinn Ihres Lesens aus und bewußt."

Das war ein gestaltpädagogischer Impuls. Er könnte noch fortgesetzt werden und sogar zu einem Überdenken und einer Neuorientierung Ihrer Lesegewohnheiten führen. Oder zu einer bewußten Bestätigung Ihrer bisherigen Lesegewohnheiten.

Gestaltpädagogik (auch: Integrative Pädagogik) ist ein umfassendes Konzept ganzheitlicher Pädagogik, in dem mit erlebnisaktivierenden Impulsen und Übungen ein gemeinsamer Lernprozeß ermöglicht wird. Wahr-nehmen, Erfahren, Ausprobieren und direkte Kommunikation werden duch Einbeziehung aller möglichen Ausdrucksmittel kreativ gefördert. Die Persönlichkeiten aller Beteiligten haben dabei ebensolches Gewicht wie das Thema. Auch die Rahmenbedingungen des Prozesses (Kontext) bleiben im Blick.

Das Hauptanliegen der Gestaltpädagogik liegt in der Entfaltung des gesamten menschlichen Potentials. Es geht um die Humanisierung des Lernens im umfassenden Sinn. Der Schüler und auch der Lehrer und ihr jeweils einmaliger gemeinsamer Lernprozeß werden zum Maß der Schule vor jeder einseitigen Wissens- und Leistungsorientierung.

Unter dem Einfluß von Gestaltpsychologie, Phänomenologie, humanistischer Psychologie und Psychoanalyse entwickelten Fritz und Lore Perls sowie der Pädagoge Goodman in den USA die Gestalttherapie, die später u.a. von George Brown auf die Schule übertragen wurde ("confluent education").

Hilarion Petzold, der mit KollegInnen am Fritz Perls Institut in der BRD ein integratives Konzept aus Psychoanalyse, Gestalttherapie und Psychodrama entwarf und weiterentwickelte, verwendete erstmals 1977 den Begriff "Gestaltpädagogik", dem er auch sein Konzept einer "integrativen Erziehung", die "confluent education" und die "Themenzentrierte Interaktion" von Ruth Cohn zuordnete.

Seitdem hat sich die Gestaltpädagogik im deutschsprachigen Raum weiterentwickelt und dabei viele vor allem reformpädagogische Ansätze integriert. Viel Brauchbares von Montessori, Freinet, aus der Spielpädagogik und aus Alternativschulkonzepten aus Europa und Lateinamerika ist eingeflossen; besonders dort, wo es um die Förderung von Kreativität geht, sind andere Ansätze mit Gestaltpädagogik gut vereinbar. Es ist daher klar, daß auch diese Entwicklung selbst ein kreativer Vorgang ist, der nicht abgeschlossen ist.

Gestaltpädagogik ist ein wesentlicher Hintergrund dieses Buches, einige der Autoren führen regelmäßig gestaltpädagogische Fortbildungen durch.

(Siehe auch Kapitel 3.3 "Bausteine für Gestaltpädagogisches Unterrichten")

Literaturhinweis:
Burow, O.A. und andere: Gestaltpädagogik in der Praxis. Salzburg: O. Müller 1987.

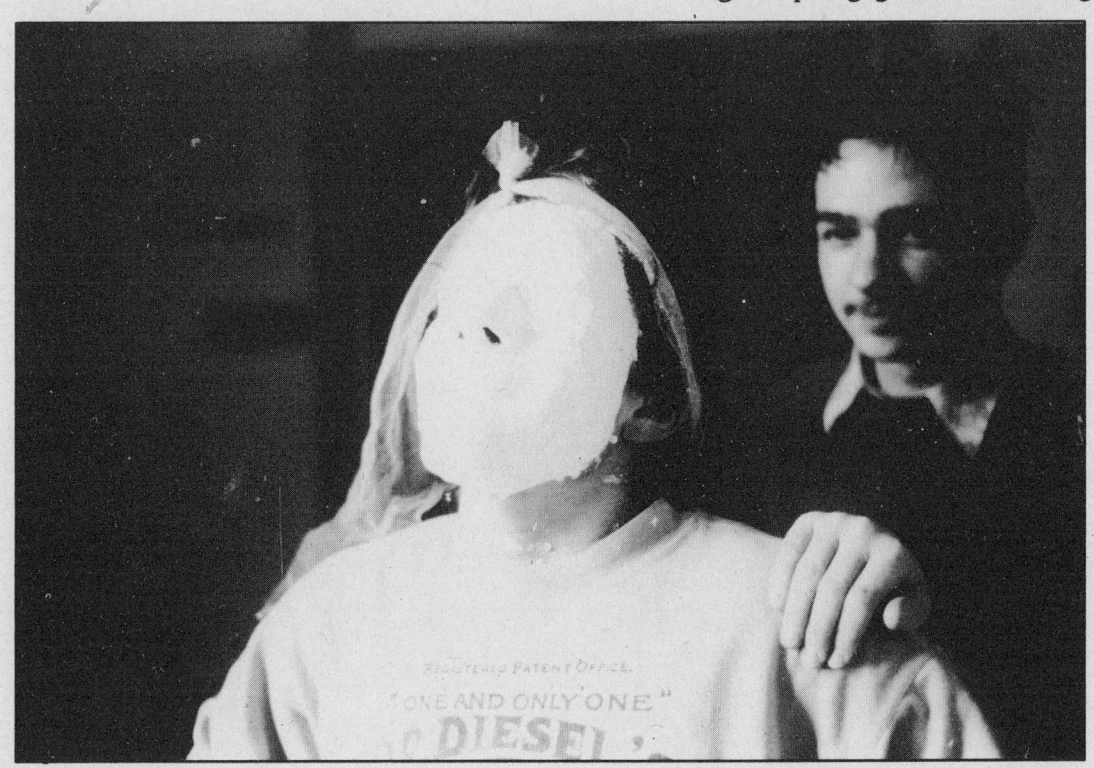

Alternativschul-Konzepte

In diesem Abschnitt werden einige Schulmodelle vorgestellt, die sich in den 70iger und 80iger Jahren in verschiedenen Ländern entwickelt haben. Sie werden in der Regel als "Alternativschulen" bezeichnet, weil sie sich als Alternativen zur Regelschule verstehen. Dabei greifen sie zum Teil auf Gedanken der Reformpädagogik zurück, zum Teil haben sie aber auch eigenständige Ansätze entwickelt.

Literaturempfehlung zum Thema "Alternativschulen":
Lutz von Dick: Alternativschulen. Information, Probleme, Erfahrungen. Reinbek b.H.:Rowohlt 1979.

Die Modellschule Graz
"Eine lernende Schule"

Eva Scala

Die Modellschule Graz ist eine Privatschule mit Öffentlichkeitsrecht und vom Schultyp ein Realgymnasium mit musischem Schwerpunkt. 1990 hatte die Schule mit 8 Klassen á 20 Schüler ihre endgültige Größe erreicht und die erste Matura erfolgreich hinter sich gebracht. Diese Einbettung in das reguläre Schulsystem und das Bestreben, in Freiheit und Selbstbestimmung miteinander zu lernen, bilden den Spannungsbogen, den Lehrer und Schüler tagtäglich erleben und in dem immer neue Lösungen ausgehandelt werden. Denn ein starres System ist die Modellschule noch nicht, sie hat sich in den neun Jahren aus einer familiären Kleingruppe mit antiautoritären Wurzeln zu einer Organisation mit ganz spezieller Machtausbalancierung und heiß umkämpfter Rechte- und Pflichtenregelung ausgewachsen.

So sind die Schüler im Kuratorium, dem höchsten Entscheidungsgremium der Schule, drittelparitätisch vertreten, sind auch an der Lehrerwahl beteiligt und reden von der ersten Klasse an im Schülerrat mit. Durch die Einführung des Freien Lernens kann jeder Schüler selbst entscheiden, ob er an einer Schulstunde teilnehmen will oder nicht. Auf der anderen Seite aber ist die Modellschule strenger als jede Regelschule: Drei Viertel aller Stunden und Hausübungen müssen geleistet werden, will ein Schüler an der Schule bleiben. Diese Maßnahme hätten wir uns bei der Gründung dieser Schule nie träumen lassen! Durch eine lernzielorientierte Beurteilung an Stelle der Notenzeugnisse haben die Schüler mehr Einfluß auf die Auswahl des Lernstoffs und auch mehr Klarheit über ihr Können und ihre Defizite. Im sozialen Bereich beurteilen sie sich selbst nach selbstaufgestellten Kriterien und die Lehrer geben nur ihre Bemerkungen dazu ab.

Die Lehrergruppe in ihrer stabilen Zusammensetzung ist sicherlich der Motor dieses Schulexperiments. Regelmäßige Supervisionen von Anfang an, Fortbildungen in Gestaltpädagogik und NLP und viel an gemeinsam verbrachter Arbeits- und Freizeit haben eine Gruppe zusammenwachsen lassen, in der es viel Verschiedenheit und doch gegenseitigen Respekt und Zusammenarbeit gibt.

Eine gemeinsame Ferienwoche, wöchentliche Sitzungen und viele informelle Treffen zwischendurch ermöglichen erst einen Unterricht, der Spontaneität und Lebendigkeit zuläßt und auch zur "Maturareife" führt - was immer das heißen mag.

Um Macht und Kontrolle aufzuteilen, wird der Direktor alle zwei Jahre gewählt. Er wird unterstützt von einem Häuptlingspaar, das die täglichen Geschäfte führt und die Sitzungen leitet. Es wechselt alle zwei Monate. Ein "Viererergremium" - vier gewählte Lehrer - nimmt die Kontrollaufgaben wahr und erinnert säumige oder schlampige Lehrer an ihre Pflichten. Der Direktor hat so vor allem die Vertretung nach außen wahrzunehmen und ist ein pädagogischer Kristallisationspunkt, der ungezählte Gespräche mit Schülern, Eltern, Lehrern und Besuchern führt, eine Aufgabe, die ihn nach zwei Jahren ziemlich erschöpft zurückläßt.

Die Überanstrengung aller Beteiligten sehe ich überhaupt als die Hauptgefahr solcher selbstorganisierter Projekte an. Die Entwicklung von neuen Lern- und Organisationsformen geht nicht ohne Rückschläge und Reibungsverluste, sonst wären sie längst erprobt, niemand findet die pädagogische Wunderblume. Für die mühsame Arbeit des Ausprobierens und Entwickelns werden aber keine Freiräume zur Verfügung gestellt. Damit diese Rechnung einigermaßen aufgehen kann, müssen Lehrer und Eltern ihre Energie und Kraft zur Verfügung stellen.

Schuladresse:
Modellschule Graz, Fröbelgasse 28, 8020 GRAZ
Tel: 0316/67 29 82
Literatur:
Scala, Eva: Das Modellschul-Buch, Leycam, Graz 1990

Schulversuch
"Neue Grundschule", Wien

Sivia Fikar, Viktoria Richter, Josef Staudigl

An der Volksschule Wien 15., Johnstraße Wien wird der Schulversuch "Neue Grundschule" geführt, in dem 1990/91 45 Kinder von einem 3köpfigen Lehrerteam unterrichtet wurden. Ziel der "Neuen Grundschule" ist es unter anderem, in der Grundstufe I (1. + 2. Schulstufe) die Schuleinstiegsphase ohne die üblichen Selektionsmaßnahmen (Rückstellung, Widerruf der vorzeitigen Aufnahme, Überstellung in die Allgemeine Sonderschule, Repetieren ...) zu ermöglichen. Die Kinder haben dazu - wenn nötig - 3 Jahre Zeit (Einrechnung der Volksschulklasse).

Dazu ist eine flexible Unterrichtsorganisation nötig, um jedem Schüler auf seinem jeweiligen Leistungsstand gerecht werden zu können. Es bieten sich dafür einerseits alle Formen von "Offenem Unterricht" an: Offenes Lernen mit Tagesplänen, freie Lernphasen und Vorformen von Projektunterricht. Andererseits werden gewisse Einheiten (wie z.B. WE, LÜ, ME, SU-Themen, neue Mathematik- oder Rechtschreibprobleme, gemeinsame Lesestunden, etc.) sinnvollerweise in gebundenen Unterrichtsformen (lehrerzentriert) entweder im Klassenverband, aber auch nach Schulstufen getrennt oder in Lehrergruppen geteilt, gehalten.

Offener Unterricht setzt eine entsprechend vorbereitete Lernumgebung mit wählbaren und frei zugänglichen Arbeitsmitteln für die Hand des Schülers voraus. Deshalb haben wir unsere zwei, durch einen Mauerdurchbruch mit Schiebetür verbundenen Klassenräume in 7 Lernbereiche eingeteilt: Mathematik-, Deutsch-, Lese-, Freiarbeits- Mal- und Bastel-, Spiel-Ecke, Sitzkreis = Teppich-Ecke. Zur Abtrennung dienen offene Regale mit den zugeordneten Lernmaterialien und Arbeitsmitteln.

Die 3 beteiligten Lehrer und Lehrerinnen arbeiten im Team, sodaß sich jeder einem inhaltlichen Schwerpunkt zuwenden kann: Mathematik, Deutsch-Lesen, Deutsch-Schreiben. Dadurch war es möglich, für den offenen Unterricht in relativ kurzer Zeit einen qualitätsvollen und umfangreichen Grundstock an Lernspielen und Lernmaterialien aufzubauen.

Das ist mit einer der Gründe, warum sich die Lehrerkollegen eine Ausdehnung des Schulversuches auf die Grundstufe II wünschen.

Folgende Aspekte scheinen besonders bemerkenswert:

* Kinder haben mehrere Bezugspersonen

Jedes Kind kann sich den Lehrer aussuchen, dem es etwas erzählen möchte. Einer hat immer Zeit, sich ein Problem, eine Neuigkeit, Wünsche oder Beschwerden etc. anzuhören und auf das Kind einzugehen.

* Intensive Förderung des einzelnen Kindes (Individualisierung)

Die meisten Kinder können selbständig und ohne viel Hilfe im offenen Unterricht arbeiten. Einige wenige aber benötigen sehr intensive Einzelbetreuung. Theoretisch hat aber jeder der 3 Lehrer an den Tagen mit Offenem Lernen für 6 Kinder je 1/2 Stunde Zeit, um einzeln mit ihnen zu arbeiten.

* Soziales Verhalten

Am Anfang der ersten Klassen stand bei einigen Kindern immer wieder die Rivalität im Vordergrund - "Wer ist weiter in der Kartei?". Das änderte sich aber im Lauf des Jahres von selbst. Kinder des 2.Jahrgangs tendieren weit mehr zu Hilfestellung und gemeinsamer Arbeit.

* Viel weniger Konfliktsituationen

Auffallen für uns ist die Tatsache, daß es trotz der Zahl von 45 Kindern weit weniger Konflikte, Raufereien und Aggressionen gibt. Vermutlich verhindern das Offenen Lernen, die Anzahl der Lehrer, die zwei Klassenräume, das Vermeiden von Leistungsstress und Mißerfolgserlebnissen das enorme Aufstauen von Wut und Ärger.

* Gemeinsame Vorbereitung

Jeder Lehrer bringt in der gemeinsamen Unterrichtsplanung seine Erfahrungen, seine Interessen, sein Können und seine Persönlichkeit ein. Daraus resultiert ein abwechslungsreicher, bunter und oft recht lustiger Unterricht.

* Voneinander lernen

In der Teamarbeit haben die Lehrerinnen viel voneinander gelernt und erfahren. Ideen, Unterrichtsmethoden, andere Einstellungen, etc.

Schuladresse:
Schulversuch Neue Grundschule, Volksschule Johnstraße, A-1150 Wien,
Team: Silvia Fikar, Viktoria Richter und Josef Staudigl

Die Demokratisch-kreative Schule, Schweiz
"Insel auf Zeit"

In dem idyllisch gelegenen Dorf Schiltwald im Kanton Aargau in der Schweiz ist seit 1979 die "Demokratisch-kreative Schule" beheimatet. Damaris und Urs Kägi-Romano haben das alte Schulhaus des Ortes gekauft und dort eine öffentlich anerkannte Privatschule auf der Basis gestaltpädagogischer Prinzipien errichtet. Die Schule soll auch "Heimat" für die etwa 25 (überwiegend "verhaltensauffälligen") Kinder sein. Sie wohnen während der Woche im riesigen Dachgeschoß mit ihren drei ErzieherInnen. Klassenräume, Küche oder Lehrerzimmer zeigen ebenfalls, daß das Schulhaus eine "Welt für sich" darstellt. Gleichzeitig scheint das Haus auch in der noch "heilen" Landschaft verwurzelt - insgesamt ein Ort, an dem Kinder Wurzeln schlagen können.

Der Name "Demokratisch-kreative Schule" leitet sich von dem Grundgedanken ab, daß die Ausbildung der individuellen Fähigkeiten hin zum "kreativen Erwachen" und die Entwicklung der Gemeinschaft durch "demokratisches Lernen" gleichermaßen wichtig sind. Die Schule versteht sich als eine "Lebensschule", in der sich die Kinder als ganze Menschen entfalten und sich somit am besten auf das Leben vorbereiten können.

Ziel der Schule ist die Wiedereingliederung in die Oberstufe der öffentlichen Schulen. Die Kinder bleiben etwa zwei bis vier Jahre an der "Demokratisch-kreativen Schule", um dann so "gestärkt" den Anforderungen der Regelschule in intellektueller, sozialer und personaler Hinsicht gewachsen zu sein:
An den Vormittagen erarbeiten die Kinder den Schulstoff in den kognitiven Fächern (Rechnen, Sprache, Realien), wobei - auch im Sinne eines ganzheitlichen Lernens - jedem Fach jeweils der ganze Vormittag gewidmet ist. Nach der mittäglichen "Siesta" haben die Kinder am Nachmittag musische oder sportliche Aktivitäten sowie eine "Aufgabenstunde". Der Unterricht wird nicht frontal geführt, sondern jedes Kind arbeitet an seinem individuellen Lernprogramm, das auf seine Begabungen, sein Lerntempo, auch auf seine speziellen Schwierigkeiten zugeschnitten ist.

In der außerschulischen Zeit gibt es neben Freizeitaktivitäten auch wichtige Aufgaben ("Ämtli") im Dienste der Gemeinschaft zu erfüllen (etwa Kochen, Putzen, Tierbetreuung u.a.m.), was wesentlich Selbständigkeit und Verantwortungsgefühl herausfordert. Für die Regelung gemeinsamer Angelegenheiten wird zweimal in der Woche eine sogenannte Großgruppensitzung abgehalten. Hier besprechen alle Kinder, Lehrer und Erzieher anstehende Fragen und Probleme. In offener und demokratischer Weise werden hier - etwa in Anlehnung an die Gesprächsregeln

der TZI - Konflikte aufgearbeitet, Regeln hinterfragt oder neu formuliert, Beschlüsse gefaßt etc. Ein wesentliches Ziel der Schule ist die Pflege der Gesprächskultur, und es ist erstaunlich, wie sehr die Schüler hier schon vorangeschritten sind.
An verschiedenen Stellen im Wochenablauf wird Zeit dazu verwendet, sich auf sich selbst und die jeweilige Situation zu konzentrieren. So wird die Woche immer mit einem Gesprächskreis eröffnet, in dem das übergreifende Wochenthema vorgestellt wird. Der fachbezogene Unterricht beginnt fast immer mit einer Zentrierung auf das "Hier und Jetzt" durch eine kurze Wahrnehmungsübung. Einmal pro Woche wird eine eigene Stunde der Körpersensibilisierung gewidmet, ebenso eine der Meditation.

Einen hohen Stellenwert nimmt die Elternarbeit ein. Elterngesprächsrunden sowie persönliche Beratungsgespräche gehören zu den Verpflichtungen, die Eltern eingehen, wenn sie ihre Kinder der "Demokratisch-kreativen Schule" überantworten. Das Konzept der Schule als Wocheninternat ermöglicht es, daß die Kinder zumindest am Wochenende bei den Eltern sein können; dies erfordert aber eine Abstimmung der Erziehungskonzeptionen. Auch die Eltern machen im Laufe dieser Zeit meist einen intensiven persönlichen Entwicklungsprozeß durch.

"Mensch, erkenne dich selbst" Diese Worte aus dem Apollotempel von Delphi stehen gleichsam als Motto über der Eingangstüre der "Demokratisch-kreativen Schule", als ein Aufruf, der gleichermaßen an Erzieher wie Zöglinge geht. Es ist dies kein leerer Spruch, sondern eine lebendige Herausforderung, der sich auch ein Besucher nicht entziehen kann. Eine wesentliche Form von Selbsterfahrung geschieht an der "Demokratisch-kreativen Schule" auch in der alltäglichen praktischen Arbeit, die im Erziehungskonzept eine zentrale Stellung einnimmt. Mit Erich Fromm wird "Arbeitsfähigkeit" neben der "Liebesfähigkeit" als Grundeigenschaft des Menschen gesehen, die es zu entfalten gilt. Die Organisation der Schule als Wocheninternat ermöglicht diese Verflechtung von Bildungsarbeit und Lebenspraxis, indem jeder Schüler eine besondere praktische Arbeit wählt oder auch zugeteilt bekommt (z.B. Tiere füttern, Staubsaugen oder die Glocke läuten).

Schuladresse:
Urs und Damaris Kägi-Romano
"Demokratisch-kreative Schule"
CH-5047 Schiltwald/Walde

Literaturhinweise:
Kägi-Romano, U: Die desorientierten Kinder. Zug:Klett und Balmer 1989.
Teml, H.: Gestaltpädagogik in der schulischen Praxis. Begleitheft zur Video-Dokumentation "Demokratisch-kreative Schule", Schiltwald/Schweiz. Projektbericht. Linz: Pädagogische Akademie der Diözese 1990.

Die Pestalozzi-Schule in Ecuador
"Erziehung zum Sein"

Rebeca und Mauricio Wild haben 1977 einen alternativen Kindergarten gegründet und später die "Pestalozzi-Schule" in der Nähe von Quito, Equador aufgebaut. In Deutschland und Österreich ist das Ehepaar Wild seit einigen Jahren durch Bücher, Vorträge und Kurse bekannt. Unter anderem berufen sich hier alternative Schulprojekte wie die "Schmetterlingsschule" in Ried, Oberösterreich, auf ihren pädagogischen Ansatz.

Die Schule besteht zur Zeit aus einem größeren Areal mit mehreren einfachen Gebäuden in einer landschaftlich reizvollen Gegend in der Nähe von Quito. Über 200 Kinder werden täglich in Bussen herangebracht und können dort in Freiheit in einer anregenden Umgebung ihren Interessen nachgehen. Es sollen hier allerdings nicht die einzelnen methodischen Wege, sondern die zugrundeliegenden "Erziehungsphilosophien" dieser "aktiven Schule" dargestellt werden. Für Rebeca Wild ist es nämlich nicht genug, "neue Methoden zu lernen und anzuwenden... Vielmehr handelt es sich darum...'aus einer anderen Einstellung, einer anderen Gesinnung einen anderen Weg nach anderen Zielen zu gehen.'". Grundlegender Gedanke ist, "den authentischen Wachstumsbedürfnissen der Kinder vor allen anderen Erwägungen den Vorrang zu geben" und die Beziehung zwischen Individuum und Umwelt als einem organischen, selbstgesteuerten Prozeß zu sehen, der respektiert gehört und den man nicht manipulieren soll.

Die Erkenntnisse Jean Piagets sowie der neueren Gehirnforschung und die Orientierung am pädagogischen Werk Maria Montessoris sind ihre theoretischen Hintergründe, die das Ehepaar Wild praktisch in seinem erzieherischen und didaktischen Konzept umsetzt. Sie kritisieren die herkömmlichen formalen Schulungsprozesse, da diese den Wachstumsbedürfnissen von Kindern nicht gerecht werden. Es geht nicht darum, möglichst früh und viel in Kinder hineinzubringen, sondern ihr Potential von innen her entfalten zu lassen.

In der Erziehung für das Leben zu sein bedeutet, "mit den Kräften und Gesetzmäßigkeiten des lebendigen Organismus in Harmonie zusammenzuarbeiten. Es bedeutet, daß wir unmittelbaren sichtbaren Resultaten weniger Bedeutung bemessen als der Freisetzung von Energien, die von innen her zur Entfaltung drängen."
Jede Pädagogik, die von außen vorgegebene Programme in das Kind "einfüllen" will, gefährdet innere Vorgänge, die für die Integrität des Organismus wichtig sind. Welche Alternative gibt es aber dann für Erzieher? Die Antwort von Rebeca und Mauri-

cio Wild ist eindeutig: "Was das Kind in diesen Jahren vor allem braucht, ist wirkliche Zuwendung, Körperkontakt sowie eine Umgebung, die genügend seiner Entwicklungsebene entsprechende Stimuli enthält - dazu unsere interessierte, aber nicht direktive Aufmerksamkeit für seine Interaktion mit dieser Umgebung". Entscheidend ist also, die emotionale Zuwendung und die Schaffung eines entspannten, nicht bedrohlichen Klimas. Dazu kommt aber noch etwas ganz Wesentliches, nämlich "feste Grenzen", ohne die das Kind nichts lernen kann.

Für die Erziehung ergibt sich daraus, "daß wir die Umwelt der Pflicht entheben, die Bildung der heranwachsenden Generation zu dirigieren, zu kontrollieren und zu bestimmen - daß wir diese Verantwortung dem inneren 'Entwicklungsplan' des jungen Organismus anvertrauen und die dabei freigewordene Energie auf die Veränderung der Qualität der Umgebung einschließlich unserer eigenen Gegenwart in ihr anwenden."

Als konkrete Umsetzung dieser allgemeinen Gedanken werden den Kindern Materialien in der "vorbereiteten Umgebung" zugänglich gemacht, die sich an der Montessori-Pädagogik orientieren und auch eigenständig weiterentwickelt wurden. In hohem Maß wird auch die natürliche Umgebung der Schule als Lernort eingesetzt, in späteren Jahren auch die Lebenswelt der Erwachsenen. Worum es jeweils geht, ist, freies Spiel und freien Umgang mit konkreten Materialien und Situationen zu ermöglichen: "Kann das Kind seiner inneren Leitung trauen, die unablässig an innerer Formgebung wirken will, so wird es nicht müde, mit Dingen und Menschen umzugehen, sie auf die Probe zu stellen, mit ihnen umzugehen, sie zu verwandeln..."

Ein solches Konzept erfordert auch die persönliche Entwicklung als Erzieher: "Um einem Kind zu erlauben, so zu sein, wie es wirklich ist, ohne es allein zu lassen, müssen auch wir ganz da, ganz wir selbst sein. Therapie und Wachstum entstehen dann aus der Berührung unseres Wesens, nicht aus einem Entwicklungsprogramm, das der Erfahrung eines anderen entspringt."

Literaturhinweise:

Wild, R.: Erziehung zum Sein. Erfahrungsbericht einer aktiven Schule. Heidelberg:Arbor Verlag 1986.
Wild, R.: Sein zum Erziehen. Mit Kindern leben lernen. Heidelberg:Arbor Verlag 1991 (daraus auch die Zitate).

Die Tvind-Schulen in Dänemark
"Leben und Lernen"

In den 70iger Jahren entwickelten sich - an verschiedenen Orten Dänemarks "lebenspraktische" Schulen für Schüler ab etwa 14 Jahren bis hin zur Lehrerbildung .

Die zweijährige "Efterskole" (etwa: Nachschule) ist für Schüler von 14 bis 18 Jahren gedacht, die meist keinen Schulabschluß haben. Die Schule ist auf einem großen Gelände untergebracht, das im wesentlichen von den Schülern selbst verwaltet und bewirtschaftet wird. Sie erhalten jeweils zur Hälfte theoretischen und praktischen Unterricht. Die notwendige Arbeit wird in "Erwerbsgruppen" durchgeführt, die jeweils eine zeitlich begrenzte Periode von ca. 2 Monaten umfassen:

Die Gruppe der "Bauhandwerker" repariert etwa diverse Schäden auf dem Schulgelände und arbeitet an der Errichtung weiterer Neubauten. Die "Landleute" sorgen für das Vieh oder das Gemüse im schuleigenen Bauernhof. Die "Journalisten" interviewen die zahlreichen Gäste und berichten darüber ihren Mitschülern in Wort und Schrift. Die "Ökonomen" befassen sich mit der Buchführung der Schule und die "Kontoristen" erledigen den erforderlichen Schriftverkehr. Weitere "Erwerbsgruppen" sind "Drucker", "Automechaniker", "Lebensmitteltechniker", "Fischer", "Energietechniker" und "Bibliothekare".

Als pädagogische Prinzipien gelten u.a. folgende Sätze für Schüler wie Lehrer gleichermaßen:
Du mußt versuchen, so nahe wie möglich an das heranzukommen, über das du etwas lernen willst. Je näher du kommst, desto mehr lernst du.
Zusammen mit deinen Freunden mußt du die Triebkraft der Arbeit sein, um viel zu lernen. Es sollen nicht die kleinen Kniffe der Lehrer sein, die Dich auf Trab bringen: Dafür ist das Leben zu wichtig.
Das, was du lernst, soll anwendbar sein. Am besten jetzt - so daß andere von Dir lernen können. Möglicherweise später, wenn sich die Gelegenheit dazu bietet. Das, was du lernst, lernst Du doppelt, wenn du es anderen weitergibst.
Du sollt in der Welt herumkommen, so daß du auf viele Dinge stößt. Sonst geht es nicht vorwärts...

Jede Erwerbsgruppe gibt gemäß diesen Prinzipien ihr Wissen an die nächste Gruppe weiter oder schreibt Berichte und Broschüren zur Information für andere. Sprachen werden meist direkt bei Aufenthalten im betreffenden Land gelernt.

In ähnlicher Weise ist auch die Lehrerbildung - das sogenannte "Notwendige Seminar" - nicht nur theoretisch, sondern in höchstem Maß lebenspraktisch organisiert.

Die "internationale Periode" dauert neun Monate. Dabei werden vom selbst erarbeiteten Geld alte Busse gekauft und wieder "aufgemöbelt". Man fährt damit in Länder bevorzugt der Dritten Welt, um nach entsprechender Vorbereitung das Leben dort zu studieren. Zurück in Dänemark werden Filme erstellt, Bücher oder Artikel (auch für den Schulunterricht) geschrieben oder Diavorträge in Volkshochschulen gehalten.
Die "nationale Periode" dauert 15 Monate. Die Studenten verdienen sich auf verschiedenste Weise Geld, um in Gruppen ein Haus oder eine Wohnung zu finanzieren und in Fabriken oder auf dem Bau das Leben von Arbeitern (dem größten Teil der Bevölkerung) kennenzulernen. Abends trifft man sich in der Gruppe, arbeitet die Erfahrungen auf und lernt Arbeitsrecht oder Gewerkschaftsarbeit.
In der "Schul-Periode" sind die angehenden LehrerInnen dann zwei Jahre jeweils vormittags als Praktikanten in der Schule, am Nachmittag haben sie bei Tvind-Lehrern Unterricht in Seminaren, um sich auf die theoretische (staatliche) Prüfung vorzubereiten.

Literaturhinweis:
Dick, L.V.: Alternativschulen. Information - Probleme - Erfahrungen. Reinbek b.H.: Rowohlt 1979.

Experimental-Schulen vereint: Iexp

Brie Esslinger

Die Vereinigung für die Internationale Zusammenarbeit von Experimentalschulen (Iexp)

Der Verein Iexp besteht seit 1985. Er entstand nach zweijährigem, vom Deutsch-Französischen Jugendwerk subventioniertem Austausch zwischen dem Oberstufenkolleg Bielefeld, BRD, und der Experimentalschule in St. Nazaire, Frankreich, aus dem Wunsch nach mehr Kontakt zu den übrigen Europäischen Experimentalschulen - also Schulen am Rande des jeweiligen nationalen Regelschulsystems - und dem Wunsch nach Austausch von Personen, Ideen und Materialien.

Die einzelnen Schulen sind - was ihren Status im Bildungssystem ihres eigenen Landes, aber auch was ihre Geschichte und ihre Institutionsziele betrifft - keineswegs einheitlich:

Das OBERSTUFEN-KOLLEG BIELEFELD

wurde 1974 in staatlichem Auftrag gegründet und integriert die gymnasiale Oberstufe mit den Anfangsemestern der Universität in einem vierjährigen Studiengang.

Das LYCEE EXPERIMENTAL DE PARIS ET ST. NAZAIRE

gründet ebenfalls auf einem staatlichen Versuchsauftrag für neue Lerninhalte und neue Lernformen wie z.B. freiwillige Teilnahme am Unterricht. Ähnlich wie das Oberstufenkolleg befassen sich die beiden französischen Experimentalschulen vorrangig mit Curriculum-Reformen.

Die MODELLSCHULE GRAZ und das FREIE GYMNASIUM KOPENHAGEN

sind staatlich subventionierte Privatschulen. Ihre Gründung geht auf die Initiative von Lehrern und interessierten Eltern zurück. Beide Schulen verfolgen ähnliche Ziele: fächerübergreifende Allgemeinbildung, praxisorientiertes Projektlernen, "persönlich bedeutsames Lernen" mit Kopf, Herz und Hand im gestaltpädagogischen Sinn.

Die ODENWALDSCHULE und ST. CHRISTOPHER SCHOOL LONDON

haben ihren Schwerpunkt weniger bei curricularen Innovationen als bei dem Bemühen um menschliche Gemeinschaft: Grundsätze wie "Dienst am Menschen" und "Leben in der Familie" sowie schulinterne Demokratie haben bei ihnen Bedeutung.

Die im Verein zur Förderung der Zusammenarbeit miteinander verbundenen Experimental- bzw. Reformschulen sehen ihre Gemeinsamkeit in der Erkenntnis, daß ihre nahe beieinanderliegenden pädagogischen Vorstellungen das Planen von gemeinsamen Aktivitäten über nationale Grenzen hinweg möglich machen.

Darin eingebunden ist auch der Kontakt zu und das gemeinsame Handeln mit Ausländern: Das Projekt im Jänner 1992 war diesem Thema und der dafür nötigen Aufklärungsarbeit gewidmet.

Ein weiteres wichtiges Ergebnis der Zusammenarbeit ist auch, daß Schüler andere Schulen des Vereins als Gastschüler besuchen können. So sind über die Jahre Freundschaften entstanden, die Anlaß für häufige gegenseitige Besuche sind.

Eine Erweiterung des jetztigen Kreises ist geplant: Es gibt Kontakte zu Experimentalschulen in Italien, Spanien, Portugal, Jerusalem und den ehemaligen Ostblockstaaten.

Kontaktadresse:
Mag. Brie Esslinger, Am Silberberg 17, A-8042 Graz

Pädagogisch-didaktische Ansätze

Auf den folgenden Seiten werden neuere Ansätze vorgestellt, die gegenwärtig als "Schlagwörter" in der pädagogisch-didaktischen Diskussion häufig verwendet und auch innerhalb der Regelschule zunehmend praktisch umgesetzt werden. Diese Ansätze gründen in besonderem Maß auf dem Gedankengut der humanistischen Psychologie. Auf eine Beschreibung der "Gestaltpädagogik" wird hier verzichtet: deren Grundlinien haben wir bereits im Absatz 9.1 näher ausgeführt.

Schülerzentrierter Unterricht
"Bedeutungsvoll lernen"

Der Begriff "schülerzentriert" wird häufig für alle Unterrichtskonzepte verwendet, in denen Schüler vermehrt in die Gestaltung von Unterricht einbezogen werden. Hier wird aber der ursprüngliche Begriff dargestellt, den Carl R. Rogers (1902-1987) in Anlehnung an seinen "personzentrierten" Ansatz vor fast 50 Jahren geprägt hat.

Rogers geht es vor allem um bedeutungsvolles (signifikantes) Lernen, das den Lernenden als ganze Person berührt und auch verändert. Ein solches Lernen entsteht nicht vordergründig durch eine Veränderung von "äußeren" Maßnahmen, also etwa durch vermehrten Einsatz von Gruppenarbeit. Grundlegend ist für Rogers die Beziehungsebene. Es geht um ein positives Lernklima, das es dem Lernenden erlaubt, sich mit sich selbst, dem Thema und der Lerngruppe offen auseinanderzusetzen. Gelernt wird nach Rogers nämlich nur dort in bedeutsamer Weise, wo die Bedrohung des Selbst möglichst gering ist. Lernende werden sich nur dort intensiv in den Prozeß des Suchens und Forschens, der Selbstauseinandersetzung und persönlichen Entwicklung einlassen, wo sie sich entsprechend sicher fühlen. Zu allererst ist also eine lernfördernde Atmosphäre nötig, um bedeutungsvolles Lernen zu ermöglichen. SchülerInnen müssen konkret spüren können...

- hier herrscht eine Atmosphäre des Vertrauens in mich und die Lerngruppe;
- hier wird mir geholfen, meine wirklichen Ziele und die der Gruppe ans Licht zu bringen;
- man vertraut mir, daß ich sinnvolle Dinge lernen will;
- ich erhalte ein breites Angebot an Hilfsquellen, die mein Lernen erleichtern und mich an meine Ziele bringen;
- hier stehen mir LehrerInnen als Personen wie als fachliche Berater zur Verfügung;
- hier kann ich mich intellektuell wie auch emotional offen auseinandersetzen;
- hier herrscht eine Atmosphäre der Gleichberechtigung, in der auch die LehrerInnen Lernende sind;
- hier werde ich auch mit meinen Gefühlen ernst genommen und verstanden...

Schülerzentrierte Erzieher geben also ihre Rolle als "Belehrer" weitgehend auf. Sie entwickeln stattdessen eine Haltung, in der sie sich als "facilitator" sehen, als jemand, der selbstbestimmtes und bedeutungsvolles Lernen unterstützt und fördert (to facilitate: fördern, erleichtern). Die dazu erforderliche schülerzentrierte Einstellung von LehrerInnen äußert sich zunächst einmal in einem grundlegenden Vertrauen in die konstruktiven Kräfte und das natürliche Wachstumspotential einer jeden Person. Dieses Vertrauen können wir allerdings nicht durch Worte vermitteln, sondern in erster Linie durch unser alltägliches Handeln. Es zeigt sich etwa in der Art, ob und wie wir Kindern und Jugendlichen genügend Freiräume und eigenverantwortliche Entscheidungen zugestehen. Lenkung und Gängelung, häufiges Kritisieren und Nörgeln, unbegründete Einschränkungen und unklare Grenzen schaffen keine günstigen Voraussetzungen für selbständiges Wachsen.

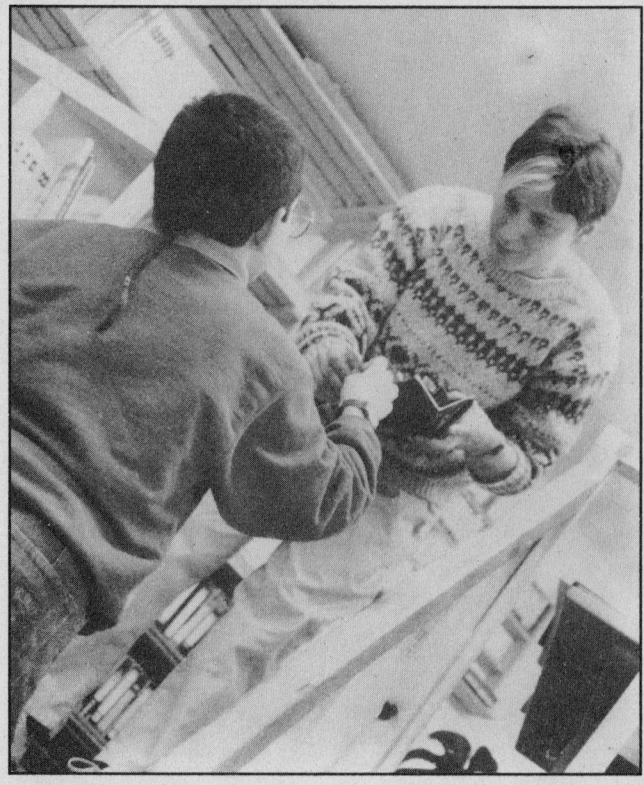

Diese förderliche Begegnung von Person zu Person ist durch die schülerzentrierten Haltungen Echtheit, einfühlendes Verstehen und Wertschätzung von seiten der Erzieher näher gekennzeichnet. Darüber wurde bereits im Kapitel 3.2 einiges ausgesagt. Es sind dies grundlegende Haltungen einer "nicht-direktiven" Pädagogik, in der SchülerInnen nicht als Objekt, sondern als Subjekt gesehen werden. Allerdings bedeutet schülerzentrierter Unterricht nun nicht, daß sich LehrerInnen völlig aus dem Geschehen zurückziehen. Reinhard Tausch - der bekannteste Vertreter des personzentrierten Ansatzes im deutschen Sprachraum - weist darauf hin, daß Lehrer aus dieser personzentrierten oder schülerzentrierten Grundeinstellung heraus zahlreiche fördernde, nicht-dirigierende Aktivitäten setzen, die bedeutsames Lernen unterstützen:

Die Zielfindung fördern:

- Der Lehrer ermittelt: Welche Interessen haben die Schüler an diesem Thema?
- Er informiert über wichtige Aspekte des Themas, seinen Nutzen und seine Bedeutung.
- Er regt die Schüler an, für sich wichtige Ziele bei diesem Thema zu formulieren.
- Er akzeptiert das Suchen verschiedener Interessensrichtungen und auch der negativen Einstellungen zum Thema.
- Er überlegt, wie die verschiedenen Interessen und Zielrichtungen vereinbart werden können.
- Er legt mit den Schülern die verbindlichen Ziele fest und hängt sie als Lernzielliste aus...

Materielle Hilfsquellen zur Verfügung stellen

- Der Lehrer rückt von einem Unterricht ab, der vorwiegend aus Darbietung oder Steuerung durch Fragen oder Impulse besteht.
- Er setzt häufig Informationspapiere in verständlicher Sprache ein.
- Er legt Bücher, Zeitschriften, Artikel zum Selbststudium auf.
- Er organisiert Materialien, Spiele, Arbeitskarten, Arbeitsblätter mit Selbstkontrollen etc.
- Er stattet den Klassenraum mit Ablageflächen, Kästen, Leseecken etc. aus.
- Er ist kreativ und engangiert, um neue Lernmöglichkeiten für die Schüler zu beschaffen...

Sich selbst oder andere Personen als Hilfsquellen anbieten

- Der Lehrer beansprucht weniger die Schüler, sondern regt an, daß sie ihn beanspruchen.
- Er stellt seine Spezialkenntnisse zur Verfügung, die Schüler nützen können.
- Er gibt Hinweise zur besseren Gestaltung einer Arbeit und berät Schüler, die Hilfen brauchen.
- Er ermöglicht das gegenseitige Helfen der Schüler, auch bei der häuslichen Lernarbeit.

- Er bezieht die Eltern in die Lernhilfe ein, z.B.durch Hinweise auf Lernregeln, Arbeitsplatzgestaltung etc.
- Er organisiert den Kontakt mit verschiedenen Personen (z.B.aus dem Berufsleben, aus höheren Klassen etc.)...

Einen günstigen Arbeitsablauf fördern

- Der Lehrer bemüht sich um ein flexibles Vorgehen, das viele Spielräume für die Schüler offen läßt.
- Er regt häufig Kleingruppenarbeiten an.
- Er fördert die persönliche Äußerung der Schüler zu den Lerninhalten.
- Er fördert wesentliche Denkvorgänge bei den Schülern und vermeidet (z.B.bei Prüfungen) die bloße Reproduktion von Wissen.
- Er ermöglicht über weite Strecken des Unterrichts das selbständige Arbeiten der Schüler.
- Er bietet den Schülern sinnvolle Lernaufgaben (nach Möglichkeit zur Wahl) an.
- Er bietet Entspannungsübungen zum körperlichen und seelischen Ausgleich im Unterricht an.
- Er vermittelt den Schülern notwendige Arbeitstechniken zur selbständigen Bearbeitung der Lernaufgaben.
- Er überlegt sinnvolle Übungsaufgaben oder Hausarbeiten.
- Er vermittelt wichtige Techniken des Lernens und der Prüfungsvorbereitung....

Literaturhinweis:
Rogers, C.R.: Lernen in Freiheit. München:Kösel 1974 sowie Frankfurt:Fischer 1988.
Rogers, C.R.: Freiheit und Engagement. Personenzentriertes Lehren und Lernen. München:Kösel 1984.
Tausch, R. u. A.: Erziehungspsychologie. Begegnung von Person zu Person. Göttingen:Hogrefe 1991 (10. Auflage).

Offener Unterricht
"Selbstgesteuert lernen"

Der Begriff "Offener Unterricht" stammt aus den 70iger Jahren, erlebt jedoch (erst?) in der letzten Zeit einen Aufschwung: Offener Unterricht ist immer ein langsamer Prozeß der Evolution gewesen, keine Revolution. Getragen wird dieser Prozeß von der Basis der Lehrerschaft selbst: Vor allem in der Grundschule versuchen derzeit viele LehrerInnen, ihren Unterricht zu "öffnen" und dabei den Schülern mehr Freiraum für selbstgesteuertes Lernen zu ermöglichen. In diesem Sinn handelt es sich auch um "schülerzentrierten Unterricht", wobei jedoch die theoretischen Grundlagen über die Konzeption bei Carl R. Rogers hinausgehen. Was jeweils als "offener Unterricht" verstanden wird, ist sehr unterschiedlich. Dies reicht etwa vom Angebot einer "freien Lernstunde" einmal pro Woche über den "Wochenplanunterricht" (meist eine tägliche "freie Arbeitsstunde" mit teilweise vorgegebenen Aufgaben) bis hin zu noch freieren Lernformen, wie sie etwa die "Freinet- oder Montessori-Pädagogik" anbietet.

Wesentliche Kennzeichen von "Offenem Unterricht" sind u.a.:

- *vermehrt individuelles Arbeiten und flexible Gruppierungen*
- *Arbeit nach individuellem Tempo, auch nach individuellen Interessen*
- *Vielfalt verschiedener gleichzeitiger Aktivitäten in der Lerngruppe*
- *anregende Lernumgebung mit vielen Lernmaterialien für selbstgesteuertes Lernen (meist mit Selbstkontrollen)*
- *freie(re) Bewegung im Raum*
- *offene Beziehung zwischen Lehrer und Schüler, Betonung von sozialem Lernen u.v.a.m.*

Entscheidend bei "offenem Unterricht" scheint weniger ein einheitliches Konzept zu sein, als der Gedanke, traditionelle Formen des "lehrerzentrierten Unterrichts" für Formen von mehr selbstgesteuertem Lernen der Schüler zu öffnen. "Offener Unterricht" ist nach Angelika Wagner keine Alles- oder Nichts-Angelegenheit, sondern ein Prozeß, bei dem eine Klasse langsam und ungleichmäßig auf vielen Ebenen und über mehrere Phasen von traditionellen zu zunehmend offeneren Formen fortschreitet.

Grundlegend scheint der Gedanke zu sein, daß Schule ein Ort sein soll, an dem sich Kinder wohl fühlen und mit Hilfe von anderen lernen können, ihre Umwelt zu erforschen und ihren eigenen Lernprozeß zu organisieren. Grundvoraussetzung auf seiten der LehrerInnen ist das Vertrauen, daß Kinder von sich aus lernbegierig sind und sie in einer anregenden Umwelt ihren persönlichen Lernprozeß aktiv und zielgerichtet gestalten können.

Angelika Wagner beschreibt insgesamt fünf Dimensionen der Offenheit, die hier mit einigen konkreten Beispielen ausgeführt werden:

Offenheit in der Organisationsform:
* Den Schülern den Plan der Stunde nennen und sie darüber mitentscheiden lassen.
* Den Schülern Wahlmöglichkeiten in der zeitlichen Verteilung der Stunde ermöglichen.
* Den Schülern Wahlmöglichkeiten über die Sozialformen (z.B. Einzel-, Partner- oder Gruppenarbeit) ermöglichen... u.v.am.

Offenheit im inhaltlichen Bereich:
Mit den Schülern die Anforderungen des Lehrplans besprechen und gemeinsam sinnvolle Gewichtungen vornehmen.
* Den Schülern Themenangebote zur Wahl stellen und einzelne Schüler auch unterschiedliche Themen bearbeiten lassen.
* Themen aufgreifen, die von den Schülern eingebracht wurden... u.v.a.m.

Offenheit im kognitiven Bereich:
* Vielfältige Formen des selbsttätigen Bildungserwerbs ermöglichen (z.B. durch Arbeitspapiere, Sachbücher...)
* Freiräume für Hypothesenbildung, Versuch- und Irrtumslernen, entdeckendes Lernen geben.
* Kreative Umsetzungen von Themen ermöglichen (z.B. in Form von Gedichten, Collagen...)

Offenheit im sozio-emotionalen Bereich:
* Gefühlsmäßige Äußerungen (z.B. "So fad!") zulassen und einfühlend zu verstehen versuchen.
* Zeit für Einübung in soziales Verhalten und für partnerschaftliches Konfliktlösen geben.
* Rückmeldungen über den Unterricht (z.B. durch Rückmeldebögen) einholen...u.v.a.m.

Offenheit gegenüber der Welt:
* Lerngegenstände oder Personen von "draußen" in die Klasse hereinholen (z.B. Moped, Mutter mit Kleinkind...)
* Den Unterricht mehr nach "draußen" verlagern (z.B. Lehrausgänge, Exkursionen, Befragungen...)
* Schule mit dem öffentlichen Leben verbinden (z.B. Projekt "Milchflaschen in der Schule")... u.v.a.m.

Literaturhinweis:

Wagner, A.: Schülerzentrierter Unterricht. München: Urban u. Schwarzenberg 1982.
Badegruber, Bernd: Offenes Lernen. Linz: Veritas 1992

Spielpädagogik
"Sinn-lich lernen"
Toni Wimmer

"Mit der Schule beginnt der Ernst des Lebens!" hören viele Kinder immer wieder, unterstützend gemeint, am Beginn ihrer Schulzeit; wenn aber hier der Ernst beginnt, wo ist dann noch Platz für die Freude, die Erlebnisdichte und die Lebendigkeit? Wenn Schule "Ernst" ist, soll das heißen, daß alle sinn(e)vollen Dinge des Lebens außerhalb der Schule, nach der Pflicht, in der "Freizeit" passieren müssen? Eine mögliche Konsequenz von langem, bravem Lernen dieser Lebensregel hieße dann auch: Arbeit ist Ernst und kann daher nicht sinnvoll und befriedigend sein, das "wirkliche Leben" spielt sich nur in der Freizeit, am Wochenende, "Saturday night" ab; wie verkürzt kann so ein ganzes Leben werden!

Mit dem Schulbeginn können auch neue sinnvolle Lebensbereiche erfahren werden, so wie es die neugierigen "Taferlklassler" auch erwarten. Warum nur vergeht so vielen Kindern meist schon in frühen Schuljahren die Lust und die Freude an der Schule und am Lernen?

Der Schulalltag im Spannungsfeld zwischen Institution und Lehrplan auf der einen Seite und kreativer Lebendigkeit der Kinder auf der anderen Seite bringt manche engagierte Pädagogen in ein leidvolles Pendeln zwischen Suchen nach immer neuen Animations(er)lösungen und schmerzhafter Resignation.

An diesem Punkt bietet die Spielpädagogik den suchenden Lehrern eine hilfreiche methodische Unterstützung für ihre pädagogischen Absichte und Ziele.

Spielplatz Schule

Die Schule als Spielplatz gesehen hat eine Unzahl festgeschriebener und noch mehr nicht festgeschriebener Spielregeln, die das Kind im Laufe seiner mindestens neunjährigen Schulzeit bestens lernt. Eine kleine Aufzählung von Spielregeln, wie man sie mancherorts noch immer entdecken kann, zeigt was gemeint ist:
+ Ob Groß, ob Klein, die Arbeitseinheit beträgt 50 Minuten.
+ Ich muß dann aufs Klo, wenn Pause ist.
+ Gefühle während des Unterrichtes sind störend!
+ Wenn ich meinem Freund immer wieder was Aktuelles mitteile, werde ich von ihm getrennt (weggesetzt)!
+ Wenn ich jemandem in einer Schwierigkeit (Prüfung) helfe, bringt mir das Nachteile wie z.B. eine schlechtere Note, obwohl ich alles weiß!
+ Bewegungslosigkeit ist brav!
+ Bei der Prüfung wird gesucht, was ich nicht weiß!
+ Prüfen muß Angst machen!
+ Zum Direktor gehen heißt Ärger bekommen!
+ Beachtenswert sind meine Fehler!
+ Etwas richtig machen ist selbstverständlich und bekommt keine Wichtigkeit!

Alle Spiele transportieren Werte und Normen; aber welche Werte werden durch obgenannte Spielregeln dem gelehrigen Kind vermittelt?

Das ist und will Spielpädagogik

Spielpädagogik ist keine selbstzweckhafte Disziplin und hat kein Ziel in sich, sondern bereichert und unterstützt die pädagogischen Absichten in ihren Arbeits- und Kommunikationsformen durch sinnvolle, erlebnisreiche Methodik.

Praktisch bedeutet das:

* *Spaß und Lust im gemeinsamen Entdecken und Erleben;*

* *Spiele, die anregen, sich und einander wertvoll zu erleben (statt einander zu bekämpfen und ein Gefälle vom Sieger zu den Besiegten, vom Besten zu den Schlechten herzustellen);*

* *Spielen mit der Vielfalt unserer Sinne, Ausdrucks- und Kontaktmöglichkeiten: Körperspüren, bewegen, tanzen, Rollenspielen, Maskenschminken, Klängesingen und Im-Gespräch-sein;*

* *Direkten Kontakt zu den eigenen Gefühlen und den anderen Gruppenmitgliedern gewinnen statt Wahr-nehmung vermeiden.*

* *Als Lehrer/in in der Klasse bewußt, kreativ und anregend arbeiten und dasein können;*

* *Kontaktreiche Interaktion statt eingeengter Kommunikationsriten und -muster;*
Das bedeutet, die Spielpädagogik kann Kontakt und Bewegung in starre, scheinbar unveränderliche und kommunikationsarme Systeme bringen, wie es die Schule sein kann oder ein Heim, eine Tagung, ein Wohnviertel, etc...

Reichel R., Rabenstein R.: Spielpädagogik, Seite 6

Spielregeln der Schule weichen oft erheblich von dem ab, was die Kinder bisher gewohnt waren. Ein Versuch, diese allgemeinen Regeln beweglich zu halten, kann die Kinder ermutigen, selbst über die Spielregeln des Zusammenlebens nachzudenken und ohne Angst gemeinsame Vorschläge zu erstellen und diese dann auch als sinnvoll und verbindlich zu achten. Gute Gelegenheiten, gemeinsam für einen abgegrenzten Zeit- und Ortsrahmen neue Spielregeln zu erproben, bieten Projekte. Gemeinsamer Austausch über die dabei gewonnenen Erfahrungen machen alle Teilnehmer selbstsicher und eigenverantwortlicher. Unterstützung dafür findet man auch in den Schulgesetzen, die einen Auftrag zu "sozialem Lernen" geben, sowie in den Rahmenlehrplänen, in denen die Schulpädagogen/innen wörtlich angehalten werden, zum "Wahren, Guten und Schönen" zu erziehen.

Spielend zum Thema:

Spielen heißt hier vor allem, Aktivität und Betroffenheit ermöglichen und ein gemeinsames Entdecken und Versuchen fördern. Ein sinnvoller Spruch sagt: "Erklär mir was, und ich werde es vergessen. Zeige mir was, ich werde mich erinnern! Beteilige mich, dann werde ich verstehen!"

Allerdings können Spiele im Unterricht keine Betroffenheit herzaubern, sondern nur latent vorhandene Neugier wecken.

Spielpädagogische Impulse laden auch ein, Miteinander und mit mir in Kontakt zu kommen und so den Mitmenschen und mich selbst wertvoll zu erleben. Kontaktimpulse und Erlebnisse setzen eigene und gegenseitige Abwertungen außer Kraft und ermöglichen Selbstwahrnehmung und Selbstentfaltung.

Alle hier angesprochenen Themen sind nun nicht ein zusätzliches, neues, oder die Aufgaben des Lehrers noch erschwerendes Detail, das auch noch wichtig genommen werden will, sondern beinhalten ein Repertoire von Methoden, die den pädagogischen Alltag durchdringen können und so mithelfen können, unsere "alte" Schule jung und lebendig zu machen.

Diese Schule erzieht *Menschen für morgen,* die von Neugierde und Interesse zu stetem Lernen angestiftet werden, die mit Freude eigenverantwortlich ihr Leben gestalten und die daher auch Sinn in ihrer Arbeit, ihrem Beruf finden werden.

Kontaktadresse:
"AGB-Arbeitsgemeinschaft für Gruppen-Beratung"
Büro Wien: A-1140 Wien, Hüttelbergstraße 61, Büro Linz: A-4040-Linz, Pulvermühlstr. 6
Literaturhinweis:
Reichel, R: Spielpädagogik. AGB-Produktion. Münster: Ökotopia Verlag 1987.
Auslieferung in Österreich: AGB, Pulvermühlstraße 6, A-4040 Linz.

Superlearning
"Entspannt lernen"

"Superlearning" hat sich aus der "Suggestologie" und "Sugestopädie" des Bulgaren Georgi Losanow entwikkelt, der seit den 60iger Jahren mit Formen des Lernens im entspannten Zustand experimentierte. Es ging ihm vor allem um die Ausschöpfung ungenutzt schlummernden Ressourcen des menschlichen Gehirns sowie um die Nutzung unbewußter Lernkanäle (etwa des gezielten Einsatzes von Sprachmelodie).

Zu Beginn der 80iger Jahre kam das Konzept als "Superlearning" über die USA wieder nach Europa. Das Wort "Superlearning" suggeriert dabei eine "Wundermethode". Seriöse empirische Überprüfungen geben sich allerdings bescheider, bescheinigen aber doch leistungssteigernde, vor allem aber motivierende Lerneffekte. Auch einzelne Elemente von "Superlearning" im Unterricht dürften günstige Wirkungen haben.

Aufbau einer Superlearning-Einheit
VORBEREITUNGSPHASE:

Suggestive Vorbereitung:
Lernbarrieren abbauen - positive Lerneinstellung aufbauen

Körperliche Entspannung:
Sich auflockern und bewegen, sich aktivieren

Geistige Entspannung:
Sich innerlich beruhigen - optimal aktiviert sein.

PRÄSENTATIONSPHASE:

Rückblick und Ausblick:
Bisherige Lernerfolge betrachten - neue Lernziele ankündigen.

Aktives Lernkonzert:
Der Lernstoff wird künstlerisch, rhythimsch, dynamisch vorgetragen;
romantische Musik läuft im Hintergrund;
aktiv zusehen, zuhören und z.T. mitlesen oder mitbewegen.

Passives Lernkonzert:
Sich entspannen- Barockmusik im Hintergrund anhören.
Die wesentlichsten Lerninhalte mit "entspannter Aufmerksamkeit" wiederholen.

ÜBUNGSPHASE:

Aktivierung:
Den Lernstoffes - meist mit einem Partner - aktiv wiederholen.

Ausarbeitung:
Den Lernstoff kreativ gestalten: etwas zum Stoff zeichnen, spielen, singen, vortragen, tanzen ...

Test:
Den persönlichen Lernfortschritt feststellen, sich selbst auf die "Schulter klopfen"..

Prinzipien des Superlearning
Die folgenden (sowie einige andere) Prinzipien werden in der Literatur zu "Superlearning" besonders herausgestellt.

Suggestion und Dessuggestion:
Suggestion bedeutet hier Aufbau einer angenehmen, lernfördernden Atmosphäre. Dessuggestion ist Abbau von lernhemmenden (antisuggestiven) Faktoren, besonders von negativen Lerneinstellungen (z.B.:"Ich bin nicht sprachbegabt." "Mathematik war noch nie meine Stärke.").

Zweidimensionalität:
Neben dem bewußten Lernen wird unbewußtes Lernen besonders betont (Raumgestaltung, Stimmführung, Musik, spielerische Elemente, Humor, Spaß).

Positive Einstellungen des Lehrers:
Die Rolle des Lehrers wird als sehr bedeutsam angesehen. Hohes Engagement, Überzeugtheit, Vertrauen in die Lernfähigkeit sind Voraussetzungen. Echtheit und Stimmigkeit aller Handlungen muß gegeben sein.

"Infantilisierung":
Es wird kindlich unbeschwertes Lernen unterstützt (etwa durch Rollenspiele, Lieder, Bewegungen, Annehmen von neuen Identitäten im Fremdsprachenunterricht).

Prinzip des vergrößerten Inputs:
Zumutung eines umfangreicheren Lernstoff als üblich, wobei auf "unbewußtes Lernen" vertraut wird.

Entspanntes Lernen - Pseudopassivität:
Es geht um einen Zustand "entspannter Aufmerksamkeit", der als besonders lernfördernd gilt (auch als "Alpha-Zustand" beschrieben): Muskelentspannung, mentale Entspannung durch gelenkte Phantasiereisen (z.B. zu einem Meeresstrand). Dies ist nur scheinbar eine passive Haltung des Lerners in den "Lernkonzerten", innerlich jedoch mit geistiger "Superaktivität".

Aktive Übung und spielerisches Lernen:
Nicht nur trockene Wiederholung, sondern spielerische Formen der Übung (z.B. Rollenspiele). Insgesamt eine heitere und spielerische Atmosphäre, die "das Kind im Erwachsenen" anspricht (u.a. auch Lernspiele, Lieder, Gedichte, Collagen, Pantomimen, Puppenspiele, Tänze etc.

Lernen mit dem "ganzen Gehirn"
Bei Superlearning auch gezieltes Ansprechen der rechten Gehirnhälfte ("rechtshemisphärischen" Verarbeitungsformen) durch Bilder, Metaphern, Bewegungen, Lernen mit allen Sinnen. Ansprechen aller Wahrnehmungskanäle durch die gesamte Gestaltung des Unterrichts (z.B. bei einer "Teestunde" im Englischunterricht, wo Sehen, Hören, Riechen, Schmecken einbezogen sind ("Multisensorisches Lernen").

Literaturhinweise:
Dhority, L.: Moderne Suggestopädie. Bremen: PLS Psychologische Lernsysteme Verlagsgesellschaft 1986.
Schiffler, L.: Suggestopädie und Superleraning - empirisch geprüft. Frankfurt:Diesterweg 1989.

NLP
"Ressourcen und Strategien nützen"

Susanne Patschka, Maria Satlow-Leeb

NLP - Neurolinguistisches Programmieren - ist ein von Richard Bandler und John Grindler entwickeltes Modell, um menschliche Kommunikation zu erfassen und zu strukturieren. Entstanden ist es durch genaue Beobachtung und Analyse von bedeutenden Kommunikatoren wie Fritz Perls, Virginia Satir und Milton Erickson.

Viele Menschen fühlen sich durch den "technisch" klingenden Begriff NLP unangenehm berührt. Aber er beinhaltet das Wesentliche, was seine Begründer seit 1971 untersuchen:

Das Wort *NEURO* zeigt an, daß Worte und Informationen neurologisch gespeichert werden. Manche merken sich etwas eher, wenn sie es hören (auditiver Kanal), andere hingegen müssen etwas geschrieben sehen (visueller Kanal), bevor sie es sich merken können und manche müssen es tun, (kinästhetischer Kanal) und wissen dann, daß sie etwas verstanden haben.
Worte sind nur Etiketten für innere Erfahrungen, wie Bilder, Töne oder Gefühle. Beim Wort "Hund" z.B. sehen manche vielleicht vor ihrem inneren Auge zuerst einen bestimmten Hund, andere werden vielleicht das Fell spüren, andere wieder hören vielleicht einen Hund bellen oder riechen ihn. Nun stellen Sie sich einmal vor, welche inneren Filme beim Wort "Lernen" ablaufen und wie häufig wir diese Filme nicht einmal bewußt kennen.

LINGUISTIK steht für die Sprache: Es wird untersucht, was beim Gebrauch der verschiedenen Worte unbewußt weggelassen, vergessen oder versteckt wird. Wenn z.B. jemand sagt: "Ich muß"; "Ich kann nicht", dann ist häufig vergessen worden, auf wen oder was man sich bezieht, wer diese Grenze setzt und wer das bestimmt. Ein anderes Beispiel sind sogenannte Nominalisierungen wie Freude, Geborgenheit, Liebe usw. Hier haben wir oft vergessen, wie, wann, mit wem und wo wir uns z.B. freuen wollen.

PROGRAMMIEREN steht für die verschiedene Programme oder inneren Denkprozesse, die entscheidend für unser zwischenmenschliches Verhalten sind. Diese inneren Denkprozesse wurden irgendwann einmal gelernt und geübt und deshalb glauben wir manchmal, daß sie zu unserer Identität gehören.
Die Annahme von NLP besteht, daß diese einmal gelernten inneren Denkprozesse bewußt gemacht werden können, beibehalten, geändert oder neu programmiert werden können.

Einige wesentlich Elemente fürs Lernen, Lehren und Lernen lehren:

RAPPORT
(Beziehung zwischen Personen, die durch Harmonie, Verständnis und gegenseitiges Vertrauen geprägt ist)
Ziel des Rapports ist der Aufbau einer emotional positiven und tragfähigen Lehrer- Schülerbeziehung als Basis jeglicher Lernmotivation.
Daher will NLP:
- sensibel machen auf die nonverbalen Anteile der Kommunikation und diese Möglichkeiten nützen.
- Elemente des inneren Wertesystems der Schüler/innen finden und sie für die Unterrichtsgestaltung und Beziehungsarbeit nützen.

RESSOURCENORIENTIERUNG
(Weg von den Löchern hin zum Käse)
NLP wendet sich bewußt von einer defektologischen Sichtweise (Lernschwäche, Verhaltensstörungen, Intelligenzmangel ...) ab.
NLP ist:
- neugierig wie Kinder lernen (welches Repräsentationsmodell benützt wird).
- welche Fähigkeiten und Ressourcen die Schüler mitbringen. "Wenn ich als Lehrer annehme, lauter Wunderkinder vor mir zu haben, werden mit der Zeit wirklich Wunderschüler daraus." (Linda Lloyd).

VERHALTEN
(Vorannahmen des NLPs)
Jeder Mensch trägt alle Fähigkeiten und Ressourcen in sich, um ein glückliches, gesundes und sinnerfülltes Leben zu leben.
Davon ausgehend stellen wir fest: jedes Verhalten transportiert eine positive Absicht (z.B. Störungen während des Unterrichts wären u.U. als Wunsch nach Zuwendung zu deuten). Es wird also zwischen Absicht und Verhalten unterschieden.
Das an den Tag gelegte Verhalten ist aufgrund der jeweiligen Lebensgeschichte das bestmögliche, das zur Verfügung steht, um das Ziel zu erreichen.
Jedes Verhalten wird erst ersetzt, wenn ein positiveres gefunden wird und alle damit verbundenen Erwartungen befriedigt werden. Ein wichtiger Aspekt im NLP ist daher: Wahlmöglichkeiten zu finden (zwei Möglichkeiten sind ein Dilemma, erst ab drei besteht Wahlmöglichkeit).
Bei der Leistungsbeurteilung ist ganz wichtig, zwischen Identitätsebene (Du bist...) und der Verhaltensebene zu unterscheiden. Mängel sollten gezielt und differenziert dargestellt werden, Ressourcen aufgezeigt werden...

Wir hoffen, Sie sind neugierig geworden auf's N(eues fürs) L(ehren und Lernen) P(raktisch).

NLP-Buch speziell für den Schulbereich:
Michael Grindner: NLP für Lehrer, Freiburg/Breisgau, VAK 1991.

EDU- Kinesthetik
”Mit Bewegung lernen”

Gabriele Lehner

Die Edu-Kinestetik ist ein umfassendes persönliches Entwicklungsprogramm und bringt Bewegung und Lernen in einem wundervollen System zusammen. Sie zeigt uns die enge Verbundenheit auf, zwischen physischer Entwicklung, Spracherwerb und schulischen Leistungen.

Mit Hilfe von einfachen, gezielten, belebenden Bewegungsübungen werden der Energiefluß im Körper aktiviert und die beiden Hirnhemisphären integriert. Durch diese Integration der beiden Gehirnhälften wird die Lernfähigkeit, die Fähigkeit zur Koordination, die Konzentration und Erinnerungsfähigkeit verbessert.

Was bringt Edu-K für's Lernen und im Unterricht?

Für das Erbringen zufriedenstellender geistiger Leistungen und harmonischer Körperbewegungen werden beide Hemisphären benötigt. Die linke Gehirnhälfte ist für das Zustandekommen der logisch-analytischen Leistungen verantwortlich, die rechte Gehirnhälfte für die ganzheitlichen, kreativen und musischen Aspekte. Die beiden Gehirnhälften sind durch ein Nervenbündel (Corpus Callosum) miteinander verbunden. Unter Streß blockiert dieses Nervenbündel, dann arbeiten die beiden Gehirnhälften alternierend, und Lernen ist nur mit einer Gehirnhälfte (der dominanten) möglich.

Wird an die nicht dominante Seite eine Aufgabe herangetragen, versucht der Mensch entweder, die Situation zu vermeiden, oder sie mit Mühe und großem Energieaufwand zu lösen. Dabei geht unter Umständen sehr viel Energie verloren, die dann in anderen Bereichen fehlt. - Beim Lernen in der Schule kann sich das oft stark bemerkbar machen. Es kommt zu unerklärlichen Versagen der Kinder, zu Konzentrationsmangel, Lese - Rechtschreibschwäche und Koordinationsproblemen. Auch Müdigkeit, Angst und Streß sind einige Folgeerscheinungen. Der Grund des ”Abschaltens - Vermeidens” liegt im Versuch des Körpers, sich übermäßigen Belastungen aufgrund der einseitigen Gehirndominanz zu entziehen.

Diese Blockierungen können in der Edu-Kinestetik über Muskelfunktionsprüfungen, Muskeltests festgestellt und bewußt gemacht werden.

Eine ganze Reihe von Übungen, die die Zusammenarbeit und Ausgeglichenheit der beiden Gehirnhälften fördern und die Körperhaltung, das Sprach-,Schreib- und Lesevermögen und Verständnis verbessern, kommen zum Einsatz. Diese Übungen sind einfach und schnell auszuführen und daher sehr gut für den Gruppen- und Schulunterricht geeignet.

Edu-K für die/den Einzelne(n)

In einer Einzelberatung wird von ausgebildeten Edu-K Instructoren ausgetestet, ob und wo im Körper Blockaden sind. Dann wird ein persönliches, für den Einzelnen ”maßgeschneidertes” Übungsprogramm erstellt. Wird es täglich geübt, machen sich bald Veränderungen bemerkbar: Tätigkeiten, die früher anstrengend waren, beginnen ”leichter von der Hand zu gehen”. Das Lernvermögen verbessert sich und man fühlt sich sicherer, aktiver, zufriedener und ausgeglichener.

Einige Übungen zum Einstieg:

Gehirnknöpfe
Massiere mit einer Hand die beiden Grübchen unterhalb des Schlüsselbeines, während gleichzeitig die andere Hand auf dem Bauchnabel liegt, für ca.1 Minute.

Die positiven Punkte
Berühre mit den Fingerspitzen beider Hände leicht die Punkte über beiden Augen auf der Stirn (Stirnbeinhöcker). Konzentriere dich dabei auf eine Einstellung oder ein Gefühl, das Dich belastet, mit dem du gerne positiver umgehen möchtest (z.B. Schulstreß, Prüfungsangst, lautes Vorlesen). Halte die Punkte ca.1-2 Minuten, eventuell auch etwas länger, solange, bis sich die Spannung in Deinem Körper löst und sich Gelöstheit, Wohlbefinden und Ruhe ausbreitet.

Denkmütze
Ziehe die Ohren sanft nach hinten und entfalte den Rand der Ohren von oben nach unten.

Arme kreisen
Kreise mit beiden Armen schwungvoll von vorne nach hinten. Beginne langsam und mit kleinen Kreisen.

Kontaktadresse.
Nähere Auskünfte und Informationen über Seminare, Vorträge und Einzelberatungen erhalten Sie bei:
Gabriele Lehner.
c/o Praxis Krassnig, 8010 Graz, Keesgasse 5
Tel. 0222/877 29 62

Was möchte ich ?
Alle anderen
wichtigen Fragen
ergeben sich daraus !

nach Klaus Vopel

Ich kann nicht alle
Probleme lösen, aber
ich kann aufhören,
mich von ihnen
hypnotisieren zu
lassen !

nach Klaus Vopel

Kapitel 10

Gesellschaftspolitische Fußnoten

Damit etwas passiert !
Aufruf gegen die
Verhinderungspädagogik

Lehrer-Sein
zwischen gesetzlichen
Möglichkeiten und
Alltagsrealitäten

... damit etwas passiert !

Aufruf gegen die Verhinderungspädagogik

Ein Schlüsselsatz:
"Gottseidank ist nichts passiert!"
Auf Österreichisch:
"Guat is' gangen, nix is' g'scheh'n!"
Befriedigtes Aufseufzen.

Ein genaues Betrachten dieser Sätze öffnet die Augen für ein Grundmerkmal europäischer Pädagogik in Vergangenheit und Gegenwart: Erziehung ist in besonderem Maß darauf ausgerichtet, zu verhindern, daß "etwas passiert". Natürlich ist hier vordergründig die verständliche Sorge gemeint, daß etwas Schlimmes passieren könnte. Eine Sorge, die durch manche Bestimmungen für Eltern, Lehrer und Erzieher bezüglich Aufsichtspflicht etc. geschürt wird. Trotzdem ist diese Sorge nur die eine Seite der Medaille. Die andere Seite ist die umfassende Verhinderung von Erfahrungen. Wenn nichts passieren darf, dann passiert eben auch nichts. ... Auch keine lebenswichtigen Erfahrungen werden gemacht, die eben immer auch etwas Riskantes an sich haben: Im Kontakt mit anderen Menschen (Vertrauen und Mißtrauen entwickeln, Streiten lernen), das Entdekken der eigenen Grenzen (wo hinaufklettern, selbständig verreisen, beim Umgang mit Werkzeug, ...) oder im Kontakt mit dem anderen Geschlecht (Sexualität).

Gegen die ängstlich-fürsorglichen Verhinderungen und dafür, daß "etwas passiert", sprechen;

a) die Tatsache, daß selbst Erfahrungen Machen viel interessanter und motivierender ist als das Nachmachen von Vorgezeigtem und

b) die Erfahrung, daß gesunde Kinder und Jugendliche viel mehr Gespür für Gefahr und die Grenze zum Schaden haben als Erwachsene ihnen das üblicherweise zutrauen. Wie vergleichende Untersuchungen in anderen Kulturen zeigen (J.Liedloff: Auf der Suche nach dem verlorenen Glück), verunglükken Kinder viel seltener, wenn sie das Vertrauen der Eltern und nicht ihre Angst im Genick spüren.

Natürlich gilt das nicht absolut: So können Kinder Chemikalien, Autos oder Strom nicht von selbst abschätzen lernen. Aber in vielen anderen Bereichen ist der Schaden geradezu ein Ergebnis erwachsener Verhinderungspädagogik. Kennen Sie etwa Jugendliche, die mit dem wohlwollenden Vertrauen der Eltern im Hintergrund ein ungeplantes Kind gemacht haben? Das passiert wohl eher Jugendlichen, bei denen man schon gezittert hatte, das '"es" passieren könnte.

Auch die Gestaltung des Schulbetriebs ist überall gekennzeichnet von Verhinderungsmaßnahmen statt Ermöglichungsmaßnahmen. Das beginnt schon beim Lernrahmen: Pausenaufsicht, Gangaufsicht, willkürliche Sitzordnungen, das sind solche Elemente, die trotz lebenslanger Selbstverständlichkeit von vielen Lehrern in ihrer Absurdität erkannt und entweder heimlich boykottiert oder gemeinsam verändert werden. Wobei die schon erwähnten gesetzlichen Bestimmungen diese Veränderungen oder zumindest Lockerungen erschweren. Beim Unterrrichten selbst bemühen sich noch mehr Lehrerinnen, entgegen ihrer eigenen Lerngeschichte Lernen zu "ermöglichen", durch mehr selbständige Gruppenarbeit, durch Projekte, Exkursionen, Ausflüge, offenes Lernen etc.

Wir Erwachsene sind mehr oder weniger vollgepumpt mit dem üblichen Bild, daß bei selbständigem, d.h. unkontrolliertem Arbeiten von Schülern ohnehin "nichts Gescheites herauskommt". Erinnern wir uns an den vielleicht oft geschluckten Ärger, wenn uns nachgesagt wurde, wir seien für etwas "noch zu klein", noch nicht "reif" usw. Gute Erfahrungen, bessere Einsichten und gegenseitige kollegiale Unterstützung kann uns helfen, uns von diesem negativen Menschenbild abzugrenzen und Lernen mutig zu ermöglichen.

Denn nur auf solchem Boden kann individuelle und gemeinsame Kreativität wachsen.

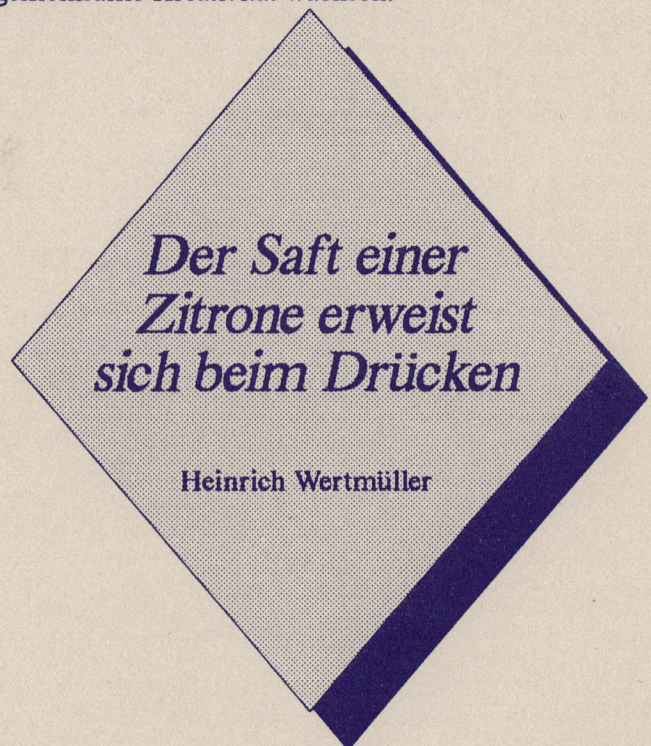

Der Saft einer Zitrone erweist sich beim Drücken

Heinrich Wertmüller

Lehrer-Sein
zwischen gesetzlichen Möglichkeiten und Alltagsrealitäten

Hubert Teml

In diesem Abschnitt geht es um wichtige Gesetzesstellen und Erlässe, die ganzheitlich-kreatives Lernen unterstützen oder direkt fordern. Vorher werden einige grundsätzliche Überlegungen zur Lehrerrolle angestellt.

Anspruch und Wirklichkeit

LehrerIn innerhalb des Systems Schule zu sein, bedeutet, die Kunst des Balancierens zu lernen, um leben und überleben zu können. Blancieren zwischen Anspruch und Wirklichkeit, zwischen gesetzlichem Auftrag und seiner alltäglicher Verhinderung. Etwas ätzender: Engagierte Lehrer müssen häufig rechtfertigen, ob sie das dürfen, was sie müssen! Vielleicht deshalb, weil sie es eigentlich gar nicht sollen?

Brüche und Widersprüche in Schulsystem

Nach Peter Posch ist die gesamte Struktur des Schulwesens in sich widersprüchlich und zeigt zahlreiche Brüche auf, die der Lehrer in seinem konkreten Handeln überbrücken soll - eine schier unlösbare Aufgabe. Dies zeigt sich etwa in folgenden konkurrierenden Ansprüchen an LehrerInnen:

Alle Schüler sollen möglichst ihren Anlagen gemäß gefördert werden.	Durch Leistungsbeurteilung sollen die Schüler auch selektiert werden.
Eine ganzheitliche Bildungswirkung soll angestrebt werden.	Die einzelnen Fächer sind weitgehend isoliert, und es bedarf großer Anstrengungen, fächerübergreifende Projekte zu realisieren.
Die Schüler sollen zu selbständigem Bildungserwerb erzogen werden.	Die Vielzahl von Lehrstoffen läßt selbstständiges Erarbeiten in den Hintergrund treten.
Lehrer sind angehalten, aus der Fülle von Lehrstoffen "exemplarisch" auszuwählen.	Bei Abschlußprüfungen (z.B. Matura) wird in hohem Maß auf "Vollständigkeit" geachtet.

"Konferenzzimmer-Diskussionen"

Für alle motivierten LehrerInnen, die Schule dennoch von unten her zu verändern versuchen, biete ich hier links einige typische "Killer-Fragen" aus Konferenzzimmersituationen an. Rechts stelle ich dazu entsprechende Gesetzes- oder Erlaßtexte als Argumentationshilfen an. Ob sie einen "Gegner" beeindrucken können, bezweifle ich. Daß Sie Ihnen als "BefürworterIn" ganzheitlich-krativer Erziehung nützen, hoffe ich allerdings.

"Eigenständigkeit, wenn ich das schon höre. Sie haben sich in der Schule an das zu halten, was ihnen vorgeschrieben wird..."

Na eben: Es lebe die Vorschrift!
"Der Lehrer hat in eigenständiger und verantwortlicher Unterrichts- und Erziehungsarbeit die Aufgabe der österreichischen Schule (2 des Schulorganisationsgesetzes) zu erfüllen..."(Schulunterrichtsgesetz, 17, Abs.1).

"Und jetzt sollen die Schüler schon mitbestimmen. Das geht jedenfalls bei uns noch nicht..."

Laut Lehrplan soll das schon in der Volksschule gehen, und zwar bei den mittelfristigen Planungen, die "auch die aktuellen Bedürfnisse und Interessen der Schüler berücksichtigen und ihnen ein dem Alter und der Entwicklung entsprechendes Maß an Mitbestimmung ermöglichen können...." (Lehrplan der Volksschule, 1987, S.28).

"Wir haben hier keine Freiräume. Sie müssen sich an den Lehrplan halten!"

Man sollte das wirklich öfter tun:
"Die Entscheidungsfreiräume im Rahmenlehrplan erfordern vom Lehrer..
- die Auswahl der Lehrstoffe,
- die zeitliche Verteilung und Gewichtung der Ziele und Lehrstoffe,
- die Festlegung der Methoden und Medien des Unterrichts... (Lehrplan der Hauptschule, 1985, S. 19f; Lehrplan AHS, 1985, S. 15f).

"Sie sind in erster Linie dazu da, die fachlichen Inhalte ordentlich zu lehren, darauf kommt es an... ."

"Vielmehr sind die Lerninhalte immer wieder daraufhin zu befragen, was ihre Behandlung im Unterricht im Sinne der allgemeinen, der fachübergreifenden und der spezifischen Bildungs- und Lernziele leistet und unter welchen Umständen und Bedingungen sie der Erreichung dieser Ziele dienstbar gemacht werden können..." (Lehrplan der Hauptschule, 1985, S. 26; Lehrplan AHS, 1985, S. 21)
Für die Auswahl und Gewichtung der Lehrstoffe innerhalb der einzelnen Unterrichtsgegenstände ist Ausgewogenheit anzustreben; soziale, emotionale, intellektuelle und körperliche Bildung stehen in engem Zusammenhang und sind daher entsprechend zu berücksichtigen.
(Lehrplan der Volksschule, 1987, S. 26)

"Wir sind einfach verpflichtet, das alles gründlich durchzumachen..."

"Die Gewinnung von Kenntnissen, Fertigkeiten, Einsichten und Haltungen erfolgt durch die Erarbeitung eines Überblickswissens in Verbindung mit schwerpunktartigem Eindringen in Problemstellungen..." (Lehrplan der Hauptschule, 1985, S. 22; Lehrplan AHS, 1985, S. 17).

"Dieses ganzheitliche und kreative Lernen ist doch nur etwas für die Grundschule..."

"Ein wesentliches pädagogisches Anliegen ist es, verstärkt ganzheitlich-kreative Erziehung in allen Schularten anzustreben...Die Förderung von Kreativität, Kritikfähigkeit und Teamfähigkeit ist ein wichtiger Bildungsauftrag der heutigen Schule... Spielerisches und schöpferisches Handeln haben dabei ebenso zentrale Bedeutung für Bildung und Entwicklung der Schülerinnen und Schüler wie die Dimensionen des sinnlichen, affektiven und sozialen Erfahrens..." (Grundsatzerlaß zur ganzheitlich-kreativen Erziehung, BMUKS 9-90, Abschnitt 1.3)

"Was immer Sie da treiben, ich will, daß die Schüler Leistung erbringen..."

Natürlich, das werden wir erlaßgemäß beachten:
"Ganzheitlich-kreative Erziehung setzt ... unter anderem einen Leistungsbegriff voraus, der auch soziale Komponenten und individuelle Möglichkeiten sowie Entdeckungsstrategien, Neugier- und Probierverhalten berücksichtigt. Diese Leistungen sollen über rein reproduzierende Wissensaneignung und deren Kontrolle wesentlich hinausreichen und sind bei der Leistungsbeurteilung entsprechend zu berücksichtigen."
(Grundsatzerlaß zur ganzheitlich-kreativen Erziehung, Abschnitt 2.3.3)

"Ganz schön und gut. Aber für das ganze Kreative haben wir ohnehin die MTK-Fächer..."

Ist Bildung wirklich teilbar?
"Schöpferische Erfahrungen sollen in allen Fächern möglich sein. Das bedeutet auch, daß bei der Auswahl und Aufarbeitung bestimmter Inhalte Aktivitäten wie Ausstellungsgestaltung, Musik, Tanz, Bewegung, Aktion, Rollenspiel, Medienarbeit, praktisch-handwerkliches Tun, bildnerische Gestaltung etc. möglichst vielfältig und in Eigentätigkeit der Schülerinnen und Schüler hinzutreten können und sollen..." (Grundsatzerlaß zur ganzheitlich-kreativen Erziehung, Abschnitt 2.3.4)

"Und dann diese Zeitverschwendung. Ich bin fürs zügige Erarbeiten. Das Wichtigste an die Tafel, damit hat sich's..."

"Außerdem ist der Unterricht so zu führen, daß der Schüler genügend Zeit zur persönlichen Auseinandersetzung mit den Lehrstoffen hat. Es bedeutet auch keinen Verstoß gegen diesen didaktischen Grundsatz, den Kindern die Möglichkeit zu geben, auf dem Umweg über Irrtümer zu lernen, was häufig viel nachhaltiger und damit letztlich effektiver ist..."
(Lehrplan der Volksschule, 1987, S. 39).

"Und dann diese ganze Projekt-Manie! Stört doch nur den Unterrichtbetrieb..."

Der Landesschulrat denkt hier aber nicht so bürokratisch:
"'Fächerübergreifendes Lernen' verlangt Bereitschaft und ein Überwinden von Widerständen bei den Lehrenden und Lernenden, aber auch Lockerung innerhalb der Schulorganisation und Schulverwaltung. Ein Lernen am Leben für das Leben verlangt die Übertetung von gewohnten Schranken. Der 'Projekterlaß' soll dazu Mut machen und Unterstützung sein." (Projekterlaß des Landesschulrates für Oberösterreich B 9-76/1-90).

Register

Literaturverzeichnis

AGB (Hrsg.): Animation in der Schule. Projektbericht. Linz: AGB, 1984.

Andresen, Ute: So dumm sind sie nicht. Weinheim: Beltz, 2.Aufl. 1986.

Babcock, Dorothy E.; Keepers, Terry D.: Miteinander wachsen. Transaktionsanalyse für Eltern und Erzieher. München: Kaiser, 1980.

Badegruber, Bernd: Offenes Lernen in 28 Schritten. Linz: Veritas, 1992.

Baer, Ulrich; und andere Autoren: Remscheider Spielkartei. Remscheid: Robin Hood, 1985.

Baer, Ulrich: Die Phantasie ist an der Macht! In: Gruppe & Spiel. Remscheid: 2/1988.

Baer, Ulrich: Remscheider Diskussionsspiele. Remscheid: Robin Hood, 1990.

Baer, Ulrich: 500 Spiele für jede Gruppe für alle Situationen. Remscheid, Robin Hood, 1990.

Boal, Augusto: Theater der Unterdrückten. Frankfurt/Main: Suhrkamp, 1979

Birkenbihl, Vera: Stroh im Kopf ? Gebrauchsanleitung fürs Gehirn. Speyer: Gabal, 1983.

Bort, Wolfgang; Bücken, Hajo; Freitag-Becker, Edeltrud; Hanneforth Dirk: Schulspielkartei. Münster: Ökotopia, 1990

Breucker-Rubin, Annette; Rubin, Dirk; Werdecker, Martina; Bort, Wolfgang: Umwelt-Spielekartei. Münster: Ökotopia, 1990.

Bundesministerium für Unterricht und Kunst, Abt. Bildungsplanung u. Schulentwicklung, Kölbl, Doris: Ideen-die Schule machen. Katalog zum Projektwettbewerb. Wien: BMUK, 1990.

Bundesministerium für Unterricht und Kunst (Hrsg.): Arbeitsmappe "Miteinander lernen". Wien: BMUK, 1982.

Burow, Olaf-Axel; Scherpp, K.: Lernziel: Menschlichkeit. München 1981.

Burow, Quitmann, Rubeau: Gestaltpädagogik in der Praxis. Otto Müller, Salzburg 1987.

Carlgen, E.: Erziehung zur Freiheit. Die Pädagogik Rudolf Steiners. Frankfurt: Fischer, 1981.

Cöllen, Michael: Das Paar - Integrative Paartherapie. München: Kösel, 1989

Dick, L.V.: Alternativschulen. Informationen - Probleme - Erfahrungen. Reinbeck b.H.: Rowohlt, 1979.

Dhority, L.: Suggestopädie. Bremen: PLS Psychologische Lernsysteme Verlagsges. 1986.

Fiore, Neil: Wenn nicht jetzt, wann dann? Wie Sie Wichtiges sofort erledigen. Persönliche Strategien und Tricks zur Selbstüberlistung. München: mvg-Verlag, 1991.

Friday, Nancy: Eifersucht. Die dunkle Seite der Liebe. München: dtv, 1989.

Geißler, Uli: Jetz geht's rund. Spielaktionen für alle Gelegenheiten. Münster: Ökotopia, 1991.

Gordon, Thomas: Lehrer-Schüler-Konferenz. Wie man Konflikte in der Schule löst. München: Heyne, 1989.

Grell, Jochen: Wiwe ich mit mir und den Schülern umgehe. In: "betrifft: erziehung". 10/1983

Grell, Jochen; Grell, Monika: Unterrichtsrezepte."Unterricht ist ein sehr kompexes Geschehen. Und genau deswegen brauchen wir Rezepte." Weinheim: Beltz, 1985.

Grindner, Michael: NLP für Lehrer. Freiburg i.B.: VAK, 1991.

Gudjons H., Bastian H.: 77 Fragen und Antworten zum Projektunterricht. Hamburg: Bergmann und Helbig, 1988.

Gudjons H., Bastian H.: Das Projekt-Buch 1. Hamburg: Bergmann und Helbig, 1991

Heiligenbrunner, Erich: Zirkus für alle. Stuttgart, Klett, 1985.

Hirsch, Anna Maria: Wenn Kinder flügge werden. Eltern und Kinder im Ablösungsprozeß. München: Piper, 1991.

Janig, Herbert; Hexel, Peter C.; Luger, Kurt; Rathmayr, Bernhard (Hrsg.): Schöner Vogel Jugend. Analysen zur Lebenssituation Jugendlicher. Linz: Trauner, 1988.

Janson-Michl, Cornelia: Gestalten Erleben Handeln. Handbuch für kreative Gruppenarbeit. München: Pfeiffer, 1980.

Jegge, Jürg: Dummheit ist lernbar. Erfahrungen mit "Schulversagern". Reinbeck: Rowolth, 1983.

Jostes, Monika; Weber, Reinhold: Projektlernen - Handbuch zum Lernen von Veränderungen. Köln: Pahl-Rugenstein, 1987.

Kägi-Romano, U.: Die desorientierten Kinder. Zug: Klett und Balmer, 1989.

Kirckhoff, Mogens: Mind mapping. Berlin: Synchron Verlag, 1988.

Kret, Ernst: Spielend lernen. Lernspielideen und Materialien für die Volks- und Hauptschule - aus langjähriger praktischer Erfahrung entstanden. Linz: Veritas, 1989.

Lobe, Mira; Kaufmann, Angelika: Komm, sagte der Esel. Wien: Jugend und Volk, 3.Aufl. 1984.

Montessori, Maria: Kinder sind anders. München: dtv, 1987.

Nold, Wilfried: Spiel- und Theateraktionen mit Kindern. München: Hugendubel, 1987.

Petzold, Hilarion; Heindl, Hildegund: Psychotherapie und Arbeitswelt. Paderborn: Junfermann, 1985.

Popp, Reinhold; Zellmann, Peter: Freizeit in Österreich - Die verpaßte Chance? Analyse und Perspektiven für Freizeitpolitik und Freizeitpädagogik. Wien/Salzburg: Ludwig Boltzmann-Institut für angewandte Sportpsychologie und Freizeitpädagogik, 1991.

Rabenstein, Reinhold; Reichel, René; Thanhoffer, Michael: Das Methoden-Set. 5 Bücher für Referenten und Seminarleiterinnen. Münster: Ökotopia, 1990.

Rabenstein, Reinhold; Reichel, René: Großgruppenanimation. Lernen und Spielen in großen Gruppen. Münster: Ökotopia, 5.Aufl.1989.

Rabenstein, Reinhold: Lernen kann auch Spaß machen! Einstieg, Aktivierung, Reflexion: Themen bearbeiten in Gruppen. Münster: Ökotopia, 3.Aufl.1989

Rabenstein, Reinhold; Reichel, René: Team-Arbeit und Mitarbeiterberatung. Linz: AGB, 14. Aufl. 1991

Raths, L.E.; Harmin, M.; Simon, S.B.:Werte und Ziele. München: Pfeiffer, 1976.

Redl, Sepp (Hrsg.): Sport in den Schulen der 10 - 14 jährigen. Wien: Bundesverlag, 1992.

Reichel, René; Rabenstein, Reinhold: Lebendig informieren und werben. Handfestes für Ihre Öffentlichkeitsarbeit. Linz: AGB, 8.Aufl. 1991

Reichel, René (Hrsg.): Spielpädagogik. Grundlagen und Berichte. Münster: Ökotopia, 2.Aufl.1989.

Reichel, Gusti; Rabenstein, Reinhold; Thanhoffer, Michael: Bewegung für die Gruppe. Münster: Ökotopia, 7.Aufl.1990.

Reichel, Gusti: Lebendig statt brav: Handbuch für Erziehung und Animation mit Kindern. Münster: Ökotopia, 2.Aufl.1990.

Rogers, Carl R.: Lernen in Freiheit. München; Kösel 1974.

Rogers, Carl R.: Freiheit und Engagement. Personenzentriertes Lehren und Lernen. München: Kösel 1984.

Satir, Virginia: Selbstwert und Kommunikation. München: Pfeiffer, 1975.

Scala, Eva: Das Modellschulbuch. Leycam, Graz 1990. Die Selbsdarstellung eines gestaltpädagogischen Gymnasiums in Graz.

Schiffler, L.: Suggestopädie und Superlearning - empirisch geprüft. Frankfurt: Diesterweg, 1989.

Schulz v. Thun, Friedemann: Miteinander reden - Stile, Werte und Persönlichkeitsentwicklung. Reinbeck: Rowohlt, 1989.

Seebauer, Renate: Einführung in die Lernpsychologie. Wien: Leitner, 1987.

Simon, Firtz: Meine Psychose, mein Fahrrad und ich. Heidelberg: Auer, 1991.

Springer, Katharina: Ich seh dich. Lesebuch für einen Individuellen, entwicklungsfördernden und heilsamen Unterricht. Veritas, Linz 1990.

Standford, G.: Gruppenentwicklung im Klassenzimmer und anderswo. Braunschweig: Westermann, 1980.

Steuer, Helmut: Auf Straßen und Plätzen spielen. München: Hugendubel 1989.

Tausch, Reinhard; Tausch Annemarie: Erziehungspsychologie. Begegnung von Person zu Person. Göttingen: Hogrefe, 1991.

Teml, Hubert: Entspannt lernen. Streßabbau, Lernförderung und ganzheitliche Erziehung. Linz: Veritas, 1987

Teml, Hubert: Zielbewußt üben - erfolgreich lernen. Lerntechniken und Entspannungsübungen für Schüler.Linz: Veritas Verlag, 1989.

Teml, Hubert: Aspekte des Lernens und Lehrens in der Grundschule. In: Satzke, K., Wolf, W.: Kommentar zum Lehrplan der Volksschule. Wien: ÖBV, 1990.

Teml, Hubert: Gestaltpädagogik in der schulischen Praxis. Begleitheft zur Video-Dokumentation "Demokratisch-kreative Schule", Schiltwald, Schweiz. Linz: Pädagogische Akademie, 1990.

Teml, Hubert: Komm mit zum Regenbogen. Phantasiereisen für Kinder und Jugendliche. Entspannung, Lernförderung, Persönlichkeitsentwicklung. Veritas, Linz 1991.

Thanhoffer, Michael: Spiel ist Spiel - Realität ist Realität. Gedanken eines Spielpädagogen über Umweltspiele in der Schule. In: Animation Heft 1/1990.

Thanhoffer, Michael: Trockenschikurs. Eine Spiel-Animation mit viel Action. In: Gruppe & Spiel, Heft 4/1990.

Thanhoffer, Michael: So wirken Sie animativ! In: Redl, Sepp (Hrsg.): Sport in den Schulen der 10-14- jährigen. Wien 1992.

Unterbruner, Ulrike: Umweltangst - Umwelterziehung. Vorschläge zur Bewältigung der Ängste Jugendlicher vor Umweltzerstörung. Linz: Veritas 1991.

Vasquez, A.; Oury, F. Vorschläge für die Arbeit im Klassenzimmer: Die Freinet-Pädagogik. Reinbeck b.Hamburg: Rowohlt, 1976

Vopel, Klaus W.: Denken wie ein Berg, fühlen wie ein Fluß. Hamburg: iskopress, 1991

Wagner, A.: Schülerzentrierter Unterricht. München: Urban und Schwarzenberg, 1982.

Watzlawick, Paul; Beavin, J; Jackson, D: Menschliche Kommunikation. Wien: Huber, 1980.

Watzlawick, Paul;; Weakland, J; Fisch, R: Lösungen. Wien: Huber, 1979.

Weiser, Bernhard; Heiligenbrunner, Erich; Rabenstein, Reinhold: Tänze und Spiele für die Gruppe. Münster: Ökotopia, 1990.

Weiss, Thomas: Familientherapie ohne Familie. München: Kösel, 1988.

Werthmüller, Heinrich: Menschlich lernen. TZT-Basisbuch. Männedorf: SI TZT-Verlag, 1984.

Wild, Rebecca: Erziehung zum Sein. Erfahrungsbericht einer aktiven Schule. Heidelberg: Arbor, 1986

Wild, Rebecca: Sein zum Erziehen. Mit Kindern leben lernen. Heidelberg: Arbor, 1991

Methodenverzeichnis für die Lehrer - Selbsterfahrung, -Fortbildung und -Supervision

Unterrichtsfächer und deren spezielle Themen

Stichwort- und Methodenverzeichnis

Unsere Angebote

für Lehrerinnen und Lehrer, Direktorinnen und Direktoren:
"Kreativ unterrichten und wirksam kooperieren"

Unser Referententeam hat für Lehrer eigene Angebote der Weiterbildung und beratenden Begleitung - dies sowohl für Lehrerkollegien einer einzelnen Schule, wie auch für Lehrer aus Bezirken oder eines Schultyps.

Lebendig unterrichten

Methoden und Möglichkeiten, Themen lebendig und kommunikativ zu bearbeiten - lehren und lernen mit abwechslungsreichen Kommunikationsmedien wie Rollenspielen, Kurz-Szenen, Plakaten, Bildern, Schattenspiel, Bewegung.
Anregende Kommunikations-Strukturen für die Klasse.
Lockernde, kotaktreiche Impulse.
Form: 2-5 tägiges Seminar, oder mindestens 5 Nachmittage á 3 UE

Schulveranstaltungen und Feste

Wie erlebnisreiche Feste, Aktionen und Veranstaltungen vorbereitet und gemeinsam durchgeführt werden können - mit Beteiligung der Lehrer und Schüler. Form: 3-5 tägiges Seminar

Kreative technische Medien

Dias, Overhead, Kurzfilme und Video können zu thematischer und persönlicher Kommunikation anregen und zum kreativen Umgang mit diesen Medien führen. Form: 3-5 tägiges Seminar oder mindestens 3 Nachmittage á 4 UE

Kreative Medien: Tanzen, Malen, Rollenspielen

Selbsterfahrungsseminsr für Lehrer mit musischen und lebenskundlichen Fächern sowie zur Erweiterung der persönlichen Erlebnis- und Ausdrucksfähigkeit: sich selbst im Kontakt mit anderen spüren, ausdrücken, annehmen. Form: 4-5 tägiges Seminar

Lehrer-Gruppe: Supervision

Bei mind. 10 Treffen bearbeiten die Kollegen (max. 8 Teilnehmer) ihre persönlichen Berufserfahrungen, entdecken die Quellen ihrer Enttäuschungen und Hoffnungen, schöpfen Energie und Klarheit für ihre Rolle. Form: 10 Abende oder Nachmittage á 2,5 UE

Gordon-Lehrer-Training

10 teiliges Training partnerschaftlichen Verhaltens mit Lehrern, Konfliktlösungen ohne Verlierer, Entwicklung eines annehmenden Selbstbildes.
Form: 10 Nachmittage oder Abende mit Gordon-Arbeitsmaterialien

Team-Training

Verbesserung der Kommunikation und Kooperation im Lehrer-Kollegium - für Mitglieder einer bestehenden Abteilung, Arbeitsgruppe oder für die gesamte Lehrergruppe an einer Schule.
Form: mindestens 5 Nachmittage á 4 UE

Gestaltpädagogik

Einführungsseminar in die Grundlagen und Methodik der Gestaltpädagogik: Identitäts- und Persönlichkeitsentfaltung, Kontakt-Begegnung-Beziehung, integratives Lernen.
Form: 3-5 tägiges Seminar

Projektunterricht

Wie selbstorganisiertes, bedeutungsvolles und ergebnisorientiertes Lernen möglich wird: Methoden, Grundlagen, Kompetenzen.
Form: 3-5 tägiges Seminar

Alle diese Angebote werde auf die speziellen Interessen einer Lehrergruppe/Schule angepaßt und können direkt mit uns oder über das zuständige PI veranstaltet werden.

Das TrainerInnen-Team der

Arbeitsgemeinschaft für
Gruppen-Beratung

Büro Linz: Pulvermühlstr. 6, A-4040 Linz
Büro Wien: Hüttelbergstr. 61, A-1140 Wien

Unser Team

ReferentInnen und TrainerInnen der AGB

Raimund Engel
Sieveringerstr. 126/4, A-1190 Wien,
Tel. 0222/44 30 08, Fax 0222/444 251

Reinhold Rabenstein
Pulvermühlstr. 6, A-4040 Linz,
Tel/Fax 0732/25 26 95

Erich Heiligenbrunner
Maisweg, A-4210-Gallneukirchen,
Tel. 07235/51 86

Dr. René Reichel
Radlberger Hauptstr. 27, A-3105 St. Pölten,
Tel. 02742/63 574

Elisabeth Kolb
Neubaugasse 51/1/10, A-1070 Wien,
Tel. 0222/93 89 942

Dr. MichaelThanhoffer
Hüttelbergstr. 61, A-1140 Wien, Tel: 0222/ 94 15 843
od. 0663/82 67 13, Fax: 0222/911 30 29

Paul Lahninger
Leonorenweg 8, A-5020 Salzburg,
Tel. 0662/82 47 77, Fax 82 59 47

Dr. Bernhard Weiser
Hußelstr. 56, A-6130 Schwaz,
Tel. 05242/66 73 82

Mag. Manfred Perko
Kaiser-Josef-Platz 9, A-8010 Graz,
Tel. 0316/82 23 16

Toni Wimmer
A-2392 Sulz im Wienerwald 154/3/2,
Tel. 02238/84 29 od. 0663/88 10 98

für

Seminare, Lehrgänge und Moderationen

Sie können uns als TrainerIn und ReferentIn/Referent für Ihr Seminar, für einen Lehrgang - speziell auf Ihre Bedürfnisse zugeschnitten - und für Ihre Teamveranstaltungen als ModeratorIn anfordern.

Supervision, Coaching und Praxisberatung

Durch Ausbildung und langjährige Erfahrung bieten sich die Referenten der AGB als BeraterInnen und SupervisorInnen für Einzelpersonen und Gruppen an.

Aktion und Animation

Wir unterstützen Sie bei der Planung und Durchführung von Festen, Spielaktionen, thematische Animationen.

Gestaltung von Veranstaltungen

Entwicklung und Realisation kommunikativer und animativer Elemente für verschiedene Veranstaltungen: von der Raumgestaltung bis zur Gesprächsleitung, vom Markt bis zum Symposion: Mitarbeiter, Methoden, Material.

Verleih von Spielen, Spielmaterial und Spielgeräten

Speziell im Büro Wien

Arbeitsgemeinschaft für

Gruppen-Beratung

Büro Linz: Pulvermühlstr. 6, A-4040 Linz
Büro Wien: Hüttelbergstr. 61, A-1140 Wien

Bücher, Hefte, Spiele
zur kreativen Gruppenarbeit und persönlichen Entfaltung

Bücher:

Kreativ unterrichten
Möglichkeiten ganzheitlichen Lernens. Ein Handbuch mit Gedanken und Methoden. Michael Thanhoffer, René Reichel, Reinhold Rabenstein u.a.

Spielpädagogik
Grundlagen und Berichte der kreativen Gruppenarbeit. René Reichel.

Lernen kann auch Spaß machen
Reinhold Rabenstein. Das Methodenbuch zur thematischen, kreativen Gruppenarbeit.

Lebendig statt brav
Handbuch für Animation und Erziehung mit Kindern. Gusti Reichel.

Großgruppen-Animation
Lernen und Spielen in großen Gruppen. Reinhold Rabenstein, René Reichel u.a.

Bewegung für die Gruppe
Gusti Reichel, Reinhold Rabenstein, Michael Thanhoffer u.a. Handbuch für Bewegungspädagogik.

Das Methoden-Set
5 Bücher für Referenten und Seminarleiterinnen. Reinhold Rabenstein, René Reichel, Michael Thanhoffer

Hefte:

Tänze und Spiele für die Gruppe
Bernhard Weiser, Erich Heiligenbrunner, Reinhold Rabenstein. Handliches Heft mit Tanz- und Spielbeschreibungen - dazu die

Musikkassette: Tänze für die Gruppe
Die Tanzmusik zum Heft, eingespielt von der Gruppe URSOAICA, München.

Diskussionsspiele
Ulrich Baer. Mappe mit spielfertigen Gesprächseinstiegen zu verschiedensten Themen.

Teamarbeit und Mitarbeiter-Beratung
Reinhold Rabenstein, René Reichel. Methoden, Erfahrungen und Arbeitshilfen.

Frauen in Gruppen
Gusti Reichel, Traudi Schallmeiner, u.a. Erfahrungsberichte und Methoden.

Autorität in der Gruppe
Michael Thanhoffer, René Reichel, Reinhold Rabenstein. Überlegungen, Hilfen, Methoden und Reflexionen.

Lebendig informieren und werben
Handfestes für Ihre Öffentlichkeitsarbeit. René Reichel, Reinhold Rabenstein.

Spiele:

Schulspiel-Kartei.
Anregungen für den Schul-Raum.

Umwelt-Spielkartei
Spiele und Gestaltungsideen.

Remscheider-Spielkartei
Spiele zu Gruppensituationen von A-Z.

Mimik-Würfel - klein, groß, Klassensatz
Holzwürfel mit Gesichter-Stimmungen für Szenen und Gespräche.

AGB-Flyer
Schaumstoff-Frisbee, bunt, leicht, flink.

Gruppe und Spiel
Ulrich Baer. Zeitschrift-Abo zur kreativen Gruppenarbeit.

Verkauf:

AGB-Linz: Pulvermühlstr. 6, A-4040 Linz

AGB-Wien: Hüttelbergstr. 61, A-1140 Wien

ÖKOTOPIA
Hafenweg 26, D-4400 Münster

Arbeitsgemeinschaft für
Gruppen-Beratung

Ökotopia
Spiele- und Buchversand

Der Fachversand und -verlag für umwelt-
und spielpädagogische Materialien

Umweltspiele, Bewegungsspiele, Brettspiele, Kooperative Spiele, Spiele in Gruppen, Lernspiele